书山有路勤为径，优质资源伴你行
注册世纪波学院会员，享精品图书增值服务

人才测评

方法与应用

第5版

刘远我 ◎ 著

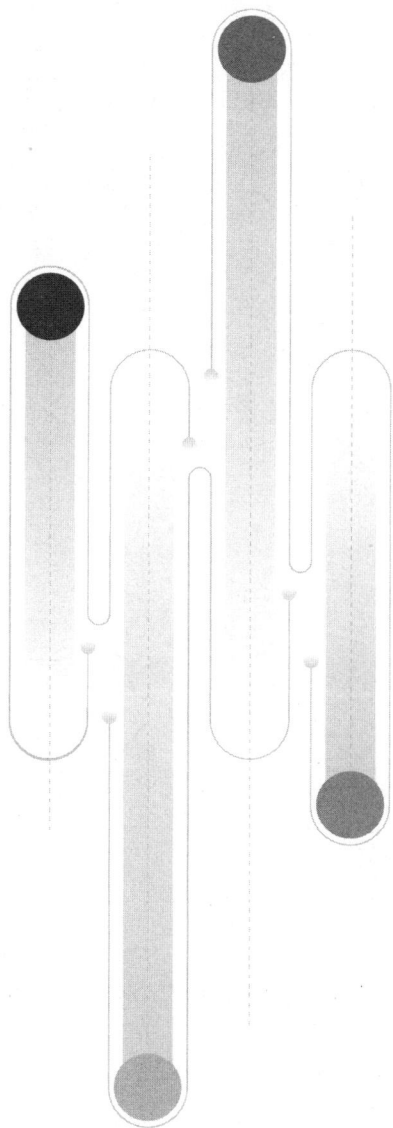

电子工业出版社
Publishing House of Electronics Industry
北京·BEIJING

图书在版编目（CIP）数据

人才测评：方法与应用 / 刘远我著 . -- 5 版 .

北京：电子工业出版社，2025.9. -- ISBN 978-7-121

-51155-4

Ⅰ. C962

中国国家版本馆 CIP 数据核字第 20251CB923 号

责任编辑：杨洪军

印　　刷：三河市鑫金马印装有限公司

装　　订：三河市鑫金马印装有限公司

出版发行：电子工业出版社

　　　　　北京市海淀区万寿路 173 信箱　　　邮编 100036

开　　本：787×1092　1/16　　印张：20.75　　字数：564.4 千字

版　　次：2007 年 7 月第 1 版

　　　　　2025 年 9 月第 5 版

印　　次：2025 年 9 月第 1 次印刷

定　　价：79.00 元

凡所购买电子工业出版社图书有缺损问题，请向购买书店调换。若书店售缺，请与本社发行部联系，联系及邮购电话：（010）88254888，88258888。

质量投诉请发邮件至 zlts@phei.com.cn，盗版侵权举报请发邮件至 dbqq@phei.com.cn。

本书咨询联系方式：（010）88254199，sjb@phei.com.cn。

序　言

自本书问世以来，已先后出版四个版本、重印 30 多次。众多企事业单位的人力资源管理人员对本书的实用性、系统性和实践指导性给予了高度评价，部分高校也将本书选作教材，这令笔者深感欣慰。本书凝聚了笔者多年来在人才测评领域的专业研究成果与实战经验，而广大读者所给予的精神回报亦十分丰厚，正是这种回报为笔者提供了强大的动力，使笔者对本书第 5 版的问世充满期待。

近十多年来，人才测评方法的框架体系虽未发生重大变化，但人工智能技术发展迅猛，人才测评技术的应用愈发广泛且深入。本书第 5 版根据广大读者的要求，在不影响整体架构的前提下，对各章进行了精简，并更新、增加了诸多内容。本书在整体上既坚守系统性和全面性，又更加突出可读性。第 5 版最显著的变化是删除了三章内容，主要包括测评方法中的"角色扮演法"以及第 4 部分"压力与心理健康测量"。为保持时效性，新增了基于岗位需求分析的职位画像、人工智能技术在人才测评中的应用与问题、MBTI 人格测试与大五人格测试、基于胜任力的面试、Z 世代大学生的特点与企业校园招聘等内容。此外，笔者对全书进行了更新与精简，最终使第 5 版的字数较第 4 版减少了四分之一，实现了由"厚"变"薄"，以提高广大读者的阅读效率。

本书系统地介绍了人才测评的方法与应用，共分为三部分。第 1 部分阐述人才测评基础，涵盖人才测评的基本认知、人才测评原理与质量评价指标、基于岗位需求分析的职位画像；第 2 部分介绍人才测评方法，包括能力测验、动力测验、人格测验、笔试、面试技术、基于胜任力的面试、情境模拟面试、情境判断测验、无领导小组讨论、文件筐测验和评价中心技术；第 3 部分探讨人才测评应用，涉及人才测评的流程、人才测评技术在公务员录用考试中的应用、人才测评技术在事业单位公开招聘考试中的应用和人才测评技术在企业人员招聘与选拔中的应用。

笔者在人才测评领域的积累，得益于诸多前辈的指导与支持。他们是北京师范大学心理学院的 张厚粲 教授（笔者的硕士导师和博士导师）、车宏生教授、郑日昌教授，中国科学院心理学研究所的 徐联仓 研究员、时勘研究员、王二平研究员，北京社会心理研究所的冯伯麟研究员，浙江大学管理学院的王重鸣教授、中国人才研究会的王通讯研究员。在此，向他们致以崇高的敬意！同时，众多同行朋友的合作与交流也为笔者提供了巨大帮助，其中包括中国人民大学心理学系的李英武教授、中国人民大学商学院的章凯教授、原中组部公务员局的孙泽兵巡视员、北京师范大学心理学院的徐建平教授和陈海平教授、清华大学经济管理学院的吴志明教授、华夏智业管理咨询公司的寇家伦董事长、中国人力资源研究会的谷向东研究员、江苏省人社厅的原陈社育研究员、上海诺姆四达的苏永华总经理和彭平根博士、原广州智尊企业管理顾问有限公司的张军照总经理、华南师范大学心理学系的蔡圣刚教授。在此，向他们表示最诚挚的感谢！

人才测评是笔者三十多年职业生涯中最关注且最感兴趣的领域。如今，笔者的工作依然与人才选拔与测评紧密相连，这无疑是十分幸运的，毕竟个人职业发展平台与价值追求相契合实属难得。当然，在人才测评实践中，仍有许多问题有待探索，尤其是人工智能技术给该领域带来的变革将是颠覆性的。我们既要积极应对新技术为测评方法和应用带来的惊喜，又要深刻把握人才测评的本质与方法，避免在新技术的快速发展中迷失方向。

刘远我

2025 年 4 月

目　录

第 3 部分　人才测评应用

第 1 部分

人才测评基础

第 *1* 章
人才测评的基本认知

人类对物质世界的认识和探索已经相当深入，但对自身的了解却少得可怜。人才测评作为了解人类自身特点的科学和技术，其重要性怎么强调也不过分。

本章导航

人才测评的 作用与认识误区	人才测评的作用 人才测评的认识误区
人才测评的 发展状况	西方人才测评的发展状况 我国人才测评的应用状况
人才测评的 主要方法	心理测验 面试 情境模拟技术 评价中心技术
人才测评的 主要考察内容	能力因素 动力因素 个人风格因素
人才测评技术在应用中的 问题与发展趋势	人才测评技术在应用中的问题 人才测评的发展趋势
人工智能技术在人才测评中 的应用与问题	人工智能技术在人才测评中的应用 人工智能技术在人才测评应用中的问题

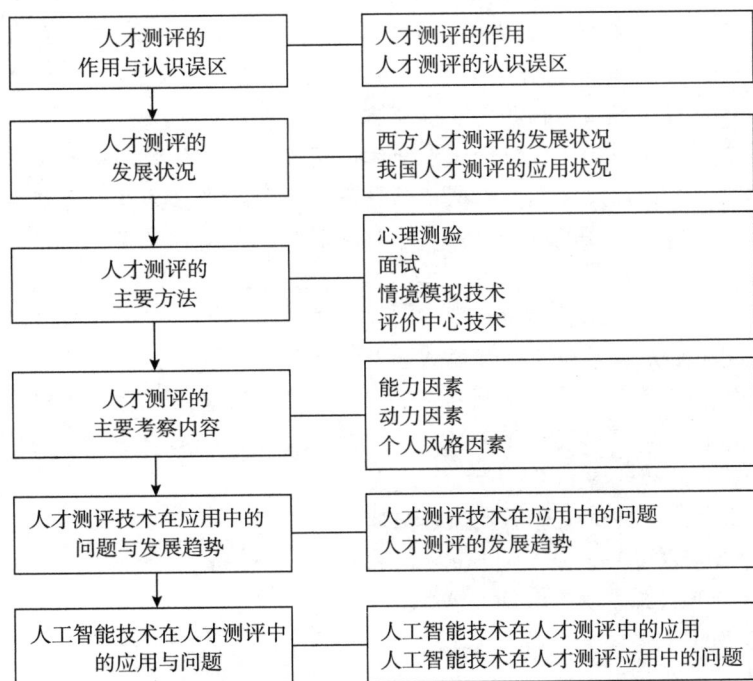

1.1 人才测评的作用与认识误区

1.1.1 人才测评的作用

在各级各类组织的人力资源管理中，人员的选拔、评价与发展工作至关重要，而人才测评方法是做好这些工作的基础。美国某机构曾对公司内部提拔经理的成功率进行调查，结果显示，采用领导推荐结合人才测评的方法，提拔的成功率可达78%；而仅采用领导推荐的方法，提拔的成功率仅为37%。在全球经济竞争日益加剧且愈发强调以人为本的当下，越来越多的组织开始在员工招聘与培养中应用各种专业化的人才测评方法，这些方法的准确性和有效性也逐渐获得大众的认可。

微软公司的招聘

微软公司在招聘与使用人才时，特别青睐具备"三心"的人才。所谓"三心"人才，具体如下：一是热心的人，他们对公司充满感情，能够与同事团结协作、荣辱与共；注重公司整体利益与长远利益，视公司为家；对工作充满激情，对同事充满友情，能够独立开展工作，并且富有创新思维，有许多新奇的想法。二是慧心的人，他们脑子灵活、行动敏捷，能够准确把握形势，并在短期内掌握所需的知识与技能。三是苦心的人，他们工作努力、勤奋，能够吃苦耐劳。

微软公司的招聘面试通常以面对面的方式进行，但有时也会通过电话进行。每位应试者需要与微软公司的5~8人进行面谈，有时人数甚至会达到10人。每位面试官均以一对一的方式进行面试。主要面试官均为各领域的专家，每个人都准备了一套问题，且每个问题都有不同的侧重点。虽然问题清单通常未经过集体商量，但有四个问题是各面试官共同关心的：①应试者是否足够聪明？②是否具有创新激情？③是否具有团队精神？④专业基础如何？

当应试者起身离去后，每位面试官会立即通过电子邮件向其他面试官说明自己对应试者的赞赏、批评或疑问，以及评估结果。评估结果分为四个等级：①强烈赞成聘用；②赞成聘用；③不能聘用；④绝对不能聘用。应试者在走进下一位面试官的办公室时，通常不知道该面试官对其先前的表现已经了如指掌。面试官嘴上说"接着谈谈"，实则是针对应试者的薄弱环节进行深入考察。因此，微软公司的应试者往往会觉得自己是在攀登高峰，越到后面难关越多。当然，也有些人只经历了两三位面试官就宣布结束，并未见到后面的"险峰"，但这并非吉兆。因为这两三位面试官可能正在通过网络传递同一句话："此人没戏，别再耽误工夫了。"一般来说，应试者见到的面试官越多，希望就越大。

以下是微软公司面试中的一些经典问题：

- 为什么下水道的盖子是圆形的？
- 你估计北京有多少个加油站？
- 你和你的导师发生分歧时怎么办？
- 给你一个非常困难的问题，你将怎样解决它？
- 有两条不规则的绳子，每条绳子的燃烧时间为1小时，如何在45分钟内烧完这两条绳子？

对于这些问题，面试官并不是想得到"正确"答案，而是想看看应试者是否能找到更好的解题方法，是否能够创造性地思考问题。

人才测评在人力资源管理和开发中具有重要作用。

1. 招聘选拔

传统的招聘选拔方法往往带有较强的主观性和随意性，导致人才评价不够准确、全面。借助人才测评方法，组织可以全面深入地了解应试者的素质状况，从而实现因事择人、人职匹配。当组织需要从外部招聘人才时，通过人才测评可以精准掌握应试者的素质状况，最终择优录用，为组织带来显著的经济效益。当组织内部需要进行人员调整时，人才测评可以作为重要参考依据，确保人尽其才、才尽其用。

2. 人力资源普查

在传统的人力资源状况信息中，通常仅包含一些基础信息，如性别、年龄、学历等。这些信息已无法全面准确地反映员工的素质状况，更难以判断组织当前的人力资源状况是否能满足未来发展的需求。笔者曾应用人才测评方法为一家上市公司进行人力资源普查，发现该公司高层管理人员和基层管理人员素质良好，但中层管理骨干在能力和管理经验方面均难以满足公司快速发展的要求。这表明公司的管理链中存在"断层"，若不及时解决，将严重威胁公司的生存与发展。该结果引起了公司高层的高度重视，公司据此做出了重要的人力资源管理决策：一方面从外部引进中层骨干，另一方面聘请咨询机构帮助构建"学习型组织"，从而有效解决了问题。

3. 培训与发展

在人力资源管理中，根据工作要求和技术进步对员工进行培训是常见需求。然而，现实中培训内容与员工素质状况常常脱节，缺乏针对性。人才测评方法可以对员工的素质状况进行具体诊断，类似于医生通过化验血液对患者身体状况进行诊断。通过化验结果，可以明确患者的血红蛋白水平、血小板是否正常等。同样，通过对员工素质状况的诊断，可以了解员工在哪些方面表现突出，在哪些方面存在不足，从而制定相应的培训与发展计划，促进员工与组织的共同发展。

4. 员工的使用和管理

人力资源管理的核心在于员工的使用和管理，而实现这一目标的前提是了解员工的特点，这需要借助人才测评方法。在人员管理中，无论是对员工的领导、授权，还是激励，都需要根据员工的特点来确定管理方式。例如，对于一位勤恳但缺乏创新和进取精神的员工，可以安排更多具体任务以发挥其优势；对于一位富有创新精神的员工，则可给予富有挑战性的任务以激发其积极性。在激励方面，也应因人而异。有些人需要从工作中获得领导的认可，一句表扬的话就能显著提高其工作积极性；而有些人更期望在工作中得到锻炼，给予更多的工作指导则能激发其工作热情。

5. 团队建设和班子搭配

团队建设越来越受到各级各类组织的关注，一个优秀的团队的工作成效往往远大于成员个体工作成效之和。要建设一个高效的团队，首先需要成员之间的素质互补，但核心价值观必须一致，这正是人才测评方法的重要作用所在。例如，团队成员的异质性可以提升团队的战斗力，一般来说，团队异质性越大，其战斗力也越强。这种异质性包括能力、态度、兴趣、个性、年龄等多个方面。同理，对于一个领导班子来说，成员也需要合理搭配，人才测评可以为此提供重要参考。如果领导班子中有两名成员都渴望成为"领袖"，则容易引发冲突和权力之争，从而严重影响领导班子的战斗力。

6. 职业生涯规划

对个体而言，人才测评可以帮助其深入了解自身特点，明确自身优势与兴趣，解除职业困惑，从而更好地选择职业。在日常生活中，许多人盲目跟风，随大流或一味追求热门行业，结果往往事与愿违，一事无成。每个人都是独特的个体，在合适的环境下，人人都有成才的潜力。关键在于结合自身的能力水平和兴趣爱好进行职业生涯设计，然后在社会中找准自己的定位，最终实现个人的人生价值。

1.1.2 人才测评的认识误区

尽管人才测评的应用越来越受到各级各类组织的重视，但与此同时，许多人对人才测评仍存在各种认识误区。

1. 对人才测评的作用缺乏认知

虽然人才测评的影响力日益扩大，但仍有人对其作用缺乏充分认识。事实上，科学的人才测评能够带来可观的效益。例如，施乐公司曾投入 34 万美元对 500 名销售人员和经理进行测评，实际增加的经济效益高达 490 万美元；美国电话电报公司某年投入 3.3 亿美元用于咨询，其中重要工作之一就是人才测评，最终获得的综合效益为 15%，避免了 55 亿美元的经济损失。由此可见，科学的人才测评比传统的选人用人方法更准确、客观和有效。这就好比医生为病人诊断病情，过去仅靠观察病人的脸色和触摸脉搏，虽然在许多情况下能够正确判断病情，但也容易出现误判。如今，医生通过化验血液、进行 B 超检查甚至借助人工智能辅助决策，这些先进技术大大降低了误诊率。人才测评就如同这些先进的医疗诊断手段，其准确性远高于传统的选人用人方法。

2. 以人才测评代替人事决策

部分用人单位过分夸大人才测评的作用，期望其直接取代人事决策，这种想法是不正确的。人才测评只是为人事决策提供参考依据，不能取代决策本身。一个人是否适合录用或晋升，不仅取决于其自身素质，还需考虑岗位胜任力要求和环境因素。因此，再先进的测评方法也只能为决策提供参考，最终的决策仍需结合主观判断。测评的准确性可以降低主观判断的失误率，但不能完全取代主观判断。这与医生看病的道理相似，血液化验只能提供血液指标是否正常的信息，但确诊还需医生综合各种化验结果后做出判断。在实践中，用人单位不应要求测评专家直接做出人事决策，专家可在必要时提供录用建议和发展建议，但最终决策应由用人单位自行决定。

3. 对测评结果的准确性期望过高

有人认为人才测评如同血型分析般神秘，也有人期望其像物理测量一样准确可信，这些观点都是不切实际的。一方面，人才测评是通过对行为样本的测量来推测候选人在某方面的素质，这是一种基于理论和统计技术的科学评价方法，其结果通常比传统选人用人方法准确得多。另一方面，我们必须承认，人才测评的准确性无法与物理测量相提并论。首先，人才测评比物理测量复杂得多，素质测评中测量维度的界定难以做到非常精准。例如，应变能力的测量需要先明确其定义，而不同的人对此可能有不同的理解，这与体重、身高等物理测量对象有明确且普遍认可的界定不同。其次，素质测评过程中会受到多种因素的干扰，尤其是受测者自身因素，如紧张情绪、心情、身体状况等，这些因素都会影响测评结果的准确性，而物理测量通常不受此类干扰。因此，测评结果不可能达到 100% 的准确性，一般来说，80% 的准确性已属较高水平。

4. 认为人才测评不如试用

许多用人单位认为，再好的人才测评也不如试用的效果好，这种观点也是不正确的。首先，试用在很多情况下并不现实。我们不可能同时在某一职位（如销售经理）上试用多位候选人，以考察他们谁更适合该职位。其次，一个人在某个职位上表现良好，并不意味着在其他职位上也能胜任。最后，即使当前表现良好，环境条件变化后，其表现也可能不同。为解决这些问题，可以采用情境模拟技术，将实际工作场景浓缩并置于模拟环境中，让受测者处理各种实际问题，从而在较短时间内了解其素质。大量实践证明，情境模拟技术具有较高的信度和效度，同时具备良好的预测价值和经济价值。

1.2　人才测评的发展状况

1.2.1　西方人才测评的发展状况

1. 人才测评的产生

人才测评学是一门既古老又年轻的科学。说它古老，是因为人才测评的思想可以追溯至古代。早在 2000 多年前的汉代，科举考试便已出现，用于为统治者选拔官员。说它年轻，则是因为自 20 世纪初开始，人才测评才真正形成一门科学并得到越来越广泛的应用。

西方对人才测评的研究起源于 19 世纪，当时主要是为了满足对智力落后者和精神病人的治疗需要。智力落后者是指在智能发展方面存在明显缺陷，需要鉴别出来进行单独教育或训练的人；而精神病人则是指心理素质方面存在异常，需要诊断后给予特别对待和治疗的人。在这样的背景下，许多学者开始研究个体差异，并尝试鉴别和测量这些差异。然而，在很长一段时间内，人们苦于找不到有效的测量指标和技术手段。以智力测量为例，最初人们试图寻找个体的物理特征与智力之间的关系。例如，有人猜测头围大小可能与智力有关，头围大的人是否比头围小的人更聪明？经过大量测查后发现，两者并无任何关联。于是，人们又开始探索个体的生理、心理特征与智力的关系，如反应时间、感觉灵敏度等因素，但最终发现这些因素与智力也无明显关系。

直到 1905 年，法国心理学家比奈将智力视为一种高级心理活动，并以高级判断和推理能力为核心，编制了世界上第一个成功的智力测验——比奈-西蒙量表。从此，测验成为一种测量个体差异的有效工具，并在西方迅速发展起来。

2. 人才测评的发展

1）发展历程

随着心理测验的产生，心理测验的编制与应用不断发展。最初，心理测验主要应用于教育领域和临床诊断。第一次世界大战期间，随着美国于 1917 年参战，众多心理学家开始探索如何将心理测验应用于战争服务。他们认为，在选拔和分配官兵时，必须考虑其一般智力水平。然而，鉴于军队规模庞大，达 100 多万人，实现这一目标只能通过大规模团体施测的方式。于是，1917 年 3 月至 1919 年 1 月，共有 200 多万名官兵接受了测验，最终取得了令人满意的成效。

第一次世界大战结束后不久，原本用于测量官兵一般智力的陆军甲种测验和陆军乙种测验在美国社会得到广泛应用。20 世纪 20 年代，智力测验呈现出狂热的发展势头，为不同阶层、各类人群设计的团体智力测验修订本不断涌现。为满足职业咨询、工业部门人才选拔与安置的需求，心理学家开始编制各种职业能力倾向测验，涵盖音乐、文书、机械、艺术等多方面的特殊能力测验。1927 年，为将职业选择与个人特点相结合，世界上第一个职业兴趣测验——斯特朗男性职业兴趣表问世。

20 世纪 40 年代至 50 年代，众多心理学家开始在实践中评估应试者的岗位适合度，即人职匹配的重要性日益凸显。为实现这一目标，心理学家通常会先对应试者进行一次简单的诊断性面谈，随后进行一系列纸笔测验，包括职业能力倾向测验、兴趣测验，投射测验也常被使用。

20 世纪 60 年代以后，众多大型企业开始运用评价中心技术，测评对象也从普通员工扩展至中高层管理人员。由于评价中心技术综合运用了测验、面试和情境模拟技术，其测评效果较传统选人用人方法更为可靠和有效。例如，研究表明，通过评价中心技术选拔的经理中，工作表现优秀者占比高于通过传统方法选拔的经理 50%。在评价中心技术中获得较高评价的人员，比获得较低评价的人员更易获得晋升。以美国电话电报公司为例，其在对一批经理候选人进行评价后，保留了评价结果。八年后，将评价结果与实际情况对比发现：在预测会晋升的候选人中，近 64% 已升职为中层主管；而在预测不晋升的候选人中，仅 32% 升职为中层主管。由于评价中心技术的有效性较高，该技术已成为西方评价各层管理人员，尤其是中高层管理人员的主要技术工具。

2）发展现状

当前，西方有许多提供人才测评服务的公司，它们将人才测评应用于各人力资源开发领域。表 1-1 是一项关于人才测评方法的应用频率的调查结果。

表 1-1 人才测评方法的应用频率

各人力资源开发领域	人才测评方法的应用频率/%
最终的选拔决策	83
提升	76
职业发展	67
职业咨询	66
最初的应聘筛选	42
人员安置咨询	30

对于人才测评在美国企业组织中的应用情况，美国管理学会曾对其会员单位的 1000 多名人力资源主管进行调查。结果显示，33%~35% 的企业应用过基本技能评价中的文字表达能力测验，35%~38% 的企业应用过基本技能评价中的数字计算能力测验；62% 的企业应用职业技能评价来选拔员工，41% 的企业应用职业技能评价来考核和评价在职员工。

调查还发现，46% 的企业应用过心理测验，其中部分企业用于评价在职员工，部分企业用于选择应试者。此外，调查要求人力资源主管根据其经验对不同心理测验的重要性进行评价。评价结果表明，重要性依次为：任务的心理模拟、认知能力测验、管理评价、个性测量和职业兴趣测验。

随着经济的发展，尤其是知识经济的到来，企业对心理测验的要求越来越高。同时，专业人才的缺乏也成为美国企业开展心理测验工作的瓶颈。此外，企业对面试和人际沟通能力的测量越来越重视。面试不再仅用于选拔，企业期望通过面试为员工建立更为详尽的心理行为档案。

综上所述，人才测评在西方已得到广泛而深入的应用。据统计，目前在世界 500 强企业中，超过 76% 的企业应用评价中心技术。对于个人而言，无论是升学、就业，还是晋升、考核，几乎都要经历各种各样的测试。

1.2.2　我国人才测评的应用状况

在我国，心理测验于 20 世纪 20 年代开始应用，主要集中在教育领域。然而，抗日战争爆发后，心理测验的发展被迫中断。新中国成立后，心理测验经历了一段空白期，直到 20 世纪 80 年代才重新兴起，至今已发展 40 多年。回顾这 40 多年的发展历程，我国人才测评事业取得了显著进步，人们对人才测评的认识和应用都取得了长足发展。总体而言，我国人才测评的发展可以分为三个阶段：复苏阶段、初步应用阶段和繁荣发展阶段。

1. 复苏阶段（20 世纪 80 年代初期至中期）

人才测评的复苏阶段以消化、吸收国外先进的人才测评技术和方法为特征。长期以来，心理学曾被视为"伪科学"，相关研究受到限制，人才测评技术也无人问津。1949 年至 1979 年，我国心理测验的发展处于停滞状态。

自 1979 年起，心理测验在我国逐渐恢复其应有的地位。1980 年 5 月，中国心理学会实验心理学专业委员会在武汉召开了全国心理测验研究协作会议。此后，一系列重要的心理测验工具陆续修订出版：1982 年，吴天敏修订出版了《中国比内测验》；龚耀先等人修订了韦氏成人智力量表及韦氏学前和学龄初期儿童智力量表；林传鼎、张厚粲等人修订了韦氏儿童智力量表。在人格测验方面，宋维真等人修订了明尼苏达多相人格调查表；陈仲庚、龚耀先等人修订了艾森克人格问卷。这一时期的主要特征是修订国外著名测验工具，这些测验主要用于教育领域和临床诊断，而在企事业单位中，人才测评技术的应用尝试还很少。

2. 初步应用阶段（20 世纪 80 年代后期至 90 年代初期）

人才测评技术的初步应用阶段以国家公务员录用考试制度的建立为显著标志，这表明国家机关选人用人开始引入人才测评技术。国家原人事部多次为国务院各部委组织面向社会的联合公开招考，其中行政职业能力测验是公共科目中的重要必考科目。该测验涵盖从事行政管理工作所必备的基本能力，包括语言理解、判断推理、数量关系和资料分析等多个部分。1993 年，我国政府正式颁布实施了《国家公务员暂行条例》；1994 年，颁布实施了《国家公务员录用暂行规定》，从而在全国范围内建立了国家公务员录用考试制度。

在这一时期，由于行政力量的推动，人才测评技术在公务员考试中得到了初步应用。从笔试到面试，人才测评技术贯穿公务员录用的全过程，并取得了良好成效。这种应用不仅满足了国家机关在新时期选人用人的需求，还因其公平性赢得了群众的广泛认可。

3. 繁荣发展阶段（20 世纪 90 年代中期至今）

随着市场经济的发展和深化，社会资源配置逐渐按照市场规律和方式进行调整，人才资源的配置方式也随之发生变化。一方面，企业获得了更多的用人自主权，个人也拥有了更多的职业选择权；另一方面，政府通过持续努力消除人才流动的政策性障碍，极大地促进了人才的自由流动与交流。在这样的背景下，人才测评技术迎来了大力发展的机遇，并在应用层面取得了显著进展。与此同时，政府和企业对人才测评技术的标准有了新的认识，不再局限于"唯学历论"，而是转向多元化标准；不仅对应试者的教育背景、专业知识与技能以及工作经历进行考察，还开始注重其基本潜能、合作能力、沟通能力、创新能力、领导力和心理素质等综合素质。可以说，越来越多的企业认识到一个人的综合素质对其能否胜任岗位的重要性，人才测评技术开始全面应用于企业的人才选拔中。这一时期的主要特点如下。

（1）人才交流日益频繁。自20世纪90年代以来，全国各地在政府支持下纷纷建立了人才市场，其根源在于市场经济的深化与发展。在市场经济条件下，各类用人机构获得了相对灵活的用人自主权，这使得人才交流成为必然选择。中人网开展的"中国企业人力资源管理现状调查"显示，在众多招聘方式中，企业使用较多的方式依次为招聘会、网络招聘、人才交流中心和校园招聘。超过半数的企业会通过招聘会寻找人才，45%的企业选择通过网络招聘获取人才信息，选择人才交流中心和校园招聘的企业占比分别为37%和32%。

（2）企事业单位对人才测评技术的认可度不断提高。近年来，各类用人主体不仅在观念上逐渐接受了人才测评技术，而且在人才选用和晋升中也越来越多地应用了人才测评技术。根据原人事部人事考试中心对全国13个省市470多家企业应用人才测评技术的问卷调查，关于企业对评价中心技术的接受情况，调查表明，在选拔中高层管理人员时，适用评价中心技术的企业占比高达65.9%。从企业选拔干部的途径来看，实际在干部选拔中应用管理技能测评的企业占比高达40.1%，而希望采用管理技能测评的企业占比更高达68.6%。

（3）新的人才测评工具不断涌现，人才测评机构不断增加。随着人才测评应用需求的不断扩大，现有的人才测评工具已无法满足现实需要，这主要有两方面原因：一是原有的人才测评工具多为国外修订版本，文化差异和国情不同使其在我国的适用性受限；二是已有的人才测评工具多用于教育领域和临床诊断，其在人才评价领域的适用性较弱。在此背景下，许多机构开始开发新的人才测评工具。例如，原人事部人事考试中心为满足企业管理人才的评价需求，自1994年起，历时三年多，组织国内心理学家、管理学家和企业咨询界人士开发了企业管理人才测评系统。该系统借鉴了国内外先进的人才测评技术，在充分调研我国企业实际情况的基础上，自行编制了一系列针对企业管理人员的人才测评工具，包括企业管理职业能力倾向测验、企业管理基本技能测验、管理人员组织行为动机测验、管理人员职业兴趣测验、管理行为风格测验和企业管理环境评价分析问卷。在评价标准建立过程中，该系统抽取了全国26个省市224家企业的3000多名管理人员的测验信息。21世纪初，原人事部人事考试中心又组织开发了具有全国性常模的中国成人职业心理素质测评系统。

除新的人才测评工具开发外，各类人才测评研究和服务机构也在不断增加。这些机构中，既有政府扶持创办的，如北京双高人才评价中心、中国南方人才测评服务中心等；也有民办和私营性质的，如中国善择（China Select）人才测评公司、北京智鼎管理咨询有限公司等。从服务内容来看，既有专门从事人才测评服务的机构，也有以人才测评服务为基础的管理咨询公司。从服务对象来看，既有面向普通员工的，也有面向中高层管理人员的。目前，在北京、上海、广州等经济发达地区，众多公司和机构已涉足人才测评服务领域。

1.3 人才测评的主要方法

人才测评的方法多种多样，常见的考试、评定等均属于其范畴。然而，鉴于篇幅限制，本书主要聚焦于技术含量较高且在实践中效果显著的测评方法。这些方法主要包括心理测验、面试、情境模拟技术和评价中心技术。

1.3.1 心理测验

心理测验是对行为样本进行测量的系统程序。这一程序在测量内容、实施过程和记分等三个方面都具有系统性，从而使测量条件和测量结果具有统一性和客观性。通俗地说，心理测验就是通过观察人的少数有代表性的行为，对贯穿在人的行为活动中的心理特征，依据确定的原则进行推论和数量化分析的一种科学手段。

尽管心理测验最早应用于教育领域和临床诊断领域，但它在人才测评中的作用已受到关注，特别是智力测验和能力测验，它们在选人用人中的作用已得到广泛认可。国外心理学家的大量研究表明，智力测验与工作成功的平均相关为 0.3，这意味着一个人的智力因素只能在 10% 左右的程度上决定其工作成效。人格测验在选人用人中的作用也逐渐得到人们认可，尽管迄今为止还没有发现哪种人格特质与工作成效具有正相关关系，也没有发现哪种人格类型的人能保证工作成功，但有些人格特质（如乐观、坚忍等）总是比其他人格特质与工作绩效的关系更为密切。另外，针对不同的工作，总是存在一些与其关系更为密切的相应人格特质。

心理测验在人才测评应用中具有独特价值。其优点包括：首先，操作简便，通常仅需一至两小时即可完成对一批人的施测；其次，记分和结果解释较为客观，因为心理测验多由客观题构成；最后，结果反馈迅速，尤其是借助计算机技术，受测者完成测试后可即时获得结果。然而，心理测验也存在一些缺点。首先，开发周期较长，编制一套心理测验往往需要数月甚至数年时间，从确定测验内容到完成标准化，需投入大量人力、物力和财力。其次，由于测量方式的局限性，心理测验难以准确测量某些个人特质，如诚实性、社会责任感等，这些特质的真实情况较难从受测者处获得。最后，心理测验的灵活性较差，一旦编制完成，其题目、记分方式和结果解释便固定不变，难以根据具体情境调整，若需修改则需重新修订，耗时较长。

根据心理测验在人才测评实践中的应用情况，本书第 2 部分将对能力测验、动力测验、人格测验等经典的心理测验类别进行专题探讨。

1.3.2 面试

面试是人才测评中非常重要的一种方法，也是传统选人用人方法中被广泛应用的一种手段。这主要是因为面试可以通过面对面的交谈来获得有关对方的整体印象，而其他方法很难达到这一效果。古人云"百闻不如一见"，说的就是这个道理。在现代企业的人员招聘中，几乎所有的企业都使用面试的方法，而且多数企业仅使用面试这一种方法来决定是否录用。在国外的调查中，56% 的被调查者认为，在人才的选拔过程中，面试是最重要的（G. T. Milkovich，1991）；90% 的企业在其人员选拔中使用了面试的方法（M. D. Hakel，1982）。当然，人才测评中的面试与传统选人用人中应用的面试还是不同的。传统的面试通常是简单的面对面交谈，具有较强的主观性和随意性。而人才测评中的面试则不同，因为通常在面试前都有明确的面试目的、问题设计、评分标准和相对统一的面试程序，所以比传统的方法更具客观性。

面试可以分为好几种。根据实施的规范化程度，可将面试分为结构化面试、半结构化面试和非结构化面试。结构化面试是指面试实施的内容、程序和技法在面试前经过相当完整的设计的面试。非结构化面试是指面试实施的内容、程序和技法在面试前完全不确定，而在实施时随机而定的面试。半结构化面试则介于结构化面试与非结构化面试之间，在面试前对面试实施的内容、程序和技法有设计，但面试中可以调整或部分自由确定。传统的选人用人中所用的面试方法主要为非结构化面试，而人才测评中主要应用结构化面试和半结构化面试。

面试的主要优点在于：一是可以考察许多在测验中难以测查的内容，如仪表、行为举止、身体状况、口头表达能力等；二是面试设计的周期相对较短，通常在几天内就能编制出一套针对性较强的面试题本，并且可以根据不同的情境对面试设计做出相应的修改和调整；三是面试实施较为灵活，因为在面试中双方有信息交流的机会，可以根据面试的进程灵活地调整问题。

面试的缺点在于：一是对面试官的操作要求较高，通常需要一定的专业知识和面试经验，否则很难控制面试局面，从而难以取得良好的面试效果；二是面试效率较低，通常需要几位面试官花费半小时甚至更长时间才能完成一位应试者的面试；三是面试容易受到面试官主观因素的影响，包括面试官对应试者的主观印象、面试官的个人偏好等。

1.3.3 情境模拟技术

情境模拟技术是指模拟真实的工作环境和过程，让应试者在模拟的情境中表现自己的才干，最后由评价者在旁观察并根据测评要素进行评定的一种方法。情境模拟技术并非新发明或创造，其在人才测评的实践中一直被运用，只是人才测评对其程序和方法进行了一些规范性处理，并形成了一些比较有特色的方法。这里简要介绍几种典型的情境模拟技术。

1. 文件筐测验

文件筐测验又称公文处理测验。在这种测评方法中，应试者将扮演企业中某一重要角色（一般是需要选拔的岗位），然后把这一角色日常工作中常遇到的各种类型的公文经过编辑加工，设计成若干种文件筐等待应试者处理。这些待处理的公文包括各部门送来的各种报告、上级下发的各种文件、与企业相关的部门或业务单位发来的信函等，其内容涉及企业经营管理的各个方面，如生产原材料的短缺、资金周转不灵、部门之间产生矛盾、员工福利、环境污染问题、生产安全问题、产品质量问题、市场开发问题等，既有重大决策问题，也有日常琐碎小事。文件筐测验要求应试者对每份文件都要做出处理，并写出处理意见、批示，或者直接与部门的人员联系发布指示等。应试者应在规定的时间内把文件处理完。评价者待应试者处理完后，要对其处理的文件逐一进行检查，并根据事先拟定的标准进行评价。

2. 无领导小组讨论

无领导小组讨论是指数名应试者集中在一起就某一问题进行讨论，事前不指定讨论会的主持人，评价者在一旁观察应试者的行为表现并对应试者做出评价的一种方法。讨论的题目内容往往是大众化的热门话题，即应试者都熟悉的话题，以使每位应试者都有开口的机会，从而充分展示自己的才华。对于评价者来说，可以从以下几个方面进行观察：每位应试者提出了哪些观点、与自己观点不同时应试者怎么面对和处理、应试者是否坚持自己认为正确的提议、应试者提出的观点是否有新意、怎样说服别人接受自己的观点，以及谁引导讨论的进行并进行阶段性的总结等。

3. 管理游戏

管理游戏有多种，其中小溪练习是比较常用的管理游戏之一。在小溪练习中，给应试者一个滑轮及铁棒、木板、绳索等工具，要求他们把一根粗大的圆木和一块较大的岩石运到小溪的另一边。这样的任务单靠个人的力量是无法完成的，必须通过所有人员的协作参与才能完成。通过这项练习，评价者可以在客观的情境下，有效地观察应试者的领导能力、组织协调能力、合作精神和社会关系特征等。

1.3.4　评价中心技术

评价中心并非指一个具体的场所，而是指一种人才测评方法。它主要用于中高层管理人员的选拔测评，是人才测评方法综合发展的高水平体现。评价中心技术的主要特点是综合利用多种测评方法，将应试者置于一系列模拟的工作情境中，让他们完成某些规定的活动，从而考察应试者是否能胜任某项拟委任的工作，并预测其各项能力或潜能。在评价中心技术中，所利用的具体测评方法包括心理测验、面试、文件筐测验、无领导小组讨论、角色扮演、案例分析、管理游戏等。这些测评方法通常在团体中进行，评价时间的长短随应试者的层次而变化。评价基层管理人员往往只需 1 天，而评价中高层管理人员则通常需要 2~3 天。由于评价中心技术综合运用了多种人才测评方法，且这些方法之间相互补充、扬长避短，因此使测评结果较为客观、有效。评价中心技术不仅是一种强有力的管理人员选拔手段，同时也是一种很有价值的培训方法。一方面，应试者可以从评价结果中获得关于自身优点和不足的反馈信息；另一方面，应试者也可以从评价过程中认识到管理行为中的重要因素。

以上我们简要说明了人才测评中的几种主要方法。本书将在后续章节中详细阐述这些方法的关键点及其应用问题。这些方法在企事业单位人员招聘中的应用频率存在显著差异。中国善择人才测评公司曾对全国 30 多个行业的 1255 家企业和组织的聘用测评状况进行了调查，表 1-2 展示了企业在招募从高级经理到操作工时所使用的评估方法的情况。

表 1-2　企业在招募新员工时使用的评估方法

排名	评估方法	全部	高级经理	经理	大学毕业生	普通员工	操作工
1	简历	86%	92%	93%	90%	82%	71%
2	工作样本	50%	58%	64%	33%	49%	50%
3	非结构化面试	49%	55%	51%	40%	50%	47%
4	电话面试	38%	53%	49%	36%	35%	22%
5	结构化面试	37%	48%	48%	37%	29%	23%
6	一般认知能力测验	36%	39%	38%	44%	31%	29%

排名	评估方法	全部	高级经理	经理	大学毕业生	普通员工	操作工
7	申请书	35%	40%	38%	41%	32%	26%
8	小组面试	33%	48%	42%	53%	23%	18%
9	背景调查	33%	68%	54%	18%	22%	15%
10	外语水平测试	28%	43%	38%	44%	16%	4%
11	人格测评	24%	37%	31%	29%	17%	9%
12	评价中心	11%	25%	17%	11%	5%	4%
13	笔迹分析	11%	18%	15%	11%	7%	6%
14	小组练习	10%	14%	11%	13%	6%	6%
15	星座分析	2%	6%	3%	2%	2%	1%

从表 1-2 可以看出，企业和组织在招募新员工时采用的评估方法是多种多样的。其中，简历是使用频率最高的评估方法，总体上有 86% 的企业和组织使用了简历；工作样本（50%）、结构化面试（37%）、一般认知能力测验（36%）等测评方法的使用频率也较高；相对来说，评价中心（11%）及小组练习（10%）的使用频率较低。从发展趋势来看，近几年越来越多的企业和组织开始应用小组练习和评价中心。必须注意的是，在实践中应用最普遍的测评方法不一定是效果最好的方法。

1.4 人才测评的主要考察内容

人才测评的主要考察内容是个人稳定的素质特点，这与传统的人员评价内容有所不同。在传统的人员评价中，人们更注重知识的掌握程度，然而，一个人的知识水平很难准确反映其工作能力或未来成就的大小。在实际生活中，我们常常看到，有些人虽然知识水平很高，但由于运用知识的能力较弱，实际工作表现并不理想。由此可见，知识水平只是做好工作的基础之一。

此外，人的知识水平具有不稳定性。例如，一个对经济法毫无了解的人，经过一个月的学习，其经济法知识水平可能超过许多企业老总。这说明，人的知识水平可以在短时间内发生显著变化。尽管知识水平不能完全反映一个人的工作能力，且具有不稳定性，但传统的人员评价仍然高度重视知识水平因素。我们曾对企业面试考察内容进行调查，结果显示，专业知识的考察频率最高，达到 75.8%。这主要是因为知识水平相对容易测量，通过了解一个人的文化程度和专业背景，可以大致推测其知识水平。如果需要更精确的判断，设计一份试卷即可评估其在某方面的知识水平。相比之下，考察一个人稳定的素质特点难度较大，但更为重要，因此人才测评将个人稳定的素质特点作为主要考察内容。

那么，个人稳定的素质特点包括哪些方面呢？从人才测评的应用来看，个人稳定的素质特点主要包括三个方面（见图 1-1）：一是能力因素，二是动力因素，三是个人风格因素。

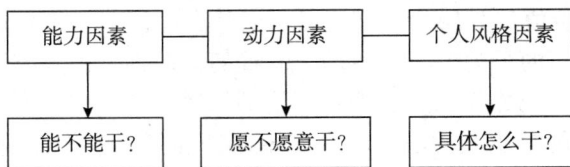

图 1-1　个人稳定的素质特点

1.4.1　能力因素

国内有学者主张根据能力的来源不同，将能力划分为科学智能和社会智能。科学智能来源于人与自然交往过程中的直接经验，或通过书本学习获得的间接经验；而社会智能则来源于社会实践，通过人与人之间的交往、联系、竞争与合作来获得。

人才测评不仅重视科学智能的测量，也重视社会智能的测量。长期以来，我国高度重视科学智能的测查与开发，学生的各种智力开发措施和成人教育几乎都围绕科学智能展开。相比之下，对社会智能的测量与培训的重视程度则相对不足。然而，科学智能和社会智能对人的工作和生活都极为重要。如果一个人的科学智能很高而社会智能很低，那么这种人可能是一个不懂人情世故的"研究者"。对于大多数人而言，通常都具备一定的科学智能和社会智能，但不同个体在两种智能上的水平差异较大。这两种智能的不同组合将影响一个人的职业类型及其相应的成就（见表 1-3）。

表 1-3　智能结构与职业类型的关系

智能结构	职业类型
科学智能高，社会智能低	技术、教育、研究等专业性的工作
科学智能低，社会智能高	管理、公关、商人、中介人、经纪人等
科学智能高，社会智能高	高级管理人才（上述二者之和）
科学智能低，社会智能低	非技术性、非关键性的普通人均能胜任的工作

对于管理人员而言，社会智能有时甚至比科学智能更为重要。美国著名教育家戴尔·卡耐基在调查了众多成功人士后指出：一个人事业上的成功，只有15%归因于其专业技术（科学智能），而其余85%则依赖于人际关系和处世技巧。

我国过去主要重视科学智能的测查与开发，部分原因是科学智能相对容易考察。不仅知识性考试能够反映科学智能，文凭和职称也能较有效地体现一个人的科学智能水平。相比之下，社会智能的考察难度较大，因此尽管社会智能极为重要，但人们对如何测量它仍缺乏足够的认识，导致对这种智能的认识还不够深入。

1.4.2　动力因素

一个人能否做成某件事，不仅取决于其能力水平，还取决于动力因素，即他是否愿意去做。许多人在某方面的能力水平并不差，但自己不想做那方面的事，这样显然是不可能做好的。反过来，当一个人在某方面的能力水平较低，但非常渴望在该领域取得成就时，这种强烈的意愿往往能在一定程度上弥补能力的不足，从而把事情做好。由此可见，动力因素（愿不愿意干）是重要的行为条件。在人才测评的心理测验中，就有专门测量动力因素的工具。

在动力因素中，价值观是层次最高、影响面最广的因素。价值观是指人们对目标或信仰的观念，它使人们的行为具有个人的、一致的方向性。国外有许多价值观测验，其中最著名的一种将价值观分为六种类型：理论型、经济型、审美型、社会型、政治型和宗教型。2003 年，我国组织相关心理学专家编制开发了职业价值观测验。除价值观外，动机也是动力因素的重要组成部分。动机是指推动一个人行为的内在原因，其强烈程度往往决定行为过程的效率和结果。例如，一个成就动机强烈的人通常表现出积极上进的特质，并且最终很可能取得显著成就；反之，可能一事无成。在动力因素中，兴趣是层次最低的因素。兴趣是指个体对某种活动或职业的喜好。当人的兴趣与行为一致时，可以使行为更加高效；而当兴趣与行为不一致时，则会影响行为的效果。图 1-2 展示了动力因素中三个因素之间的关系：越内核的因素（如价值观），对行为的影响越深远。

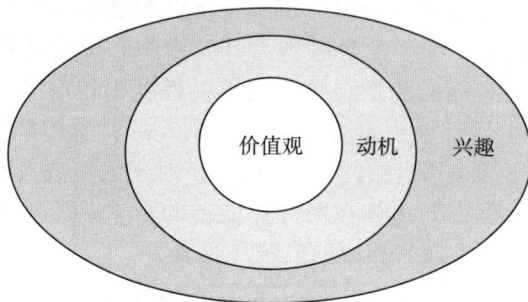

图 1-2 　动力因素中三个因素之间的关系

1.4.3 　个人风格因素

每个人在行动的时候总会表现出自己独有的行为方式，这便是个人风格因素。例如，同样做一件事，有的人说干就干，并且很快就完成了；有的人则慢条斯理，但最终也保质保量地把事情完成了。在个人风格方面，早在古希腊就有人做过探讨，他们根据一定的原则把人分为四种气质类型：多血质，具有过多的血液，充满活力和动力；胆汁质，具有过多的黄胆汁，易激怒；抑郁质，具有过多的黑胆汁，通常表现为忧郁和悲哀；黏液质，具有过多的黏液，使人迟缓或懒惰。尽管这一划分的科学性还有待验证，但它说明了气质类型对人的行为风格的影响。

国外一个具有影响力的人格测验（MBTI）从四个方面来考察人的行为风格：一是一般心理倾向（外倾与内倾），外倾型的人易沟通、好交际、坦率随和，内倾型的人比较缄默；二是接收信息方式（感觉与直觉），感觉型的人善于观察，对细节敏感，直觉型的人关注整体和事物的发展变化，思维活跃；三是处理信息方式（思考与情感），思考型的人考虑问题比较客观理智，情感型的人考虑问题以个人情感为重；四是行动方式（判断与知觉），判断型的人善于组织和决断，知觉型的人比较开放，灵活多变。

由此可见，不同行为风格的人，不论是考虑问题的方式还是解决问题的风格都很不一样。但行为风格并不存在好坏之分，只有当它与具体工作联系起来的时候，才会有好坏的可能。例如，一个很内向的人去做公关工作，可能就会不太适应。

以上我们简单介绍了人才测评的主要考察内容，还有人认为，品德因素也是人才测评的考察内容之一。但我们认为，品德测评是否有效是一个未知数，其中的一个原因是品德的界定很困难。国外有很多专家编制和开发了诚信度测验（Integrity Test），尝试对一个人的诚实品质进行测量，但究竟什么样才算诚信？这个答案往往很不明确。另一个原因是品德很难测量出来，受测者对问题的回答往往会与心里的真实想法不一致，因为此类问题的社会敏感性太高，人们不愿意在表面上"违背"社会价值取向。所以，从应用的角度看，我们暂不把品德因素作为人才测评的主要考察内容。

1.5　人才测评技术在应用中的问题与发展趋势

1.5.1　人才测评技术在应用中的问题

当前我国人才测评事业的发展态势很好，但在应用中也存在许多问题，突出表现在以下几个方面。

1. 人才测评技术的研究与创新滞后

人才测评技术在我国的应用源自心理测验，心理测验也是当前应用最为广泛的测评技术。但是多年来，我们对心理测验的研究和自主开发还不够，主要依赖对国外测验量表的修订。这导致目前我国人才测评机构中使用的大多数软件都只是简单的"舶来品"，如 16PF（16 种人格因素问卷）、MBTI（迈尔斯-布里格斯人格类型量表）、CPI（加利福尼亚心理调查表）、MMPI（明尼苏达多相人格调查表）、EPQ（艾森克人格问卷）等量表，几乎都是从西方引进、修订的。然而，西方心理测验的文化背景未必完全适合中国人。在人才选拔中，应试者因为过于"钻空子"而往往使西方人编制的心理测验失效。例如，许多人在做 16PF 量表时常常无法避免高社会赞许性。因此，如何针对中国特有的文化背景和心理特性，建立适合中国人的测验试题和评价体系就显得至关重要了。

另外，在人才测评技术应用中，对于包括面试在内的各种动态测评工具的创新也严重滞后。应对各种测评技术的培训力量非常强大，如果在这样的环境下还不去创新，那么任何一种测评方法都将面临失效的危险。以目前机关单位、企事业单位广泛使用的结构化面试为例，广大应试者对这种测评手段已经非常熟悉，针对各类问题也有很好的应答措施。只有对结构化面试的方式进行不断研究和创新，才能真正测量应试者的工作胜任力，而不是"应试能力"。

2. 人才测评服务水平不高

许多用人单位对测评技术的重视不够，舍不得在人才招聘或测评技术方面投入人力物力，于是随意委托没有资质和信誉的中介机构或个人从事人才测评工作，从而导致人才评价服务水平不高。就当前盛行的招聘考试来说，严峻的就业形势往往导致几十人甚至几百人应聘一个职位，而一些单位对招聘考试的公平性、公正性缺乏认识，导致考试服务中错误不断。例如，在大规模招聘考试中，有人随便从网上下载一套试题作为招聘笔试的试卷，导致数千人重考的考试事故；有的招聘考试中，在几十分的主观题上附有答案，还解释说"由于疏忽忘了删除答案"，社会影响非常恶劣；还有的考试中，一张试卷上居然有 10 道重题……这些极其低级的错误让人感到非常痛心。它不仅让大家感受到人才测评服务领域的从业人员的素质和服务水平的低下，而且严重影响人才测评工作的严肃性和客观公正性，损害广大考生的切身利益。

3. 专业人才相对匮乏

由于人才测评涉及对人员素质的测量和评价，因此这要求从事此项工作的人员应具有很强的责任意识和较高专业水平。在美国，必须由专业人员来执行人才测评的操作，并对测评结果给予建设性的说明和解释。在发达国家，这种专业人员必须是博士，并经过专业考核获得专业资格认证，还必须经过反复培训。而我国的现实情况是专业人员相对于社会需求来说比较匮乏，于是一些根本不懂人才测评的人常常充当专家主持测评项目。长此以往，势必会损坏人才测评的声誉，阻碍人才测评事业的发展。其实，人才测评工作对从业人员的要求是很高的。根据笔者多年的实践经验，人才测评工作的从业人员不仅要有较高的专业素养，而且要有较强的责任心、严谨细致的工作作风，甚至还要有吃苦耐劳的精神品质。当前，我们急需加强人才测评队伍的选拔和培养工作，扩充专业人才数量，并提高其质量。

4. 人才测评行业秩序混乱

打开搜索网站，可以看到各种人才测评机构提供测评服务的各种"广告"。人才测评软件是支撑它们发展的重要支柱，但这些人才测评软件往往不是自主开发的。营利是许多市场化人才测评机构成立的根本目的，这种商业化运作的弊端是显而易见的。首先，会误人子弟。有的人才测评机构为节约成本，引进了一些粗制滥造的人才测评软件，这些软件没有中国常模，问卷编制也很随意，再加上从业人员缺乏专业知识，因此很容易误导参加测试的人。其次，影响了人才测评行业的整体声誉。在招聘会上，只需一台计算机，就能花几十元钱做一个测验，并当场打印测验结果，告诉受测者适合什么工作，不适合什么工作。很多商家在利益驱动下对受测者很不负责任，自己不懂测评也敢对受测者指手画脚，这样势必严重破坏人才测评行业的良性发展。当前，急需有行业协会来规范人才测评行业的市场行为。

5. 相关法律法规缺失

有专家指出，导致人才测评行业发展受阻的根本原因是有关人才测评的法律法规不健全，管理跟不上。的确，在人才测评领域，至今尚无"行业标准"。一方面，任何一种测评工具，无须批准即可投入使用，而其效果如何，却无人过问；另一方面，测评工具的优劣难以判断，致使人才测评市场中，未经科学论证和测试，以及没有通过严格评审和认定的测评工具鱼目混珠。这样就造成了测评结果失真，从而加深了人们对人才测评的误解。因此，制定相关的法律法规，对人才测评市场进行有效的监督和管理成为当务之急。

1.5.2　人才测评的发展趋势

当前，人才测评的发展趋势呈现以下几个特点。

1. 对人才测评的要求越来越高，各种测评技术综合应用的趋势越来越明显

随着社会经济的发展，人才竞争日益激烈。一方面，用人单位对人才测评的要求越来越高；另一方面，人的多样性和复杂性也在增加，同时心理健康问题的人数也有上升趋势，这在客观上对人才测评提出了更高的要求。在这种背景下，人才测评实践中越来越多地综合应用各种测评技术，而不再局限于传统的笔试、面试等单一方法。一个很明显的事实是，在人才测评实践中，除了传统的测评技术，心理测验和情境模拟技术作为一种补充测评手段被广泛应用。

2. 在人才测评模式上，从关注个体到更关注团队搭配

过去的人才测评更多地关注个人素质，而如今的人才测评越来越多地关注团队成员间的搭配。以中高层管理人员的选拔为例，过去更多地关注管理人员本身的素质，而现在则更关注领导班子的搭配。例如，如果现有班子成员都较为谨慎而缺乏大胆创新精神，那么在选拔新管理人员时可能更看重其开拓创新精神；如果班子成员行业经验丰富，但对未来的业务发展态势缺乏分析把握能力，那么选拔新管理人员时可能更看重其宏观思维和分析判断能力。这种做法虽然可能最终选出的候选人并非综合素质最强的，却是团队中最需要的。

3. 在人才测评内容方面，从只关注人职匹配到开始关注人与组织的匹配

人职匹配更多地强调人与职位、知识、技能等方面的匹配，而随着各类单位越来越强调组织文化建设，个人价值观与组织文化的匹配问题受到越来越多的关注。虽然目前国内外尚无人对人职匹配和人与组织匹配这两种测评模式进行比较研究，但可以预见，随着经济全球化的进一步发展以及职业类型变化的加剧，未来的选拔模式将是人职匹配和人与组织匹配的有机结合。

4. 人才测评技术的创新将受到越来越多的关注

前面提到，人才测评技术的研究和创新曾滞后，但现在，人才测评技术的创新已开始引起各方面的重视。以面试为例，结构化面试的测评要素和题型开始得到改进，情境性面试和半结构化面试技术也得到越来越多的应用。以笔试为例，靠死记硬背的知识性考试正被考察知识应用能力的考试所替代。笔者在笔试、面试、无领导小组讨论、文件筐测验等各种测评技术的应用中探索了一些新的做法，取得了良好的应用效果。

5. 基于胜任特征的人才测评逐步兴起

传统的人才测评关注对候选人的经验、知识、技能等表面因素的考察，忽略了其潜在动机及未来发展潜力。而基于胜任特征的人才测评（Competency-based Talent Assessment，CbTA）能在这些方面为组织选拔人才提供更有效的支持。CbTA 的测评内容更加侧重于岗位关键胜任特征，测评方法更加强调各种情境模拟技术的应用。将胜任力的理念应用于人才选拔和招聘中，能够大幅度提高人才测评的针对性、准确性和有效性。正因如此，CbTA 越来越受到各类组织的欢迎。

1.6　人工智能技术在人才测评中的应用与问题

1.6.1　人工智能技术在人才测评中的应用

当前，大数据、人工智能等新技术不断应用于人才测评中。这绝不仅仅是测评方法的改变，即将传统的纸笔测试放到计算机上进行，而是一场深刻的变革。它将在测评内容、评价模式等多方面带来革新性的变化。随着信息化技术的深入应用，以前无法实现的测评技术将得以广泛应用，测评内容和评价模式将发生根本性的变化。例如，计算机自适应考试可以根据应试者的问题回答，即时评估应试者的能力水平，并据此不断选出更合适的试题让应试者回答。这不仅能有效缩短测评时间，还能提高测评精度。人工智能技术在人才测评中的应用广泛而深入。

1. 标准化构建：从经验驱动到智能化建模

（1）智能化胜任力模型构建。智能化胜任力建模是指利用人工智能、大数据等技术，对组织中不同岗位所需的胜任力进行精准识别、分析和构建的过程。它突破了传统方法耗时长且适应性差的局限，更高效、客观地确定员工在特定岗位上取得成功所需的知识、

技能、能力和其他素质。例如，利用聚类分析等算法对员工数据进行分类，找出不同绩效水平员工的特征差异，确定核心胜任力。

（2）人才画像与标签化。借鉴互联网用户画像技术，人工智能通过特征提取、文本分词等方法，对候选人进行多维度刻画，精准呈现其知识结构、技能水平、项目经验、职业素养等特征，为人才招聘、培养、管理提供全面且客观的参考依据，助力组织准确识别和高效利用人才资源。

2. 测评方法创新：从人工评估到人工智能全流程介入

（1）人工智能面试与多维评估。人工智能面试通过语音识别、微表情分析（如面部动作捕捉）及语义解析，减少面试评分中的主观偏见。例如，系统可分析候选人的逻辑表达能力和亲和力，进而实现结构化面试的自动评分。

（2）游戏化测评与沉浸式体验。通过模拟工作场景的游戏化测试，人工智能可动态捕捉候选人的决策模式、抗压能力等隐性特质，提升测评的趣味性并丰富数据采集维度。

（3）题目自动生成与智能评卷。基于机器学习技术，人工智能从素材库中提取关键词和图形元素，按规则生成测评题目。智能命题技术已在我国人事考试中开始探索应用，这将给命题专家带来很多帮助，从而降低人工命题成本，提高命题效率。

3. 人岗匹配优化：从经验判断到算法驱动

（1）简历与岗位描述的智能解析。利用深度学习模型对非结构化简历和岗位需求进行解析，提取关键信息（如技能、项目经验）并转化为结构化数据，为人岗匹配提供信息支撑，并实现智能化简历筛选。

（2）匹配度算法与推荐系统。通过相似度计算模型（如余弦相似度）综合学历、经验、薪资等条件，生成人岗匹配建议。例如，百度人工智能招聘模块可快速筛选出与岗位需求契合度高的候选人，减少 HR 初筛的工作量。

4. 数据驱动的预测与决策支持

（1）潜力预测与职业发展建议。人工智能通过分析历史绩效数据与测评结果，可预测候选人的成长潜力，并推送个性化培训课程。例如，有的公司利用人工智能系统为企业提供人才发展路径规划，降低用人风险。

（2）组织人才库的动态优化。持续迭代的人工智能模型可根据企业战略调整人才标准，实现人才库的自动化更新，为组织提供适配人才。

1.6.2   人工智能技术在人才测评应用中的问题

虽然人工智能在人才测评中具有诸多优势，但也存在一定局限性，如可能存在数据偏差、对复杂情境理解有限等问题。因此，需要与人工评估相结合，以达到更准确、全面的测评效果。

1. 数据挖掘与隐私风险

人工智能应用中需在数据挖掘与隐私保护之间进行平衡。例如，基于网络或企业内部人力资源系统上的应试者的行为记录可以客观地反映应试者的真实情况。这些行为包括人们在社交工具上的言行（如关注的网站和话题、乐于分享的内容，以及网上发帖的频次、内容等），或者企业人力资源系统内的行为记录（如出勤记录、培训记录、项目参与记录、工作时间访问的网站及线上的活动信息等）。利用应试者的这些自然表现，再结合应试者的人格、兴趣、价值观、领导力、敬业度等特点，有助于企业对应试者进行判断，最终帮助企业做出正确的人事决策。

人们的许多日常行为也可以用来分析其个性特点和行为方式。例如，我们点餐的行为可以反映我们对饮食的偏好，这与个人的出生地和居住地的饮食习惯有关，甚至有研究证实其与性格有关；我们在网上的购书行为，可以反映我们的兴趣和专业倾向、学习和发展的需求、品位和价值观等；我们平时的购物清单，可以反映我们的消费水平、品位和生活品质、对新事物的追求、消费习惯等。总之，网络一方面为我们提供了很多便利，另一方面暴露了我们很多的个人信息。因此，隐私数据需要受到尊重，这个问题将随着人工智能的应用普及而日益凸显。

2. 测评结果的使用

随着人工智能技术在人才测评中的深入应用，有些数据可能是在应试者不知情的情况下收集的，如社交网络数据的收集。根据这些数据的分析结果，数据用于什么目的是人们广泛关注的问题。国内外不少网站利用政府监管不足的漏洞，发布各种各样的免费测评信息，其实这些测评只是幌子、鱼饵，其背后真正的用意是收集个人信息，然后出售个人信息以获利。传统的人才测评是被邀请参加的，应试者明确知道数据被用于选拔、晋升和培养。必要时，我们还会与应试者或组织签订保密协议，保证测评结果只用于某一特定目的，不会用于其他方面，并对应试者的个人信息进行保密。总之，随着新技术的广泛应用，商业道德问题会越来越凸显。

3. 雇主与雇员的关系

在企业中使用新技术时，应该照顾到雇主与雇员的关系。从理论上讲，在人工智能时代，人们获取信息的渠道更多了，雇主和雇员之间信息沟通的渠道也更多了，信息更加透明化。但在现实中，雇员相对于雇主来说是弱势群体，雇主可能会利用大数据等信息化技术，在雇员不知情的情况下收集相关数据并由此做出相关的人事决策，这是一个令人担忧的问题。在收集相关数据时，雇主是否应该提前通知雇员，或者在使用时让雇员知晓并获得同意和授权，这也是一个伦理问题。

第2章
人才测评原理与质量评价指标

在人才测评中，存在诸多无法回避的基本问题，这些问题包括人才测评的理论基础、信度与效度。这些问题不仅能够揭示人才测评的价值与意义，还有助于我们在实践中对各种测评工具的技术质量指标进行评价。

本章导航

人才测评的原理	心理特征的差异性 心理特征的稳定性 心理特征的可测性 人职匹配理论
人才测评的信度	信度的概念 信度的作用 如何评估信度 影响信度的因素
人才测评的效度	效度的概念 各种人才测评技术的效度比较 如何评估效度 影响效度的因素

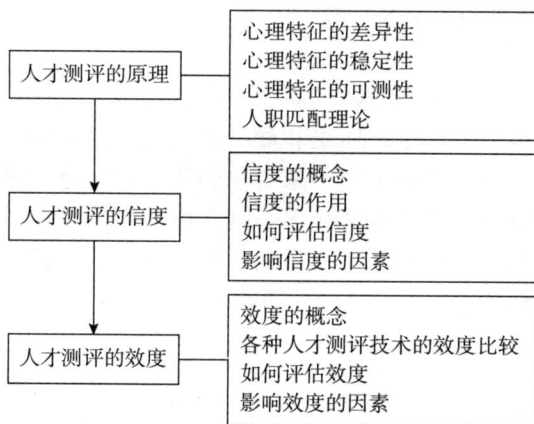

2.1 人才测评的原理

人才测评主要是针对人的心理特征的测量与评价。人与人之间的心理特征是否存在差异、是否具有稳定性、能否通过一些方法进行测量，这些基本问题直接关系到人才测评存在的必要性与可能性，是人才测评的重要基石。此外，人才测评的根本目的是帮助组织寻找合适的候选人，帮助个体寻找合适的工作职位，因此人职匹配理论是人才测评的另一重要基石。

沃尔玛和 UPS：招聘讲究人职匹配

世界 500 强企业中的零售业巨头沃尔玛曾连续两天在人才市场"摆擂台"，为即将开业的某个场店招募各类基层员工，而 UPS 也现身航运物流人才市场，大量招聘分拣操作工等岗位人员。这两家知名企业都在招聘过程中不约而同地传递出人职匹配的理念。

据称，沃尔玛在华企业平均每开设一家门店，就能解决约 400 人的就业问题，其中还不包括促销员等厂方人员。而且，张榜公布的 10 余项职位大多只需具备"高中学历及以上"的学历要求。这是因为与管理人员职位相比，基层员工大多需要的是动手能力和实践技能。与其他零售类企业相比，资产保护部防损员和索赔文员是沃尔玛招聘启事中独具特色的职位。防损员的职责是维护安全有序的公司交易和工作环境，保护商品和公司财产不受损失。通常这些职责在其他零售企业中被简单归入"保安"职责，而在沃尔玛，防损员还需具备"查账"等技能。索赔文员的学历要求虽较防损员稍高，但也仅需"大专学历及以上"，招聘条件十分实际，明确注明"需具备票据、索赔、条形码等方面的工作经验"。

在招聘现场，一位名校珠宝鉴定专业的应届高校毕业生徘徊在场外，对照招贴上的"沟通协调能力、团队精神"等软指标反复自问，仍心生疑虑。据称，沃尔玛将对新进员工进行为期两个月的培训。尽管这位毕业生已做好了当"营业员"的心理准备，但对能否应聘成功仍缺乏足够的把握。外资名企用人讲求实效，在一位毫无经验的初出茅庐者和拥有成熟行业经验者之间，取舍标准不言自明。

"高学历、低就业"的现象并非个例。在 UPS 的招聘现场，桌上堆积着厚厚一叠硕士学历、博士学历人才的简历。UPS 的招聘人士表示："最好的未必是最合适的。应届生大多冲着名企或品牌的魅力和光环而来，却不知 UPS 的用人理念是需要'终身为之服务'的雇员，而高学历人才未必能满足这一要求。类似当天的招聘职位，只需具备高中学历和勤奋等基本素质即可。本科学历者当然也可以胜任，但这是一种人才浪费。硕士学历、博士学历人才冲着名企光环来应聘一线岗位，是一种不理智的盲目行为。"

2.1.1　心理特征的差异性

正如世间没有完全相同的两片树叶一样，世界上也不存在完全相同的两个人。即便存在基因完全相同的双胞胎（同卵双胞胎），他们也会逐渐发展出不同的价值观和个性。从外在的身体特征来看，人与人之间的差异已经十分明显，我们大多数人能够轻易列举出诸如身高、体重、外貌等方面的不同。而心理特征虽然不像身高和体重那样直观，但大量的理论研究与实践均已证明，人与人之间在心理特征上存在着巨大的差异。

心理特征的差异性源于遗传与环境的共同作用，主要体现在能力、个性和行为这三个方面。在能力方面，有人逻辑思维能力很强，而有人形象思维能力更为突出；在个性方面，有人脾气暴躁，有人则性格温和；在行为方面，有人做事认真细致，有人则行事较为草率。这种心理特征的个体差异性，是推动人才测评产生和发展的核心动力，也是人才测评的重要依据。倘若没有个体之间的差异，人才测评便失去了存在的基础。

2.1.2　心理特征的稳定性

人与人之间的心理特征不仅具有差异性，还具有稳定性。也就是说，一个人的心理特征并非暂时表现出来的特点，而是相对稳定的个人特质。一个人自出生后，在长期的社会生活中逐步形成了对待生活的态度和个人的行为风格，一旦这种特点形成，便不容易改变。例如，一个性格开朗的人，不仅在家里爱说爱笑，而且在单位也善于与人打交道，在社交场合中也会表现得十分活跃。这种开朗的性格不仅在当下如此，过去乃至多年前也是如此，我们甚至可以预测他未来仍会保持这种性格特点。

正是因为个人心理特征的这种稳定性，人才测评才具有实际意义。我们能够根据测评结果做出适当的推论，即从过去的表现推论将来的表现，从一种情境中的表现推论到更大范围情境中的表现。在选拔人才时，也是通过一个人在接受选拔时所表现出的能力、个性和行为等特点，来推论其在未来可能的表现。

2.1.3　心理特征的可测性

既然心理特征具有稳定性，那么能否通过一定的手段对其进行测量呢？心理学家曾长期探索这一问题。然而，由于心理特征看不见、摸不着，无法直接测量，心理学家便通过人对外界刺激的反应来间接测量心理特征。这就好比我们不能直接测量温度，而是通过水银柱的体积变化来测量体温，是一种间接测量方式。人才测评正是通过人的外显行为来推断其心理特征。例如，如果一个人喜欢拆卸各种机械设备、热心修理家用电器，我们便可以推断此人具有机械方面的兴趣这一心理特征。

此外，对人的行为的测量需要考察每个人在群体中的相对位置。一个人能力的高低、兴趣的强弱，都是通过与所在团体大多数人的行为中某种人为确定的标准相比较而得出的。大量的人才测评实践表明，对人的行为的测量既具有一定的可靠性，又具有一定的准确性。这说明人的心理特征是可以有效地加以测量的。

目前，国际上已形成了三大心理测量理论，分别是经典测量理论（Classical Test Theory，CTT）、概化理论（Generalizability Theory，GT）和项目反应理论（Item Response Theory，IRT）。

2.1.4　人职匹配理论

人职匹配理论是关于人的心理特征与职业性质相一致的理论。该理论认为，个体差异是普遍存在的，无论是能力水平还是个性特征，不同个体之间都存在巨大的差异。每种职业由于其工作性质不同，对从业人员所要求的知识、技能、能力以及性格等心理特征也各不相同。当一个人的心理特征与他所从事的职业要求协调一致时，即人职匹配时，他的工作效率就会提高，事业成功的可能性也会增大。反之，当一个人的心理特征与他所从事的职业要求不一致时，他的工作效率就会降低，事业成功的可能性也会减小。

因此，无论是个人选择职业还是组织招聘人员，都必须考虑人职匹配问题。要做到人职匹配，首先需要对人和职位有一个客观的认识与评价。为了了解和评价人，产生了职业能力测验、结构化面试、评价中心技术等人才测评方法；为了了解职位，就有了工作分析、岗位胜任特征分析等岗位评价和分析方法。心理特征与职位要求的匹配关系如图 2-1 所示。

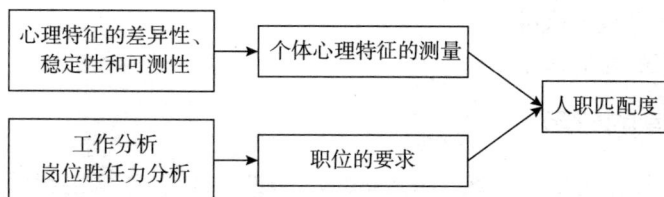

图 2-1　心理特征与职位要求的匹配关系

目前，影响力较大的人职匹配理论有特性—因素理论和人格类型理论。

2.2　人才测评的信度

信度是衡量测量工具质量的一个重要指标。如果测量工具的信度不理想，那么测量结果就不能被视为应试者行为表现的一致性、稳定性和真实性的可靠体现，测量也就失去了其应有的意义。

2.2.1　信度的概念

信度主要是指测量结果的可靠性或一致性。在接受测量时，应试者的行为可能会由于各种原因而产生波动，从而偏离其真实水平，这就会导致测量结果产生误差。测量结果的可靠性与测量结果受误差影响的程度密切相关，误差越大，测量结果的可靠性就越低。信度是衡量测量结果可靠性或一致性的指标。这一概念虽然表述起来可能稍显复杂，但其原理其实很简单。例如，在物理测量中，使用同一把尺子测量一张桌子的长度，今天测量的结果与明天测量的结果应当是一致的，张三测量的结果与李四测量的结果也应当相同。这说明对于同一物体，在不同测量条件下的一致性很高。同理，对于同一位应试者，在不同测量条件下也应当具有一致性。当然，由于人才素质的测量比物理测量复杂得多，不同的人在不同的测量条件下可能会存在差异，但这种差异应当控制在一定范围内。否则，我们就认为测量信度过低，测量结果不可信。

为了更好地说明人才测评中的误差类型，我们可以借鉴物理测量来加深理解。假设使用一根皮尺来测量人的身高，每次测量都会存在一定误差。首先，皮尺作为一种测量工具本身具有一定的精度限制，这种误差是必然存在的，同时也是有规律的，称为系统误差；其次，每次测量过程中可能会因操作不当或受到不可预见的外界因素影响而产生误差，这些误差是不可避免的，但毫无规律可言，称为随机误差。一个好的测量工具不仅要有尽可能高的精度，还必须将误差控制在一个合理且有规律的范围内，从而使测量结果更加稳定和可信。信度实际上是对随机误差的一种量化衡量。

在考察测量工具的信度时，首先需要考虑测量结果的稳定性，包括以下三个方面：

（1）测量结果的一致性程度，即在不同时间、不同条件下所得到的测量分数之间的一致性有多高。

（2）一个人所获得的分数与"真实分数"之间的接近程度如何。

（3）测量的一致性是否能够达到实际应用的要求。

其次，还需要考虑影响测量结果稳定性的原因，即分数不稳定、不一致的原因，包括以下两个方面：

（1）何种因素导致了这种差异。

（2）这些因素的相对作用如何。

2.2.2 信度的作用

信度高低的指标称为信度系数（Reliability Coefficient），通常以相关系数表示。信度系数一般是基于同一样本所得的两组数据的相关性，在理论上可以表示为实得分数与真实分数相关的平方：

$$r_{xx} = r_{xr}^2 = \frac{S_r^2}{S_x^2}$$

式中，r_{xr} 有时也称为信度指数，它是真实分数标准差与实得分数标准差的比率。

误差的大小与测量的信度有直接关系：两次测量分数的差异越大，信度就越低。

在测量中，确定信度系数通常有以下两方面的作用。

（1）解释真实分数与实得分数的相关。信度可以解释为总的方差中有多少比例是由真分数的方差决定的，即测量分数的变化中有多少真正反映了应试者分数的变化。例如，当 $r_{xr} = 0.90$ 时，我们可以说，实得分数中有 90% 的方差来自真实分数的差别，只有 10% 来自测量的误差。在极端情况下，若 $r_{xr} = 1$，则表示完全没有测量误差，所有的变异均来自真实分数；若 $r_{xr} = 0$，则所有的变异和差别都反映的是测量误差。信度系数的分布是从 0.00 到 1.00 的正数范围，代表了从缺乏信度到完全可信的所有状况。

（2）说明可以接受的信度水准。信度多高才可以接受呢？一般来说，信度系数不能低于 0.70。当信度系数大于 0.70 时，可以用于团体间的比较；当信度系数大于 0.85 时，可以用于鉴别个人的某些特性。不同的测量工具对信度的要求有一定的差别，实践中对不同类型的测量工具有不同的标准。表 2-1 给出了几种测量工具的信度系数。

表 2-1　几种测量工具的信度系数

测量工具	信度		
	低	中	高
成套成就测验	0.66	0.92	0.98
学术能力测验	0.56	0.90	0.97
成套倾向性测验	0.26	0.88	0.96
客观人格测验	0.46	0.85	0.97
兴趣问卷	0.42	0.84	0.93
态度量表	0.47	0.79	0.98

一般来说，当 r_{xx} 小于 0.70 时，不能对个人进行评价，也不能在团体间进行比较；当 r_{xx} 大于 0.70 时，可用于团体间比较；当 r_{xx} 大于 0.85 时，可用于鉴别个人的某些特性。

2.2.3 如何评估信度

1. 重测信度

重测信度又称稳定性系数，其计量方法是采用重测法，即用同一测量工具，在不同时间对同一群体施测两次，两次测量分数的相关系数即重测系数。根据重测系数的高低，可以判断测量结果在经过一段时间之后的稳定程度。重测信度越高，说明测量结果越一致、越可靠。例如，若选用测验 A 测量某儿童的智商，第一次测量结果为 100（中等智商），而一周后再次测量，发现其智商变为 150（超常儿童），在没有特殊原因的情况下，一个儿童的智商不应在一周内发生如此巨大的变化。由于两次测量结果不一致，很难准确判断该儿童的真实智商。因此，在这种情况下，一般会认为该测验的重测信度很低，不可信。

在评估测量工具的重测信度时，必须注意重测间隔的时间。如果间隔时间过短，应试者对测试题记忆犹新，可能会导致假性高相关；而如果间隔时间过长，测量结果又会受到应试者身心特质变化的影响，从而使重测系数降低。重测间隔时间的长短应根据测验的性质和目的来确定。如果希望测量结果能够预测较长时间的变化，则重测间隔时间应适当延长。表 2-2 给出了一项有关智力测验采用重测法的信度系数的例子。

表 2-2　重测法的信度系数

重测时间	信度系数
同日或次日	0.85~0.90
1 年	0.85
2~2.5 年	0.80
5 年	0.75~0.80
9 年	0.78

在进行重测信度评估时，还应注意以下两个重要问题。

（1）重测信度一般只反映随机因素导致的变化，而不反映应试者行为的长久变化。例如，应试者智力的发展和能力的提高，不是重测信度考虑的因素。这些因素导致的重测系数的降低，不能说明测验的重测信度低。

（2）不同的行为受随机误差的影响不同。例如，手指敏捷性比推理能力更易受疲劳、环境等因素的影响。因此，我们必须分析测验的目的，并了解测验所预测的行为。只有当测量的行为或特质较为稳定时，重测信度的解释才具有有效性。

2. 复本信度

复本信度又称等值性系数，是以两个测验复本（功能等值但题目内容不同）测量同一个群体，然后求得应试者在这两个测验上得分的相关系数。复本信度的高低反映了这两个测验复本在内容上的等值性程度。两个等值的测验互为复本。

计算复本信度的主要目的在于考察两个测验复本的题目取样或内容取样是否等值。例如，同样是测量数学运算能力的测验，如果一个测验复本侧重于考察加减法运算，而另一个测验复本侧重于乘除法运算，那么两者之间的相关性必定不会太高，即复本信度低。

复本信度的主要优点在于：

（1）能够避免重测信度的一些问题，如记忆效果、练习效应等。

（2）适用于进行长期追踪研究或调查某些干涉变量对测量结果的影响。

（3）降低了辅导或作弊的可能性。

复本信度也有其局限性：

（1）如果测量的行为易受练习的影响，则复本信度只能降低而不能消除这种影响。

（2）有些测验的性质会因为重复而发生改变，如某些问题解决型的测验，如果了解掌握了试题原则，就有可能产生迁移。

（3）有些测验很难找到合适的复本。

3. 内部一致性信度

重测信度和复本信度分别注重考察测量的跨时间一致性和跨形式一致性，而内部一致性信度主要反映的是测验内部题目之间的关系，考察测验的各题目是否测量了相同的内容或特质。内部一致性信度又分为分半信度和同质性信度。

1）分半信度

分半信度系数是通过将测验分成两半，然后分别计算这两部分测验之间的相关性而获得的信度系数。通常采用奇偶分半的方法，即将测验按奇数题和偶数题分成两半，并分别计算每位应试者在这两部分测验上的得分，再求出这两个分数的相关系数。这个相关系数代表了两部分测验内容取样的一致性程度，因此也称为内部一致性信度系数。

计算分半信度系数可以采用常用的积差相关方法。然而，这种相关系数实际上只是半个测验的相关系数。例如，对于一个包含 100 道题的测验，两半的分数实际上是从 50 道题中得到的，而在重测信度和复本信度中，分数是从所有 100 道题中得到的。在其他条件相同的情况下，测验越长，信度系数越高。分半测验往往会低估信度，因此必须进行修正。常用的修正方法是斯皮尔曼–布朗公式（前提是分半的两部分测验的方差相等）：

$$r_{xx} = \frac{2r_{hh}}{1 + r_{hh}}$$

式中，r_{hh} 是分半测验的相关系数；r_{xx} 是估计或修正后的信度。

2）同质性信度

同质性是指所有测验题目测量的只是单一的特质或内容，表现为所有测验题目得分的一致性。例如，"3+4＝?" 和 "4+5＝?" 这两个加法题是高度同质的，而 "8+13＝?" 则与前面的题目有些不同质，因为后者涉及进位加法。

同质性是保证测验只测量单一特质的必要条件。如果同质性较差，则测验中可能混合了不同的内容，其结果就难以判断究竟反映了应试者的什么特征。例如，在考察管理技能时，预测与决策、监督与控制等都是不太容易区分的，因此对题目的设计要求相当高，否则就会把不同技能混合起来，导致结论错误和用人失误。

同质性信度是指测验内部的题目在多大程度上考察了同一内容。当同质性信度较低时，即使各测验题目看起来似乎是测量同一特质的，但实际上测验是异质的，即测验测量了不止一种特质。例如，在测量小学数学工程类应用题时，如果题干表述过长且难以理解，这样一个看似测量数学应用题解决能力的测验，实际上还测量了语言理解能力。那些语言理解能力较差的人可能根本无法正确回答试题，从而导致测验结果的偏差。

4. 评价者信度

在某些测量情形中，评价者的评判本身也是误差的来源之一。例如，在投射测验、无领导小组讨论、评价中心技术等情境中，测量结果高度依赖于评价者的判断。这种判断的主观性往往会导致不同评价者对同一对象的评分不一致，因此有必要考虑评价者信度。

评价者信度是指不同评价者对同一对象进行评判时的一致性程度。最简单的估计方法是随机抽取若干份答卷，由两位独立的评价者分别打分，然后计算每份答卷两个评分的相关系数。如果评价者人数在 3 人以上，且采用等级记分时，则需要使用肯德尔和谐系数（Kendall's Coefficient of Concordance，W）来求评价者信度。其公式为：

$$W = \frac{S}{\frac{1}{12}K^2(N^3 - N)}$$

式中，K 为评价者的人数；N 为应试者的人数或答卷数；$S = \sum_{i=1}^{N} R_i^2 - \frac{1}{N}\left(\sum_{i=1}^{N} R_i\right)^2$，$R_i$ 为每位应试者的被评等级。

如果有 4 位评价者对 6 份答卷进行了评分，则所评等级如表 2-3 所示。

表 2-3　等级结果

评价者	答卷编号					
	一	二	三	四	五	六
甲	4	3	1	2	5	6
乙	5	3	2	1	4	6
丙	4	1	2	3	5	6
丁	6	4	1	2	3	5
R_i	19	11	6	8	17	23

可求得：

$$\sum R_i = 19+11+6+8+17+23 = 84$$
$$\sum R_i^2 = 19^2+11^2+6^2+8^2+17^2+23^2 = 1\ 400$$
$$S = 1400-84^2 \div 6 = 224$$
$$W = \frac{224}{\frac{1}{12}\times 4^2 \times (6^3-6)} = 0.80$$

最后，我们将各信度系数类型相应的误差方差来源进行列表（见表 2-4）比较。

表 2-4　各信度系数类型相应的误差方差来源

信度系数类型	误差方差来源	信度系数类型	误差方差来源
重测信度	时间取样	分半信度	内容取样
复本信度（连续施测）	内容取样	同质性信度	内容的异质性
复本信度（间隔施测）	时间和内容取样	评价者信度	评价者差异

一般情况下，间隔施测的复本信度系数最低，修正后的分半信度系数最高。

2.2.4　影响信度的因素

测验的信度会受到各种因素的影响，因此在解释信度时要充分考虑这些因素，在测验实施过程中要力图避免这些因素的影响。总体来说，对测验的信度造成影响的因素主要有样本团体的性质、测验的长度、测验的难度。

1. 样本团体的性质

样本团体的性质对信度的影响主要有以下三个方面。

（1）样本团体的分数分布。任何以相关系数表示的信度系数都会受样本团体分数分布的影响。样本团体分数分布越广，信度系数就会越高；样本团体分数分布越窄，信度系数就会越低。

（2）样本团体的异质性。信度系数还受到样本团体异质性的影响。一般来说，样本团体的异质性越大，信度系数就相对越高。例如，我们用一项数学测验来测试 A、B 两组应试者，A 组应试者较为同质（某校数学实验班的学生），分数分布为 70~90 分；B 组应试者较为异质（多个学校的各类学生），分数分布为 20~90 分。显然，由于 B 组应试者的分数分布比 A 组要广得多，所以，采用 B 组应试者作为样本团体得到的信度要比采用 A 组应试者作为样本团体得到的信度高。

（3）不同团体间能力水平的差异。施测的团体的平均能力水平的不同也会对信度产生影响。例如，在斯坦福–比奈量表中，不同年龄段的团体的信度从 0.83 到 0.98 不等。对于年幼的团体，他们的平均能力水平较低，其分数基本上是凭猜测获得的，而靠猜测的测验结果总是不够稳定的，因此信度值较低。这种情况导致的信度偏差，很难用一般的统计公式来校正，只能通过对各年龄段及能力水平的团体进行检验来确定。

2. 测验的长度

信度还会受到测验长度（题目的多少）的影响。一般来说，测验越长，信度值越高。一方面，测验越长，题目取样或内容取样就越充分，结果就越可靠。例如，如果英语词汇量的测试只包含一道题，仅依据应试者对一个单词的记忆来确定其词汇量，其结果肯定是不可靠的。另一方面，较长的测验也不容易受到猜测的影响。

需要指出的是，在增加测验长度时要注意：只有增加的题目和原题目在性质上相同时，才能达到提高信度的效果。

3. 测验的难度

测验的难度也会对信度产生影响。如果一个测验的难度太低，测验分数会非常集中并聚在高分端，即出现天花板效应；如果一个测验的难度太高，测验分数也会非常集中并聚在低分端，即出现地板效应。因此，测验难度太低或太高都会使测量分数分布太窄，导致信度降低。

只有当测验的难度水平能够使测验分数分布范围最大时，测验的信度才会比较理想。一般来说，当所有应试者的平均分为测验总分的一半（50%），并且分数从零分到满分均匀分布时，测量的信度最高。由此可知，测验的长度和难度会共同起作用，所以如果只增加测验的长度，但没有控制测验的难度，使测验分数不能充分散开，那么增加测验长度也是徒劳的。

2.3　人才测评的效度

效度是衡量测量工具质量的另一个重要指标，其作用比信度的作用更为重要。如果一个测量工具的效度很低，无论它的信度有多高，这个测量工具都没有应用价值。

2.3.1 效度的概念

效度是一种测量工具测到所要测量的东西的程度，它可以反映测量的准确性。在物理测量中，尺子测量的总是长度，磅秤测量的总是重量，但在人才测评中，有时会发生用"尺子"测量"重量"、"磅秤"测量"长度"的现象，这种测量就缺乏效度。此外，即使测量的特质本身没有问题，结果也未必准确。例如，一台磅秤，由于长期使用，弹簧已经变形，一个 20kg 重的人站上去，显示的却是 55kg，一天称 10 次，显示的都是 55kg，虽然测量的"信度"足够好，但准确度并不高，也就是说效度并不理想。影响测量效度的因素很多，主要包括对测量要素的界定是否清晰、试题是否能考察应试者的相关素质、评价者是否准确把握了要素的内涵及其操作定义等。

从测量理论的角度讲，效度可以定义为与测量目标有关的真实方差与总方差的比率。真实方差是由所要测量的目标变量产生的方差。效度的定义可以用公式表示为：

$$r_{xy} = \frac{S_v^2}{S_x^2} \qquad (2-1)$$

式中，r_{xy} 为效度；S_v^2 为真实方差；S_x^2 为总方差。

效度的定义也可以通过真分数的概念和方差分析方法来加以说明。我们知道，一组测验分数的总方差等于真实方差与误差方差之和：

$$S_x^2 = S_r^2 + S_E^2 \qquad (2-2)$$

真实方差还可以分为有关方差（由应试者的变化引起的变化）和无关但稳定的方差（与应试者无关但由于量具的原因而有规律地存在的度量值的变化）两部分。无关但稳定的方差就是所谓系统误差带来的方差：

$$S_r^2 = S_v^2 + S_I^2 \qquad (2-3)$$

式中，S_v^2 代表有关方差；S_I^2 代表无关但稳定的方差。将式（2-3）代入式（2-2），可得

$$S_x^2 = S_v^2 + S_I^2 + S_E^2$$

因此，一组测验分数之间的方差是由有关方差、无关但稳定的方差和测量误差的方差三部分决定的。也就是说，造成测验分数变化的原因主要有三大来源：测量对象本身的变化、量具的精度造成的系统误差、量具使用中造成的随机误差。

信度是效度的必要条件，但并不充分。效度要进一步解释经验水平的指标与理论概念的联系。因此，可以把效度大体上分为两大类：一类是经验效度，这是比较普遍的一类，其主要表征为一些可观测变量之间的关联程度。因此，这类效度通过分析两个或两个以上变量之间的关系，可以用一些观测变量预测另一些观测变量；另一类是理论效度，它主要表征观测变量与理论概念之间的关系，这些理论概念往往是潜在变量，不可直接观测。

2.3.2 各种人才测评技术的效度比较

大量人事选拔的有效性研究表明，在人事选拔中，各种人才测评技术的效度是不一样的。墨菲（Murphy，1997）发现，不同的预测源适合预测不同的效标。例如，能力适合预测个体任务绩效和有关技术熟练性方面的绩效；责任心适合预测组织公民行为；人格适合预测工作动机、团队合作、人际有效性等。

施密特和亨特（Schmidt & Hunter，1998）对 17 种人才测评技术的效度进行了分析。

当选用总体工作绩效评定（一般是上级评定）作为效标时，这 17 种人才测评技术的预测效度从高（认知能力和正直测验的结合效度为 0.65）到低（兴趣测验效度为 0.10）存在不同的分布。

在效度校正的研究方面，埃兰（Eran）发现高效度的人才测评技术包括结构化面试和认知能力测验，它们的平均校正效度超过 0.45；中等效度的人才测评技术包括传记资料、非结构化面试、人格测验和正直测验，它们的平均校正效度是 0.25~0.45；低效度的人才测评技术包括五大人格测验，它们的平均校正效度是 0~0.25，其中效度由低到高依次为开放性、愉悦性、外倾性、情绪稳定性和责任心。

从 1986 年至 1998 年，史密斯（M. Smith）在英国曼彻斯特理工大学对常见的人才测评技术的效度问题进行了研究，并公布了研究结果（见图 2-2）。

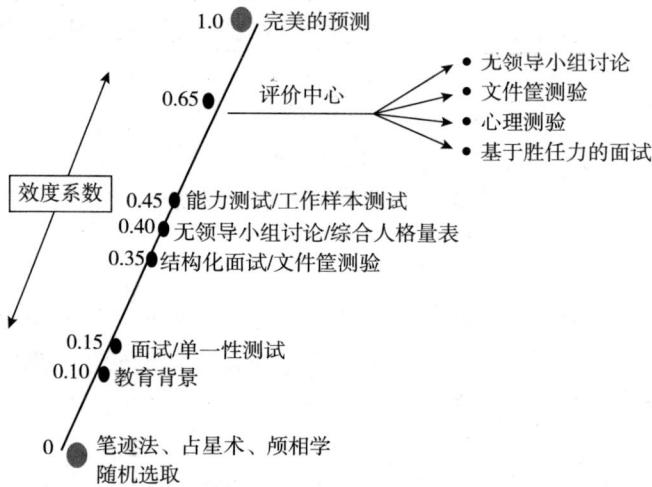

图 2-2　常见的人才测评技术的效度比较

根据两个比较有影响的元分析结果，各种人才测评技术的效度如表 2-5 和表 2-6 所示。效度是预测结果与实际工作绩效的相关系数。

表 2-5　各种人才测评技术的效度比较（一）

人才测评技术	效度	人才测评技术	效度
评价中心	0.31~0.63	个人履历资料法	0.24~0.37
工作取样	0.31~0.54	个性测验	0.15~0.22
能力测验	0.25~0.53	申请表	0.14~0.26
行为性面试	0.25~0.40	非行为性面试	0.11~0.23

表 2-6　各种人才测评技术的效度比较（二）

人才测评技术	效度	人才测评技术	效度
评价中心——提升	0.68	个性测验	0.38
结构化面试	0.62	非结构化面试	0.31

续表

人才测评技术	效度	人才测评技术	效度
工作取样	0.55	申请表	0.13
能力测验	0.54	占星术	0.00
评价中心——绩效	0.41	笔迹法	0.00
个人履历资料法	0.40		

尽管表 2-5 和表 2-6 不完全相同，但总体上是一致的。各种人才测评技术效度的高低与其应用的普遍性并没有必然的联系，也就是说，效度高的人才测评技术并不一定用得最多。例如，评价中心的效度最高，但其应用不是最普遍的；而申请表的效度比较低，但其应用非常广泛。不过，这种状况正在发生转变。在人事选拔中，评价中心和心理测验的使用越来越多。以英国为例，1971 年仅有 11% 的组织使用评价中心技术（Kingston）；到 1986 年，这一比例增加到了 21.4%（Robert & Makin）；而到了 20 世纪 90 年代，有58.9% 的组织在人事选拔的某个阶段使用了评价中心技术（Shackleton & Newell，1991）。

当然，这并不是说申请表之类的方法正逐渐被评价中心等人才测评技术所代替，而是随着科技的发展，人才测评技术正在传统方法的基础上不断充实、完善，更全面深入地对候选人进行观察和了解，从而使选拔的准确性日益提高。

2.3.3 如何评估效度

随着效度概念的发展，效度评估理念也在发生着变化。早期的效度概念关注的是两个变量之间的相关性，随后关注重点转向效度的多种类型，后来则更加注重考察测验的构想效度。当前，效度验证被看作一个持续不断的动态过程，在这个过程中，运用各种技术不断地评价、质疑和检查由测验分数进行推论和解释的有效性。根据传统效度评估方法的不同，效度可以分为内容效度、效标关联效度和构想效度三类。

1. 内容效度

1）内容效度的定义

内容效度是检查测验内容是不是所要测量的行为领域的代表性取样的指标。在实际工作中，我们编制的测验不可能包含所要测量的行为领域的全部材料或情境，因此只能选择一个有代表性的样本，通过观察应试者对个别题目的反应，来推测他的总体行为表现。因此，取样的恰当性就是影响测量效果的一个重要因素。如果选择的题目偏重某部分内容，或者过难或过易，就会使测验难以对目标行为或特点进行准确、全面的测量。

2）内容效度的评估方法

内容效度的确定一般没有可用的数量化指标，只能靠推理和判断来进行评估。较好的内容效度的测验依赖于两个条件：

（1）测验内容的范围明确。

（2）测验内容的取样有代表性。

因此，要保证良好的内容效度，应该从开始编制测验时就谨慎地选择合适的测验题目。内容效度的评估方法通常是由专家根据测验题目和假设的测验内容范围进行系统的比较和判断的。为了使内容效度的评估过程更为客观，可以采用如下程序：

（1）确定总体范围，即描述相关的知识与技能及所用材料的来源。

（2）编制双向细目表，确定内容和技能各自所占的比例，并由测验编制者确定各题目所测的是何种内容与技能。

（3）制定评定量表来测量测验的整个效度及其他特点，如测验包括的内容、技能、材料的重要程度、题目对内容的适用性等，由每位评价者在评定量表上做出判断，总结获得测验内容效度的证据。

3）内容效度的应用

内容效度比较适合评估教育和职业成就测验。在这种测验中，通过对内容效度的评价可以回答两个问题：一是该测验是不是考察某种技能和知识的代表性样本；二是该测验的成绩是否不受无关因素的影响。其中，内容效度对效标参照测验尤为重要，因为在效标参照测验中，应试者的表现往往通过测验内容来解释。效标参照测验应用的基本条件是具备足够的内容效度。

内容效度的评估一般不适合能力倾向和人格测验。能力倾向和人格测验不太要求测验题目与所取样本的行为领域的内在相似性，其测验题目的选择更多地受某种假设的指导，这种假设的正确与否由测验的其他效度形式来确定。此外，能力倾向和人格测验与成就测验不同，前者不是建立在某种教学课程或工作知识与技能的基础上的。在对相同测验题目做出反应时，每位应试者使用的方法和心理过程是不同的，同一测验对不同的应试者来说，测量的是不同的心理过程。在这种情况下，不可能由检查测验的内容来确定测验测量的功能。

2. 效标关联效度

效标关联效度，也称效标效度，反映的是测验分数与外在标准（效标）的相关程度，即测验分数对个体的效标行为表现进行预测的有效性程度。

效标是考察测验效用的外在参照标准。例如，一个机械能力倾向测验，其效标可以是某人成为机械师后的工作表现；对于一个管理能力测验而言，其效标可以是某人将来管理工作的绩效。效标效度往往用于预测性测验，在这种测验中，根据测验分数做出的预测一般用于甄选决策。因此，只有当测验分数确实能够预测所需研究的行为表现时，这种决策才可能是正确的。

效标效度主要考察测验分数与效标的关系。因此，效标效度也可以定义为测验分数与效标的相关程度。效标材料可以在与测验开始实施时间大致相同的时间获得，也可以在测验实施很长时间后获得。根据效标材料的收集时间不同，可以将效标效度进一步分为预测效度和同时效度。

1）预测效度和同时效度

预测效度的效标材料往往是测验结束后隔一段时间才获得的，它反映的是测验分数对任一时间间隔后应试者行为表现的预测程度。预测效度适用于对人员进行选拔、分类和安置的人事测验，这些测验需要对应试者未来的工作绩效进行可靠的预测。通常用追踪法来评估预测效度，具体可通过长期观察、积累材料，以衡量测验结果对应试者未来表现的预测能力。例如，可以对应试者进行长期观察，获得他们隔一段时间后的工作绩效的情况，然后看测验分数是否正确预测了他们的工作绩效。

同时效度的效标材料可以和测验分数同时收集。有时，同时效度可以替代预测效度，因为当测验施测于已存在有效效标材料的团体中时，就不必经过一段时间后再进行比较。

例如，大学生的测验成绩可以与其在学校的功课成绩直接比较，选拔测验的得分也可以与应试者在现在工作中的绩效进行比较。因为同时效度的评估不需要长期追踪，所以应用更为普遍。

同时效度和预测效度的差异的根源不是收集效标的时间，而在于测验目的的不同。前者多用于诊断现在的状态，后者多预测未来的结果。这种差异可以用两种不同的询问方式来说明：

（1）"某人成功了吗?""某人患病了吗?"

（2）"某人会成功吗?""某人会患病吗?"

第一类问题属于具有同时效度性质的测验要求回答的问题；第二类问题属于具有预测效度性质的测验要求回答的问题，针对的是未来会发生的情形。

2）效标和效标测量

效标是衡量测验有效性的参照标准，是一种可以直接、独立测量的行为。换句话说，要测量效标，就必须把效标行为转化为某种可以操作的测量指标，以便进行比较。这种可操作的测量指标就称为效标测量。因此，从效标的概念来看，其可以细分为观念效标（效标的实质概念内容）和效标测量（效标的具体测量方法）。例如，对于用于筛选销售人员销售技巧的测验而言，其观念效标是"销售工作的成功"，而效标测量往往用"年销售量"来表示。

效标测量要求能真正反映效度，即它们的相关性要高。例如，技术水平可以作为某种机械能力倾向或职业选拔测验的观念效标。如果产品主要由个人的技术水平决定，而与工作环境和个人的其他因素无关，那么产品数量可以作为技术水平的效标测量。另外，效标测量还必须具有较高的信度。

3）常用的效标

由于每个测验的用途不同，因此会有不同的效标。常用的效标有以下几种：

（1）学术成就。这种指标常作为智力测验的效标，其逻辑假设是智力高（以高智商分数为标志）的人，其学术成就也应当越高。常见的效标还包括在校成绩、学历、标准成就测验分数、教师对学生智力的评定、工作中的研究成果、有关的奖励和荣誉等。这些指标属于对学术能力倾向测量的精确描述，因此，也可以作为某些多重能力倾向测验和人格测验的效标。

（2）特殊训练成绩。能力倾向测验常用的效标是应试者在将来某种特殊训练中取得的成绩。例如，机械能力倾向测验的效标可以是在工厂的技术培训中的成绩。以特殊训练成绩作为效标，其测量值往往采用完成训练后的某种成就测验的成绩、正式安排工作的等级、指导教师的评定等指标。多重能力倾向测验常采用学校中类似课程的成绩作为效标的测量值。例如，言语智商以语文成绩作为比较标准，空间视觉能力以地理成绩作为比较标准。

（3）实际工作表现。在许多情况下，比较令人满意的效标是实际工作表现，这种效标可用于起选拔作用的一般智力测验、人格测验及能力倾向测验等。

（4）团体对比。采用团体对比法确定测验有效性的方法：用两个在效标表现上有差别的团体，比较他们在预测源分数上的差别。例如，一个音乐能力倾向测验的效度，可以由比较音乐学院学生的分数与一般大学生的分数而获得；一个机械能力倾向测验的效度可以由比较机械学院学生的分数与一般大学生的分数而获得。

（5）等级评定。等级评定往往由应试者的老师、同学、上级、同事等观察者进行。这种评定不局限于对应试者某种成就（如工作绩效）的评定，可以包括观察者根据测验所要测量的心理特质在应试者身上的表现而做出的一种个人判断。例如，对应试者的支配性、领导能力、诚实性、独创性或智力等进行评定。等级评定可以作为任何测验的效标，尤其适合人格测验，因为人格测验的客观效标很难找到。

（6）先前有效的测验。一个新测验和先前有效的测验的相关经常作为效度的证据，这种效度叫作相容效度。当新测验只是现有有效测验的简式时，现有有效测验的成绩完全可以作为一种效标。同样，纸笔测验可用效度已知的操作测验成绩作为效标；团体测验可用个体测验作为效标。必须指出，只有当新测验比先前有效的测验更简单、更省时、更经济时，才能用先前公认的有效测验作为效标。

3. 构想效度

测验的构想效度是指测验能够测量到理论上的构想或特质的程度。构想通常指一些抽象的、假设性的概念或特质，如智力、创造力、言语流畅性、焦虑等。这些构想往往无法直接观察，但每个构想都有其心理上的理论基础和客观现实性，都可以通过各种可观察的材料加以确定。例如，言语流畅性可以通过语速、语句间的逻辑性、口误的次数等可观察的指标进行确定。

构想效度关注的问题是：测验是否能正确反映理论构想的特性。例如，一项言语流畅性测验是否真正测量了言语流畅性，是否对言语流畅性的理论概念中包含的所有特点（如语速、语句间的逻辑性、口误的次数等）进行了测量。

1）确定构想效度的步骤

一般而言，确定一个测验的构想效度包括以下三个基本步骤。

（1）建立理论框架，以解释应试者在测验上的表现。

（2）依据理论框架，推演出各种与测验成绩有关的假设。

（3）以逻辑和实证的方法来验证假设，根据某些累积材料决定某种理论是否能恰当地解释现有材料。如果不能做出恰当的解释，则应该修正上述假设，直到能做出恰当的解释为止。

构想效度的确定过程可以用一个简单的例子来说明。例如，某人对创造力这个构想感兴趣，他假设那些具有创造力的个体与那些不具有创造力的个体有某些不同，因此可以建立一个理论来说明那些有创造力的个体的行为与其他人不同，从而使人们能够通过观察个体的行为和根据某种理论分类来辨别具有创造力的个体。如果希望编制一个测验来测量创造力，那么这个创造力测验必须具有构想效度，即测验分数与根据创造力的心理学理论观察应试者行为做出的判断相关。如果这种关系不成立，则该创造力测验缺乏构想效度的支持；如果关系不太大，可能有多种原因，如测验可能没有真正测量创造力，或者关于创造力的理论是错误的。如果测验分数与根据创造力的心理学理论观察应试者行为做出的判断相关很高，则表明测验具有构想效度。

由此可见，构想效度不是通过简单的逻辑分析或统计分析来确定的，而是通过从各种来源中逐渐累积资料来确定的。

2）常用的确定构想效度的指标

确定构想效度的一般方法可以分为以下几种。

（1）测验内部的方法，如采用测验内容效度、内部一致性等指标。

（2）测验间的方法，如采用相容效度、因素分析、会聚效度和区分效度等指标。

（3）效标效度的研究方法，如采用发展变化等指标。

（4）实验和观察方法，检验是否有构想效度。

常用的确定构想效度的指标如下。

（1）发展变化。智力测验中最常用的标准是年龄差异，通常是通过考察实际年龄来观察测验分数是否逐年增加。在儿童期，一般认为人的能力是逐年增强的，因此如果测验有效，则测验分数应该反映这种变化。所以，在验证智力测验的构想效度时，可以检查不同发展水平的儿童的表现。在工作中，人们的经验会随时间的推移而积累，所以如果要考察某项技能的效标，可以假定该技能在一定时间范围内是随从事该项工作的年限的增加而增加的。工龄增加，经验更丰富，技能增加，对组织的贡献也就增大，报酬自然也应该多。这个假定实际上也是年资工薪的理论基础之一。当然，这个假定并不是对所有的人在所有的时间段内都成立的，需要加以考察验证。

（2）与其他测验的相关。测量相同特质或构想的测验，彼此之间应该有高相关。因此，一个新测验与相似的旧测验之间的相关，可以作为衡量新测验测量相同行为的程度的标准。这种新旧测验的相关系数又称为相容效度。与效标效度不同，这类相关虽然较高，但不是特别高。如果一个新测验与现有的有效测验的相关很高，而且不是更简便或易于实施的，那么没有必要编制这个测验。与其他测验的相关还有另一种用途，就是表示新测验是否受到某些无关因素的影响。一般来说，测量不同特质或构想的测验之间的相关很低，因此一个能力倾向测验不应该和人格测验有高相关，学术能力测验不应该与管理技能测验有太高相关。

（3）因素分析。因素分析是确定心理特征的一种统计方法，比较适合用于构想效度的研究。通过因素分析可以找出测验中包含的特质。卡特尔就是通过因素分析的方法从一系列特质中归纳出 16 种共同特质，最终按照这 16 种特质构造成 16 因素人格测验的。

（4）内部一致性。有些测验，尤其是人格测验，多以内部一致性作为构想效度的指标，这是因为如果测验的所有题目被验证为具有很高的内部一致性，则说明它们都是关于同一内容的，符合同一种构想。一般来说，这种方法常以测验的总分为标准，有时也用获得不同总分的应试者的差异为标准。用来考察内部一致性的方法主要有以下三种。

● 考察总分较高和较低的两类人在各题目上的通过率大小，比较每道题目上总分最高的 27% 的应试者与总分最低的 27% 的应试者，如果前者在该题上的通过率显著大于后者（一般要求是 30%～40%），则认为题目是有效的，否则应淘汰或修改。

● 计算题目与总分的相关，如未达到显著水准，则应淘汰；采用以上两种方法选择题目，其结果的内部一致性必然较高。

● 求分测验与总分的相关。例如，许多智力测验大多包括多个分测验（如词汇、算术、推理等）。在编制这种测验时，常要求各分测验与总分有显著相关，如果这一相关未达到显著水平，则应删除。

（5）会聚效度和区分效度。坎贝尔指出，要确定一个测验的构想效度，则该测验不仅应与测量相同特质或构想等理论上有关的变量有高相关，而且应与测量不同特质或构想等理论上无关的变量有低相关。前者称为会聚效度，后者称为区分效度。这就是坎贝尔（D. Campbell）和菲斯克（D. W. Fiske）在 1959 年提出的构想效度的一种考验方法。例如，一个数学推理能力测验与数学课成绩的相关就是会聚效度，而该测验与阅读理解能力测验的相关很低，则该相关就是区分效度。因为在测验设计时，已将阅读理解能力作为数学推理能力的无关因素来考虑了。区分效度特别适合人格测验，因为人格测验比较容易受到各种无关变量的影响。

2.3.4 影响效度的因素

影响效度的因素有很多，包括测验、样本团体、效标、信度等。前面已经介绍了信度对效度的影响，现将前三种影响因素分别加以说明。

1. 测验

凡是能造成测验结果误差的因素都会影响测验的效度。一个测验的效度高低，很大程度上取决于该测验受无关因素影响的程度。受无关因素影响越小，则效度越高。由测验带来的影响因素有以下几点：

（1）测验题目的质量。测验题目的指导语不明确、题目的表达不清晰、题目太难或太容易、题目中出现额外的线索、诱答设计不合理、题目过少、题目的安排和组织不恰当、题目不符合测验目的等，都会使测验的效度降低。

（2）实施测验时的干扰因素。实施测验的环境太差、应试者不遵从指导语、记分错误等，都会使测验的效度降低。对于效标效度，效标获取的时间与测验的时间相隔越长，测验结果与效标的关系受无关因素的影响就越大，所求得的效度必定越低。

（3）应试者的影响因素。应试者的反应定势、测验动机、情绪和身心状态都会对测验结果造成影响，因此这些因素也会影响测验效度。

（4）测验的长度。一般来说，增加测验的长度通常可以提高测验的信度，而效度系数能否达到最大值也受信度的影响。因此，增加测验的长度往往也能提高测验的效度。不过，效度增加的前提是这些增加的测验题目必须与测验的目标相关。

2. 样本团体

效度往往是通过对样本团体的测验分数进行各种分析而得到的，所以样本团体的性质也会对测验的效度产生影响。这种影响体现在以下 3 个方面。

（1）同一个测验对不同的团体测量的功能可能是不同的。例如，同一个算术测验，对于能力较差的应试者可能测量的是数学推理能力，但对于能力较强的应试者，可能测量的只不过是对以前所学内容的回忆能力和计算能力。在评价效度时，我们要力求使样本团体的性质与所要测量的团体的性质尽量相似，这样求得的测验效度才会较高。

（2）对于同一个测验，样本团体的性质不同，效度也会有较大的差别。样本团体的性质包括年龄、性别、教育水平、智力水平、动机水平、职业等有关特性。同一个测验对不同性质的团体可能有不同的预测能力，因此我们将这些对测验的效度产生影响的因素称为干涉变量。例如，对出租车司机实施能力倾向测验后发现，测验成绩与司机的工作成绩的相关仅为 0.20，这是相当低的预测效度。但是，当把对开车有兴趣的司机抽取出来单独计算效度时，却发现效度为 0.60。这说明该测验虽然对所有司机的工作成绩没有预测能力，但对于"有工作兴趣的司机"这一亚团体却有较好的绩效预测能力。在这个例子中，兴趣就是一个干涉变量。

（3）样本团体的异质性对效度也会有影响。用相关系数表示的效度系数会受到样本团体分数分布的影响。如果其他条件相同，那么样本团体越同质，效度越低；反之，效度越高。

3. 效标

在采用效标效度时，效标的性质会影响测验效度的高低。一般来说，如果其他条件相同，测量的行为或心理特质与效标行为或特质越相似，效度值就越高。例如，假设我们要进行一项管理能力测验，现在要为这个测验选定效标。也许有人会考虑采用以下效标来源：学历、升入现任职位的速度（年限）、近三年管理工作的业绩、同行的评价、上司的评价等。显然，这些效标与测验内容的同质性并不高，将测验分数与它们求相关时，得到的效度值的大小也就不同。

第 **3** 章
基于岗位需求分析的职位画像

在实践中，人才测评究竟测什么？基于岗位需求分析是非常重要的基础工作。如果在测评前都不清楚要测什么，就不可能达到测评的目的。组织实施人力资源管理的一个基础条件是了解其对人力资源素质的要求，建立基于组织战略发展需求的岗位胜任特征模型，并构建人才画像。

本章导航

岗位需求究竟是什么	明确岗位工作任务 分析岗位任职要求
如何摸清岗位需求	摸清岗位需求的方法 岗位用人需求的内容
各类人员的职位画像	如何构建人才画像 五类职位的通用人才画像
样例启示——国际公务员人才画像： 核心能力及其行为指标	国际公务员的未来胜任力模型 国际公务员的五大软实力

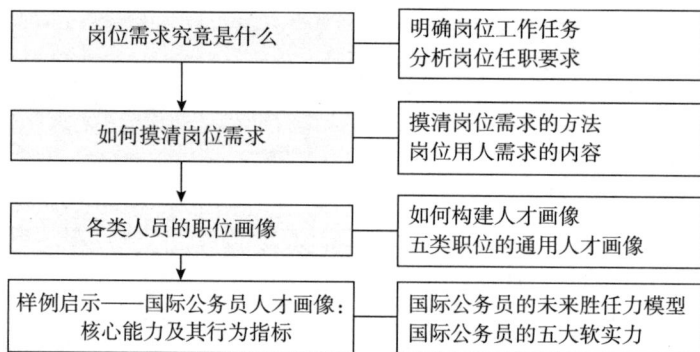

DHL 注重岗位需求模型的构建

中外运敦豪国际航空快件有限公司（DHL）为了选拔优秀且适合本公司企业文化的人才，采用了一些先进的管理理念和人员甄选技术。其中，基于胜任力的人员选拔方案是一种主要的选拔方式，力求做到人职匹配。

首先，公司根据自身的企业文化和业务发展，建立了符合公司特点的岗位胜任特征模型。在建模时，公司分两步进行：第一步，以岗位说明书和著名咨询公司合益集团为其量身定制的职位评估系统为主要依据，参考原有胜任素质，归纳总结岗位关键胜任要素，形成岗位胜任特征模型框架；第二步，通过管理访谈、管理层研讨，对模型框架进行有针对性的调整和修正，并细化胜任特质的典型行为，在初步形成的岗位胜任特征模型的基础上，形成评估要素列表，然后制定评估框架并选择、组合评估方法，从而建立起完整的岗位胜任特征模型。

其次，根据岗位胜任特征模型评估各岗位应该具备的能力。通过外部专家、内部管理人员及被评价岗位的直接上司、在岗人员及其下属共同对该岗位所需的胜任力水平做出评估，同时，参考同类组织对相应岗位的要求，建立公司所有岗位的胜任力标准。

再次，通过对公司管理的诊断和评估，建立发展评价中心，并用于选拔和招聘公司需要的员工。公司的发展评价中心包括心理测验、情境模拟（包括文件筐测验、无领导小组讨论、角色扮演、管理游戏、案例分析等）和专家面试（包括结构化面试、半结构化面试和非结构化面试）。

最后，根据建立的岗位胜任特征模型和发展评价中心对现有人员进行评估，力求达到人职匹配。公司应用已经建立的发展评价中心，对在关键岗位任职的人员进行素质评估，根据岗位胜任特征模型和参照标准，在胜任力的各个维度上进行比较，对达不到任职要求的人员进行调整和针对性的培训，从而保证组织调整的顺利完成，并建立自身独特的人才选拔系统，将岗位胜任力变成企业的核心竞争力之一。

3.1　岗位需求究竟是什么

3.1.1　明确岗位工作任务

在人才测评方案设计前，首先要明确岗位的工作任务是什么。系统全面的做法是进行工作分析。所谓工作分析，就是运用系统性方法收集与工作有关的各种信息，明确组织中各个职位的工作目标、职责、任务、权限，以及工作中与组织内外其他人员的关联关系和基本要求等。

下面以局长秘书职位为例，列出通过工作分析获得的该职位的工作活动内容。

工作活动

● 接收和筛选信件；负责来往公文、报告、指令，以及局内发生的重要事项和决定的记录。

● 起草、打印日常公文和报告。

● 根据口授记录或讲话录音，整理工作笔记。

● 检索档案材料和其他文件，选择有用信息，供局长答复公文和电话询问。

● 接待来访人员并进行筛选；接听电话，回答询问，提供相关信息；听从领导安排；安排预定时间表。

● 安排出差的食宿预订；根据要求做好出差准备；负责相关资料的管理；完成与办公室相关的其他工作。

这些信息对于工作者了解工作的性质和任务具有重要意义。从招聘的角度来看，这些信息有助于企业或单位招到合适的人选；从应试者的角度来看，这些信息能使他们更好地了解和熟悉未来的工作，并据此进行自我评估，估计自己在多大程度上能够胜任这份工作，从而为日后更好地适应新工作做好心理准备。

3.1.2 分析岗位任职要求

通过对任职者的访谈和工作活动的分析，可以梳理出岗位的任职要求，也称为工作规范。从人员招聘的角度来看，任职要求直接关系到招聘的效果。

工作规范规定了从事该工作的人员应具备的一般条件，如文化程度、专业技能、工作经验、价值观念、兴趣爱好等。这应该是人员招聘和竞争上岗面试前最需澄清的要求，它可以使面试更有针对性和实效性。

工作规范中任职者的条件通常包括四个方面（KSAO）：

（1）知识（Knowledge）：包括知识广度、专业知识等。所受的教育、参加的培训以及工作经验也是很重要的方面，因为它们也能反映出任职者的知识水平。

（2）技能（Skill）：指一般技能，如外语交流技能、计算机操作技能，以及专业技能，如财会人员熟练应用财务软件的技能等。

（3）能力（Ability）：包括各种与工作相关的能力，如营销人员的客户沟通能力、人际交往能力、应变能力等。

（4）其他特性（Others）：主要是与工作相关的个性特征，如科研人员的进取意识、成就动机、研究兴趣等。

仍以局长秘书职位为例，列出通过工作分析获得的该职位的工作规范。

工作规范

- 教育：大学本科毕业。
- 知识：了解办公室工作的程序与方法。
- 经验：具有两年以上的秘书工作经验。
- 技能：具有较强的英语阅读和会话技能；能够熟练操作办公自动化软件。
- 能力：具备较强的文字能力，能够起草日常公文和报告；具有较强的沟通协调能力；对日常事务和档案有一定的管理能力。
- 其他：耐心细致；具备应变能力与主动性；具有整洁的外表。

由此可见，工作规范信息能使我们全面地看到一项工作对任职者的各方面素质要求，这些素质要求往往是与工作密切相关的。在现实中，由于缺乏工作规范信息，许多组织在招聘时仅凭经验和判断来确定用人条件，结果该有的招聘条件缺失，而有些条件又并不必要。例如，本可以由大学生胜任的职位却要求招聘博士生；身高并不重要的职位却要求身高 170cm 以上等。

3.2　如何摸清岗位需求

3.2.1　摸清岗位需求的方法

笔者认为，一个理想的任职者，必须做到三个层面的匹配，包括职位匹配、团队匹配和组织匹配（见表3-1）。

表 3-1　理想的人职匹配模式

职位匹配	团队匹配	组织匹配
职业能力与职位需求匹配； 心理素质与职位要求匹配	人际技能和团队氛围匹配； 个人特质与领导风格匹配	潜能特征与组织战略要求匹配； 个人的价值观与组织文化匹配

由此可见，一个理想的任职者，不论是在业务能力还是心理素质方面，不论是在团队配合还是组织文化适应方面，都具有较高的要求。而要摸清从岗位工作到组织匹配这样复杂的用人需求，仅靠人力资源管理人员是难以完成的，而是需要业务部门、人事部门、组织高层等多方面人员共同商讨研究。其中，职位匹配层面的需求可以通过规范有效的工作分析来获得，通常包括七个步骤（见图3-1）。

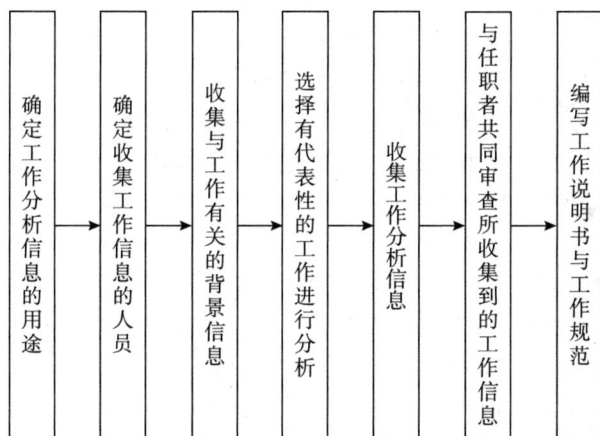

确定工作分析信息的用途 → 确定收集工作信息的人员 → 收集与工作有关的背景信息 → 选择有代表性的工作进行分析 → 收集工作分析信息 → 与任职者共同审查所收集到的工作信息 → 编写工作说明书与工作规范

图 3-1　工作分析的程序

1. 确定工作分析信息的用途

工作分析前首先要明确工作分析信息的用途，因为不同的工作分析目的直接决定了收集哪些方面的工作分析信息，以及采用何种工作分析方法。例如，如果工作分析信息用于职位说明书的编写，那么访谈法就是一种重要的手段；而如果工作分析信息用于薪酬的确定，那么职位分析问卷方法可能是最主要的手段。一般用于人员招聘的工作分析，主要采用访谈法和问卷调查法等手段。

2. 确定收集工作信息的人员

这里的人员包括对工作进行分析的人员、该工作的任职人员及其相关的上下级人员。工作分析过程需要各方人员的共同配合来完成。为了保证此项工作的顺利进行，通常需要建立工作分析小组，小组成员包括人力资源部门的人员、外聘的工作分析专家以及相关人员等。

这一步的一项重要工作是对工作分析人员进行培训。任何形式的工作分析都不能脱离具体的组织背景来进行，因此，除了通过培训让工作分析人员掌握选定的工作分析方法外，还要让他们对整个组织系统的情况有全面和清晰的了解。此外，对工作分析对象进行思想动员也是一项很重要的工作，可以以工作分析小组的名义召集有关人员进行座谈，取得他们的理解和支持，以便获得真实准确的工作分析信息。

3. 收集与工作有关的背景信息

在正式进行工作分析之前，还需要收集与工作有关的背景信息，包括组织机构设置图、组织流程图、任职者的基本情况等多方面的信息。如果以前有关于各项工作的说明书，一定要认真研究，这对于工作分析具有重要的参考价值。

4. 选择有代表性的工作进行分析

在工作分析实践中，需要分析的工作职位往往很多，而许多职位之间存在相似性，如企业生产线上的装配工。如果对所有的工作进行分析，将会耗费大量的人力和物力，事实上也没有必要对所有的工作进行分析。因此，可以选择一些具有代表性的职位进行重点分析。

5. 收集工作分析信息

需分析的工作职位确定后，就可以开始收集工作分析信息，包括有关的工作活动、工作对任职者的职责要求及其自身素质方面的要求。注意，要根据工作分析的目的选择适宜的工作分析方法。这里我们简要介绍一下常用的访谈法。

访谈法是一种有效而适用面广的工作分析方法，所以很受工作分析专家的青睐。访谈法可分为个人访谈和群体访谈。个人访谈，即工作分析人员每次只对一位任职者进行访谈，而群体访谈则在同一时间内对一批人进行访谈。显然，个人访谈比集体访谈要花费更多的时间和金钱，但是任职者在个人访谈时会更加敞开胸怀说话，因为任职者在个人访谈时更加相信他们所说的话会得到保密。

采用访谈法时，应注意遵循以下原则：

（1）在访谈前应做好一些准备工作，包括准备一个访谈提纲，选择一个合适的场所等。笔者曾经为某公司招聘一名副总经理。在招聘前的职位分析中，我们对同类公司的副总经理进行访谈，为此准备了一个简单的访谈提纲：

- 您在经营决策中的权限有多大？主要体现在哪几个方面？
- 在您任职期间，能否给我们介绍一些做得比较满意的决策事件？
- 在您过去的管理工作中，最令您遗憾的一个事件是什么？您从中得到了什么教训？
- 您认为一位优秀的任职者（副总经理）应该是什么样的？需要何种专业背景和相关经验？需要哪些方面的专门培训？还需具备哪些素质？

（2）开始访谈时，应先与被访谈者进行沟通，简明扼要地告诉被访谈者访谈目的，为什么要问他那么多的问题，他的如实回答为你的工作分析所带来的帮助等，以便达成融洽的关系，保证访谈在轻松愉快的氛围中进行。

（3）访谈中，话题与工作分析目的要紧密相关，同时尽量使用开放性的问题和易于理解的词汇，并让被访谈者有足够的时间来思考和回答问题。

（4）注意对被访谈者提供的信息进行评价，看看是否有歪曲事实的地方。因为被访谈者有时对于自己的工作会夸大其重要性、复杂性和强度。而对于与自己有利害关系的信息，被访谈者在表述时也往往会与事实有所出入。这也是访谈法的一个最大缺点，在访谈中要注意这个问题。

6. 与任职者共同审查所收集到的工作信息

工作分析提供了与工作的性质和功能有关的信息，而通过工作分析所得到的这些信息只有与从事这些工作的人员，以及他们的直接主管人员进行核对才有可能不出现偏差。因此，这一审查工作有助于确定工作分析所获得的信息是否正确、完整，同时也有助于确定这些信息能否为所有与分析工作相关的人所理解。必要时可以让任职者对这些工作分析进行修改、完善。

7. 编写工作说明书与工作规范

通常情况下，在完成了工作分析之后都要编写工作说明书和工作规范。在这里，需要将通过各种工作分析方法得来的信息进行归纳、汇总和总结，最后整理成正式的书面文件，即工作说明书。在人才招聘前的工作分析中，要特别强调工作规范，即工作对人的素质要求。

3.2.2　岗位用人需求的内容

经验性的岗位用人需求通常包括招聘对象、招聘条件、岗位要求等。而系统全面的用人需求是通过工作分析来获得的工作说明书，具体包括工作描述和工作规范两大方面的信息。工作分析的结果形式多种多样，不同组织的工作说明书千差万别，这与各组织的具体情况有关。表 3-2 和表 3-3 是两个实际样例。

表 3-2　某银行省分行办公室主任的工作说明书

职位名称：省分行办公室主任	专业类别：办公室	职位代码：
工作项目： 1. 管理领导办公室的全面工作；　2. 负责拟制工作方案； 3. 筹备组织各类工作会议；　4. 负责保密工作； 5. 组织调研；　6. 批阅、传阅公文； 7. 组织答复提案；　8. 领导交办的其他工作。		
工作任务： 1. 主持办公室全面工作，协调组织机关各处室工作，管理教育行员履行职责，积极完成上级交付的各项工作任务（30%）； 2. 根据总行有关精神和省分行领导的意见，组织起草分行工作规划和贯彻落实党的各项方针、政策、规定的实施意见，经组织讨论决策后，行长审核签发执行（10%）； 3. 负责协调、筹备、组织全省金融工作会议，本系统全省分、支行长会议和全行性的各种会议（10%）； 4. 负责组织分行机关保密委员会的日常工作，研究制定保密工作规章制度和办法，坚持开展经常性保密教育工作，组织节假日前的保密检查工作（10%）； 5. 组织综合调研，布置有关处室专题调研，组织起草调研报告，经领导审核签发（20%）； 6. 批阅总行、省委、省政府及同级各厅局、各地、市、州分行文件，分别呈送领导和有关部门传阅，根据领导批示做好有关文件精神的贯彻落实和监督检查（10%）； 7. 参加省人大、省委、省政府召开的提案工作会议，召开有关处室分解任务、落实议案、提案的答复工作（5%）； 8. 完成领导交办的其他工作（5%）。		

管理协调：

接受管理：分管副行长、行长　　　　人员管理范围：本室所有人员

业务管理范围：领导本室各项工作以及综合业务管理和协调，指导所管辖系统内保密、文档和信息反馈

部门内协调：各职位　　　　　　　　部门间协调：各处室

单位与行业间协调：省委、省政府办公厅及省级各金融机构办公室

职位责任：

责任范围：参与行内政务、协理行务、处理文务及本室各项工作，保证分行机关正常的工作秩序，对本室工作负全部责任　　　责任大小：重大

失误后果：影响金融方针政策的落实，影响分行正常办公秩序，使领导决策失误

工作标准：

1. 正确理解上级意图，严格执行国家方针政策和行业规章制度，工作尽职尽责，做到主动、严谨、有序、客观、公正、高效；

2. 制定工作计划，统筹兼顾，突出重点，合理、周密，可操作性强；

3. 维护办公秩序运转正常，督促、检查各项规章制度的落实；

4. 批阅文件及时，办理意见简洁明了；

5. 热情、诚恳、周到、合理、适时地安排全行性的各种会议；

6. 及时、圆满地完成领导交办的事项。

任职要求：

1. 教育程度：大学　　　2. 专业证书：无　　　3. 语言条件：英语四级

4. 培训：脱产 6 个月，不脱产 12 个月　　　5. 特殊技能：无

6. 经历与经验：担任办公室副主任或银行业务处室副处长三年以上

设备、工具、武器：远程通信工具

升迁和转任方向：

1. 升迁上一级领导或非领导职位；　　　2. 转任同级其他领导或非领导职位。

表 3-3　企业中某项目工程师职位的工作说明书

岗位			
部门	管理信息中心	职位	项目工程师
分部门	MRPII 办公室	批准者	经理
任职者姓名	×××	工作性质	技术开发、项目维护
批准日期	201×年×月×日		
工作关系			
直接管辖者职位	经理		

续表

直接管辖下属之人数	无
直接管辖下属之职位	无
其他关系	为 MRPII 系统实施提供技术支持及保证，与有关部门存在协作关系
工作要求	
学历资格要求	计算机类或管理类相关专业本科以上
技能资格要求	熟悉计算机软件设计，对企业管理有深刻了解
工作经验	两年以上实际工作经验
职责和权力	
权力	提出分项目系统方案及实施计划，监控实施进度。 批准：×××
岗位责任	1. 负责分项目的系统分析； 2. 拟制分项目实施计划； 3. 负责分项目的具体实施； 4. 负责监控和协调分项目实施进度，并反馈进度报告； 5. 负责分项目模块文档的编制工作； 6. 负责分项目模块运行培训及维护。 任职者签名：×××
备注	此表一式两份，一份存档，一份由任职者保存。

3.3　各类人员的职位画像

我们经常看到这样一个现象：一个人在某个岗位上总是干不好，可换了一个单位或者换了一个岗位，这个人却干得非常好。所谓"人挪活，树挪死"说的就是这个意思。这是为什么呢？还有一个常见的现象：有的人头脑很聪明，可什么工作都干不好，终究一事无成。这又是怎么回事？要寻求这些问题的答案，都涉及各类岗位的人才画像。

所谓人才画像，就是以岗位需求为基础，定义和刻画出胜任某一岗位的人才原型，包括教育背景、履职经历、基本条件、知识技能、价值观、自我形象、个人特质、动机等。根据岗位要求，以画像的形式描绘适合的人才特征，让用人单位清楚地知道自己需要什么样的人。人才画像可以解决人才与岗位的不匹配问题，让人才快速便捷地找到适合自己的工作，用人单位也可以根据人才画像找到相应岗位的人才。表 3-4 是某集团人力资源总监的人才画像。

表 3-4　某集团人力资源总监的人才画像

分类		详细内容
任职资格	年龄	30~45 岁
	学历	本科以上
	工作经历	5 年以上
	所学专业	专业不限，管理学、人力资源专业与 MBA 优先
能力素质	知识	熟悉人力资源管理六大模块，对核心人才的引进、使用、培养、激励有独到深入的见解
	技能	掌握岗位职责梳理、绩效考核、薪酬结构设计等技能
	关键历练	5 年以上大中型企业人力资源管理经理以上职位； 有集团企业总部人力资源管理经验； 有人力资源全面管理的实操经验
	胜任力	影响推动、组织变革、体系搭建、团队管理、系统思维
	个性特征	开放包容，追求高目标
	职业兴趣	喜欢与人打交道
什么样的人一定不会要		缺乏事业心，情商低，品行不端
什么样的人会优先考虑		主导过人力资源变革项目，尤其是绩效薪酬管理变革； 经历过从零开始搭建人力资源管理体系
定薪		年薪 50 万~60 万元

3.3.1　如何构建人才画像

如何构建职位的人才画像？任职者的素质要求是工作分析的核心内容之一。然而，在传统的工作分析中，任职者的素质要求往往仅限于知识经验和一般技能，对于与工作相关的个性因素（如进取心、成就欲等）考虑甚少，而这些个性因素恰恰是人才画像中很重要且最难获得的胜任力。此外，传统工作分析结果中所列出的素质要求多半是根据任职者的经验总结出来的，通常缺乏逻辑性。例如，在 3.2.2 节中表 3-3 列出的某项目工程师的工作说明书中，"两年以上实际工作经验"被列为该职位的基本要求。然而，问题是凭什么表明"一年实际工作经验甚至没有实际工作经验"的人不适合这个岗位？这是传统工作分析无法回答的问题。相比之下，胜任特征分析的方法则不同。调研表明，具有"两年以上实际工作经验"的人工作绩效明显优于"一年实际工作经验甚至没有实际工作经验"的人。因此，"两年以上实际工作经验"作为该职位的胜任特征，才会成为该职位画像的重要特征。由此可见，胜任特征分析才是获取人才画像的重要方法。

所谓胜任特征，是指"与工作绩效有因果关联并能预测高绩效的个体的稳定的潜在特征"（Spencer，1993）。换言之，也就是能将某一工作或组织中表现优异者与表现一般者区分开来的个体特征。那么，这些个性特征是什么？传统研究者认为包括四个方面的要素：知识（Knowledge）、技能（Skill）、能力（Ability）和其他特征（Others），简称KSAO。进入 20 世纪 90 年代后，人们发现其他特征（Others）主要是一些个性品质，如合作精神、开放性、成就动机等。

不同岗位对胜任特征的要求存在很大差异。例如，营销人员除了需要具备相关专业知识，还需要具备良好的沟通能力、人际敏感性等胜任特征。具体要求则需通过胜任特征分析方法来确定。以营销人员为例，不同岗位的要求也有很大差异。对于某制药企业的新产品营销岗位来说，营销人员需要开拓新市场，经常与医院合作，耐心地向医生说明药理，说服他们试用新药，向药品部负责人甚至医院院长介绍新产品的特点等。因此，该岗位可能需要营销人员具备医学专业知识、与医院打交道的经验、韧性、吃苦耐劳等特质。而对于某卫生纸生产企业的营销人员来说，关键工作是维持与客户的长期关系，因为卫生纸是一种日常消费品。因此，该岗位可能需要营销人员具备良好的言行举止、正直诚恳的品行、关注客户需求并主动服务的意识等。由此可见，即使对于同类工作，不同岗位的任职要求也可能存在很大差异。

根据现有的研究与实践，一般认为胜任特征主要包括以下几个层面：

（1）知识。个人在某一特定领域拥有的事务性与经验性信息，例如对某类产品营销策略的了解等。

（2）技能。个人掌握和运用专门技术的能力，例如商业策划能力等。

（3）社会角色。个人对于社会规范的认知与理解，例如以企业领导、主人翁的形象展现自己等。

（4）自我认知。个人对自己身份的知觉和评价，例如将自己视为权威、教练、参与者或执行者等，它表现出来的是个人的态度、价值观与自我形象。

（5）特质。一个人的个性、心理特征对环境与各种信息所做出的一贯反应，例如善于倾听、处事谨慎、做事持之以恒等。

（6）动机。推动个人为达到一定目标而采取行动的内驱力，例如总想把自己的事情做好，总想控制、影响别人，总想让别人理解、接纳自己等。

上述胜任特征常用水中漂浮的一座冰山来描述。知识、技能属于表层的胜任特征，漂浮在水面上，很容易被发现；社会角色、自我认知、人格特质和动机，属于深层的胜任特征，隐藏在水下，且越往下，越难被发现。深层特征是决定人们行为及表现的关键因素。

下面以客户服务人员为例，说明胜任特征的构成。如图 3-2 所示，客户服务人员的胜任特征通常由浅及深包含如下方面：

- 知识。对所从事行业服务信息或业务信息的学习、组织、理解和应用。
- 技能。掌握和运用服务技术的能力和技巧，如电话沟通技能、信息处理技能等。
- 社会角色。员工基于对社会规范和职业规范的认识，在他人面前表现出来的社会形象。例如，有些员工热爱集体、遵守纪律、富于同情心、为人正直诚实、乐于奉献，积极、主动、自信地帮助客户解决问题，努力兑现承诺；而有些员工对集体漠不关心、自由散漫、冷酷无情、自私自利，被动、消极、冷漠地服务客户。
- 自我认知。对自己身份的认识或知觉。例如，有些员工自卑、羞怯、自暴自弃，认为自己的角色只是个接线员，把客户服务工作看作一个低声望职业；而有些员工自信、

外显的、可见的，易于改进、培训

优秀服务人员

大专学历，有12个月专业的一线客户服务经验，电话受理总量超过2万次，客户满意度排名前20%

普通服务人员

大专学历，有12个月专业的一线客户服务经验，电话受理总量超过2万次

知识技能

乐于助人、责任心强、积极主动   社会角色   回避责任、消极被动

充满自信，具有强烈的工作热情   自我认知   抱怨满腹、情绪低落

独立自主、行动快捷   特质   懒惰、拘谨、情绪化

追求成就动机   动机   追求物质动机

内隐的、深藏的，难于培训，只可逐步改善

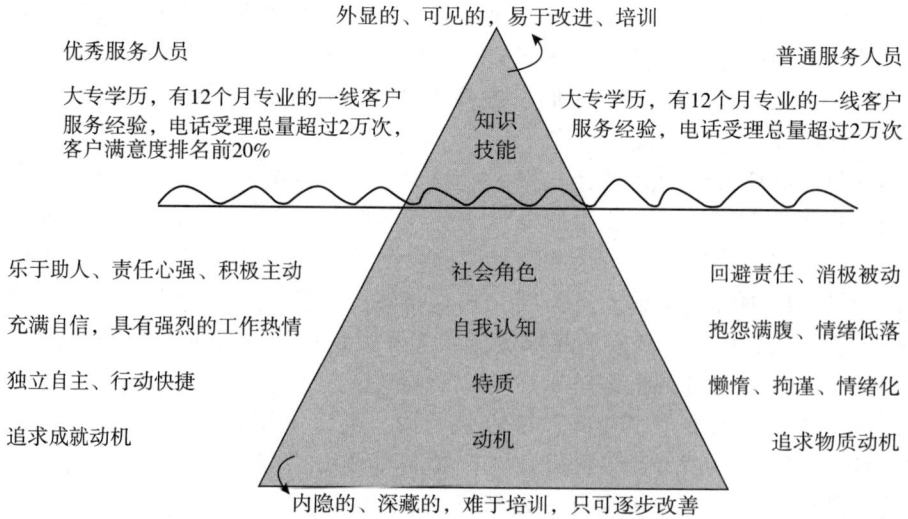

图3-2 客户服务人员胜任能力示意图

大方、自尊自重，积极致力于成为客户的咨询专家、营销专员、业务顾问，认为客户服务工作可以实现自我价值，是个高声望职业。

● 特质。个人人格特征及典型的行为方式。例如，有些员工热情奔放、当机立断、独立自主、善于交往、行动快捷、情绪稳定；而有些员工做事拘谨、顾虑重重、交往面窄、疑虑困惑、不善言辞、主动性差、情绪易波动等。

● 动机。激发、维持、调节并引导员工从事某种活动的内在心理过程或推动力量。有些员工的工作动机是追求物质利益或社会地位，而有些员工的工作动机是追求职业成功或自我实现等。

员工的业绩优劣是由深层次的动机引发的。要想改变一个人很困难，如果员工自身没有改变的动机，或不努力配合，改变特质几乎是不可能的。因此，作为管理人员，与其试图改变人，不如去做选拔人的工作。员工个体所具有的胜任特征有很多，但企业所需要的不一定是员工所有的胜任特征。企业会根据岗位的要求以及组织的环境，明确能够保证员工胜任该岗位工作、确保其发挥最大潜能的胜任特征，并以此为标准对员工进行挑选。

3.3.2 五类职位的通用人才画像

人才画像包括显性特征（如年龄、学历）和隐性特征（如价值观、个性）。隐性特征相对比较难以获得，通常胜任力模型就是每个特征及其权重的组合。在实践和应用中，有五大类职业的通用岗位胜任特征模型，它们分别针对管理人员（见表3-5）、技术与专业人员（见表3-6）、市场营销人员（见表3-7）、企业家（见表3-8）和社区服务人员（见表3-9）。这五大类通用岗位胜任特征模型也可以说是五个通用人才画像的核心特质。

表3-5 管理人员的通用岗位胜任特征模型

权重	胜任特征	权重	胜任特征
★★★★★	冲击与影响力	★★	自信心
★★★★★	成就导向	★★	直接/果断性

续表

权重	胜任特征	权重	胜任特征
★★★★	团结合作精神	★★	信息收集
★★★★	分析式思考	★★	团队领导力
★★★★	主动性	★★	概念式思考
★★★	培养他人	基本要求	专业知识/专业技术 （对组织的了解与关系建立）

表 3-6　技术与专业人员的通用岗位胜任特征模型

权重	胜任特征	权重	胜任特征
★★★★★★	成就导向	★★★	人际洞察力
★★★★★	冲击与影响力	★★	信息搜寻
★★★★	概念式思考	★★	团队协作
★★★★	分析式思考	★★	专业知识
★★★★	主动性	★	客户服务导向
★★★	自信心		

表 3-7　市场营销人员的通用岗位胜任特征模型

权重	胜任特征	权重	胜任特征
★★★★★★★★★★	冲击与影响力	★★	关系建立
★★★★★	成就导向	★★	分析式思考
★★★★★	主动积极	★★	概念式思考
★★★	人际情商	★★	信息收集
★★★	客户服务导向	★★	了解客户组织运作模式 （组织认知）
★★★	自信心	门槛	拥有相关技术或产品知识

表 3-8　企业家的通用岗位胜任特征模型

权重	胜任特征	权重	胜任特征
★★★★★★	成就导向	★★★★	自信心
★★★★★★	主动性	★★★★	专业经验
★★★★★★	捕捉机遇	★★★★	自我教育
★★★★★★	坚持力	★★★	冲击与影响力
★★★★★★	信息搜寻	★★	指挥能力

续表

权重	胜任特征	权重	胜任特征
★★★★★★	质量和信誉意识	★	培养下属
★★★★★	系统性计划	★	公关
★★★★★	分析式思考		

表 3-9 社区服务人员的通用岗位胜任特征模型

权重	胜任特征	权重	胜任特征
★★★★★	冲击与影响力	★★★	技术专长
★★★★★	培养下属	★★★	客户服务意识
★★★★	人际洞察力	★★★	团结协作
★★★	自信心	★★	指挥能力
★★★	自我控制	★★	概念式思考
★★★	个性魅力	★★	主动性
★★★	组织承诺	★★	灵活性
★★★	分析式思考		

3.4 样例启示——国际公务员人才画像：核心能力及其行为指标

国际公务员的人才画像对我们有借鉴作用，特别是国际公务员的核心能力及其行为指标非常明确，便于在人才选拔和评价中把握。

3.4.1 国际公务员的未来胜任力模型

关于国际公务员的素质标准，最初是《联合国宪章》进行了宏观的定义，并在 2001年出台了《国际公务员行为准则》，构建了 50 多条国际公务员应该遵守的行为标准。联合国专门机构又经过一系列的探索，开发了联合国的"未来胜任力模型"，提出了有关国际公务员的招聘考核相关标准。联合国的未来胜任力报告把胜任力模型概括为三个维度：3 项核心价值观、8 项核心胜任力和 5 项管理胜任力（见表 3-10）。

表 3-10 国际公务员的能力维度

核心价值观	核心胜任力	管理胜任力
诚信	沟通能力	领导力
专业精神	团队精神	适当授权
尊重多样性	计划与组织	绩效管理
	责任心	信任构建

核心价值观	核心胜任力	管理胜任力
	创造性	判断与决策
	客户导向	
	对持续学习的承诺	
	科技意识	

上述各类胜任力素质都有相应的行为特征描述，下面以"诚信""客户导向"为例进行说明。

1."诚信"

符合"诚信"价值观的积极行为特征描述：

（1）坚持《联合国宪章》的原则；

（2）在日常生活和工作中体现联合国的价值（涵盖公正、公平、诚实、真实）；

（3）不考虑个人得失；

（4）决策时，能抵制不当的政治压力；

（5）不滥用权力或权威；

（6）支持所有符合组织利益的决定，哪怕不受欢迎；

（7）一见到不符合职业道德或道德规范的事，就立即予以制止。

不符合"诚信"价值观的积极行为特征描述：

（1）没有正当理由，随心所欲地灵活解读原则和道德规范；

（2）寻求个人利益；

（3）一遇压力就妥协让步；

（4）看问题、看人或看一个团体时，主观性强，有偏心；

（5）为人不可靠；

（6）为人有时不老实。

下面是评估一般工作人员、中基层管理人员和高层管理人员践行"诚信"价值观的四档表现差异行为特征描述，分别按照"出色""合格""待改进""不尽如人意"列举。

表现"出色"的行为特征描述：

（1）积极主动寻求了解、理解本组织所看重的价值，审视自己的言行，确保在言行上践行本组织的价值；

（2）做任何事情，绝不考虑个人得失，即使遇到政治压力，仍然坚持原则；

（3）确保自己的所有言行及决定都符合本组织的最大利益，遇到有潜在争议的问题，咨询比自己资深的上司；

（4）随时审视自己或他人是否有违背道德操守或缺乏诚信的言行，一旦发现，立即采取行动加以纠正，随时随地宣传、倡导"诚信"的重要性。

表现"合格"的行为特征描述：

（1）努力确保自己的言行基本符合本组织倡导的价值；

（2）做任何事情，不考虑个人得失，总的来说，能够尽可能抵制政治压力；

（3）确保一切言行及决定符合本组织的最大利益；

（4）随时审视自己或他人是否有违背道德操守或缺乏诚信的言行，一旦发现，能采取行动加以纠正。

表现"待改进"的行为特征描述：

（1）能够努力使自己的言行基本符合本组织所倡导的总体价值；

（2）可以不考虑个人的重要利益，但有时难以抵制政治压力；

（3）行事或决定基本上能考虑本组织的利益，同时寻求在组织利益与职工及其他有关方的利益之间达到平衡；

（4）看到他人言行严重不符合道德操守或缺乏诚信时，大多能够予以指出。

表现"不尽如人意"的行为特征描述：

（1）不关心本组织所倡导的价值，也不用本组织的价值观来规范自己的言行；

（2）有时要考虑个人得失，遇到政治压力，不能坚持原则；

（3）采取行动及决策时，更多关注员工及其他有关方利益，而不是本组织的利益；

（4）看不到也不纠正自己及他人不符合道德操守或缺乏诚信的言行。

2."客户导向"

符合"客户导向"要求的积极行为特征描述：

（1）把所有的服务对象都看成客户，并寻求从客户角度来看待事物；

（2）获得客户的信任和尊重，与他们建立并保持有效的伙伴关系；

（3）弄清楚客户的需要，并采取合适的措施满足他们的需要；

（4）随时关注客户的内部及外部情况，了解进展，预测问题；

（5）随时向客户通报项目的任何进展或困难点；

（6）确保按期向客户交付产品或服务。

不符合"客户导向"要求的积极行为特征描述：

（1）没有充分了解客户的想法；

（2）很少考虑帮助他人；

（3）与人联络感情、建立关系较慢；

（4）不积极满足客户的要求；

（5）几乎没有证据表明获得了客户的积极反馈；

（6）不积极向客户通报有关情况。

下面是评估一般工作人员践行"客户导向"核心能力的四档表现的具体行为特征描述。

表现"出色"的行为特征描述：

（1）把工作中接触到的所有人都当成客户；

（2）积极主动地明确哪些是客户，并在信任和尊重的基础上与他们建立起牢固的关系；

（3）积极主动地了解客户现在及潜在的需求，并了解满足他们需求的方式；

（4）与客户坦诚沟通，并随时向他们通报工作进展及可能对他们有影响的任何问题。

表现"合格"的行为特征描述：

（1）只把直接服务对象当成客户；

（2）只与老客户在信任和尊重的基础上建立牢固的关系；

（3）能够了解客户的需求，并考虑满足他们需求的最佳方法；

（4）与客户坦诚沟通，并向他们通报工作进展。

表现"待改进"的行为特征描述：

（1）只把外部服务对象当成客户；

（2）只知道关键客户，只设法解决他们提出的问题；

（3）只当客户提出需求时，才考虑满足他们要求的方法；

（4）总的来说，能向客户通报工作进展。

表现"不尽如人意"的行为特征描述：

（1）不把服务对象看成客户；

（2）不为与客户建立关系而做任何努力；

（3）不设法了解客户的需求，也不考虑如何满足他们的需求；

（4）很少与客户进行沟通，常常不向客户通报工作进展。

3.4.2　国际公务员的五大软实力

国内学者滕珺等人对联合国系统各机构网站发布的 1742 份招聘说明书进行了编码研究和深度访谈，结果发现国际公务员需具备五个维度的软实力：价值观、专业知识、思维方式、国际可迁移能力和人格特质。各个维度的具体指标如表 3-11 所示。

表 3-11　国际公务员人才素质模型的编码结果

维度	指标	编码频次	编码频次总计
价值观	尊重多样性	151	362
	专业精神	141	
	正直	70	
	民族文化身份认同	0	
专业知识	个体专业知识	1172	1679
	组织机构知识	507	
思维方式	团队合作	267	494
	客户第一	143	
	目标明确	84	
国际可迁移能力	沟通交流技能	1199	3364
	管理技能	938	
	组织、计划与执行力	781	
	人际交往技能	221	
	信息技术技能	156	
	快速学习技能	69	

续表

维度	指标	编码频次	编码频次总计
人格特质	开放灵活	120	358
	尽职尽责	82	
	抗压能力	64	
	主动积极	48	
	细致敏感	44	

总体而言，在这五大维度中，国际组织最强调的是国际可迁移能力和专业知识这两个维度。其中国际可迁移能力的编码频次总计为3364次，专业知识的编码频次总计为1679次。其次为思维方式、人格特质和价值观，编码频次分别为494次、358次和362次。但需要说明的是，编码频次的多少并不直接对应这些维度在整个人才素质结构模型中的重要性。这是因为有些维度（如价值观）是较为缄默的，其核心内容在《联合国宪章》以及《国际公务员行为准则》中都反复强调，因此在每一份具体的招聘说明书中就不会过多涉及。不过，总体而言，这种自下而上的研究从另一个视角揭示了国际公务员实际招聘过程中应用的素质模型。

第 2 部分

人才测评方法

第 **4** 章

能力测验

能力是我们顺利完成某种活动必须具备的基本条件。能力与活动联系紧密，能力既在活动中形成和发展，又在活动中表现出来。能力测验可以划分为一般能力测验（如智力测验）、职业能力倾向测验和特殊能力测验。考虑到创造力的重要性，我们将创造力测验从特殊能力测验中分离出来，并在最后一节进行专门讨论。

本章导航

一般能力测验：智力测验	智力测验的产生与发展 著名智力测验简介
职业能力倾向测验	能力倾向与知识、技能、智力之间的关系 职业能力倾向测验简介 职业能力倾向测验样例
特殊能力测验	文书能力测验 机械能力测验 操作能力测验
创造力测验	创造力的概念 典型的创造力测验

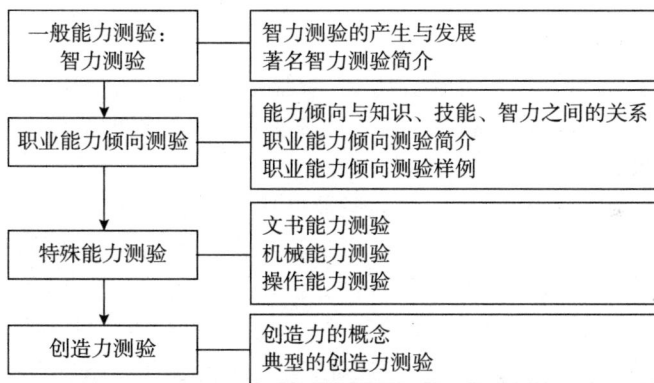

4.1 一般能力测验：智力测验

如果将能力分为一般能力和特殊能力两种，那么智力属于一般能力的范畴。对于智力的高低，我们常用智商（IQ）来表示。然而，对于能力的整体水平，目前还没有一个一般意义上的、定量的衡量指标。因此，在本章中，我们将智力作为能力中的一个特例来对待。能力测验在人才选拔和招聘中起着重要的参考作用。

英特尔公司的招聘应用标准化心理测验

英特尔公司在招聘过程中需要技术、财务、管理等多方面的人才。在明确了所需人才的基本条件后，招聘工作便围绕这些要求展开。

第一步是面试，通常由公司人力资源部主管主持。通过双向沟通，公司能够了解应试者的工作经历和个人背景，同时应试者也可以了解公司的状况及其对应试者的期望。面试结束后，人力资源部需对每位应试者进行评估，以确定进入下一轮的人员名单。

第二步是进行标准化心理测验，通常由公司外聘的心理学专家主持。通过该测试，公司进一步了解应试者的基本能力素质和个性特征，包括智力、认知思维方式、内在驱动力，以及管理意识和管理技能。目前，这类标准化心理测验主要包括适应能力测验、欧蒂斯心智能力自我管理测验、16 种人格因素问卷、明尼苏达多相人格调查表、温得立人事测验等。测验结果为最终确定人选提供参考依据。

第三步是进行模拟测验，这是决定应试者是否被录用的关键环节。其具体做法是，应试者以小组为单位，针对工作中常见的问题，由小组成员轮流担任不同角色，以测试其处理问题的能力。模拟测验的整个过程由心理学专家和公司内部的高级主管组成的专家小组进行监督，通常历时两天左右。最后，对每位应试者做出综合评价，并提出录用建议。

4.1.1　智力测验的产生与发展

1. 智力测验的理论基础

在能力测验中，最早产生与发展并得到广泛应用的是智力测验。然而，智力到底是什么？一百多年来，心理学家、教育学家、人类学家等纷纷提出了自己的理论观点。

1）智力的二因素论

人类对智力的研究已有很长的历史，但最早从理论上对智力进行阐述的是英国心理学家斯皮尔曼。他认为，智力由两种因素组成，即普通因素和特殊因素。普通因素也称一般因素，简称 G 因素；特殊因素简称 S 因素。G 因素代表一个人的普通能力，是智力的基础，人与人之间的智力差异主要取决于每个人拥有的 G 因素的多少。S 因素代表一个人的特殊能力，仅在某些特殊情况下（特殊活动）才会表现出来。因此，代表每个人智力水平的实际上是 G 因素，智力测验的内容也应主要围绕测量 G 因素的题目展开。

自 1904 年斯皮尔曼提出 G 因素的存在之后，这一理论观点不仅对后续智力实质的理论研究产生了深远影响，还成为智力测验的理论基础。此后所有采用单一智商分数的测验均是依据这种智力理论编制的。

2）智力的多因素论

美国心理学家桑代克率先对斯皮尔曼的智力二因素论提出挑战。他认为，一个人的智力结构并非由两种因素组成。他在 1926 年发表论文，提出智力结构包括抽象智力、具体智力和社会智力三种。桑代克的学生凯利在 1938 年进一步指出，智力包含五种因素：空间关系操作、计数敏捷性、处理言语材料的敏捷性、记忆力和速度。

1930 年，桑代克的观点又受到瑟斯顿的挑战。瑟斯顿利用当时先进的统计方法，提出了智力的群因素论。他认为，智力的核心并非单一的 G 因素，而是许多主要的、彼此相关的能力因素群。他经过研究提出，智力由言语理解、言语流畅性、推理、空间表象、数字、记忆和知觉速度七种能力组成。受桑代克智力多因素论的影响，美国心理学家吉尔福特于 1967 年创立了智力的内容、操作、结果三维结构模型。

英国心理学家维农以斯皮尔曼的智力二因素论为基础，提出了智力的层次结构理论。他认为，智力的最高层次是 G 因素，其下分为言语和操作两个大的因素群，每个大的因素群下分别有自己的小因素群，小因素群下才是斯皮尔曼的 S 因素。这一理论的提出将智力二因素论与多因素论统一了起来。

3）新近的智力理论

尽管目前大多数智力测验的编制依据仍是早期提出的智力理论，但人类对智力理论的探讨并未停滞不前，仍不断有人提出新的智力理论。1980—1990 年，在世界上受到重视且比较著名的智力理论包括美国心理学家加德纳于 1983 年提出的多元智力理论，以及斯滕伯格于 1985 年提出的三元智力理论。这些智力理论或侧重于对原有智力测验的批判，或侧重于人类的高级认知过程，但都从不同角度和层面对智力的实质进行了探讨。关于这些理论的具体情况，将在第 11 章介绍情境判断测验时进行详细阐述。

2. 智力测验的兴起和发展

尽管心理学家、教育学家等早已采用了一些较为古朴的方法对智力进行测量，例如我国清代的七巧板，但科学意义上的第一个智力测验，也是世界上第一个智力测验，是1905 年由法国心理学家比奈编制的。

比奈是法国的心理测量学专家，他于 20 世纪初提出，智力包含一切高级心理过程，无法通过单一、简单的直接方法进行测量。为此，他编制了包括画方形、比较线的长短、记忆数字、语句重组、折纸、填字、图片解释、回答涉及道德判断的问题、理解抽象文章的意义等测验来测量智力。他认为，心理测量的根本原理在于将一个人的行为与他人进行比较并归类，这也是近代测验理论的基本思想。

（1）智力年龄的提出。比奈-西蒙量表由 30 道题目组成，按照题目的难度由易到难排列，以通过题目的数量作为鉴别智力高低的标准。这些题目中虽然有一部分涉及感觉与知觉的内容，但大多数是语言类题目，尤其是判断、推理和理解方面的题目。智力年龄是比奈首次提出的概念，也是比奈-西蒙量表的一大特色。比奈认为，智力是随着年龄的增长而发展的，因此，80%~90%的同龄人能够通过的题目数量可以作为该年龄段儿童智力水平的标准，这一智力水平即智力年龄或心理年龄。如果一个人通过了 8 岁组的测验，但不能通过 9 岁组的测验，那么无论此人的实际年龄是多少，他的心理年龄都为 8岁。因此，比奈将常模的概念引入了测验领域。

（2）比率智商的提出。比奈-西蒙量表在鉴别智力低下的儿童方面非常有效，因此迅速传播到世界各地并被广泛修订。其中，以美国斯坦福大学的推孟教授在 1916 年完成修订的斯坦福-比奈儿童智力量表最为完善，应用也最为广泛。在该量表中，推孟在比奈的智力年龄基础上，首次提出并采用了比率智商的概念来记分。所谓比率智商，就是一个人的心理年龄与实际年龄之比乘以 100。智商概念的提出为不同年龄者之间的智力比较提供了便利。例如，假设两个儿童的心理年龄均为 10 岁，其中 8 岁儿童的智商为 125，而10 岁儿童的智商为 100，这样，谁的智力水平更高就一目了然了。

（3）离差智商的提出。智力并非永远随年龄增长而发展。心理学研究表明，智力发展的趋势是随着年龄增长先快后慢，在达到高峰期（18~25 岁）并保持一段时间后，便会开始缓慢下降。因此，如果对成人仍用比率智商来衡量智力的高低，则会导致成人的智商随着年龄增长而下降。对此，美国心理学家韦克斯勒提出了离差智商的概念。1939年，他发表了第一个韦克斯勒-贝尔韦量表（后来的韦氏成人智力量表）。此后，他又陆续发表了适用于不同年龄阶段的一系列智力量表。

韦克斯勒认为，从人类总体来看，人的智力测验分数呈常态分布，其平均数为 100，标准差为 15。某个人的离差智商应通过以下公式计算：

$$IQ = 100 + 15\ Z$$

$$Z = \frac{(X - \bar{X})}{S}$$

式中，Z 为标准分数；X 为个体的测验分数；$\bar{X}$ 为团体的平均分数；S 为团体分数的标准差。

离差智商是将个体的智力置于同龄人中的相对位置来度量的，解决了比率智商中个体智商受年龄增长影响的问题。如今，离差智商已被广泛应用于智力测验中，并作为评估智力高低的重要指标。

比奈-西蒙量表问世不久，第一次世界大战爆发。出于甄选新兵的需要，美国政府委托心理学家编制了陆军甲种测验和乙种测验（非言语测验）。第一次世界大战后，这类测验经过修改后被广泛应用于社会各个领域，包括教育和工商业等。20 世纪 30 年代，随着因素分析方法的发展和新的智力理论的提出，智力测验开始从测量单一的智力发展为测量各种特殊能力，如音乐能力、美术能力、机械能力等。

智力测验的迅猛发展推动了特殊能力、人格、兴趣、态度及其他方面测验的迅速发展。如今，智力测验已被广泛应用于教育、医疗、科研、军队、商业等多个领域。

4.1.2　著名智力测验简介

智力测验可以分为两类：一类是个别智力测验，即一个主试者在同一时间内只能对一位应试者施测的测验；另一类是团体智力测验，即众多应试者可以同时受测的测验。比较著名的个别智力测验有如下几种：

（1）比奈-西蒙量表。这是世界上最早编制的智力量表，有多种不同的版本，但目前已较少应用。国内有吴天敏于 1982 年修订的中国比奈测验。

（2）斯坦福-比奈智力量表。该量表也有许多不同的版本，最近一次修订是在 1972年。其权威性使其成为测量智力的标准，至今许多智力测验仍需与之对照并加以校正。

（3）韦克斯勒智力量表。韦克斯勒智力量表是目前影响较大、应用较广泛的智力测验之一。在国内，林传鼎和张厚粲等人于 1979 年对韦氏儿童智力量表进行了修订，称为韦氏儿童智力量表中国修订本；龚耀先等人分别于 1981 年和 1984 年对韦氏成人智力量表和韦氏幼儿智力量表进行了修订，分别更名为中国修订韦氏成人智力量表和中国-韦氏幼儿智力量表。

比较著名的团体智力测验有如下几种：

（1）陆军甲种测验和乙种测验。前者是言语性量表，后者是操作性量表（适用于有阅读困难的人）。它们是第一次世界大战期间由心理学家为美国军方编制的。前者有多种版本，最近的一个版本为陆军 A-9 测验。目前在美国军队中，军人资格测验仍常用于选拔士兵。

（2）多维度能力倾向测验。这是一个用于成人的团体智力测验，目前在美国应用较为广泛。

（3）团体儿童智力测验。该测验是我国编制的用于学龄儿童的团体智力测验，目前在教育领域应用较为广泛。

某些智力测验既可以个别施测，也可以团体施测，比较著名的有韦克斯勒智力量表、雷文标准推理测验等。

1. 韦克斯勒智力量表

韦克斯勒智力量表是世界上非常有影响力且应用十分广泛的智力测验。韦克斯勒自1939 年发表第一个成人智力量表后，又陆续推出了儿童智力量表和幼儿智力量表，并进行了多次修订。韦克斯勒智力量表的几个量表在结构上非常相似。下面以韦氏成人智力量表为例进行简单介绍。

韦克斯勒认为："智力是个人有目的地行动、理智地思考及有效地应对环境的整体或综合能力。"基于这一定义，韦氏成人智力量表设计了 11 个分测验，其中第 1、3、5、7、9、11 个分测验组成了言语量表，第 2、4、6、8、10 个分测验组成了操作量表。韦氏成人智力量表的内容如表 4-1 所示。

表 4-1　韦氏成人智力量表的内容

分测验名称		所测内容
言语量表	常识测验	知识的广度、一般学习能力、对日常事务的认识能力
	背数测验	注意力、短时记忆能力
	词汇测验	言语理解能力
	算术测验	数学推理能力、计算和解决问题的能力
	理解测验	判断能力、理解能力
	类同测验	逻辑思维和抽象概括能力
操作量表	填图测验	视觉记忆能力、辨认能力、视觉理解能力
	图片排列测验	知觉组织能力、对社会情境的理解能力
	积木图测验	分析综合能力、知觉组织及视动协调能力
	图形拼凑测验	概括思维能力、知觉能力
	数字符号测验	知觉辨别速度与灵活性

韦氏成人智力量表是典型的个别智力测验，它要求主试者严格按照测验手册的说明对应试者施测。如果在人员招聘与选拔中使用类似的测验，无疑会加大工作量。然而，由于该测验在提供结果时，不仅可以给出一个可与他人进行比较的总智商分数，还可以给出每个分测验的分数及分量表的分数，即智力的轮廓图，这使我们可以得知应试者智力的详细情况。这在人员选拔和培训时是非常有用的。

下面我们编选一些简易的测验题目，供读者参考（有作答时间限制）。

（1）如果 M 在 N 和 O 之上，N 在 O 之上在 P 之下，以下四种说法，哪种是正确的？（答案：C）

A. M 不是在 O 和 P 之上　　　　B. O 是在 N 之上

C. P 是在 O 之上　　　　D. O 在 P 之上

（2）下星期我要去亨利饭店用午餐，去美术馆参观，去税务所，还要去彼得医院看眼科。亨利饭店星期三关门，税务所星期六和星期天关门，美术馆星期一、星期三、星期五开，彼得医生星期二、星期五、星期六在医院，那么我该星期几去才能在一天内完成这些事呢？（答案：星期五）

2. 雷文标准推理测验

雷文标准推理测验（Raven's Standard Progressive Matrices）是英国心理学家雷文于1938 年设计的一种非文字智力测验。1947 年和 1956 年，雷文分别对该测验进行了小规模的修订。此外，为了扩大该测验的使用范围，雷文于 1947 年编制了适用于更小年龄的儿童和智力落后者的雷文彩色推理测验（Raven's Color Progressive Matrices），以及适用于高智力水平者的雷文高级推理测验（Raven's Advanced Progressive Matrices）。自这些测验问世以来，许多国家对它们进行了修订，直至现在仍被广泛使用。

雷文标准推理测验的编制在理论上依据斯皮尔曼的智力二因素论。该测验共有 60 道题目，依次分为 A、B、C、D、E 共 5 组，每组 12 道题。从 A 组到 E 组，难度逐步增加，同时每组内部的题目由易到难排列。每组内部的题目所用的解题思路基本一致，但各组间的解题思路存在差异。直观上看，A 组题目主要测量辨别力、图形比较、图形想象等能力；B 组题目主要测量类同、比较、图形组合等能力；C 组题目主要测量比较、推理、图形组合等能力；D 组题目主要测量系列关系、图形套合等能力；E 组题目主要测量套合、互换等抽象推理能力。

雷文标准推理测验的构成是每道题目都有一个主题图，但每张大的主题图都缺少一部分。大主题图下方有 6~8 张小主题图，其中一张小主题图可以填补大主题图的缺失部分，从而使整个图案合理且完整。应试者的任务是从每题下方的小主题图中找出适合填补大主题图的部分，并将其序号填在答卷纸相应题目的序号下方（见图 4-1）。

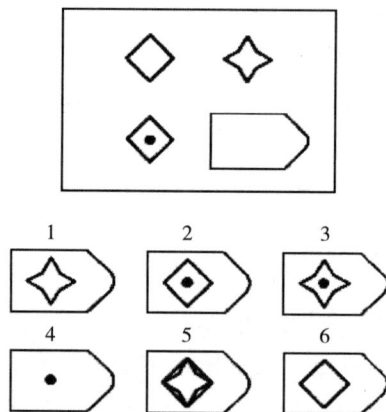

图 4-1　雷文标准推理测验题目举例

记分时，对照标准答案表为应试者记分，每答对一题给一分。在测验 A、B、C、D、E 各组时，先分别记分（各组满分为 12 分），然后将 5 项分数加起来即可得到测验总分（满分为 60 分）。由于该测验已建立了中国城市常模，因此对于得到的分数，即原始分，必须根据测验手册将其转化为标准分数，并对照常模对应试者的智力水平进行合理、科学的评价。

雷文标准推理测验经常用于智能诊断和人才的选拔与培养。笔者了解到，截至目前，该测验是中国企业在人员招聘与选拔时使用较多的一种能力（智力）测验。该测验具有以下特点：

（1）适用年龄范围非常广，对 6 岁以上（包括 6 岁）的人均可施测。

（2）适用于各种文化背景的人和各种类型的人。由于该测验由一系列图形组成，是一种典型的非文字智力测验，因此不受测验对象的文化、种族与语言的限制，并且可用于有聋、哑等生理缺陷的人，所以该测验可以进行跨文化研究，以及正常人、聋哑人、智力迟滞者之间的比较研究。

（3）使用方便，结果可靠。该测验既可个别施测，也可团体施测，而且施测时间短，结果直观简单；同时，该测验具有较高的信度和效度。

4.2　职业能力倾向测验

4.2.1　能力倾向与知识、技能、智力之间的关系

知识涉及一个人知道什么。技能和智力涉及一个人能做什么。智力可以概括为能胜任某种工作或完成某项任务的主观条件，这种主观条件可以由先天因素决定，也可以通过学习和实践获得。智力不论是来自先天遗传还是后天习得，都是指当时已经具备而不需要进一步训练的主观条件。技能可以定义为通过一定练习而形成的，使个体得以完成一定任务的动作和智能的操作系统，通常体现为一定的熟练性。

能力倾向是指经过适当训练或被置于适当环境下完成某项任务的可能性，而不是当时已经具备的现实条件。换言之，能力倾向是指一个人能学会做什么，即一个人获得新的知识、技能和能力的潜力。

智力、知识、技能和能力倾向都是人的认知能力的组成部分，要对它们进行严格区分并不容易。心理学上一般认为它们相互联系，且处于人的认知能力结构的不同层次上，如图 4-2 所示。

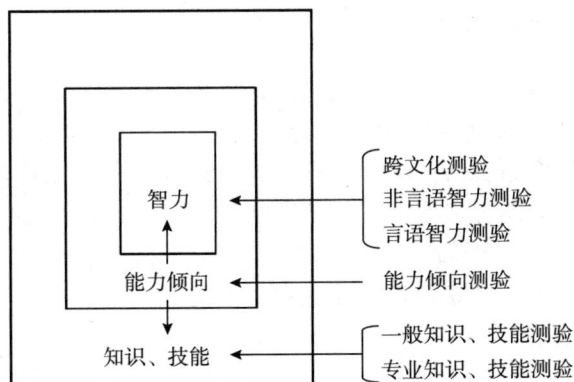

图 4-2　能力倾向与知识、技能、智力的关系

能力倾向既不同于人的智力（人的最基本的认知能力，或者一个人聪明与否，影响一个人从事一切活动的效率），又不同于在某方面由于教育和训练获得的专业知识、技能。

能力倾向具有以下特点。

（1）相对广泛性。智力的高低几乎影响人的一切活动的效率，但这是一种间接的影响。能力倾向则影响一个人在某一职业领域中多种活动的效率，而专业知识、技能则仅仅影响某一有限或具体的活动。例如，手指灵活性是一种能够快速而正确地活动手指、用手指准确操作细小物品的能力。它有利于从事手指活动的一系列职业，如计算机录入、打字、制版、描图，甚至舞蹈。而通过教育或训练获得的技能，如绣花，仅限于绣花这一具体技能。

（2）相对稳定性。能力倾向是相对稳定的，几乎很难改变，不同于容易通过强化训练而在短期内提高或由于遗忘而丧失的具体专业技能。例如，手指的灵活性并非通过练习就能迅速提高，但纺织女工接线头的技能却可以很快掌握。

（3）相对影响性。一个人的能力倾向越强，成功的可能性就越大。例如，一个人的空间想象力强，那么他在与空间关系密切的活动领域就有取得成功的潜力。然而，这仅是一种可能性，此人也许并没有机会实现其优势。

4.2.2 职业能力倾向测验简介

职业能力倾向是指一个人具有的有利于其在某个职业领域成功的能力素质的总和，即为有效地进行某类特定活动必须具备的特殊能力素质，也指经过适当学习或训练后，或者被置于一定条件下，能完成某种职业活动的可能性或潜力。若再具体些，职业能力倾向又可细分为与特定职业相联系的各种职业能力倾向，如音乐（职业）能力、美术（职业）能力、机械操作（职业）能力、行政（职业）能力等。

职业能力倾向测验可以有效地测量某人的某种能力，从而预测此人在一定的职业领域中成功的可能性，或者筛除在该职业领域中没有成功可能性的个体。人们编制了许多针对不同职业领域的能力测验，用于人员的选拔、安置和职业设计。例如，在选择计算机操作员时，会着重考察应试者对数据的计算、加工能力，以及应试者的手指灵活性、眼手配合能力等。公务员录用考试把对应试者的行政职业能力的评价作为一个重要方面，这有利于帮助人事部门了解应试者从事行政工作的能力与差异，从而避免在选人过程中可能出现的"高分低能"现象，提高选人用人的准确性。

4.2.3 职业能力倾向测验样例

本节以全国各地公务员录用考试中的行政职业能力测验为例，说明职业能力倾向测验的结构和题目。该测验包括五个相对独立的分测验，即数量关系、言语理解与表达、判断推理、常识判断和资料分析。测验共有 100~150 道题，测试内容以文字、图形、数表三种形式出现，全部采用客观性试题。下面对各分测验及其题型进行简单介绍。

1. 数量关系

数量关系测验主要用于考察应试者对数量关系的理解和计算能力，其主要包括数字推理和数学运算两种题型。

（1）数字推理。

例题：0, 6, 24, 60, 120,（　　　）。

A. 186　　　　　　　　B. 210　　　　　　　　C. 220　　　　　　　　D. 226

解答：答案为 B。

（2）数学运算。

例题：假设今天是星期二，那么再过 45 天应是星期（　　　）。

A. 三　　　　　　　B. 四　　　　　　　C. 五　　　　　　　D. 六

解答：答案为 C。

2. 言语理解与表达

言语理解与表达着重考察应试者对文字材料的理解、分析、运用和书面表达能力。

目前，国内多家快递企业开始尝试无人机送货业务，这样既能缓解地面交通拥堵，又能提高快递企业运营效率。但是，自无人机技术应用以来，安全事故屡屡发生。无人机在快递业的大规模应用，还可能对空管秩序造成极大冲击。特别是引入人工智能的无人机技术，逐渐摆脱了人工干预，而且还会随着"经验"的不断积累，优化自己的飞行路线。一旦对其监管落实不到位，极有可能产生不堪设想的后果。对此，我们应采取切实有效的措施，最大限度地发挥人工智能在无人机领域的优势，防止其可能产生的社会危害。

这段文字意在说明：

A. 引入人工智能的无人机技术潜在风险更大

B. 无人机的广泛应用需技术和监管共同发力

C. 快递企业引入无人机业务的时机尚不成熟

D. 发展人工智能需要更多地考虑其安全隐患

解答：正确答案是 B。

3. 判断推理

判断推理主要考察应试者的逻辑推理与判断能力，其主要包括四种类型的题目。

（1）图形推理。每道题给出一套或两套图形，要求应试者认真观察，然后找出图形排列的规律，最后选出符合图形排列规律的一项。

例题：

解答：正确答案是 B。

（2）定义判断。每道题先给出一个概念的定义，然后分别列出四种情况，要求应试者严格依据定义，选出一个最符合或最不符合该定义的答案。

例题：健康是指一个人智力正常，行为合乎情理，能够适应正常工作、社会交往或学习，能够抵御一般疾病。根据健康的定义，下列属于健康的是（　　）。

A. 大学教授老李，虽然五十多岁且工作起来仍然精力充沛，但在今年春天患流感

B. 张婶十九岁的儿子肖聪，读书十一年还是小学二年级水平，但是从小到大没生过什么大病，体力活可以干得很好

C. 小胡硕士毕业后，工作表现一直很优秀。自一次事故后，当工作压力比较大时，他就会精神失常

D. 小刘的身体很好，工作也非常努力，但是很多同事说他古怪，不愿与其交往

解答：正确答案为 A。

（3）类比推理。每道题给出一对相关的词，然后要求应试者在备选答案中找出一对与之在逻辑关系上最为贴近或相似的词。

例题：义工：职员（　　）

A. 球迷：球员　　　B. 学生：老师　　　C. 初学者：生手　　　D. 志愿者：雇员

解答：正确答案为 D。

（4）逻辑判断。每道题给出一段陈述，这段陈述被假设是正确的、不容置疑的。要求应试者根据这段陈述，选择一个最恰当的答案。该答案应与所给的陈述相符合，不需要任何附加说明即可从陈述中直接推出。

例题：彭平是一个计算机编程专家，姚欣是一位数学家。其实，所有的计算编程专家都是数学家。我们知道，国内大多数综合性大学都在培养计算机编程专家。据此，我们可以认为（　　）。

A. 彭平是由综合性大学培养的
B. 大多数计算机编程专家是由综合性大学培养的
C. 姚欣并不是毕业于综合性大学
D. 有些数学家是计算机编程专家

解答：正确答案为 D。

4. 常识判断

常识判断主要侧重考察应试者应知应会的基本知识以及运用这些知识分析判断的基本能力。

例题：下列哪一现象与季风气候不存在因果关系？
A. 塔里木河在夏季进入汛期
B. 华北地区在初春频发寒潮
C. 我国东北的工业区一般建在城市的东北或西南
D. 夏季长江入海口附近海域的盐度比其他季节低

解答：正确答案为 A。

5. 资料分析

资料分析着重考察应试者对文字、图形、表格三种形式的数据性、统计性资料进行综合分析、推理与加工的能力。针对一段资料一般有 1~5 个问题，应试者需要根据资料提供的信息进行分析、比较、计算，最后从四个备选答案中选出符合题意的答案。

例题：根据图 4-3 回答下列问题。

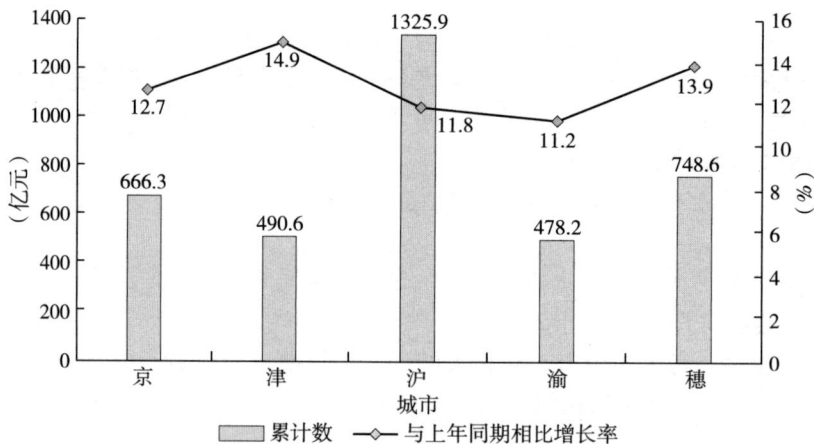

图 4-3　2003 年第一季度五个城市 GDP 情况

（1）2003 年第一季度 GDP 总量和增速均居同一位的城市有（　　）。

A.1 个　　　　　　B.2 个　　　　　　C.3 个　　　　　　D.4 个

（答案：C）

（2）下列陈述正确的是（　　）。

Ⅰ.2003 年第一季度五个城市的 GDP 总量均实现了两位数增长。

Ⅱ.2003 年第一季度广州的经济总量首次超过了北京。

Ⅲ.2002 年同期重庆的 GDP 总量也是第五位。

A.Ⅰ　　　　　　B.Ⅰ和Ⅲ　　　　　C.Ⅰ和Ⅱ　　　　　D.Ⅰ、Ⅱ和Ⅲ

（答案：A）

4.3　特殊能力测验

特殊能力测验实际上是一种特殊能力倾向测验，它与一般能力（智力）测验不同。智力测验测量的是一个人当时所具有的能力，而特殊能力测验不仅测量一个人已具有的能力，还测量一个人在某方面的潜在能力。例如，美术能力测验是一种特殊能力测验，它测量的不是一个人目前是否具有美术水平，而是该个体在未来是否具有潜在的美术能力，以及以后在美术方面能否有所成就。

目前，世界上比较著名的特殊能力测验有飞行能力测验、音乐能力测验、美术能力测验、文书能力测验、机械能力测验、操作能力测验和多种能力倾向测验。

4.3.1　文书能力测验

针对文书工作中要求具有言语能力、数学能力、动作敏捷性及快速察觉异同点的特点，文书能力测验通常包括与智力测验类似的题目和测量知觉速度（文书速度）与准确性的题目。

在文书能力测验中，智力测验在前面一节中已有详细介绍，这里主要介绍知觉速度和准确性测验。该测验主要包括词表对照、字符替换、字符核对、数字定位、字符双向替换、同符查找、数字核对，以及字符置换、计算与区间核对等。下面以词表对照为例，部分样题如下。

下面是一个包含 15 个词的词表，词表后面的每道试题中均有 5 个词，请应试者将每道试题中所给的 5 个词与词表中的词相对照，找出被包含在词表中的词的个数，这个"个数"即本题的正确答案。如果试题中的 5 个词没有一个被词表包含，那么该题的正确答案为 0。请应试者找出正确答案。

功德　市容　建设　立场　表达

供养　投入　违反　贯彻　承受

思考　信誉　风俗　网络　供奉

（1）资本 联系 思考 基本 风俗

（2）表白 调动 教育 立场 执行

（3）交通 建筑 形式 忠诚 廉政

……

参考答案示例：

（1）本题中只有"思考""风俗"两个词在词表中可以找到，故本题答案为2。

（2）本题中只有"立场"一词为词表所包含，故本题答案为1。

（3）本题中没有一词能在词表中找到，故本题答案为0。

4.3.2 机械能力测验

通常所指的机械能力包括空间关系、机械理解、动作敏捷性等，相应的机械能力测验也有许多不同的种类。心理学研究表明，男性在空间关系能力和机械理解能力方面相对占优势，而女性则在动作敏捷性方面占优势。下面以贝内特机械理解测验为例进行说明。

贝内特编制的机械理解测验，最初是第二次世界大战期间用于预测飞行员飞行能力的工具，效果非常好。战后，该测验被广泛应用于企业中。该测验主要测试应试者对机械关系和物理定律的理解能力，测验的形式是每道题都有一幅图和一个问题，要求应试者根据图形回答问题。贝内特机械理解测验样题如图4-4所示。

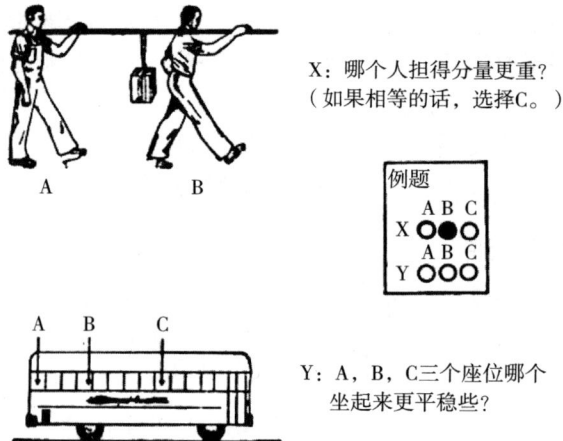

图4-4　贝内特机械理解测验样题

4.3.3 操作能力测验

对于某些工作，尤其是某些装配线或流水线上单调又重复的工作，有的人的适应性比较好，有的人则不然。为了更好地选出具有较好适应能力，并具有这方面潜力的人，心理学家编制了操作能力测验，用作选拔人员的工具。下面介绍一些著名的操作能力测验。

下面介绍一些著名的操作能力测验。

1. 珀杜插板测验

珀杜插板测验主要用于测量手指的灵活性，以及手指、手和手臂的大幅度动作技巧。该测验模拟了装配线上的工作情况。测验内容要求应试者尽快把栓柱插进一系列孔中，每只手插30秒，两只手交替进行。此外，测验还要求应试者用双手把栓柱、环和垫圈装配到孔中。

2. 克劳福德灵活性测验

克劳福德灵活性测验主要用于测量眼和手的配合准确性，适用于测量电器和电子产品装配工的能力倾向。测验的第一部分要求应试者用镊子将栓柱插入孔中，然后将一个环套在栓柱上；第二部分要求应试者用螺丝刀将螺钉拧进螺母里。尽管该测验的两个部分都比较简单，但由于它与实际工作比较接近，因此在选拔人员时具有很好的预测效度。

3. 奥康纳测验

奥康纳测验主要用于测量手指的灵活性，适用于选拔缝纫机操作工和其他需要准确操作技能的工作人员。测验要求应试者以最快的速度用手和镊子把栓柱插入小孔中。研究表明，尽管这种测验比较简单，但它的预测效度较好。

这些操作能力测验大同小异，主要用于选拔流水线上需要一定操作技能的员工，如明尼苏达操作速度测验等。这类测验的共同特点是测验情境与实际工作情境比较接近，预测效度也较好。操作能力测验在单独使用时，主要用于人员的选拔，也可被整合到一般能力倾向测验中，作为一般能力倾向测验的分测验，可用于职业指导和咨询。

4.4　创造力测验

对于高层次的人才，我们常要求其具有创新精神；对于某些技术型人才，我们也要求其具有创新精神。创造力对于今天这个瞬息万变的世界来说极为重要，心理学家早在20 世纪 50 年代就编制了一系列测验来测量创造力。

4.4.1　创造力的概念

提起创造力，人人都懂，但事实上，连专门研究创造力的专家都不清楚它的实质究竟是什么。创造力这个心理学术语和智力一样，是一个非常模糊的概念。虽然对于创造力的定义有很多，但那些定义充其量只是不同的专家从不同的角度或层面揭示了创造力的某些特性。

最早对创造力进行科学研究的是高尔顿。其后，心理学的各个学派都将创造力作为一个重要的研究方向。例如，弗洛伊德特别强调无意识的动机在创造活动中的作用；格式塔学派的魏特墨认为，创造性思维就是打破旧的框架而形成新的结构，即顿悟。这些研究限于时代背景和研究工具，并没有对创造力做出一个令人信服的解释。

20 世纪 50 年代，吉尔福特用心理测验作工具，经过因素分析，发现可以把人的思维分为发散性思维和聚合性思维。他认为发散性思维的外在表现就是一个人的创造力。经过研究，他认为发散性思维，即创造性思维，有如下三个特征：

- 流畅性，即思维活动流畅，不受阻滞，能在较短的时间内表达出较多的观点。
- 独特性，又称新颖性，即解决问题时提出的观点新颖、独特。
- 变通性，即不易受已有框架的影响，能触类旁通，提出新的观点。

在吉尔福特之后，对于创造力的研究大多采用心理测验作为工具，研究方法也更为科学。研究创造力的人认为，创造力包含敏锐的观察力、抽象概括能力、想象力、灵活的思维能力、预见能力等。这条从智力的角度出发的研究路线着重探讨创造力的结构。

另一条研究路线是从人格角度出发，对创造力进行研究的。人们早就注意到，一个人能否取得成功，以及是否具有创造力，不在于他的智力，而更多地在于他的人格。一个人的创造性行为的实现，有赖于他的人格品质。反过来说，一个人是否具有创造力，可以从他的人格特征上得到体现。如果一个人具有一些创造性人格特征，那么他的创造性倾向就大。于是，许多学者对有创造力、生活事业上取得成功的人进行研究，以得到创造性人格特征。关于这方面的研究成果非常多，一位心理学家对此进行了总结，他认为创造性人格主要有以下 10 个方面的特征：

（1）独立性强。

（2）自信心强。

（3）敢于冒风险。

（4）好奇心强。

（5）有理想，有抱负。

（6）不轻易听从他人意见。

（7）对于复杂奇怪的事物会感到一种魅力。

（8）具有艺术上的审美观。

（9）富有幽默感。

（10）兴趣爱好既广泛又深入。

4.4.2 典型的创造力测验

由于对创造力的认识不同，因此创造力的测验方式也多种多样。比较著名的创造力测验有三种。

1. 托兰斯创造性思维测验

托兰斯创造性思维测验是托兰斯在吉尔福特关于创造性思维的三个特征的基础上编制的。它包含托兰斯图形创造性思维测验、托兰斯语文创造性思维测验、托兰斯声音和词的创造性思维测验三种。该测验测量的是表现在学校教育背景中的创造力，适用于从幼儿园至研究生的在校学生。

2. 威廉斯创造力测验

威廉斯创造力测验是著名心理学家威廉斯在总结了不同专家从人格角度研究创造力的成果的基础上编制的。该测验包括发散性思维测验、发散性情意测验及威廉斯量表 3 个分测验。该测验是为适合认知情意互动的教学模式而设计的，因而较多地适用于在校学生，尤其是儿童。

3. 南加利福尼亚大学测验

南加利福尼亚大学测验是吉尔福特及其同事在大规模的能力倾向研究中发展起来的，主要用于测量发散思维。该测验主要包括词语流畅性、观念流畅性、联想流畅性、表达流畅性、非常用途、解释比喻、用途测验、故事命题、推断结果、职业象征、组成对象、构图、火柴问题、装饰等创造力测验。

第5章
动力测验

动力是决定一个人的发展方向、促进人们行为发生的根本原因。动力主要包括价值观、动机和兴趣。其中，价值观是一系列信念，它决定人们发展和行为的方向；动机是引发和指引人们从事某种活动的内在动力，它影响人们的态度和行为；兴趣是喜欢与不喜欢的一种持久的倾向，它关系到人们从事某项活动的积极性。

本章导航

```
价值观测验 ──── 价值观简介
                职业价值观的测量

动机测验 ──── 动机简介
              动机的测量

职业兴趣测验 ──── 职业兴趣简介
                  职业兴趣测验
```

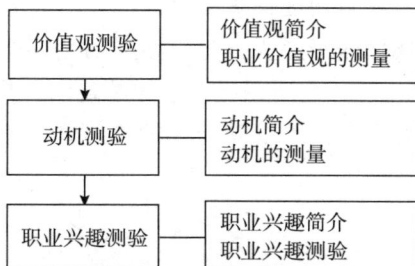

丽嘉酒店的心理测验

上海波特曼丽嘉酒店（简称丽嘉酒店）被《亚洲华尔街日报》和《远东经济评论》评为"中国最佳雇主"，同时名列"亚洲最佳雇主"榜首。该酒店90%以上的岗位薪酬处于市场领先水平，经理层岗位的薪酬更是远高于同行。

丽嘉酒店信奉"Y理论"，提倡尊重他人与尊重自己。公司给予员工自信，让他们感受到无微不至的关怀，认识到自身工作的重要性。"一流的公司要用一流的员工，支付一流的薪水"是丽嘉酒店的信条。对于人力资源部而言，这一战略的最大挑战是在市场中筛选出一流的员工。要成为酒店的一流员工，必须具备服务天赋，如热情、乐于与人交往等。为了找到这些有天赋的员工，丽嘉酒店在招聘时设置了五道程序，其中包括心理测验，从总经理到普通员工，无一例外。市场上真正既有服务天赋又有培养潜力的员工数量稀少，因此只有他们才有资格获得市场的最高薪酬。

5.1 价值观测验

某位男士1989年研究生毕业后直接进入国务院某部委工作，由于人品好、业务能力强，1994年被提拔为副处长，1997年又晋升为处长。1998年，正当仕途发展前景一片光明时，他却离职去了一家外企，从事人力资源管理工作。最近十几年，他一直是一家咨询公司的CEO。

在上述实例中，许多人对这位男士的选择表示惋惜，认为这一决定实在糟糕。他们觉得，他在国家机关原本有着广阔的发展前途，凭借其年轻、有知识、有能力的优势，不用太久就能晋升为司局级领导干部。然而，他却选择离开国家机关，进入企业工作，这在他们看来，其社会影响力是有限的。

也有人认同他的选择。他们认为，在机关工作工资较低，事业发展受到许多外在因素的制约。而在企业从事管理工作，不仅收入较高，事业发展也更具可控性。因此，他们觉得这个选择是很明智的。

那么，这位男士的选择究竟值不值得呢？这个问题并没有绝对正确的答案。只要个人认为值得，那么对他来说就是值得的；反之，若个人认为不值得，那么对他来说就是不值得的。这取决于个人的价值观。

其实，生活中很多问题并不像物理现象那样有明确的长短高低之分。我们常听到人们的一些议论，例如："张×这样能干的人，怎么找了那么一个丑媳妇？""小王大学毕业后怎么不留在大城市而去乡镇？"你之所以会有这样的疑问，是因为你将自己的价值观强加给了当事人。而实际上，当事人的价值观与你的价值观是不一样的，所以他们认为值得的事情，你可能会认为不值得。

5.1.1 价值观简介

价值观是一系列信念，是一种有关什么是"值得的"的看法。价值观是推动并指引一个人做出决策和行动的原则、信念和标准，它决定了人们可能会选择何种行为方式来生活和工作。例如，有的人追求社会地位，那么他在职业选择、工作行为等方面都会以是否有利于社会地位的提高为标准；有的人追求经济利益，那么他会以是否能赚更多的钱来衡量一切，为此有的人甚至会牺牲自己的友情、亲情和人格。

价值观是一个人在长期的生活实践中形成的。当我们还是孩子的时候，父母会告诉我们"要说真话""不要拿别人的东西"等，通过父母潜移默化的影响，我们会形成"做人应该诚实"等价值观。这种价值观一旦形成，就会成为我们许多行为的准则，通常很难改变。在每种文化里，都有一些特定的价值观。例如，在北美，成就、和平、合作、公平等社会价值观，一直是社会所推崇和人们所向往的。

价值观可以分为不同的类型。美国心理学家奥尔波特（Allport）及其助手是最早对价值观进行分类的学者，他们将价值观分为以下六种。

（1）理论型，重视以批判和理性的方法寻求真理。

（2）经济型，强调有效和实用。

（3）审美型，重视外形与和谐匀称的价值。

（4）社会型，强调对人的热爱。

（5）政治型，重视拥有权力和影响力。

（6）宗教型，关心对宇宙整体的理解和体验的融合。

上述关于价值观的分类比较笼统，更具体的分类方法是美国心理学家罗克奇（Rokeach）于 1973 年在《人类价值观的本质》（*The Nature of Human Values*）中提出来的，他将价值观分为如下 13 种。

（1）成就感：提升社会地位，得到社会认同；希望工作能受到他人认可；对工作的完成和挑战成功感到满足。

（2）美感的追求：能有机会多方面地欣赏周围的人、事、物，或者任何自己觉得重要且有意义的事物。

（3）挑战：能有机会运用聪明才智解决困难；能舍弃传统的方法，选择创新的方法处理事物。

（4）健康：身体和心理健康，工作能够免于焦虑、紧张和恐惧，能够心平气和地处理事务。

（5）收入与财富：在工作中能够有效地改变自己的财务状况；能够得到金钱所能买到的东西。

（6）独立性：有弹性地工作，可以充分掌握自己的时间和行动，自由度高。

（7）爱、家庭、人际关系：关心他人，与别人分享生活，协助别人解决问题；体贴、关爱，对周围的人慷慨。

（8）道德感：与组织的目标、价值观、宗教观和工作使命不冲突，而且能紧密结合。

（9）欢乐：享受生命，结交新朋友；与别人共处，一同享受美好时光。

（10）权力：能够影响或控制他人，使他人按照自己的意愿去行动。

（11）安全感：能够满足基本的需求，有安全感；远离突如其来的变动。

（12）自我成长：能够追求智能上的刺激，寻求更圆满的人生；在智慧、知识与人生的体会上有所提升。

（13）协助他人：能够感受到自己的付出对团体是有帮助的；别人因为你的行为受惠颇多。

5.1.2　职业价值观的测量

职业价值观是个体对工作和与工作相关的各个组织侧面持有的价值偏好。它是人对工作行为、工作方式、工作成果等进行价值判断时依据的稳定心理系统。作为职业价值观的测量工具，职业价值观测量和维度的确认至关重要。下面列举了一些在职业价值观测量和维度确定方面具有代表性的工作。

1971 年，沃拉克（Wollack）等人在职业价值观的调查中将行为偏好、工作参与、工作自豪感、对收入的态度、社会地位和向上发展列为考察的内容。

1980 年，霍夫斯泰德（Hofstede）根据对某一跨国公司的 115 000 名管理人员和职员做的有关职业价值观的调查，总结出四个维度：个人取向-集体取向、男性化-女性化、权力距离、不确定性回避。

1982 年，拉瑟博（Larcebeau）抽取了名望、利他、满意和个人发展四个因素。Raths 在其颇具影响的职业价值观训练方案（价值澄清方案）中提出职业价值观的 10 个内容：待遇、福利、环境、学以致用、工作时间、进修、休闲、升迁、同事、自主。

1998 年，马剑虹等人通过对六家企业的 64 位职工的职业价值观的主成分因素进行分析，抽出了组成职业价值观的工作行为评价、组织集体观念、个人要求三个主成分因素。工作行为评价反映在努力工作、做好工作、承担更多的工作职责和任务、干一行爱一行、忠诚于事业等工作行为衡量标准上；组织集体观念表现为遵守组织的规章、服从上级、服从组织、服从大局、忠于组织等评价标准上；个人要求包括个人利益与理想、个人发展前途、工作本身的意义等方面。

1999 年，凌文辁等人通过对大学生职业价值观的主成分因素进行分析，抽出了声望地位、保健、发展三个主成分因素。声望地位包括易成名成家、单位知名度高、较高社会地位、单位级别高、较高经济地位、晋升机会多、有出国机会、单位规模大、单位在大城市；保健包括有劳保、职业稳定、福利好、有住房、能解决两地分居、职业环境优雅、收入高；发展包括兴趣爱好、学以致用、能发挥自己才能、机会均等、公平竞争、交通便利快捷、自主性大不受约束、能得到受教育机会。

通过上述对职业价值观的内部因素结构进行的探讨，可以看出，职业价值观的内容分类有很多种。下面我们给出一个职业价值观测验，该测验将人的职业价值观分为利他主义、审美主义等 13 种类型。

职业价值观测验
指导语

本测验的目的是了解你的社会偏好。人的社会偏好无好坏之分，只存在对个人所处的环境是否适宜的问题。若你希望深入了解自身在社会偏好方面的特点，建议你在填写问卷时如实表达自己的观点。

本问卷包含 52 道题目，请你依据自身真实想法对题中陈述的重要性进行评价，其中，5 代表非常重要，4 代表比较重要，3 代表一般重要，2 代表不重要，1 代表很不重要。

1. 你的工作必须经常解决新的问题。
2. 你的工作能为社会福利带来看得见的效果。
3. 你的工作奖金很丰厚。
4. 你的工作内容经常变换。
5. 你能在你的工作范围内自由发挥。
6. 你的工作能使你的同学、朋友非常羡慕你。
7. 你的工作带有艺术性。
8. 你的工作能使人感觉到你是团体中的一分子。
9. 不论工作表现如何，你总能像大多数人一样获得晋升和加薪。
10. 你的工作可能使你经常变换工作地点、工作场所或工作方式。
11. 在工作中，你能接触到各种不同的人。
12. 你的工作的上下班时间比较随意、自由。
13. 你的工作使你有不断取得成功的感觉。

14. 你的工作赋予你高于他人的权力。

15. 在工作中，你能实施一些自己的新想法。

16. 在工作中，你不会因身体、能力等因素被人轻视。

17. 你能从工作的成果中，知道自己做得不错。

18. 你的工作经常需要外出、参加各种集会和活动。

19. 只要从事这份工作，你就不会被调到其他意想不到的单位或工种。

20. 你的工作能使你的世界更美丽。

21. 在工作中，不会有人常来打扰你。

22. 只要努力，你的工资会高于其他同龄人，升职或加薪的可能性比从事其他工作大得多。

23. 你的工作是一项对智力的挑战。

24. 你的工作要求你把一些事务管理得井井有条。

25. 你的工作单位有舒适的休息室、更衣室及其他设施。

26. 你的工作有可能使你结识各行各业的知名人物。

27. 在工作中，你能和同事建立良好的关系。

28. 在别人的眼中，你的工作是很重要的。

29. 在工作中，你经常接触到新鲜的事物。

30. 你的工作使你可以常常帮助别人。

31. 在工作单位中，你有可能经常变换工种。

32. 你的作风使你被别人尊重。

33. 工作单位的同事和领导人品较好，相处比较随便。

34. 你的工作会使许多人认识你。

35. 你的工作场所很好。例如，有合适的灯光，舒适的座椅，安静、清洁的环境，宽敞甚至恒温的工作空间等。

36. 在工作中，你为他人服务，使他人感到很满意，你自己也跟着高兴。

37. 你的工作需要计划和组织别人的工作。

38. 你的工作需要敏锐的思考能力。

39. 你的工作可以使你获得较多的额外收入，如常发实物、常发商品的提货券、有机会购买进口货等。

40. 在工作中，你是不受别人差遣的。

41. 你的工作成果是一种艺术品，而不是一般的产品。

42. 在工作中，你不必担心因为所做的事情会让领导不满意而受到训斥或经济惩罚。

43. 在工作中，你能和领导相处融洽。

44. 你可以看见你努力工作的成果。

45. 在工作中，常常要你提出许多新的想法。

46. 由于你的工作，经常有许多人来感谢你。

47. 你的工作成果常常能得到上级、同事或社会的肯定。

48. 在工作中，你能做一个负责人，虽然可能只领导很少几个人，但你信奉"宁做兵头，不做将尾"。

49. 你从事的工作经常在报刊、电视中被提到，因而在人们的心目中很有地位。

50. 你的工作有数量可观的夜班费、加班费、保健费或营养费等。

51. 你的工作在体力上比较轻松，在精神上也不紧张。

52. 你的工作涉及电影、电视、戏剧、音乐、美术、文学等艺术方面。

评价方法

请根据以下题号统计分数（将各小题得分相加），并找出得分最高的三项和得分最低的三项，最后参照后面的 13 种职业价值观类型的含义进行解释。

一、(2, 30, 36, 46)　　　　　二、(7, 20, 41, 52)

三、(1, 23, 38, 45)　　　　　四、(13, 17, 44, 47)

五、(5, 15, 21, 40)　　　　　六、(6, 28, 32, 49)

七、(14, 24, 37, 48)　　　　　八、(3, 22, 39, 50)

九、(11, 18, 26, 34)　　　　　十、(9, 16, 19, 42)

十一、(12, 25, 35, 51)　　　　十二、(8, 27, 33, 43)

十三、(4, 10, 29, 31)

得分最高的三项分别是_____、_____、_____。

得分最低的三项分别是_____、_____、_____。

该测验将人的职业价值观划分为 13 种类型，各类型的基本含义如下：

一、利他主义：总是为他人着想，把为大众谋幸福、谋利益作为自己的追求。

二、审美主义：能不断地追求美的东西，得到美的享受。

三、智力刺激：不断进行智力开发、动脑思考、学习和探索新事物，解决新问题。

四、成就动机：不断创新、不断取得成就、不断得到领导和同事的赞扬或不断实现自己想要做的事。

五、自主独立：能够充分发挥自己的独立性和主动性，按照自己的方式、想法去做事，不受他人干扰。

六、社会地位：从事的工作在人们的心目中有较高的社会地位，从而使自己得到他人的重视与尊敬。

七、权力控制：获得对他人或某事的管理权，能指挥和调遣一定范围内的人或事物。

八、经济报酬：获得丰厚的报酬，使自己有足够的财力去获得自己想要的东西，使生活过得较为富足。

九、社会交往：能和各种人交往，建立比较广泛的社会联系和关系，甚至能和知名人士结识。

十、社会稳定：不管自己能力怎样，在工作中有一个安稳的局面，不会因为奖金、加薪、调动工作或领导训斥等经常提心吊胆、心烦意乱。

十一、轻松舒适：将工作作为一种消遣、休息或享受的形式，追求比较舒适、轻松、自由、优越的工作条件和环境。

十二、人际关系：一起工作的大多数同事和领导人品好，在一起相处感到愉快、自然。

十三、追求新意：工作的内容经常变换，使工作和生活显得丰富多彩，不单调枯燥。

5.2 动机测验

> 某大学计算机系 2017 届的一名毕业生应聘到一家银行，从事网络维护工作。尽管收入不错，但他干了不到两年就不想再待下去了，因为他觉得这份工作没有给他带来成就感。

许多人不理解这位大学生的想法，一些亲朋好友纷纷劝他珍惜这份工作，认为再找一份待遇这么好的工作是很不容易的。事实上，人们不知道这位大学生的苦衷：他的成就动机非常高（经过测验，其成就动机分数在 100 位专业人员中只有 5 位能够达到），这类人很想做出一些成就，实现自己的价值。尽管网络维护工作需要一定的技术，但主要是一些日常事务性工作，不需要太多创新。所以刚开始工作时还有些新鲜感，但时间一长就觉得没意思了。由此可见，人们在选择职业时，还得考虑自己的职业动机特征，因为职业动机是维持人们职业行为的基本动力。

5.2.1 动机简介

1. 动机的概念

动机是引起、维持和指引人们从事某种活动的内在动力。例如，当你感到口渴时，就会产生找水喝的动机。动机是人类行为动力系统中调控机制的重要组成部分，也是人类行为的原动力。它不仅指引着个体行为的方向和任务选择，还决定了行为动力的大小、努力的程度以及行为的坚持性和克服困难的决心。

在动机形成的过程中，需要与诱因是紧密联系的。需要较为内在、隐蔽，是支配有机体行为的内部原因；诱因则是与需要相连的外界刺激物，它吸引有机体的活动，并使需要有可能得到满足。当有机体达到某种目标，满足了相应的需要后，相应的动机就会降低，从而使有机体处于相对不活跃的状态。因此，没有需要，就不会有行为的目标与诱因；没有行为的目标与诱因，也就不会有某种特定的需要。所以，在实际生活中，人们的行为往往取决于需要与诱因的相互作用以及个体对这种关系的认识。

2. 动机的种类

动机的种类复杂多样，不同的心理学家有不同的划分方法。不过，有三种动机是大家普遍认可的，同时与人们的职业行为密切相关，即成就动机、权力动机和亲和动机。最早系统地提出这三种动机的学者是美国心理学家麦克兰德。在对动机特质的研究过程中，他提出成就动机、权力动机和亲和动机是推动员工在组织中的行为的主要力量。

1）成就动机

成就动机是追求卓越、争取成功的内驱力。研究发现，成就动机对个体的活动具有重要作用。高成就动机者与低成就动机者的区别在于，高成就动机者想把事情做得更好。麦克兰德从宏观的角度探讨了社会集体成员的成就动机水平与社会的经济科技发展之间的关系。他认为，国家经济发展成功的原因不仅取决于经济制度、政治背景和地理环境，社会成员的成就动机在一定程度上也具有不可忽视的影响作用。国家如此，组织亦如此。一个组织的成功与进步，与其成员的成就动机水平以及高成就动机者的多寡有着密不可分的联系。因为成就动机对个体、组织和国家而言意义重大，所以不断有研究者致力于成就动机的结构探讨与量表开发工作。研究者认为，成就动机的特质使人们为自己设置困难但又可以实现的目标，追求完美、计算风险、面对不确定性，对问题采用新颖、创新的解决方法，并愿意为自己的行为结果承担责任。

2）权力动机

争取权力是个体的一种重要动机或品质。所谓权力动机，是指一个人有意识地影响他人行为和情感的能力或潜力。由此可见，权力动机是试图影响他人和改变环境的一种内驱力。利特温（Litwin）和斯特里格（Striger）提出，在权力动机的支配下，人们表现出更强的主动进取精神及成为团体领导者的愿望。高权力动机的个体经常试图影响他人——提出建议，承担更多责任，表达自己的观点和评价，试图说服他人；他们寻求团体中的领导位置。他们能否成为领导者或被看作"重要人物"，取决于其他因素（如能力和社会能力）。他们通常比较健谈，有时好争论。麦克兰德将权力需要定义为影响或控制他人且不受他人控制的需要。他提出，权力需要较高的人喜欢支配、影响他人，喜欢对别人"发号施令"，注重争取地位和影响力；他们喜欢具有竞争性和能体现较高地位的场合或情境，追求出色的成绩，但他们这样做并不是为了个人的成就感，而是为了获得地位和权力或使自己与已具有的权力和地位相匹配。麦克兰德指出，权力需要有两种形式：个人权力需要与组织权力需要。受个人权力需要支配的个体常常为了满足个人的权力欲望而争取领导权力和控制权力，他们常常回避组织的责任；由组织权力需要驱使的管理人员为了整个组织的利益而影响他人的行为，他们较多地考虑组织的各种问题以及自己如何解决这些问题。麦克兰德发现，与高成就需要的管理人员相反，高权力需要的管理人员主要通过他人的行动来达成目标，而高成就动机的管理人员通常自己亲力亲为。

3）亲和动机

亲和动机是一种愿意与他人保持友好亲密关系的内驱力，它反映的是个体对建立、保持或恢复与他人或群体的积极情感关系的关注。麦克兰德将亲和需要定义为建立友好亲密的人际关系的需要。他认为，亲和动机是寻求被他人喜爱和接纳的一种愿望。具有高亲和动机的个体更倾向于与他人进行交往或为他人着想，这种交往会让他们感到愉快。高亲和需要者渴望友谊，喜欢合作而非竞争的工作环境，他们对环境中的人际关系更为敏感，希望彼此之间能够进行沟通与理解。有时，亲和需要也表现为对失去某些亲密关系的恐惧和对人际冲突的回避。亲和需要是保持社会交往和人际关系和谐的重要条件。研究发现，在亲和动机支配下的个体，其行为具有三个特点：一是保持良好的人际关系；二是具有合作精神；三是害怕拒绝。高亲和动机的个体害怕被别人拒绝，希望获得他人与社会的赞许，这也是他们回避冲突与竞争的重要原因之一。

一方面，具有高亲和动机的个体注重与他人保持友好的关系，注重与上下级保持良好的工作关系。在日益强调团队管理的今天，这种动机品质无疑在组织环境中有着相当积极的作用。但另一方面，由于高亲和动机的个体过于注重情感，所以在一定程度上可能会失去对问题的客观、理性的分析。他们总是力图避免冲突与竞争，因此可能为了顾全关系而丧失原则和立场，从而影响组织利益和组织目标的实现。另外，由于他们注重个人关系的建立，因此有可能形成宗派小团体，在组织中偏袒私人。

5.2.2　动机的测量

动机的测量主要以自陈式量表为主。下面是一个成就动机测验。

成就动机测验
指导语

本问卷共 30 道题，请你根据题中的陈述与自己的看法的相符程度做出判断。

A. 完全符合　　　　B. 基本符合　　　　C. 有点符合　　　　D. 完全不符合

1. 我喜欢对没有把握解决的问题坚持不懈地努力。
2. 我喜欢新奇的、有难度的任务，甚至不惜冒风险。
3. 即使给我的任务有充裕的完成时间，我也喜欢立即开始工作。
4. 面临没有把握克服的难题时，我会非常兴奋、快乐。
5. 我会被那些能了解自己有多大才智的工作吸引。
6. 我会被有难度的任务吸引。
7. 面对能测量我能力的机会，我感到是一种鞭策和挑战。
8. 我在完成有难度的任务时，感到快乐。
9. 对于有困难的活动，即使没有什么意义，我也很容易卷进去。
10. 能够测量我能力的机会，对我是有吸引力的。
11. 我希望把有难度的工作分配给我。
12. 我喜欢尽了最大努力才能完成的工作。
13. 如果有些事不能立刻理解，我会很快对它产生兴趣。
14. 那些我不能确定能否成功的工作，最能吸引我。
15. 对我来说，重要的是做有困难的事，即使无人知道也无关紧要。
16. 我讨厌在完全不能确定会不会失败的情境中工作。
17. 我在结果不明的情况下会担心失败。
18. 在完成我认为困难的任务时，会担心失败。
19. 一想到要去做那些新奇的、有难度的工作，我就感到不安。
20. 我不喜欢那些测量我能力的工作。
21. 我对那些没有把握胜任的工作感到忧虑。
22. 我不喜欢做我不知道能否完成的事，即使别人不知道也一样。
23. 在那些测量能力的情境中，我感到不安。
24. 对需要有特定机会才能解决的问题，我会害怕失败。
25. 在做那些看起来相当困难的事时，我很担心。
26. 我不喜欢在不熟悉的环境下工作。
27. 如果有困难的工作要分配人做，我希望不要分配给我。
28. 我不希望做那些要发挥我能力的工作。
29. 我不喜欢做那些我不知道我能否胜任的事。
30. 当遇到我不能立即弄懂的问题时，我会焦虑不安。

记分方法

每题选 A 记 4 分；选 B 记 3 分；选 C 记 2 分；选 D 记 1 分。第 1~15 题的总分记为 M_s（成就动机），第 16~30 题的总分记为 M_{af}（害怕失败）。当 $M_s-M_{af}>0$ 时，分值越高，成就动机越高；当 $M_s-M_{af}=0$ 时，追求成功和害怕失败的倾向相当；当 $M_s-M_{af}<0$ 时，分值越低（负数），成就动机越低。

结果解释

成就动机指在面对任务情境时，朝向高标准，设置具有挑战性的工作目标，并为实现这一目标进行艰苦努力，希望获得优秀成绩的欲望。各分数段对应的解释如下。

$M_s-M_{af}<0$：成就动机弱。通常不愿意面对挑战性的任务，不喜欢参加与他人竞争的活动，在工作中可能会表现得比较保守；在具体活动中不太愿意承担责任，出现问题时，可能会抱怨他人，回避责任，听之任之。

$M_s-M_{af}=0$：成就动机中等。有时愿意承担具有一定难度的任务，并能承担一定的责任。

$M_s-M_{af}>0$：成就动机强。有追求成功的强烈愿望，喜欢有挑战性的任务，愿意为自己设置高目标，肯冒风险，喜欢尝试新事物，希望在竞争中获胜；在活动过程中积极主动，愿意承担责任。

5.3　职业兴趣测验

某位女士在做了几个月出纳工作以后，实在做不下去了，因为她不喜欢与枯燥的数据资料打交道，而喜欢与人打交道，所以她想去做营销或公关工作。

兴趣与人们的工作积极性密切相关，做有兴趣的工作是一种享受，而做无兴趣的工作是一种负担。所以，对这位女士来说，做出纳工作简直就是受罪，而做营销工作会显得比较轻松。

5.3.1　职业兴趣简介

兴趣是喜欢与不喜欢的一种持久的倾向，表现为对某种事物、某项活动的选择性态度和积极的情绪反应。职业兴趣是指对职业或具有职业特征的活动的心理倾向。职业兴趣的类型是多种多样的，如美国心理学家从人与职业的匹配程度出发，将职业大致分为三类：D 类（Data，数据类）职业，关于数据、文件等方面的工作；P 类（People，人际类）职业，关于与人打交道的工作；T 类（Thing，事物类）职业，关于同机器、自然界等打交道的工作。霍兰德（Holland）将职业兴趣分为六类：现实型、研究型、艺术型、社会型、企业型和常规型。霍兰德的这六种职业兴趣类型代表了六种不同的兴趣与人格特质的人，它可以帮助个人了解哪种类型的工作比较适合自己，同时可以协助个人了解工作的内容及其环境。

　　普雷迪格（Prediger）提出了两个更基本的维度：数据—观念，物—人。普雷迪格根据这两个维度定义了四种工作任务。

　　（1）数据任务。这种工作任务通过与事物、记录、文件、数字及系统程序打交道，服务于人们的日常消费和服务消费。例如，图书保管员、交通管理员。

　　（2）观念任务。这种工作任务涉及概括、理论、知识、洞察力及以新方法呈现事物等方面。例如，科学家、作曲家、哲学工作者。

　　（3）事物任务。这种工作任务涉及仪器、材料、工具、生物机制等方面。例如，建筑工人、实验室技术人员、司机。

　　（4）人物任务。这种工作任务与人打交道，涉及看护、游说、娱乐、训练等方面。例如，小学老师、社会工作者、职业咨询师。

5.3.2　职业兴趣测验

职业兴趣测验

指导语

　　本问卷共 90 道题，请你根据自己的真实情况对题目中的陈述进行评价，如果陈述符合实际情况，则在相应的题号前打"√"，否则打"×"，注意不要漏答。

　　1. 强壮而敏捷的身体对我很重要。

　　2. 我必须彻底了解事情的真相。

　　3. 我的心情受音乐、色彩、写作和美丽事物的影响极大。

　　4. 与他人的关系丰富了我的生命并使它有意义。

　　5. 我相信我会成功。

　　6. 我做事时必须有清楚的指引。

　　7. 我擅长自己制作、修理东西。

　　8. 我可以花很长时间去想通事情的道理。

　　9. 我重视美丽的环境。

　　10. 我愿意花时间帮别人解决个人危机。

　　11. 我喜欢竞争。

　　12. 在开始一个计划前，我会花很多时间去计划。

　　13. 我喜欢用双手做事。

　　14. 探索新构思使我满意。

　　15. 我总是寻求新方法来发挥我的创造力。

　　16. 我认为把自己的焦虑和别人分担是很重要的。

　　17. 成为群体中的关键任务执行者对我很重要。

　　18. 我为自己能重视工作中的所有细节而感到骄傲。

　　19. 我不在乎工作时把手弄脏。

　　20. 我认为教育是个发展及磨炼脑力的终身学习的过程。

　　21. 我喜欢非正式的穿着，喜欢尝试新颜色和新款式。

　　22. 我常能体会到某人想要和他人沟通的需要。

　　23. 我喜欢帮助别人不断改进。

24. 做决策时，我通常不愿冒险。

25. 我喜欢购买小零件，并做成成品。

26. 有时，我可以长时间地阅读、玩拼图游戏，或者冥想生命的本质。

27. 我有很强的想象力。

28. 我喜欢帮助别人发挥他们的天赋和才能。

29. 我喜欢监督事情直至完工。

30. 如果我将面对一个新情境，那么我会在事前做好充分的准备。

31. 我喜欢独立完成一项任务。

32. 我渴望阅读或思考任何可以引发我好奇心的东西。

33. 我喜欢尝试创新。

34. 如果我和别人发生摩擦，我会不断地尝试化干戈为玉帛。

35. 要成功，就必须定高目标。

36. 我不喜欢为重大决策负责。

37. 我喜欢直言不讳，不喜欢拐弯抹角。

38. 在解决问题前，我必须对问题进行彻底分析。

39. 我喜欢重新布置我的环境，使它们与众不同。

40. 我经常通过和别人交谈来解决自己的问题。

41. 我经常起草一个计划，而由别人完成细节。

42. 准时对我而言非常重要。

43. 从事户外活动令我神清气爽。

44. 我不断地问：为什么？

45. 我喜欢自己的工作能够抒发我的情绪和感觉。

46. 我喜欢帮别人找出可以和其他人互相关注的方法。

47. 能够参与重大决策是件令人兴奋的事。

48. 我经常保持环境整洁，喜欢有条不紊。

49. 我喜欢周边环境简单而实际。

50. 我会不断地思考一个问题，直到找出答案为止。

51. 大自然的美深深地触动我的灵魂。

52. 亲密的人际关系对我来说很重要。

53. 升迁和进步对我来说是极其重要的。

54. 当我把每日的工作计划好时，我会比较有安全感。

55. 我不害怕过重的工作负荷，我知道工作的重点是什么。

56. 我喜欢能使我思考、带给我新观念的书。

57. 我期望能看到艺术表演、戏剧及好电影。

58. 我对别人的情绪低潮相当敏感。

59. 影响别人使我感到兴奋。

60. 当我答应做一件事时，我会竭尽所能地监督所有细节。

61. 我希望粗重的肢体工作不会伤害任何人。

62. 我希望能学习所有使我感兴趣的科目。

63. 我希望能做些与众不同的事。

64. 对于别人的困难，我乐于伸出援手。

65. 我愿意冒一点危险以求进步。

66. 当我遵循规则时，感到安全。

67. 选车时，我最先注意的是好的引擎。

68. 我喜欢能刺激我思考的对话。

69. 当我从事创造性事物时，我会忘掉一切旧经验。

70. 我会关注社会上许多需要帮助的人。

71. 说服别人依计划行事是件有趣的工作。

72. 我擅长检查细节。

73. 我通常知道如何应付紧急事件。

74. 阅读新发现的书是件令人兴奋的事。

75. 我喜欢美丽、不平凡的故事。

76. 我经常关心孤独、不友善的人。

77. 我喜欢讨价还价。

78. 我花钱时小心翼翼。

79. 我通过运动来保持强壮的身体。

80. 我经常对大自然的奥秘感到好奇。

81. 尝试不平凡的新事物是件相当有趣的事。

82. 当别人向我诉说他的困难时，我是个好听众。

83. 做事失败了，我会再接再厉。

84. 我需要确切地知道别人对我的要求是什么。

85. 我喜欢把东西拆开，看是否能够修理它们。

86. 我喜欢研读所有事实，再有逻辑地做决定。

87. 对我而言，没有美丽事物的生活是不可思议的。

88. 人们经常告诉我他们的问题。

89. 我经常能借着网络资讯和别人取得联系。

90. 小心谨慎地完成一件事是件有成就感的事。

评分方法

记分：表中的数字代表上述职业兴趣测验中的题号，请将你的答案"√"或"×"，画在各题号上。

现实型	研究型	艺术型	社会型	企业型	常规型
1	2	3	4	5	6
7	8	9	10	11	12
13	14	15	16	17	18
19	20	21	22	23	24
25	26	27	28	29	30
31	32	33	34	35	36

续表

现实型	研究型	艺术型	社会型	企业型	常规型
37	38	39	40	41	42
43	44	45	46	47	48
49	50	51	52	53	54
55	56	57	58	59	60
61	62	63	64	65	66
67	68	69	70	71	72
73	74	75	76	77	78
79	80	81	82	83	84
85	86	87	88	89	90

请算出每种职业兴趣类型中打"√"题目的总数，并将它填在下面的横线上。

现实型_____ 研究型_____ 艺术型_____

社会型_____ 企业型_____ 常规型_____

请将上述分数，按照从高到低的顺序依次排好，并填在下面的横线上。

第一高分_____ 第二高分_____ 第三高分_____

第四高分_____ 第五高分_____ 第六高分_____

请算出每种职业兴趣类型中打"×"题目的总数，并将它填在下面的横线上。

现实型_____ 研究型_____ 艺术型_____

社会型_____ 企业型_____ 常规型_____

如果考虑打"×"的题目，是否会改变原有的职业兴趣类型？

职业兴趣类型解释

现实型：喜欢现实性的、实在的工作，如机械维修、木匠活、烹饪、电气技术等，也称"体能取向""机械取向"。这种类型的人通常具有机械技能和较好的体力，喜欢户外工作，乐于使用各种工具和机器设备；喜欢同事务而不是同人打交道的工作。他们真诚、谦逊、敏感、务实、朴素、节俭、腼腆。

研究型：喜欢各种研究性工作，如实验室研究人员、医师、产品检查员等。这种类型的人通常具有较高的数学能力和科学研究能力，喜欢独立工作，喜欢解决问题；喜欢同观念而不是同人或事务打交道的工作。他们的思维逻辑性强，且好奇、聪明、仔细、独立、俭朴。

社会型：喜欢社会交往性工作，如教师、咨询顾问、护士等。这种类型的人通常喜欢周围有别人存在，对别人的事很有兴趣，乐于帮助别人解决难题，喜欢同人而不是同事务打交道的工作。他们乐于助人、有责任心、热情、善于合作、富于理想、友好、善良、慷慨、有耐心。

艺术型：喜欢艺术性工作，如音乐、舞蹈、歌唱等。这种类型的人往往具有某些艺术技能，喜欢创造性的工作，富有想象力。他们通常喜欢同观念而不是同事务打交道的工作，比较开放、好想象、独立、有创造力。

企业型：喜欢如推销、服务、管理等类型的工作。这种类型的人通常具有领导才能和很好的口才，对金钱和权力感兴趣，喜欢影响、控制别人。他们喜欢同人和观念打交道的工作，而不是同事务打交道的工作，喜欢户外交际、冒险；他们精力充沛、乐观、和蔼、细心、抱负心强。

常规型：喜欢传统性的工作，如会计、秘书、办事员，以及测算等。这种类型的人有很好的数字计算能力，喜欢室内工作，乐于整理、安排事务。他们往往喜欢同文字、数字打交道的工作，比较顺从、务实、细心、节俭，做事利索、有条理、有耐性。

职业兴趣类型分析

兴趣淡漠型：

测验结果表明，你的各项兴趣得分均较低。这表明你对各类活动、事务或工作兴趣不大，不会主动投入心理资源去关注它们，也不会将其视为生活或工作的主要内容与支柱，更不会执着追求。

造成这种结果的原因多种多样。例如，可能是基于某种特殊的生活哲学，如"无为"；或者你对现实事物普遍缺乏兴趣；或者你对测验内容不感兴趣，但对其他内容有兴趣；或者身体状况不佳，导致对生活中的事物都丧失兴趣；或者因一时或频繁的挫折，对工作或生活丧失信心；或者你在测验中回答问题时过于谨慎，标准过高，仅对少数题目做出肯定选择；或者你漏答了太多题目。

兴趣分散型：

测验结果显示，你对众多职业领域的兴趣水平几乎相当，呈现出"天花板"效应。这意味着你的兴趣范围较为广泛，且在诸多方面均有投入，但这也可能导致心理资源的分散。若调节不当，可能会阻碍你在某些领域的潜在成就。

造成这种结果的原因多种多样。可能是你心理资源丰富、精力充沛；或者你资质聪颖，对多个领域的学习、技能和活动都能轻松驾驭，不觉困难；或者你热情有余，却缺乏理性思考与抉择。通常而言，理想的做法是将不同方面的兴趣划分出不同层次，构建主次分明、轻重有序的格局，以便更合理、高效地分配有限的心理资源，确保在工作与生活中最重要的方面得到充分投入。

第 **6** 章
人格测验

长期以来，由于人们的个性特征并无好坏对错之分，人格测验未得到应有重视。近十多年来，人们认识到不同个性特征在特定岗位或环境中具有不同适合度，各级各类组织开始普遍关注人格测验在选人用人中的应用。

本章导航

```
人格的概念与理论 ──── 人格的概念
                     人格的理论

      │

人格测量的方法 ──── 人格测量方法的特点
                   人格测量方法的主要类别

      │

MBTI人格测试 ──── MBTI的理论基础
                 MBTI各种人格类型的特点

      │

大五人格测试 ──── 大五人格测试的理论基础
                 国际人格项目库

      │

投射测验 ──── 投射技术简介
             墨迹测验
             主题统觉测验
             其他投射测验
```

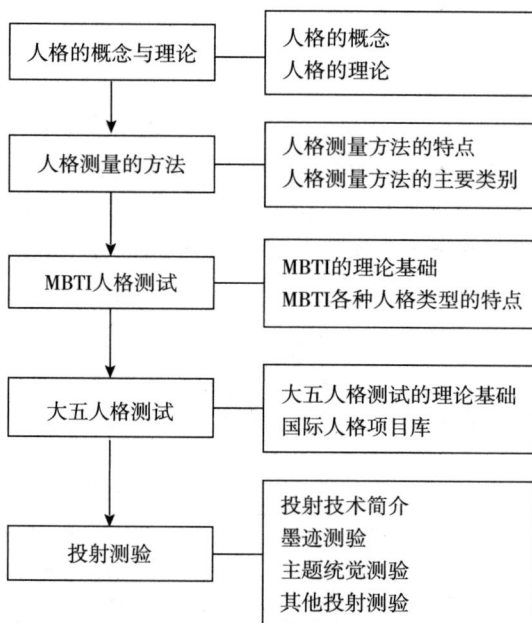

6.1 人格的概念与理论

美国联合航空公司的招聘测试

1985 年，美国联合航空公司的一项调查揭示了一个令人震惊的结果：在过去的

20 年中，世界各地共发生过 50 000 多起空难事件，其中只有 1/5 是属于机器故障。这项调查报告发表以后，立即受到各航空公司的重视，并促使他们着手改变过去只凭技术、资历和飞行时速对驾驶员进行测试的惯例。各航空公司开始引进心理测验，在甄别待录用驾驶员的智力高低、能力大小的同时，鉴定驾驶员的个性类型等，以便录用的驾驶员能组成一个最佳状态的飞行组。

1926 年，美国飞行学校的学员中，有 87% 的学员因飞行不佳被淘汰，其原因之一为空中飞行心理适应性不佳。直到第二次世界大战及其后，客观的要求促使心理测验在人事测评中得到不断发展和完善，因飞行不佳被淘汰的人数才开始下降。在美国，空军学员的淘汰率由 70% 降至 36%；在法国，空军学员的淘汰率由 61% 降至 36%。

6.1.1　人格的概念

假如在一个可以坐一万人的会场中问一句："有谁认为人与人是不同的？请把手举起来。"恐怕每个人都会把手举起来。正如世界上没有两片完全相同的叶子一样，世界上也没有两个完全相同的人。在大多数人心中，人与人之间的不同不是指外表上的不同，也不是指能力上的不同，那么人与人之间的不同是什么呢？

从你周围的生活中随便找出两个人——张三和李四，请你说出他们有什么不同。你可能会说，张三比较外向，李四比较内向；你可能会说，张三比较急躁，李四比较细致；你可能会说，张三比较古板，李四比较灵活；你可能会说，张三比较果断，李四比较优柔寡断……这些差异就是人在个性上的差异，也就是人格上的差异。《三字经》中的"人之初，性本善；性相近，习相远"说的也是人在人格上的差异。

1. 人格的定义

关于人格，心理学界尚未形成统一的定义。人格可被简单理解为个体独特的、稳定的对待现实的态度以及习惯化的行为方式，它是个体区别于他人的稳定心理特征，由先天与后天因素交互作用形成。

在此，有必要提及两个与人格相关的重要概念。首先是性格。性格并非心理学专业术语，而是大众化用语。在日常交流中，人们常提及某人的性格特点，性格主要涉及一个人的性情、脾气、禀性等。其次是气质。通俗而言，气质指一个人整体呈现的心理特征，如"某人很有气质""贵族气质""现代气质""高雅气质"等。在心理学领域，气质特指与人的先天神经特点相关联的心理特征，涵盖神经反应的速度、强度、平衡性、灵活性等高级神经活动特性。

2. 人格的主要特性

只有了解人格的特性，才能更好地了解每个人的人格特征，才能更好地将其应用到人员的招聘与选拔之中。

人格具有以下几种主要特性。

（1）整体性。人格的整体性是指组成人格的各个要素不是孤立的、互不相关的，而是统一在一个有机的整体之中的。人格具有内在的统一性，一个人人格的整体性体现在一个人的人格结构中，其各方面特质是否彼此协调一致。这是一个人是否心理健康的一个重要标志。我们在考察一个人的时候，也要考察一个人是否具有人格的整体性。另外，我们在看待一个人的人格特征时，也要将单个的特征放在整体中加以考虑，这样才能准确而全面地了解一个人。例如，一个人的独立性，在有些人身上就要理解为其在做决策时有自己的主见，在有些人身上就要理解为不喜欢与他人交往。

（2）独特性和共同性。一个人既具有自己独特的人格特征，又具有其从属团体的共同特征。例如，北方人有一些共同的人格特征，南方人可能具有另一些共同的人格特征。当某个人属于某个特定的群体时，我们就可以推论他可能具有某些特定的人格特征。

（3）稳定性。一个人在不同的时间和场合常常表现出一些一致性和持久性的人格特征。人格的这种稳定性为我们从一个人目前的行为表现推论其未来可能的行为表现提供了可能性。

（4）可塑性。人格并不是一成不变的，一个人在成长的过程中，受到外界环境和其他因素的影响，人格特征往往会发生一些变化。因此，在对人格进行解释的时候要格外谨慎。

3. 人格在人员选拔中的作用

在过去的人员选拔工作中，我们往往只注重一个人在专业和业务方面的能力，而忽视了其在人格方面的特征。其中，一个很重要的原因是人们认为个性与职业成功之间没有关系。例如，成功的企业家既有外向性格的，也有内向性格的。但在 20 世纪 80 年代，心理学家研究发现，成功的人确实未必具有特定的人格特征，但某些人格特征确实是许多成功人士的共同特点，如自信心、韧性等。而且，有些工作确实更适合具有某种人格特征的人来做；有些人更适合与具有某种人格特征的人共同工作。合理的人事安排可以带来更高的工作效率。例如，一个性格内向、不善言辞、不喜欢过多地与他人打交道的人，应尽量避免从事产品推销或公关一类的工作；一个性情急躁、做事粗枝大叶的人，不适合从事文字校对、整理资料等需要耐心细致的工作。20 世纪 80 年代末期和 90 年代初，人格测验在人员选拔中的应用受到人们的广泛关注。1984 年，64% 的公司声称从未在人员选拔中使用过人格测验；1989 年，只有 36% 的公司没有使用过人格测验。由于人格测验有利于提高选聘工作的有效性，因此此类测验在选拔和雇用人才中正受到越来越多的关注和重视。

6.1.2　人格的理论

在对一个人的人格进行描述时，最简单直接的方法是以一个人最突出的心理特征来刻画其人格特征。例如，如果一个人最突出的人格特征是外向，那么我们就可以说这个人是一个外向型的人。这种以人的最突出心理特征为依据将人分类并加以描述的人格理论，被称为人格的类型理论。另一种人格描述的方法是用多种心理特征来刻画一个人的人格特征，即把一个人划分为多种特质，再通过这些特质来描述人格特征的人格理论，这种理论被称为人格的特质理论。人格的类型理论和特质理论是人格研究的两大基本理论。

1. 人格的类型理论

1）关于气质类型的理论

气质是一个人在心理活动和行为动力方面的稳定心理特征。

早在 1800 年前，古希腊的医生加伦认为，人的健康和性格特点与体内的血液、黏液、黑胆汁和黄胆汁这四种体液的比例有关。通过观察人的行为特征，他认为，当血液、黏液、黑胆汁和黄胆汁这四种体液分别在体内占优势时，分别构成多血质、黏液质、胆汁质和抑郁质四种不同的气质。这四种气质类型在行为方式上的表现是不同的（见表6-1）。

表 6-1　不同气质类型的典型行为表现

气质类型	典型行为表现
多血质	这种气质的人行动反应敏捷。他们对吸引注意力的事物，会做出积极、热情的反应；行动灵活，易于适应新环境，乐于与人交往；言语表达生动，富有感染力；在活动中积极主动，精力充沛。热情来得快去得也快，对简单重复工作易厌烦或萎靡。多血质者通常为外倾型
黏液质	这种气质的人反应较慢，情感不易产生且不外露。他们自制力强，心理反应速度慢，遇事沉稳；工作稳定、有条理、持久，但灵活性差，注意力易保持难转移。黏液质者多为内倾型
胆汁质	这种气质的人反应性和主动性高。他们脾气暴躁、易怒、好挑衅，态度直率，精力旺盛；能热情投入工作，克服困难，但耐心不足。可塑性差，兴趣较稳定。胆汁质者属外倾型
抑郁质	这种气质的人感受性高，能觉察他人不易察觉的细节。他们心理反应慢，动作迟缓；情绪多愁善感，变化微弱而持久；面对困难优柔寡断，受挫后心神不安，难迅速转向新工作；主动性差，难坚持到底。他们富有想象力，较聪明。抑郁质者多为内倾型

有人曾做过一个形象的比喻，这个比喻充分说明了四种气质类型者的突出特征。有四个分别属于不同气质类型的人一同去看电影，走到电影院门口，电影已经开演了，看门的人不让他们进去。这时，胆汁质的人会同看门的人争吵，甚至不顾看门人的阻拦而闯入电影院；多血质的人看到楼下的入口处看门的人很严，他可能会溜到楼上去看；黏液质的人可能会一直等着；抑郁质的人可能会叹息："真不走运，偶尔来一次电影院就这么倒霉。"然后，转身回去了。

近代实验心理学的先驱、德国著名心理学家冯特认为，多血质和胆汁质可归为可变的特性，抑郁质和黏液质可归为不可变的特性。他将可变性和不可变性作为第一人格维度。他还指出，多血质和黏液质属于非情绪性，而胆汁质和抑郁质属于情绪性，他将情绪性和非情绪性作为第二人格维度。

苏联心理学家巴甫洛夫将气质类型与人的高级神经活动特征联系在一起。巴甫洛夫认为，高级神经活动的兴奋和抑制过程具有强弱、平衡性和灵活性三种基本特征。这三种特征的不同组合构成不同的气质类型：强、平衡、灵活的称为活泼型，相当于多血质；强、平衡、不灵活的称为安静型，相当于黏液质；强而不平衡的相当于胆汁质；弱型相当于抑郁质。

2）卡尔·荣格的心理类型理论

精神分析学派的著名心理学家荣格在 1923 年出版了《心理类型》一书。他认为，人与人之间存在个别差异，可以分为内倾型和外倾型两种心理类型。他还认为，个体的差异可进一步分为思维、情感、感觉和直觉四种心理机能。本章后面将对 MBTI 人格测试进行专门介绍，其理论基础就是卡尔·荣格的心理类型理论。

3）克雷奇默的类型论

德国精神病学家和心理学家克雷奇默研究了精神病患者与体型的关系，提出了体型、气质与行为倾向的关系，如表 6-2 所示。

表 6-2　克雷奇默的体型、气质与行为倾向的关系

体型	气质	行为倾向
瘦长型	分裂气质	不善交际、孤僻、沉静、神经过敏
矮胖型	躁郁气质	善交际、活泼、乐观、感情丰富
运动型	黏着气质	固执、认真、迟钝、易情绪爆发

2. 人格的特质理论

人格的类型理论具有简单、直观的特点，但过于粗糙，而且这种将人划分为几种简单类型的方法未免过于机械化。由于人的个性非常复杂，因此很难将复杂的个体归于某种单一的人格类型，而且人的人格类型存在很多中间类型。人格的特质理论是假设人有多种特质，且每个人都不同程度地具有这些特质，而人与人之间的差异在于特质水平上的差异。

最早提出特质概念的是美国心理学家奥尔波特。他将特质定义为一种一般性的神经心理结构，而这种神经心理结构因人而异。这种结构可以综合不同的刺激，使人对这些刺激做出相同的反应。特质是指人们稳定的、经常表现的行为方式。一个偶然发生的行为不能称为特质，因为即使最外向的人也有偶尔沉默不语的时候，最内向的人偶尔也有情绪爆发的时候。特质表现为一个人在不同情境中经常、稳定的行为方式。例如，一个具有"温和性"特质的人，在工作中对上级的命令比较服从，对其他人的错误比较容忍，对待自己的朋友比较客气、谦让；在社交情境中会回避冲突，不易与人发生争执；对待自己的父母可能会比较孝顺和关心；不会有太激进的政治主张。这种在各种情境中经常表现出来的一致性行为方式就是特质。

1）奥尔波特的人格特质理论

奥尔波特认为，特质是一般化的神经心理结构，它具有指挥个体行为的能力。他将特质划分为共同特质和个人特质。共同特质是在一定的文化形态下，所有人都具有的心理倾向性。个人特质是个人具有的特点，表现为个人的个性倾向性。个人特质又分为重要特质、中心特质和次要特质。重要特质在人的生活中居统治地位，支配着人的基本行为。中心特质比重要特质的概括性要低，通常用中心特质来描述人的个性。次要特质是只有在特殊的情境中才能显示出来的特质。奥尔波特的人格特质划分如图 6-1 所示。

2）卡特尔的特质理论

美国心理学家卡特尔接受了奥尔波特的人格特质理论，他认为特质就是在不同的时期和情境中都保持的行为形式的一致性。他主张人格的基本结构元素是特质。卡特尔对描述人格的词汇进行了相关分析，得出了 35 个特质群，他将这些特质群称为表面特质。他对这些表面特质进行了因素分析，又得到了 16 个基本特质，他将这 16 个基本特质称为根源特质。他认为根源特质是构成人格的基本要素，是行为的属性和功能的决定因素。

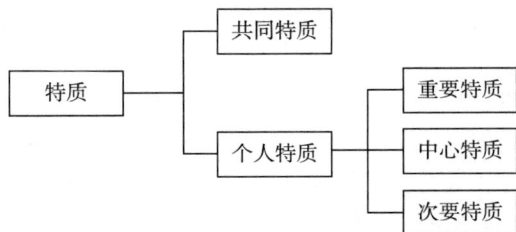

图 6-1　奥尔波特的人格特质划分

卡特尔编制的 16 种人格因素问卷至今仍然是全球使用较广的人格测验之一。

3）艾森克的人格三维学说

英国心理学家艾森克认为，人格的三个基本因素是内外倾性、情绪稳定性和精神性。这三个因素构成了人格相互垂直的三个维度。人们在这三个因素方面的不同倾向和表现程度，构成了他们不同的人格特征。

4）大五人格模型

大五人格模型源于人格的词汇学研究。词汇学的基本假设是，在各种文化中，自然语言中包含了所有能够描述人格的词汇，也就是说，所有人格特质都被包含在自然语言中。

奥尔波特从《韦氏新国际词典》中挑选出 55 万个描述人的词汇，经过精心筛选后保留下 1.8 万个词汇。他对这些词汇进行了分类，并将其分为四类：

（1）描述潜在个人特质的词汇。

（2）描述人格的暂时状态、心境和活动的词汇。

（3）评价性描述的词汇。

（4）与身体特征、能力和才能有关的词汇。

卡特尔的特质理论也是对词条进行聚类分析和因素分析的结果，最终形成 16 种人格因素。费斯克等人从卡特尔的 16 种人格因素中进一步抽取，发现五种大的因素。不同的人研究出的五种因素不尽相同，但均有一定的相似之处。一般认为，这五种因素包括神经质（Neuroticism）、外倾性（Extraversion）、开放性（Openness to Experience）、宜人性（Agreeableness）和尽责性（Conscientiousness）。

细心的读者会发现，这五种因素的英文首字母正好组成"OCEAN"一词，这似乎暗示着这五种因素正好容纳了人类人格的"海洋"。本章后面将对大五人格测试进行专题讨论。

6.2　人格测量的方法

6.2.1　人格测量方法的特点

首先提倡用科学的方法测量人格的是英国的高尔顿。他在 1884 年发表了《品格测量》一文，文中指出，构成我们行为的品格是一种明确的东西，所以应该加以测量。他还编制了一个评定品格的量表，可以说是人格测验的初步尝试。人们公认的人格测验的先驱是克雷培林，他是一个临床心理学家。他最早在临床中使用自由联想测验。他的自由联想测验就是给受测者呈现一些刺激词，这些词是经过专门筛选的，要求受测者对每个词做出反应，并让他们说出最先想到的词。这其实就是人格测验的一种。后来这种方法不仅在临床中使用，还用于其他测验中。

由于人格具有多维度、多层面的特点，所以人格的测量方法也是多种多样的。没有任何一种人格测验是完美的，所以只用一种测验方法达到全面地测量人格的效果是不可能的。在实际的人事测评工作中，你可能会遇到五花八门的人格测量方法。这些方法是由心理学家设计和编制的，它们之间有相同的地方，也有不同的地方，但每种方法的特征可以从以下两极性的维度上进行描述和比较，这就是人格测验的特征维度。

人格测验主要的特征维度有 13 项，这里列举其中的 5 项。

1. 封闭式与开放式

这一维度是指受测者自由回答的程度。有些测验要求受测者按照规定的方式来回答问题，受测者回答的自由程度比较小，所以这种测验就是封闭式的，一般的问卷式量表都是封闭式的。有些测验对回答的内容没有严格的规定，受测者可以自由地做出反应，这种测验是开放式的，如情境测验、投射测验等。

2. 测验刺激的明确性与模糊性

在某些测验中，呈现给受测者的刺激是一种明确的刺激，而大部分的自陈式量表中给出的刺激都是明确的，如明尼苏达多相人格调查表中的"我常常觉得头上有绷得紧紧的带子"，这样的题目给出的刺激就是明确的。在某些测验中，给出的刺激是比较模糊的，大多数投射测验中给出的刺激是比较模糊的。例如，一个完成句子的测验，"有些人……"，这样的刺激就是比较模糊的。

3. 测验形式的言语性与非言语性

有些测验的材料及受测者的反应都使用言语的方式，如人格问卷。有些测验的材料或受测者的反应采用非言语的方式，如画人测验、画树测验、罗夏克墨迹测验等。

4. 单相性与多相性

如果一个人格测验能够反映多种人格特征，那么这个测验就是多相人格测验，如 16 种人格因素问卷、明尼苏达多相人格调查表。如果一个人格测验仅能反映一种人格特征，那么这个测验就是单相人格测验，如测量内倾—外倾人格的测验、测量场依存性与场独立性的测验。

5. 对测验结果的定性分析与定量分析

在对测验结果进行整理和解释的时候，有明确记分系统的称为定量分析，反之称为定性分析。例如，人格问卷一般都是定量分析的，而投射测验一般是定性分析的。

6.2.2 人格测量方法的主要类别

每种人格理论都假定个体存在差异，并假定这些差异是可测的。测量就是在特定情况下对个体行为和与某特定刺激有关的行为进行系统的观察。人格的测量方法范围很广，包括观察、行为评定、问卷和投射测验等。人格测验的分类方法各不相同，但通常可将其分为三大类：自陈式量表、投射测验，以及其他人格测验（如评定量表）等。

1. 自陈式量表

自陈式量表主要指自陈式人格问卷或人格调查表，又称结构化人格测验。该量表是由涉及个人特质、思想、情感、行为的真假或多项选择题组成的，它要求受测者根据自己的经验、态度选择一个答案。此类测验具有一些共同特征：一是结构明确，受测者可以在几个有限的选项中进行选择；二是测验目的不隐蔽，主试者和受测者双方都了解测验的目的；三是记分简便、易做解释，稍经训练的人员就可应用；四是广泛应用于人格研究、精神疾病诊断与咨询、教育领域、职业选择等多个方面。此类测验很多，以下是一些比较知名的自陈式量表：

（1）MBTI 人格测试。

（2）加利福尼亚心理调查表（CPI）。

（3）艾森克人格问卷（EPQ）。

（4）16 种人格因素问卷（16PF）。

（5）爱德华兹个人爱好量表（EPPS）。

（6）瑟斯顿气质量表。

（7）NEO 人格调查表。

2. 投射测验

投射技术（Projective Techniques）最早由弗兰克提出，其基本假设是：个体不是被动地接受外界刺激的，而是主动地、有选择地给外界刺激赋予某种意义，然后表现出适当的反应，人们可以从这些反应中推论他的人格。利用投射技术编制的测验叫作投射测验。投射测验与其他人格测验相比，通常有以下特征：一是呈现给受测者的是一个相对模糊而无结构的刺激情境，这使受测者有机会表达他内心的需求和许多特殊的知觉，以及对该情境所做的许多解释。许多潜意识的东西在问卷式的人格测验中常常不能显露出来。二是投射测验的目的对受测者来说是隐藏的，即受测者不知道测验的目的，因此，受测者不易伪装。三是受测者可以通过各种方式自由回答问题，而不像问卷那样要求特定的回答方式。四是投射测验注重人格的整体分析，而一般的人格测验往往只能测量某些人格特征。此外，投射测验也可以用来考察人的智力、创造力、解决问题的能力等。目前，比较知名的投射测验包括：

（1）洛夏测验。

（2）主题统觉测验。

（3）儿童统觉测验。

（4）霍尔茨曼墨迹测验。

（5）填句测验。

（6）画人测验。

3. 其他人格测验

其他人格测验主要有词联想技术、校核表、态度量表，还有发展较晚的场独立和场依存测量、内外控制感测量等。校核表是一种相对简单的人格测验，它比人格问卷、评定量表更易编制。校核表有自我报告和观察者报告两种，它要求受测者圈出适合评价自己或他人的词或短语。通常认为评定量表的测量效果优于校核表，但不如人格问卷准确。态度量表在设计和结构上与评定量表相似。场独立和场依存测量主要反映个体知觉或认知能力特征，即从复杂的、易混淆的整体中区分部分的能力。那些不受干扰、较好解决问题的受测者属于场独立；而完成任务困难，易受干扰的受测者属于场依存。内外控制感测量主要评价个体的认知态度，即认为自己的行为是受自我或内部因素控制还是受外部因素控制，认为行为受自我或内部因素控制的人为内控，认为行为受外界因素控制的人为外控。

知名的其他人格测验包括：

（1）形容词校核表。

（2）Q分类法。

（3）Bern性别角色问卷。

（4）镶嵌图形测验。

（5）Rotter内外控制感量表。

6.3 MBTI人格测试

6.3.1 MBTI的理论基础

MBTI（迈尔斯-布里格斯人格类型量表）是由美国的伊莎贝尔·布里格斯·迈尔斯和她的母亲凯瑟琳·库克·布里格斯基于卡尔·荣格的心理类型理论开发的。该理论认为人们在感知世界和做出决策时存在不同的心理偏好。

瑞士心理学家卡尔·荣格根据人的意识倾向性和心理功能将人分成八种类型。他认为，在与周围世界发生联系时，人的心灵一般有两种指向，一种是指向个体的内在世界，称为内倾，另一种是指向外部世界，称为外倾。内倾型的人注重主观世界，好沉思、善内省、安静、富于想象，退缩和防御性强，对人的兴趣淡漠；而外倾型的人重视外在世界，他们乐于与他人交往，坦率随和、开朗乐观，易于轻信且能较好地适应环境的变化。内倾和外倾是性格的两大态度类型，是个体反应的两种态度或方式。

同时，荣格还认为，个人的意识活动有感觉、思维、情感和直觉四种基本功能。感觉告诉我们存在着某种东西；思维告诉我们这个东西是什么；情感反映这个东西是否可为我们所接受，决定事物对个体的价值；直觉则告诉我们事物来自何方和向何处发展变化，它是在缺乏事实材料的情况下，个体对过去和未来事件的粗略推断。感觉和直觉功能是人们在收集或感知信息时采取的两种极端的知觉类型，是感性功能，与我们认识的人、物、境遇以及知觉的方法有关，是同一连续统一体的两个极端；思维和情感功能是人们在评价和判断有关外界"事实"的信息时采取的两种极端的判断类型，是理性功能，也是同一连续统一体的两个相互对立的极端。

在荣格看来，个体的人格都是态度和心理功能组合的结果。每个人在行动中都是一种功能和一种态度占优势，其他的心理功能皆处于无意识之中。占优势地位的功能表现了一个人人格的基本而突出的特点，同时排斥或抑制与其对立的功能的发展。由于不同的心理功能对不同的人来说可能是优势功能或劣势功能，因此根据两种态度和四种功能的组合，荣格将人格区分为八种类型：外倾思维型、内倾思维型、外倾情感型、内倾情感型、外倾感觉型、内倾感觉型、外倾直觉型和内倾直觉型。根据荣格的类型学思想，迈尔斯将人格类型进一步扩展为十六种类型。

1. 一般心理倾向：外倾与内倾

内外倾是最一般的心理倾向。荣格把外倾与内倾看成人们认识世界的两种态度。外倾者主要定向于外部世界，倾向于把他们的知觉与判断集中于人和事上。这种人具有活动定向性，有时以冲动的方式对待生活。他们具有易沟通、好交际的特点。内倾者主要定向于内部世界，倾向于把知觉与判断集中于观念和思想上。这种人的兴趣在于观念与思想的清晰性上，他们更多地依赖于持久的观念而不是暂时的外部事件。这些人富于思想、好沉思、好独处。

2. 接收信息方式：直觉与感觉

接收信息方式是指人的知觉特点。人们认识世界和做出判断的过程，总是从信息的收集开始。有的人在接受新事物时很迅速，能够很快地把握事物的整体，但往往不关注细节；有的人则相反，关注细节而不注重整体。我们把这种接收信息方式的差别界定为直觉和感觉。

感觉型的人主要通过感官报告可观察的事实与事件。由于各种感官只能了解目前正在发生的事情，因此具有感觉型特征的人倾向于依赖已有的经验和当前的感觉，他们具有敏锐的观察力和较强的对具体资料的记忆力。相反，直觉型的人更多地依赖于不太显而易见的直觉过程。这种直觉过程报告的是意义、关系和可能性。直觉可以使知觉超出感官可观察到的范围，因此直觉型的人可能会强烈地寻求可能性而忽略现实。他们具有想象力，富于推断、抽象性，定向于未来，有创造力等特性。

3. 处理信息方式：思考与情感

在处理和判断已获得的信息时，荣格区分出了两种相对的处理方式：思考与情感。思考型的人主要是以逻辑推理为基础，通过理性思考进行决策。这种人的特点是分析能力强，较客观，注重正确合理的原则，具有批判性，对时间的定向是从过去通过现在直至未来。情感型的人依赖于对个人价值观与群体价值观的理解。这种人的特点是以个人和社会的价值观为基础，依赖情感进行决策。以情感定向的人在决策时往往会考虑他人的情况，因此他们更易理解他人，更注重问题中涉及人的方面，而非技术方面。

4. 行动方式：判断与知觉

人的认识最终要落实在行动上。判断型的人的外部行为表现为善于组织，有目的性，有决断力。与之相对，知觉型的人的典型外部行为表现为冲动、好奇、适应性强，对新事物和变化持比较开放的态度，努力追求不漏掉任何信息。行为方式维度与大五人格测试中的尽责性基本一致。

6.3.2　MBTI 各种人格类型的特点

ISTJ（检察官）：可靠，讲原则，遵守规则，注重细节和效率，适合管理和执行。
ISFJ（守护者）：体贴、忠诚，擅长照顾他人和处理实际问题，重视传统。
INFJ（顾问）：理想主义者，深思熟虑，有洞察力，热衷于帮助他人实现目标。
INTJ（战略家）：有条理，目标明确，擅长长远规划，注重逻辑和独立性。
ISTP（工匠）：实用主义者，喜欢动手解决问题，灵活且适应性强。
ISFP（冒险家）：热爱自由，注重感受和体验，擅长艺术和创意表达。
INFP（调停者）：富有同情心和理想，喜欢用创意和善意为世界带来改变。
INTP（逻辑学家）：喜欢探索理论和复杂系统，擅长分析问题和提供新颖解决方案。
ESTP（企业家）：爱冒险，善于社交，倾向于实际行动而非计划，喜欢挑战和刺激。
ESFP（表演者）：外向、乐观，喜欢聚光灯下的生活，充满感染力，热衷享受当下。
ENFP（倡导者）：富有创造力和激情，喜欢激励他人，适应力强，充满好奇心。
ENTP（辩论家）：聪明灵活，善于发现新想法和提出创新观点，喜欢争论和思考。
ESTJ（执行者）：注重组织和效率，喜欢制定规则和执行任务，擅长管理和领导。

ESFJ（提供者）：善于关心他人，注重人际关系和社交和谐，适合团队合作。

ENFJ（主人公）：擅长激励和影响他人，有领导才能和强烈的责任感，关注团队和目标。

ENTJ（指挥官）：天生的领导者，有远见卓识，喜欢制定和执行计划，追求效率和成功。

6.4　大五人格测试

6.4.1　大五人格测试的理论基础

大五人格测试是一种描述个体性格特质的模型，认为人类的性格可以通过五个核心维度来描述。这些维度相互独立且相对稳定，可以在不同的情境和时间中预测和解释个体的行为和情感反应。该测试由美国心理学家保罗·考斯塔和罗伯特·马克雷提出。

大五人格测试的主要内容包括五个核心维度，分别是神经质（Neuroticism）、外倾性（Extraversion）、开放性（Openness to Experience）、宜人性（Agreeableness）和尽责性（Conscientiousness）。这些维度描述了个体在情感、行为和思维方面的基本特征和倾向。

（1）神经质。神经质涉及个体情绪稳定性和情绪反应的程度。高神经质的人更容易感受到焦虑、紧张、沮丧和易怒，低神经质的人则更为冷静、放松和稳定。高神经质的人可能更容易受到压力和负面情绪的影响，低神经质的人则更能保持情绪稳定并应对挑战。

（2）外倾性。外倾性指个体对外部世界的关注、社交能力和情绪表达的程度。高外倾性的人通常喜欢社交活动，性格开朗、乐观、善于交际，低外倾性的人则更为内向、安静和独立。外倾性与积极情绪、社交关系、冒险倾向等特质相关，高外倾性的人可能更愿意尝试新事物，寻求刺激和冒险。

（3）开放性。开放性涉及个体对新思想、新经验和文化多样性的接受程度。高开放性的人更具有想象力、创造力、好奇心和探索精神，低开放性的人则更为传统、保守和习惯性。开放性与艺术、文化、科学等领域的兴趣和能力相关，高开放性的人则可能更倾向于接受新观点，尝试新体验，探索未知领域。

（4）宜人性。宜人性是指个体与他人相处的方式、亲社会性和合作性的程度。高宜人性的人通常友善、乐于助人、宽容和合作，低宜人性的人则可能更为独立、自我中心、不合群。宜人性与人际关系、团队合作、亲社会行为等相关，高宜人性的人可能更擅长处理人际关系，解决冲突，帮助他人。

（5）尽责性。尽责性涉及个体对目标的设定、计划制定、自我约束和执行能力的程度。高尽责性的人通常有条理、可靠、自律、有责任感，低尽责性的人则可能更为随性、冲动、不守承诺。尽责性与目标实现、时间管理、工作表现等相关，高尽责性的人通常更愿意付出努力，追求成功，保持自律。

6.4.2　国际人格项目库

指导语

本问卷包含一些描述人们行为的短句。请根据每项描述对你自身的符合程度进行评分。

每项描述都针对你目前的通常情况而言，而非你希望的状态。在进行自我描述的时候，你可以把真实的自己与一个你认识的与你年纪差不多的同性相比较。请以最真实的方式作答，你的回答将被完全保密。

请认真阅读每项描述，判断这项描述在多大程度上反映了你的实际情况，并选出最符合自己情况的答案。如果描述非常不准确，选择"1"；有些不准确，选择"2"；介于准确和不准确之间，选择"3"；有些准确，选择"4"；非常准确，选择"5"。

1. 对事情感到担忧。	1	2	3	4	5
2. 容易结交朋友。	1	2	3	4	5
3. 有生动的想象力。	1	2	3	4	5
4. 相信别人。	1	2	3	4	5
5. 能圆满完成任务。	1	2	3	4	5
6. 容易生气。	1	2	3	4	5
7. 喜欢大型派对。	1	2	3	4	5
8. 能看到被别人忽视的事物的美好一面。	1	2	3	4	5
9. 通过阿谀奉承获得成功。	1	2	3	4	5
10. 喜欢秩序。	1	2	3	4	5
11. 经常感到忧郁。	1	2	3	4	5
12. 负责任。	1	2	3	4	5
13. 体验到强烈的情绪。	1	2	3	4	5
14. 让他人感到受欢迎。	1	2	3	4	5
15. 遵守承诺。	1	2	3	4	5
16. 很难接近他人。	1	2	3	4	5
17. 总是忙忙碌碌。	1	2	3	4	5
18. 宁愿固守已知的事物。	1	2	3	4	5
19. 喜爱精彩的比赛。	1	2	3	4	5
20. 努力工作。	1	2	3	4	5
21. 经常过度饮食。	1	2	3	4	5
22. 喜欢兴奋。	1	2	3	4	5
23. 对抽象的想法不感兴趣。	1	2	3	4	5
24. 相信自己比别人优秀。	1	2	3	4	5
25. 立即投入任务。	1	2	3	4	5
26. 感到自己无法处理事情。	1	2	3	4	5
27. 流露出喜悦。	1	2	3	4	5
28. 倾向于投票给自由政党候选人。	1	2	3	4	5
29. 同情无家可归者。	1	2	3	4	5
30. 不加思考急于做事。	1	2	3	4	5
31. 担心最坏的情况。	1	2	3	4	5
32. 迅速与他人熟络。	1	2	3	4	5
33. 喜欢天马行空的想象。	1	2	3	4	5

34. 相信别人充满好意。	1	2	3	4	5
35. 超越自己。	1	2	3	4	5
36. 容易被激怒。	1	2	3	4	5
37. 在聚会上与很多不同的人交谈。	1	2	3	4	5
38. 不喜欢艺术。	1	2	3	4	5
39. 了解如何避开规定。	1	2	3	4	5
40. 喜欢收拾和整理。	1	2	3	4	5
41. 讨厌自己。	1	2	3	4	5
42. 试图领导别人。	1	2	3	4	5
43. 很少情绪化。	1	2	3	4	5
44. 乐于助人。	1	2	3	4	5
45. 讲实话。	1	2	3	4	5
46. 容易害怕。	1	2	3	4	5
47. 总是忙个没完。	1	2	3	4	5
48. 不喜欢改变。	1	2	3	4	5
49. 朝别人大喊大叫。	1	2	3	4	5
50. 做得超出预期。	1	2	3	4	5
51. 大吃大喝。	1	2	3	4	5
52. 寻求冒险。	1	2	3	4	5
53. 避免哲学性的讨论。	1	2	3	4	5
54. 对自己评价很高。	1	2	3	4	5
55. 很难完成工作。	1	2	3	4	5
56. 在有压力的情况下保持冷静。	1	2	3	4	5
57. 有很多乐趣。	1	2	3	4	5
58. 信仰宗教。	1	2	3	4	5
59. 同情那些比自己境况差的人。	1	2	3	4	5
60. 做出鲁莽的决定。	1	2	3	4	5
61. 害怕很多东西。	1	2	3	4	5
62. 在人群中感到舒服。	1	2	3	4	5
63. 爱做白日梦。	1	2	3	4	5
64. 相信别人的话。	1	2	3	4	5
65. 顺利处理任务。	1	2	3	4	5
66. 容易发脾气。	1	2	3	4	5
67. 不喜欢拥挤的活动。	1	2	3	4	5
68. 不喜欢诗歌。	1	2	3	4	5
69. 靠欺骗取得成功。	1	2	3	4	5
70. 房间里杂乱无章。	1	2	3	4	5
71. 经常情绪低落。	1	2	3	4	5
72. 一切尽在自己的掌控之中。	1	2	3	4	5
73. 容易受到自己情绪的影响。	1	2	3	4	5

74. 关心他人。	1	2	3	4	5
75. 不守诺言。	1	2	3	4	5
76. 不会轻易感到尴尬。	1	2	3	4	5
77. 业余活动丰富多彩。	1	2	3	4	5
78. 不喜欢改变。	1	2	3	4	5
79. 侮辱别人。	1	2	3	4	5
80. 对自己和别人严格要求。	1	2	3	4	5
81. 很少放任自己。	1	2	3	4	5
82. 喜欢行动。	1	2	3	4	5
83. 在理解抽象问题方面有困难。	1	2	3	4	5
84. 对自己评价很高。	1	2	3	4	5
85. 需要他人的催促才能开始。	1	2	3	4	5
86. 知道如何应对。	1	2	3	4	5
87. 热爱生活。	1	2	3	4	5
88. 倾向于投票给保守党派候选人。	1	2	3	4	5
89. 共情他人的痛苦。	1	2	3	4	5
90. 急于做事情。	1	2	3	4	5
91. 容易有压力。	1	2	3	4	5
92. 与他人相处感到舒服。	1	2	3	4	5
93. 喜欢陷入沉思。	1	2	3	4	5
94. 不信任他人。	1	2	3	4	5
95. 知道如何把事情完成。	1	2	3	4	5
96. 很少发火。	1	2	3	4	5
97. 避开人群。	1	2	3	4	5
98. 不喜欢参观艺术博物馆。	1	2	3	4	5
99. 利用他人。	1	2	3	4	5
100. 乱放东西。	1	2	3	4	5
101. 对自己评价很低。	1	2	3	4	5
102. 等待别人引路。	1	2	3	4	5
103. 极少经历情绪的大起大落。	1	2	3	4	5
104. 拒绝别人。	1	2	3	4	5
105. 让别人完成属于我的任务。	1	2	3	4	5
106. 可以坚持自我。	1	2	3	4	5
107. 可以同时做很多事情。	1	2	3	4	5
108. 依赖常规方式。	1	2	3	4	5
109. 报复他人。	1	2	3	4	5
110. 没有足够的动力想要成功。	1	2	3	4	5
111. 可以控制自己的渴望。	1	2	3	4	5
112. 喜欢无所顾忌。	1	2	3	4	5
113. 对理论性讨论不感兴趣。	1	2	3	4	5

114. 让自己成为注意力的中心。	1	2	3	4	5
115. 在开始任务方面有困难。	1	2	3	4	5
116. 即使在紧张环境下，仍能保持冷静。	1	2	3	4	5
117. 笑得很大声。	1	2	3	4	5
118. 喜欢在听到国歌期间保持站立。	1	2	3	4	5
119. 对别人的问题不感兴趣。	1	2	3	4	5
120. 行事轻率欠考虑。	1	2	3	4	5

计分说明

以下每项都是大五人格特质的一个构面。例如，N1：焦虑是神经质的首要构面。计分方法如下：

带有"R"的是反向计分项目，需要将分数进行转换：5分转换为1分，4分转换为2分，3分不变，2分转换为4分，1分转换为5分。

不带"R"的项目，按照原始分计分。

将每个构面对应的四个项目的得分相加，然后将分数写在相应的横线上。

把每个特质的六个构面的分数相加，得到每个特质分别对应的分数。

神经质（Neuroticism）

N1：焦虑对应第1、31、61、91题。   得分：_____

N2：愤怒对应第6、36、66、96R题。   得分：_____

N3：抑郁对应第11、41、71、101题。   得分：_____

N4：自我意识对应第16、46、76、106R题。   得分：_____

N5：无节制对应第21、51、81R、111R题。   得分：_____

N6：脆弱对应第26、56R、86R、116R题。   得分：_____

神经质总得分：_____

外倾性（Extraversion）

E1：友好对应第2、32、62、92题。   得分：_____

E2：乐群性对应第7、37、67R、97R题。   得分：_____

E3：自信心对应第12、42、72、102R题。   得分：_____

E4：活动水平对应第17、47、77、107题。   得分：_____

E5：寻求刺激对应第22、52、82、112题。   得分：_____

E6：性格开朗对应第27、57、87、117题。   得分：_____

外倾性总得分：_____

开放性（Openness to Experience）

O1：想象力对应第3、33、63、93题。   得分：_____

O2：艺术兴趣对应第8、38R、68R、98R题。   得分：_____

O3：情绪性对应第13、43R、73R、103R题。   得分：_____

O4：冒险精神对应第18R、48R、78R、108R题。   得分：_____

O5：才智对应第23R、53R、83R、113R题。   得分：_____

O6：自由对应第28、58R、88R、118R题。   得分：_____

开放性总得分：_____

宜人性（Agreeableness）

A1：信任对应第 4、34、64、94R 题。　　　　　得分：_____

A2：道德对应第 9R、39R、69R、99R 题。　　　得分：_____

A3：利他对应第 14、44、74、104R 题。　　　　得分：_____

A4：合作对应第 19R、49R、79R、109R 题。　　得分：_____

A5：谦虚对应第 24R、54R、84R、114R 题。　　得分：_____

A6：同情对应第 29、59、89、119R 题。　　　　得分：_____

宜人性总得分：_____

尽责性（Conscientiousness）

C1：自我效能对应第 5、35、65、95 题。　　　　得分：_____

C2：秩序感对应第 10、40、70R、100R 题。　　　得分：_____

C3：责任心对应第 15、45、75R、105R 题。　　　得分：_____

C4：成就对应第 20、50、80、110R 题。　　　　得分：_____

C5：自律对应第 25、55R、85R、115R 题。　　　得分：_____

C6：谨慎对应第 30R、60R、90R、120R 题。　　得分：_____

尽责性总得分：_____

6.5 投射测验

6.5.1 投射技术简介

　　所谓投射，就是让人在不自觉的情况下，将自己的态度、动机、内心冲突、价值观、需要、愿望、情绪等下意识水平的人格特征，在他人或他物上反映出来的过程。我们通过投射测验获得的资料来揭示人格深层的无意识内容。投射测验是向受测者提供一些未经组织的刺激情境，让受测者在不受限制的情境下，自由地表现出他的反应，再通过分析反应，就可以推断他的人格结构了。在这里，受测者对刺激情境的反应并不重要，它的作用只是像银幕一样，让受测者把自己的人格特征投射到银幕上。利用这种投射技术编制的测验叫作投射测验。

　　投射技术的基本假设：

　　（1）人们对外界刺激的反应都是有原因的，而不是偶然发生的。

　　（2）人们对外界刺激的反应固然决定于当时的刺激或情境，但当时个人本身的心理状态、过去的经验、对将来的期望，以及他的整个人格结构，都对当时的知觉与反应的性质和方向，起到了很大的作用。

　　（3）自陈式量表是让受测者自己说明自己，而大部分的人格结构处于潜意识之中，很难凭意识进行说明，所以当个体面对一种不明情境时，常常可以将隐藏在潜意识中的欲望、需求、动机等"泄露"出来，这就是投射技术的原理。

　　从特征维度上看，投射测验具有以下显著特点：

　　（1）在测验的刺激上，投射测验使用的是模棱两可的刺激，如云迹图、墨迹图等。

　　（2）测验目的多是伪装性的。

（3）受测者完全可以自由回答，因此测验是无组织的。

（4）在结果分析上，以定性分析为主，有许多推论。

（5）在结果解释上，多是参照人格障碍标准进行衡量的。

（6）注重对人格结构的整体分析。

（7）测验难以标准化，因此多由训练有素的专家进行。

（8）测验的内容以潜意识为主。

6.5.2 墨迹测验

瑞士的精神病医生罗夏克创造了墨迹测验，他最早用墨迹图来测量精神病人的人格特征。墨迹图的制作方法：在一张纸的中间滴上墨汁，然后将纸对折，用力压下，这样墨汁就会向四面八方流动，形成对称但形状不定的图形，如图6-2所示。

图6-2 罗夏克墨迹图

罗夏克的墨迹图共有10张，其中有5张是黑白的，3张是彩色的，2张除黑色之外，还加上了鲜明的红色。墨迹测验要个别施测，主试者按既定的顺序，逐一出示图片，并问受测者"你看到了什么""这像什么东西""这使你想到了什么"等问题。

罗夏克墨迹测验一般从四个方面进行记分，每个方面都有规定的符号和符号代表的意义。

1. 反应的部位

根据受测者对墨迹图的着重反应部位，可以将反应分为以下几种：

● W（整体反应）：受测者对全部或几乎全部的墨迹进行反应。W分数过高可能提示受测者的思维有过分概括的倾向或愿望过高；W分数过低或没有，表示受测者缺乏综合能力。

● D（明显局部反应）：受测者对墨迹图的空白、浓淡或色彩所隔开的大部分进行反应。受测者有较多数量D答案，表示可能有良好的常识。

● d（细微局部反应）：受测者对墨迹图的空白、浓淡或色彩所隔开的少部分进行反应。

● Dd（特殊局部反应）：受测者对墨迹图极小的或不同于一般方式分割的部分进行反应。Dd分数高的受测者，可能有刻板或不依习俗的思维。

• S（空白部分反应）：受测者将墨迹图作为背景，将空白部分作为对象，对白色空间进行反应。

2. 反应的决定因素

受测者进行反应的决定因素是什么？是墨迹的形状还是颜色？把图形看成静的还是动的？反应的决定因素一般有以下四个方面：

• F（形状）：知觉由形状或形式决定。受测者的反应与墨迹形状甚为接近，表示受测者具有现实性思维；极差的外形相似性可能意味着受测者思维过程混乱。

• M（运动）：受测者在墨迹中看到人或动物在运动，M 得分多表示情感丰富，M 得分少可能意味着人际关系差，M 也是内向性符号。

• C（彩色反应）：受测者的反应由墨迹的色彩决定。受测者的 C 分高表示外向，情绪不稳定。

• K（阴影反应）：受测者的反应取决于墨迹的阴影部分，K 被认为是焦虑的指标。

3. 反应的内容

罗夏克墨迹测验的记号及意义如表 6-3 所示。

表 6-3　罗夏克墨迹测验的记号及意义

记号	意义	记号	意义
H	人	Pl	植物
（H）	非现实的人	Na	自然
Hd	人的部分	Obj	物体
（Hd）	非现实的人的部分	Arch	建筑物
Ar	人的解剖	Map	地图
Sex	性	Lds	风景
A	动物	Art	艺术
（A）	非现实的动物	Abst	抽象
Ad	动物的部分	Bl	血液
（Ad）	非现实的动物的部分	Cl	云、烟
Aobj	动物制品	Fire	火
A. Ar	动物解剖	Expl	爆发

4. 反应的普遍性

根据受测者的反应与一般人的反应是否相同，反应可分为两种：普遍反应（P）表示多数人共有的反应；独特反应（O）表示比较特殊的反应。做出特殊反应的受测者，可能是基于创造性的思想，也可能是病态思想的反映。只有经验丰富的主试者才能进行准确的区分。

在罗夏克之后，有许多人使用了墨迹测验。例如，霍尔茨曼墨迹测验共有 90 张墨迹图，其要求受测者对每张图只做一个反应。他的墨迹测验制定了常模，这可以说是罗夏克墨迹测验的发展。

6.5.3 主题统觉测验

主题统觉测验是一个著名的人格投射测验。该测验最早由莫里和默根合作创制，其理论基础为莫里提出的个性需要理论。

全套的主题统觉测验包括30张图片（全部为黑白色，见图6-3），另加一张空白卡片。图片的内容多为人物，兼有部分景物。

图6-3 主题统觉测验

主题统觉测验的基本假设是，个人对图画情境编造的故事与其生活经验有着密切的关系。受测者在编造故事时，往往会将隐藏在内心的冲突和欲望融入故事的情节之中，然后借故事中的人物行为宣泄出来，把个人的心路历程投射到故事之中。

对测验结果的解释，莫里认为应该从以下六个方面进行分析。

1. 主角

在分析一个故事时，首先要辨别受测者在故事中认同的角色，如领袖、隐士、罪犯等。有时故事里的主角并非只有一个。

2. 主角的动机倾向和情感

在分析一个故事时，要注意主角的行为，特别是非常行为，或者受测者提到的次数较多的行为。主角身上表现出来的需要和情绪的强度，都可以进行等级评定。

3. 主角所处的环境力量

主角所处的环境力量有时是图画中没有的，而是受测者自己杜撰出来的。

4. 结果

把主角的力量和环境的力量进行对比，他经历了多少困难和挫折？结果是成功的还是失败的？他快乐还是不快乐？

5. 主题

主角的需要与环境压力相互作用，最后与故事结局构成一个简单主题，简单主题的联合形成复杂主题。主试者要从中分析出受测者最严重、最普遍的难题是来自环境压力，还是来自自身的需要。

6. 兴趣和情操

受测者在编造故事时，对主题的倾向、角色的表现是积极的还是消极的？例如，对于图片中的角色，有的受测者描述为正面人物（正的方向），有的受测者描述为反面人物（负的方向）。

6.5.4　其他投射测验

1. 完成句子测验

完成句子测验是从联想测验发展而来的。在测验过程中，向受测者提供若干未完成的句子，要求其自由填写剩余部分，以此表达其真实情感、态度和观念。例如：

我喜欢 ＿＿＿＿＿＿＿。

妻子经常对我 ＿＿＿＿＿＿＿。

我恨 ＿＿＿＿＿＿＿。

2. 绘图测验

（1）画人测验。画人测验要求受测者绘制一个人物（或一男一女）。随后，依据所绘人像的大小、在纸张上的位置、线条的粗细与轻重、正面或侧面视角、身体各部分的比例、缺失或畸形情况，以及画中的阴影和擦抹痕迹等要素进行分析与评分。该测验不仅可用于人格评价，还适用于儿童智力研究以及跨文化研究等领域。

（2）画树测验。画树测验要求受测者随意绘制一棵树。然后，将所绘之树与预先设定的 20 种标准进行对比分析，从而揭示受测者的人格特征。例如，若树有根，则表明受测者稳重、不投机、不做轻率之举；若树无根且无横线离开地面，则说明受测者缺乏自觉性，行动无一定规律；若树干短而树冠大，则表示受测者富有雄心，有渴望获得赞许的欲望，且较为骄傲。

从古至今，笔试一直是选拔人才的重要手段。尽管笔试并非考察人才的唯一有效方法，但从某种意义上讲，它可能是最公平、公正的人才选拔方法之一。可以预见，在未来，笔试仍将是不可替代的人才测评方法。

本章导航

```
┌──────────────┐      ┌──────────────────┐
│   笔试概述    │──────│ 笔试的概念         │
└──────┬───────┘      │ 笔试的特点         │
       │              │ 笔试的功能及局限性   │
       ↓              └──────────────────┘
┌──────────────┐      ┌──────────────────┐
│   笔试的题型   │──────│ 客观性试题         │
└──────┬───────┘      │ 主观性试题         │
       │              └──────────────────┘
       ↓
┌────────────────────────┐  ┌──────────────────┐
│ 笔试的试卷结构设计与试题编制 │──│ 笔试的试卷结构设计   │
└──────────┬─────────────┘  │ 试题编制          │
           │                └──────────────────┘
           ↓
┌──────────────┐      ┌──────────────────┐
│ 笔试的实施与记分 │──────│ 笔试实施前应注意的问题 │
└──────────────┘      │ 笔试的施测过程       │
                      │ 笔试的阅卷流程与记分   │
                      │ 笔试的阅卷质量控制    │
                      └──────────────────┘
```

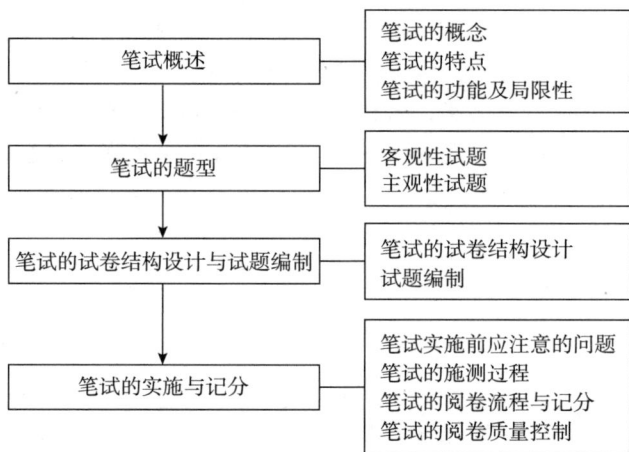

日本的公务员录用考试

日本的公务员录用考试起源于公元 8 世纪初，当时称为官僚资格考试，是模仿中国古代科举制度设立的，仅限贵族参加。这项考试实施了 300 多年，对后续的官僚制度及公务员录用考试制度产生了推动作用。1869 年，明治维新后的日本政府建立了新的考试制度。1888 年，日本政府制定了《文官考试及见习规则》；1894 年，日本政府制定了《文官考试规则》，规定官吏须经考试合格方可任用。

日本的公务员录用考试是按类别、专业、层次分类进行的，可做到人尽其才、合理使用。各类考试时间错开，为考生提供了选择余地。公务员录用考试包括笔试、测试（性格检查）、面试等环节，其中笔试有单项选择题（每题 5 个选项）和论述题等，还对英语能力有要求。一般职位的公务员录用考试共分 14 类，包括 6 类大学毕业层次的考试和 8 类高中毕业层次的考试。公务员录用考试竞争激烈。例如，2008 年，日本全国报名人数为 109 367 人，合格人数为 15 103 人，竞争倍率为 7.24（报名人数/合格人数）。

随着公务员录用考试制度改革的推进，从 2012 年起，日本实施了新的公务员录用考试制度，考试分为综合职位、一般职位、专门职位和有工作经验职位四大类。其中，综合职位考试分为硕士研究生毕业程度的考试和大学毕业程度的考试两个层次，按职位要求、教育程度、事务性、技术性分专业进行考试。例如，硕士研究生毕业程度的考试设有 9 个专业：行政、人文科学、工学、数理科学/物理/地球科学、化学/生物/药学、农业科学/水产、农业农村工学、森林/自然环境、法务。

7.1　笔试概述

笔试是一种最基本且十分有效的人才测评方法。公元 700 年左右，笔试取代面试成为考试的主体形式，并作为人类考试的基本方式一直沿用至今，原因在于其在鉴别人才知识能力水平方面具有显著优势和独特的测评功能，这些是其他考试方式所不具备的。

7.1.1　笔试的概念

笔试是一种静态测评方法，由主试者通过书面设问，应试者进行书面作答。通常在预先设定的场所进行，施测时，主试者将试卷直接分发给应试者，并当面阐明应试要求。应试者在主试者的监督下，按规定的程序和时限，以文字、符号、图表等形式现场解答主试者的书面设问。尽管笔试受到时空、作答方式等多方面的限制，需要在主试者的监督下作答，且应试气氛严肃，可能对应试者充分展现才华有一定影响，但其程序严密，应试行为规范明确，能较好地防止与测试无关的因素的干扰，测试结果比较准确可靠。因此，笔试在测评中的应用极为普遍，被社会各系统广泛用于知识、技能和能力的测查中。

7.1.2　笔试的特点

作为一种相对独立的考试形式，笔试具有其他测评方法所不具备的显著特点。

1. 经济高效

笔试能够成为当今世界多数国家和地区社会选拔考试、职业资格考试、学校教育考试的主要方式，主要得益于其经济高效的特点。笔试适宜进行群体测评，尤其适用于生源广泛、规模宏大的社会测评。它可以在较短的时间内对大量应试者进行施测，对于主试者和应试者双方来说，人、财、物、时、空等资源的消耗较低，具有省时高效、经济易行的优势。

2. 测评面宽

笔试具有测评对象广泛、测评内容多元和测评目标多层的特性。它既可以用于公共科目考试，也可用于专业科目考试。无论是一次考试中单一科目的设置，还是多种科目的组合，主试者都可以通过事先的考试设计，使试卷成为一个由多元内容、多层目标构成的结构体系。然后，以一定的长度、难度、时限，从广度和深度两方面对应试者的知识、能力、技能等进行组合式评价。

3. 客观公正

在考试内容取样、题型设计、标准确立、施测规范、结果评价及处理等环节，笔试这种测评方法可以在不同程度上防止、减少或降低各种误差的产生及其影响。并且，在施测、阅卷、结果统计等环节，可以充分利用高新技术手段进行控制和操作，从而提高笔试结果的准确性及公信力。

由于笔试的客观公正性，从古至今，它一直是人才选拔中最受认可的测评方法。"分数面前人人平等"已成为社会公认的一种价值观。以当前的高考为例，尽管人们对其存在诸多议论，甚至有人主张取消笔试，改变"一张试卷定终生"的局面，但我们不能忽视的是，高考正是给了我们每个人一个公平竞争的机会。无论在过去还是将来，笔试无疑都是我们选拔人才的重要手段。在当前国家机关、事业单位的人员选拔中，笔试也因其客观公正而广受社会的欢迎。

7.1.3 笔试的作用及局限性

1. 笔试的作用

在当前的人才选拔过程中，笔试的主要作用在于淘汰那些明显不符合职位要求的应试者。无论是国家机关公务员录用考试，还是事业单位公开招聘考试，一个职位往往会有几十人甚至上千人报名参与竞争。用人单位难以直接从中选拔出最适合的人才，因此需要先通过笔试淘汰一大批不符合职位素质要求的应试者。笔试在这一环节发挥了不可替代的作用。正是基于笔试的筛选，用人单位才能运用包括面试在内的各种高成本评价方法来选拔优秀人才。

2. 笔试的局限性

笔试也存在一定的局限性，主要体现在以下两个方面。

（1）间接单一。对于主试者而言，其测评对象不可直接观测，且交互媒介单一，缺乏全程互动。这使得主试者难以及时、灵活、系统地收集和了解所需的信息。

（2）拟真性弱。笔试的测评内容在拟真性和情境性方面相对较弱，测评结果难以真实、准确地反映应试者的某些特殊能力、实际技能及显性品质等。例如，笔试的主要测评功能集中在认知能力领域，而对于人的动作技能、运动技能以及处理现实事务的能力，却很难进行准确测评。此外，笔试无法测评人的外显性个性特征，包括人的五官长相、面部表情、行为举止等。

7.2 笔试的题型

7.2.1 客观性试题

客观性试题是指能够进行客观评分的试题。其优点在于题量大、覆盖面广、信度高、评分客观、准确且效率高；然而，其缺点在于难以考察应试者组织材料、文字表达、发散思维等高层次的认知能力，也反映不出应试者解题的思维过程。

笔试中的客观性试题包括判断题、单项选择题、多项选择题、填空题、匹配题等。下面以最常用的单项选择题和多项选择题为例进行说明。

1. 单项选择题

单项选择题由题干和选项两部分组成，选项中仅有一个正确选项，要求应试者从多个备选选项中选出一个正确选项。例如：

被称为"书圣"的古代书法家是（　　　）。

A. 王羲之　　　　　B. 欧阳修　　　　　C. 柳宗元　　　　　D. 颜真卿

正确答案：A

目前，单项选择题是笔试中应用最为普遍的一种客观性试题。其突出优点在于题量可以比较大，考察的知识点较多，采样的代表性高，有利于考试结果的误差控制和考试的标准化。当然，单项选择题也有缺点：一是难以避免应试者的猜测倾向，四择一的单项选择题从理论上来说有 25% 的命中率；二是迷惑选项的设计要求高，迷惑选项设计不好，选择题的效用就会大打折扣。

2. 多项选择题

多项选择题由题干和选项两部分组成，选项中一般有两个或两个以上正确选项，也可以有一个或一个以上正确选项（也称不定项选择题），要求应试者从多个备选选项中把所有的正确选项都选出来。例如：

下列国家属于联合国安理会常任理事国的有（　　　）。

A. 美国　　　　　B. 英国　　　　　C. 中国　　　　　D. 德国

正确答案：ABC

多项选择题也是笔试中常用的一种客观性试题。其突出优点在于可以弥补单项选择题的不足，应试者通常很难通过猜测得分；其缺点在于多项选择题的难度往往比较大，因为应试者只有对一个知识点完全掌握时才能正确作答。

7.2.2　主观性试题

主观性试题是与客观性试题相对应的试题类型的总称，也被称为非客观性试题。主观性试题的优点在于能够从总体上对具体知识、能力等素质进行综合考察，应试者可以较充分地表述自己的见解，能够在一定程度上反映出应试者解答问题的思维过程，从而提高考察的深度。然而，其缺点也较为明显，一份试卷的题量通常较少，考试内容的覆盖面相对较窄，阅卷评分往往会因阅卷人的不同以及评分时间的差异而有所变化，不够客观、准确。

在笔试中，常见的主观性试题包括计算题、辨析题、简答题、论述题、案例分析题、写作题、申论题等。其中，申论题将在后面进行专门介绍，而这里将重点介绍比较常用的计算题和案例分析题。

1. 计算题

计算题是一种以计算为作答方式的试题，对于了解应试者的基础知识、运算能力、逻辑思维能力、空间想象能力和分析判断能力等具有重要作用。例如：

某员工月度标准工资为 8800 元，劳动节期间加班一天半，休息日加班一天，其他时间加班两天。那么，如果按照现行的加班工资规定和个人所得税标准（各项保险不计在内），他 5 月份实发工资应是多少元？

计算题的优点是应试者不易通过猜测获得正确答案，题型多样，每道题都有其特殊要求，应试者必须精心审题，仔细计算。此外，计算题评分的客观性相对较高。从考试实践来看，虽然在计算题评分中也出现过较大的差异，但主要原因是题意不明、答案不清楚或不明确、阅卷人的素质不高等，这些问题经过主观努力是可以避免的。

2. 案例分析题

案例分析题是一种主观性试题，通过提供情境材料、图形、表格或文字资料，要求应试者针对提出的问题，运用基本原理进行分析说明，并给出结论。案例分析题强调结合工作实际，追求对日常工作模拟的似真性与选拔职位的适应性，能比较有效地考察应试者的认识、理解、分析及解决实际问题的能力。例如：

某日，丁某骑自行车回家，行至一段正在整修的马路时，因车速过快，撞到同方向行走的李某的身体左侧。丁某失去平衡从自行车上摔下，并将李某压在身下，李某当即不省人事。丁某立即将其送到医院，但李某因颅脑损伤，经抢救无效于当天死亡。事发时，丁某 15 周岁。

请问：在上述案例中，丁某是否应对其行为负刑事责任？为什么？

案例分析题是笔试的主体题型之一，虽然题量较小，但所占分值比重较大。因此，在笔试试卷的难度结构中，案例分析题属于较难层次的试题。案例分析题的突出优点是能够有效地检测、鉴别应试者在解决实际问题方面的能力水平；不过，其缺点是题目设计的时间成本和费用成本都比较高，而且案例分析题的编写者需要具备较高的专业素养和实践经验。

7.3　笔试的试卷结构设计与试题编制

7.3.1　笔试的试卷结构设计

试卷结构是指一份试卷的组成成分及各种组成成分相互联系的方式。它由两维相交的两种向度构成，分别反映试卷的不同组成成分及其比例关系。在通常情况下，一种向度上反映试卷的内容、题型、难度、分数、时限结构等组成成分；另一种向度上反映测试目标结构及试卷的各组成成分的比例及相互关系。下面以公共基础知识科目笔试的试卷结构为例进行说明。

公共基础知识科目笔试结构

测试范围：政治、经济、法律、管理、科学技术及历史、国情国力、公文写作与处理，主要测试应试者胜任管理工作必须具备的基本素质。

试卷满分：100 分。

测试时限：150 分钟。

难度分布：试题难度根据职位的胜任力要求和竞争激烈程度确定。较难试题约占 20%，中等难度试题约占 50%，较容易试题约占 30%。

试题内容比例：试题内容比例根据职位对知识和能力素质的要求确定。

试题类型：公共基础知识科目笔试的试题类型分为客观性试题和主观性试题。客观性试题包括判断题、选择题（单项选择题、多项选择题）等；主观性试题包括辨析题、论述题、案例分析题、写作题、申论题等。

7.3.2　试题编制

试题是考试内容的载体、测评量具的构件，也是施测主体与应试主体交互的媒介。

编制、审定试题是笔试试卷设计的关键环节，这一步骤与考试的成败密切相关。

1. 试题编制的一般原则

1）具有代表性

（1）依据笔试大纲命题，即按照考试计划中对应试者的要求来选择试题。

（2）命题者要对知识总体有明确的认识。这是试题抽样具有代表性的前提，不了解该专业领域的知识总体，也就无法用恰当的样本去代表总体。

（3）抽取的试题应达到足够的数量。无论采用何种抽样方法都可能存在误差，但一般来讲，样本越大，误差越小，样本所能代表总体的真实性也越大。因此，有足够数量的采样是样本代表总体的基本保证。

2）难度适宜

笔试的试题内容不能超过应试者的知识和能力范围，试题难度要难易适宜，以客观反映应试者的实际水平为标准，并做到以下三点。

（1）一个测验中应当包括各种不同难度的试题，特别是能力测验。

（2）测验试题的排列应遵循由易到难、循序渐进的原则。

（3）合理确定不同难易程度的试题在试卷中的比例，控制试题的难度梯度。不同性质的考试有不同的试题难度梯度，必须视情况而定。例如，在选拔性考试中，当录取率比较高时，高难度试题的比例可以相应降低，反之，高难度试题的比例可以适当提高。在正常情况下，试题的难易梯度比例大体应控制在中等水平试题占60%，较难水平试题占20%，较易水平试题占20%，以保证对应试者的能力进行有效的鉴别。

3）试题之间彼此独立

试题之间不可相互提示，切忌一道题的题干提示另一道题的答案，即不可含有暗示本题或其他题正确答案的线索。这样才能较准确地测量出应试者对某一内容的实际掌握程度。坚持试题之间彼此独立的原则，是提高考试信度和效度的需要，其具体要求如下。

（1）每道试题的考点含量不宜过大。若每道试题的外延太大，回答中难免有交叉或相互牵连的内容，试题之间暗示的因素较大。把大题化小，一道题只侧重一个问题，明确限定各题的内涵与外延，是贯彻试题独立性原则的有效措施。

（2）在命题时，可以通过标准答案来检查试题之间是否存在相互包含或重叠的情况。

（3）对试题进行试测。在有条件的情况下，可以对初步筛选出来的试题进行试测，以保证试题的质量，即通过考试实践来了解命题是否严密，各题之间是否具有独立性。

（4）对由多人编制的试卷逐题审定。加强这一环节，可以大大减少甚至避免试题之间重叠、牵连等情况的出现，以保证试题之间的相互独立性。

4）试题答案无异议

试题答案不可有任何争议，这是试题编制的基本要求。因此制定的试题答案切忌模棱两可，评价标准必须客观化。这一点非常重要，特别是现在各种选拔性考试的竞争非常激烈，即使一道题的错误也会影响人员选拔的公平公正性，甚至还会引起应试者的投诉。

5）试题数量要足够

在通常情况下，编制的试题数量至少要比最后需要的试题数量多一倍，以备日后筛选和修改。如果试题较多，那么每种测验最好编制一个备用卷，以便在特殊情况下应急使用。

2. 各类试题的编制要点

1）选择题的编制

选择题是20世纪50年代以后迅速发展起来的一种试题类型，它的广泛应用标志着考试的科学化、标准化程度日益提高。因为选择题的评分客观，测评结果的信度和效度较高，又便于用计算机阅卷，所以选择题是标准化考试采用的主要试题类型。随着标准化考试的迅速发展，选择题必将在考试实践中不断改进并更加广泛地应用。

（1）编制选择题题干的基本要领。选择题的题干是否精要，可用三条标准来衡量：

第一，内容必需。题干内容必须与测评目的及其所属检测目标体系密切相关；每道题的题干所要测评的内容和能力，应与同卷的其他试题在测评目的上存在内在关联，且能够实现分解式测试内容的有机整合。

第二，表意清晰。题干内容不仅要有实际意义和考察价值，而且必须准确揭示提问内容的内涵，使不同能力水平的应试者都能明了题意。

第三，文字精练。这是题干科学、简明、规范与否的重要标准。题干所用概念及专业术语应准确，文字应规范，语句应通畅，结构应严谨。因此，编制选择题题干要做到慎重选点，精心措辞。凡用于题干内容的知识点，必须是笔试测评要素的必测点，题干用词应恰当，文字应精练，表意应确切。

（2）编制选择题选项的技巧。在结构和编制上，选择题与其他题型的最大区别在于除科学设计题干内容外，尚需编写供答选项。选择题的选项编制要注意以下几个方面。

- 在同一份试卷中，每道题的题干后的备选选项的数目应相同。
- 非正确答案的选项不能错得太明显，应具有一定的迷惑性。
- 备选选项从表述到形式应尽可能一致。例如，字数应该相当，务求一致，特别是正确选项的文字表述，其字数不能明显多于其他选项。
- 备选选项之间应避免重叠现象。例如，一个选项的范畴不应包括另一个选项，否则如果前者是正确的，那么后者一定正确；如果前者是错误的，那么后者也一定错误。
- 每道题匹配的答案应以简短为宜，必要的叙述或相同的字词宜置于题干中。把备选答案中共有的字词提取出来放在题干中叙述，可以使表述更加简洁。
- 少用"以上皆是"或"以上皆非"作为备选选项。
- 正确选项和迷惑选项应随机排列，使应试者无法猜测。

2）案例分析题的编制

编制案例分析题时应注意以下几个方面。

（1）明确案例分析题的性质特点和结构规范。目前，我国各类考试试卷中编制的案例分析题，有相当一部分并非真正的案例分析题，而是情境模拟题，甚至是综合思考题或阅读问答题。案例分析题、情境模拟题、综合思考题、阅读问答题都是以提供的文字材料（有时也用图表材料）作为质问和应答的原始依据，既不能脱离材料质问，也不能脱离材料应答，必须限于与材料直接关联的范围。但这几类试题在材料编制、质问角度、答题要求、结构规范、测评功能等方面，又有显著区别。最容易与案例分析题相混淆的是情境模拟题，下面通过这两种题型的比较分析，进一步阐明案例分析题的特点。

第一，案例分析题最突出的特点是将应试者置于材料的情境之外。案例分析题要求应试者扮演的是观众而不是演员，而情境模拟题正好相反。情境模拟题要求必须将应试者置于材料的情境之中，以真实的角色去感受情境，分析情境形成的因素条件，寻找问题的解决思路、方法和突破口，进而做出行动决策。

第二，案例分析题侧重于考察应试者对事物本质的把握、现状的评判、原因的分析或问题的解决途径与方法。情境模拟题则侧重考察应试者对材料所设情境的把握、现实情境的分析及解决面临问题的对策。案例分析题考察的是应试者作为局外人应该如何做，而情境模拟题考察的则是应试者作为当事人应该怎么办。

第三，案例分析题的结构是二元的，由案例材料和所提问题两类感知要素组成。情境模拟题属三元结构试题，它由情境材料、角色假设陈述和所提问题三类感知要素组成。其中，角色假设陈述是表明质问要求不可或缺的关键要素，也是与案例分析题在质问角度方面的根本区别。

（2）紧扣测评要素选择案例，站在局外角度设计问题、拟定答案要点和评分标准。一份案例材料，一般能满足一个或多个能力要素的测评要求，但其中只有一个或两个起主导作用的关键因素。命题者应该站在案例之外设置问题，并尽可能使所设问题既能够体现能力素质测评的要求，又能够考察应试者的真实水平。另外，案例分析题的答案要点和评分标准的拟定也应站在局外人的角度思考，并考虑到作为局外人的应试者针对所设问题的各种反应及其差异。

（3）根据所测能力要素设置问题，严格按照能力要素进行赋分。案例分析题的问题设置应根据拟测评的能力要素确定，原则上应对等设置，即一个能力要素设一个问题，特殊情况下，一个能力要素也可从不同角度设置两个或三个问题，但不能用一个问题同时测量两个或三个能力要素，以免造成测评目标的混乱。

（4）编制案例分析题时应遵循案例典型、完整、简明的原则。在案例真实的前提下，案例分析题的编制应遵循三条基本原则：

第一，案例典型。所编案例应属于在工作中具有代表性的典型事件，并对检测试题所测能力要素具有典型意义。

第二，案情完整。不管案例情节复杂与否，案例情节必须完整、符合事件本身的内在逻辑，不能随意添加或隐去答题必须感知的条件资料。

第三，案例文字简明。

3. 试题编排规范

即使一份试卷中的每一道试题都是高质量试题，该试卷也未必就是一份高质量的试卷，更难保证有良好的整体测试效果。因为用同等数量、同等质量的试题拼配而成的试卷，若排列组合方式不同，其整体测试效果也不同。

试题编排规范包括以下三个方面。

（1）格式规范。社会性重大考试的标准试卷的格式规范有分卷格式模式和合卷格式模式两种。所谓分卷，就是客观性试题和主观性试题分别制卷，客观性试题在答题卡上作答，主观性试题在答题纸上作答。所谓合卷，就是试卷中包含全部试题，主观性试题、客观性试题可以全部在答题纸上作答，或者客观性试题在答题卡上作答，主观性试题在答题纸上作答。

（2）编排规范。试题编排应严格按照以下编排规范进行。

- 试卷中各大题，应按先简后繁的次序编排。
- 试卷中各大题中的小题，应按先易后难的次序编排。
- 试卷中的小题序号应从第一题到最后一题通码编排。
- 同一选择题的题干和选项应排在同一页，不能转页断排。

- 同一图表不能分开排，表题或图标必须与图表连排。
- 大题、小题的题干应顶格排，选择题的选项应退后一格起排。
- 判断题、选择题的作答处，一般应统一放在题尾。
- 主观性试题的作答处应留有余地。
- 试卷每一页的下方，应居中标示"第×页，共×页"。

（3）字体使用规范。在试卷中，不同内容使用的字体字号没有绝对要求，以卷面清晰、易于分辨为标准。

7.4 笔试的实施与记分

在完成笔试试题的设计与编制后，就到了笔试的实施与记分环节。笔试的实施与记分对于人才测评目的的达成，即尽可能准确和公平地评估应试者，同样重要。因为这种准确性和公平性的前提是控制误差，这就需要在笔试的实施和记分过程中，确保测试的相关因素对每位应试者保持一致，以排除无关因素对测试的影响。

7.4.1 笔试实施前应注意的问题

1. 标准化的指导语

在笔试的实施过程中，应该使用标准化的指导语。指导语是在测试实施时说明测试进行方式及如何回答问题的指导性语言。下面给出一个指导语的例子：

首先，请在答题卡上用钢笔或签字笔写上你的姓名和考号。本测验共有100道题，考试时间为120分钟。对于每道题，请你根据选择的答案把答题卡上相应的位置涂黑。请不要在测验题本上做任何记号，考试过程中有什么问题，可以举手询问主考人员。完成测验后请将答题卡和测验题本一起交给主考人员，之后离开考场。

标准化的指导语通常需要主考人员当场宣读，并要确认每位应试者都明白测试要求。需要注意的是，主考人员在回答应试者的问题时，不能透露任何可能对试题回答有影响的信息或线索。

2. 考场设置

考场设置遵循两个宗旨：一是有利于维持考场秩序和纪律；二是有利于应试者应考和监考人员监考。

一般来说，考场应设在交通便利、比较安静和光线充足的地方，最好不要临近马路和施工工地。每个考场的应试者不宜过多，标准考场一般在30人左右，要单人单桌，前后左右距离为一米左右，防止偷看、传递纸条等舞弊现象发生。从这个角度看，大学里的阶梯教室并不是理想的标准考场。在通向考场的主要路口需有明显的指示标识，考场的门口也应贴上起止考号，以便应试者对号入座。

根据考场大小设置监考人员，一般以2~3人为宜，包括主监考和副监考，他们负责维护考场秩序、严肃考场纪律、组织应试者按时入场入座、收发试卷和草稿纸等。监考人员要有高度的责任心和敬业精神，并熟悉考务管理工作。

3. 试卷的接收与保管

试卷的接收工作通常在施测前一天进行。接收方式可选用专车押运，也可选用机要专线邮寄。试卷保管必须达到国家保密部门规定的相应标准。

7.4.2　笔试的施测过程

施测是笔试实施过程中的核心环节，它不仅关系到考试的质量和用人单位的信誉，而且涉及应试者的直接利益。在笔试的施测过程中，要坚持公平竞争的原则，通过有效控制防止舞弊，保证施测的顺利进行和考试结果的客观准确。

1. 考试前的组织工作

考试前的组织工作是施测过程中的重要环节，一般包括以下几个方面。

（1）组建考试工作人员小组，制定考务实施手册；

（2）考试工作人员的培训；

（3）考场的考前检查和落实；

（4）组织巡视队伍。

2. 考试的步骤及工作人员的职责

1）考试的步骤

（1）考试前 20 分钟，监考人员领取试卷、答题卡、草稿纸等，然后直接进入考场。

（2）监考人员在考场黑板上书写提示文字，内容统一为本考场考试的科目、起止时间、注意事项等。

（3）考试前 15 分钟，应试者进入考场，监考人员向应试者宣读有关考试、考场的规则，以及考试的指导语。

（4）考试前 10 分钟，监考人员拆封试卷袋，逐份核对。

（5）考试前 5 分钟，监考人员开始分发答题卡、试卷、草稿纸。应试者得到答题卡、试卷后，应该先清点试卷页码，再检查试卷是否破损，以及试题有无漏印或字迹不清等情况，然后在试卷密封线内规定的地方写上自己的姓名、准考证号等。

（6）考试开始时，考场响铃，监考人员宣布考试开始，应试者开始答题。

（7）考试开始后，监考人员逐个核对应试者在试卷上所填姓名、准考证号及有关身份证件，若有不符，立即查明，并予以处理。

（8）考试结束时，考场响铃，应试者停止答题，监考人员收回试卷、答题卡及草稿纸并清点整理，交主监考验收，主监考验收合格后装订、密封，再交考点办公室。

2）考试工作人员的职责

执行上述统一严密的考试步骤，关键在于对参与其中的主监考、监考及巡视人员有明确的岗位职责，要求他们做到各司其职，各负其责。这里以监考人员为例，其职责包括：

● 佩戴统一制发的标志开展工作，于考试前 20 分钟向考场主监考领取试卷袋，并对试卷袋的种类、密封等情况进行检查，不合格的可要求调换、拒收。如果当时无法调换，那么应将有关情况记入考试情况记录单。

● 考试前 10 分钟，宣读考场规则并讲解有关注意事项。考试预备铃响后，监考人员当众拆封试卷袋，并检查试卷是否与本考场应考的科目、级别、数量相符，确认无误后再分发试卷，并请应试者将试卷扣放在桌上。

● 考试时间到，监考人员立即宣布开始答题，并提醒应试者在试卷封面和答题卡指定位置填写准考证号、姓名等信息。监考人员不得念读试题，不得对试题进行任何解释，若出现文字印刷不清等问题，应当众依据清晰试卷予以澄清，但不得暗示题意或解答试题，更不得与应试者私下交谈。

- 考试开始后，监考人员应根据考场座次表逐一核查本考场应试者情况，并填写考试情况记录单上的有关项目。对替考或影响他人考试的应试者，监考人员有权终止其考试资格，并请其离开考场；对舞弊行为应予以制止并将以上情况如实记入考试情况记录单。当遇到难以处理的问题时，监考人员应及时报告主监考。

- 考试期间，监考人员应自始至终在考场内巡视，不得固定站在某位应试者的座位旁，更不得在考场内吸烟、看报、抄题、做题及将试卷传出考场。

- 监考人员有权制止与考试无关的人员进入考场，并对考试期间考场内发生的其他特殊情况予以处理。

- 考试结束时间到，监考人员宣布立即停止答卷，请应试者将试卷扣放在桌上并离开考场。之后，监考人员清点试卷、答题卡，并按准考证号顺序排号，最后连同考试情况记录单一并放入试卷袋密封，交主监考验收。

7.4.3 笔试的阅卷流程与记分

笔试试卷的评阅也是整个考试流程中十分重要的环节。只有公正、客观地评阅试卷，才能保证考试的有效性和可靠性。尽管这一环节的工作任务性质单一、工作人员数量少，但由于其工作的专业性强、保密要求高、社会关注度大，因此阅卷流程与记分是笔试成功的关键。

1. 笔试的阅卷流程

笔试的阅卷流程可分为成绩评定环节和结果处理环节。

1）成绩评定环节

成绩评定环节包括试评完善标准答案和制定评分细则、确定阅卷方法，以及正式阅卷等。

（1）完善标准答案和制定评分细则。在评分之前，阅卷组应先抽样试评，再结合试评情况仔细审核标准答案，并在此基础上制定评分细则。在制定标准答案和评分细则时，既要坚持客观标准，又要客观认定应试者的实际水平。

（2）确定阅卷方法。阅卷方法有两种：一是每位阅卷者独立评阅全卷试题；二是采取流水作业方式分题评阅，这是目前使用较多的阅卷方法。此外，主观性试题与客观性试题的评阅方法有所不同。

（3）正式阅卷。在正式阅卷阶段，应在一定的保密措施下进行试卷启封，阅卷也应实行严格的程序管理。

2）结果处理环节

结果处理环节包括登分与核分、数据处理等。

（1）登分与核分。试卷中每个小题、大题及全卷分数的登记与核分是非常重要的，稍有不慎，就可能因人为差错而改变应试者的考试结果。因此，登分与核分必须实行分段隔离管理，即分别由不同的人员在不同的时段进行，以确保数据的准确性。

（2）数据处理。对每位应试者的笔试成绩，包括各科目的笔试成绩及不同测评要素的得分情况分别予以统计和分析。这个环节也容易出现误差，哪怕是用 Excel 对应试者的成绩进行排序偶尔也会出现差错，因此，一定要将数据处理的结果与原始结果进行比对。

2. 记分

1）客观性试题记分

客观性试题的答案具有唯一性，因此阅卷记分只与答案有关而与阅卷者无关。本章前面介绍的填空题、选择题、判断题、匹配题等都属于客观性试题。客观性试题的主要优点就是记分简单、客观。除填空题外，客观性试题都可以采用现代化手段——机器阅卷来进行记分。

机器阅卷指的是将考试的客观性试题答在特制的答卷——答题卡上，然后使用计算机和光电阅读设备对答题卡进行处理的过程。通过考试实践可以看出，采用机器阅卷具有以下优点。

（1）阅卷结果准确。受人的学识水平、阅历、精力、情绪、环境等主观或客观因素的影响，人工阅卷难免会出现一些误差。使用机器阅卷可以避免这些因素的影响。除此之外，机器阅卷具有客观公正及准确的优点，使得考试阅卷的错误率大大降低。如果应试者填涂答题卡的方法符合要求，机器阅卷的准确率几乎可达 100%。

（2）阅卷公正合理。机器阅卷参与人员少，阅卷软件、阅卷过程一经制定就不可更改，试卷答案唯一、客观，人为干预的可能性小。因此，机器阅卷能在一定程度上减少违规、舞弊现象的发生。

（3）节省大量人力、物力、财力。虽然首次使用机器阅卷时硬件投入较多，但设备可以多次使用，长期来看，机器阅卷在经济上与人工阅卷相比仍然是节约的。

2）主观性试题记分

主观性试题能够有效地考察应试者的实际能力和水平，其主要缺点是评分不够客观，在记分过程中经常受阅卷者的情感、态度的影响。在主观性试题的评分中，人工阅卷的误差往往来自多个方面：

（1）阅卷人员主观因素造成的误差。阅卷人员的责任心、工作态度如何，对阅卷的质量有很大的影响，同时是造成误差的重要因素；阅卷人员的业务素质高低，以及个人能力水平、风格的不同，容易造成阅卷标准不同，从而对阅卷的客观性造成影响。

（2）阅卷顺序造成的误差。在主观性试题的评阅中，阅卷顺序造成的误差十分明显。匿名阅卷时往往有先紧后松的现象，即开始阅卷时的标准尺度较严，而后来阅卷的标准尺度较宽，即存在宽容定式。宽容定式是指阅卷人员的记分标准过于宽松，即使没有按要求回答问题，也能给予较高的分数。

（3）疲劳效应造成的误差。评阅试卷是一项要求较高的工作，而阅卷人员又往往处于临时安排的工作环境中，集中、重复、单调的活动常使阅卷人员出现疲劳现象。处于疲劳状态的阅卷人员容易注意力分散、反应迟钝、情绪波动，甚至产生厌倦心态和草率敷衍的行为，从而造成人为的阅卷误差。

由于在主观性试题的阅卷中容易出现上述误差，因此为了保证考试的公平性，可以采取以下措施。

（1）选择合适的阅卷人员。阅卷误差的控制主要取决于阅卷人员的能力水平、经验、心理素质和工作态度。因此，选择高水平的相对稳定的阅卷人员是控制阅卷误差、确保阅卷质量的基础。

（2）阅卷人员应事先认真研究评阅试卷的参考标准。对于主观性试题可能出现的答题情况和评分细则，阅卷人员必须熟练掌握，如有需要，还需制定评分参考标准的实施细则。评分细则应该做到具体化，便于操作，并以最大限度地消除由于个人风格和能力水平的不一致而造成的偏差。

（3）建立阅卷质量的指标控制体系，通过抽查和复核的方式降低阅卷的误差率。经常在阅卷过程中进行抽查，可以随时纠正阅卷中出现的偏差，平衡阅卷小组中每个人的宽严尺度。阅后复核主要是检查漏评、错评等重大偏差。如果通过计算机进行网络阅卷，可以建立阅卷质量的指标控制体系，以便随时监控阅卷质量和进度，更有效地降低阅卷误差率。

（4）合理安排阅卷时间和阅卷节奏，并为阅卷人员创造一个良好的阅卷环境。一般大规模考试的阅卷环节分为三个阶段：

第一个阶段为阅卷开始的第1~2天。由于刚开始进行评阅试卷，因此阅卷人员容易出现对评分标准把握不好、宽严失衡的情况。这时候需要放慢速度，加强对阅卷情况的抽查，注意阅卷中产生的新情况，并逐步统一评分的尺度。

第二个阶段为阅卷的第2~5天。阅卷人员逐步掌握了评分标准，熟悉了应试者的答题模式和总体情况。这时候的阅卷效率最高，误差率最低，可以加快阅卷速度，在保持高质量的前提下，完成大部分的阅卷任务。

第三个阶段为疲劳期，一般从阅卷的第6天开始。阅卷人员的阅卷速度和阅卷质量开始下降，还容易产生给印象分、打保守分的现象。因此在这一阶段可以安排阅卷人员休息，或者组织半天或一天活动，以确保阅卷质量。切不可片面追求阅卷高速度。

7.4.4　笔试的阅卷质量控制

笔试的阅卷质量控制包括确立实施方案、建立阅卷队伍、准备各种工具、创设特定环境等。这些既是笔试的阅卷质量控制的方法和手段，又是笔试的阅卷质量控制的条件和保证。客观公正是阅卷的基本原则。为确保笔试结果的公正有效，笔试的阅卷质量控制可采取以下措施。

1. 在正式阅卷前进行试评

在正式阅卷前，应组织专家随机抽取一定样本的考卷进行试评，并根据试评情况对原命题人员拟定的试题答案和评分标准进行修订。在对拟定的试题答案和评分标准进行修订时，一是要确定标准答案并对客观性试题答案的唯一性进行审查，确定明确的评判原则；二是要确定评分标准。除客观性试题外，要逐题划分答案要点（或采分点），并根据每题的赋分情况，对每个答案要点进行二次配分，使每题的答案要点和配分具体、明确。同时要注意合理地确定最小记分单位，以便阅卷人员掌握。

2. 采用复评办法

复评办法包含两种阅卷方式。第一种是指以第一位阅卷人员的评分结果为依据，第二位阅卷人员对其结果进行复评，其主要目的是核查核实；第二种是对于主观性试题，尤其是分值比较大的试题，采取二评或三评的方式进行评分，以减少或降低不同阅卷人员对主观性试题的评分误差。

3. 加强阅卷过程的监控

在阅卷过程中，可以给阅卷人员反馈各种质量监控指标，如平均分、分数分布情况、标准差、评分误差等。必要的时候，可以将专家给定分数的标杆试卷发给阅卷人员，考察其对阅卷标准的把握是否准确；还可以将阅卷人员阅过的试卷再返还给他，看他两次阅卷的分差有多大。随着网络阅卷的发展，阅卷过程的监控已经非常容易实现。

第 *8* 章
面试技术

所谓面试，是指面试官提问、考生回答的当面测试。面试分为非结构化面试、结构化面试和半结构化面试。因其形式的公正性，结构化面试被广泛用于机关单位、事业单位的公开招考中；因其既灵活又相对公平的特点，半结构化面试被广泛用于各类企事业单位的人员招聘中。

本章导航

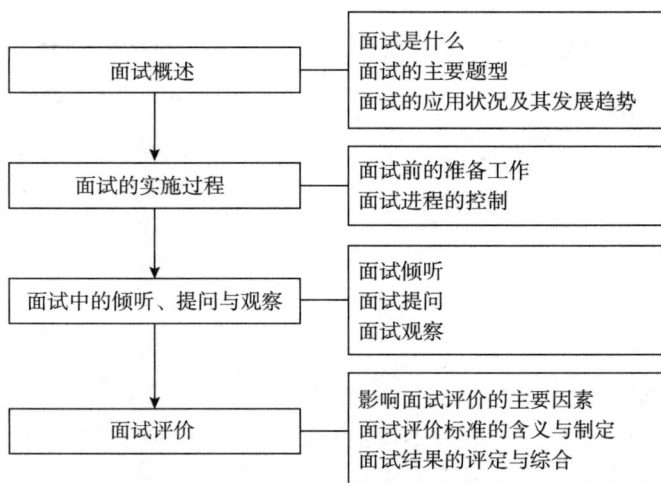

8.1 面试概述

IBM 公司的招聘面试

IBM 公司的招聘面试流程并不复杂。应试者在通过公司人力资源部的测试之后，就可以直接与用人部门的负责人进行交流。人力资源部的测试题主要是测智商的，一般比较简单，要求答题有一定的速度。公司认为，无论哪种考试都不可能即时进行灵活的变动，而每位应试者的情况各有不同。因此，只有通过面试的方式，才能主动地随时对考试做出调整和判断，评判出应试者是否符合公司的要求，结果才是真实的。这也要求主持面试的评判者的技能和经验都很丰富。公司很重视面试，一般事先由人力资源部提供给经理层有关参考例题，希望他们做出公正的评判。新员工一般要经过两轮面试，一些重要的岗位则要经过4~5轮面试。

IBM公司的招聘面试考核的素质如下：

● 诚信。公司负责招聘的经理级人员都要经过专门培训。在面试时，公司很看重人的正直和诚实等品质，并把诚信品质放在很重要的位置。

● 自信心。应试者是否充满自信心也很重要。在面试中，公司的面试人员通过观察应试者的肢体语言就可以判断对方是否具有自信心，自信但绝不能狂妄。

● 沟通能力。应试者是否善于沟通。一个人的沟通能力不在于说话多少，而在于能否说到点子上，思路是否清晰、是否有逻辑性。在面试中，面试人员还会提一些与应试者观念不同的问题，看对方如何回答。沟通能力强的应试者会表现得很自如、落落大方。曾经有一位有工作经验的应试者来应聘，面试人员问她在三五年以后是否有离开公司的打算。面对这一问题，比较常见的回答是"我不会考虑这个问题"。然而她却回答说："我现在不能给你'是'或'不是'的答案，但我可以保证在公司的这几年，我会竭尽全力地做出贡献，绝对不会辜负公司的信任和培养。"这一回答给面试人员留下了深刻的印象。四年后她离开公司，但公司认为她表现得很出色，实现了面试时的诺言。

● 其他。诸如应试者在工作态度上是否具有主动精神，以及在工作中的学习能力、创新能力及适应变化的能力等也很重要。

面试是一个非常重要的过程。IBM公司认为，面试是双方的沟通，是双方价值观的交流与认同的过程，无论经过几轮面试，最终都是为了这个目的。

8.1.1 面试是什么

面试是当前人员招聘中最广泛使用的测评技术，不论是政府机关还是企事业单位，面试都是人员招聘的重要环节。令人不解的是，很多用人单位对面试的重视程度与其重要性很不匹配，正如享誉全球的顶级人才专家费罗迪所指出的："大多数公司用2%的精力招聘，却用75%的精力来弥补当初错误招聘造成的失误。"

1. 什么是面试

面试的历史源远流长，遗憾的是，人们至今未能对面试形成一致的看法。

究竟什么是面试呢？笔者认为，面试是通过面试官与应试者面对面的信息沟通，考察应试者是否具备与职位相关的胜任力（能力和个性品质）的一种测评手段。从面试官的角度来看，要尽一切可能考察应试者是否具备相关的素质和条件，不仅需要精心设计面试试题，而且需要在面试过程中对应试者进行提问、观察和倾听，其难度之大可想而知；从应试者的角度来看，为了谋取职位，总是千方百计地展示自己，积极地表现自己的长处，掩盖不足，这在无形中又给面试官摸清"真相"增加了难度。由此可见，面试是一门很有学问的技术和艺术。

2. 面试的三个要件

任何面试都有三个要件，即应试者、面试官和面试方式，面试官和应试者之间正是通过一定的面试方式产生交互作用，从而达到人员评价的目的（见图 8-1）。

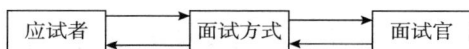

应试者　→　面试方式　→　面试官

图 8-1　面试的三个要件

这里的面试方式主要指面试的形式，按结构化程度来分，可以有结构化面试、半结构化面试和非结构化面试。目前在机关事业单位人员招聘中，最常用的面试方式是结构化面试，其典型特征包括面试题目是事先设计好的，面试流程对所有应试者是统一的，面试评分由多位面试官完成等。

那么，在面试中最重要的因素是什么呢？是面试题还是面试的形式？我认为都不是，面试中最重要的就是面试官，因为无论是面试评分还是人员选拔决策过程，最终都由面试官的打分决定，所以，面试官的素养就成为面试效果的决定性因素。

3. 面试官的素养

一位优秀的面试官能够立足于用人单位的需要，选拔出最合适的应试者。要做到这一点，面试官有两个素养非常重要：一是没有任何私心杂念，能够公平公正地评价每一位应试者；二是具备行为评价的技能，能够根据应试者在面试中的行为表现准确评价其核心胜任力。具体来说，笔者认为，一位优秀的面试官应该具备以下几个方面的核心能力：

- 具有良好的职业操守；
- 熟悉招聘岗位的任职要求；
- 具有良好的行为观察能力；
- 掌握良好的提问和倾听技巧；
- 具有优秀的分析判断能力；
- 了解基于胜任力的人才评价技术。

由此可见，面试官并非任何人都可以担任的，面试是人才评价要求很高的专业工作。面试官除平时注重人才评价素养的提升外，面试培训至关重要。世界上知名的大公司都非常注重面试官的培训和培养，如在麦肯锡公司，所有面试官都要经过培训、获得认证，并通过资深面试官的考察，才能持证上岗。

8.1.2　面试的主要题型

面试的题型很多。在当前的面试实践中，常用的有三种：智能性问题、情境性问题和行为性问题。

1. 智能性问题

智能性问题主要考察应试者对一些事物和现象的理解及综合分析能力。这类问题通常以较复杂的社会热点问题为主，考察应试者的综合分析能力。对应试者的能力评价一般不在于其观点是否正确，而在于其回答是否言之成理，论据是否充分，能否自圆其说。

1）功能

智能性问题的功能在于考察应试者思维的逻辑性、严密性、深度和广度，以及综合分析能力。

2）样例

随着人工智能的发展，大量人类的工作将被人工智能所取代。有人认为，这种科技进步可以将人类从许多繁杂的工作中解放出来，也有人担心，人工智能的发展会造成大量工人的失业。对此，你怎么看？

2. 情境性问题

情境性问题是创设一种假设性的情境，考察应试者会怎么做。这类问题的基本假设是一个人说他会做什么与他在类似情境中会做什么是有联系的。情境性问题的优点是，问题的情境可以根据职位要求灵活创设。此外，情境性问题对所有应试者都是公平的，因为每位应试者都需要处理自己往往没有经历过的同一情境性问题。这类题型的不足是，有时应试者说会怎么做与其在现实情境中的实际做法会有差异，即说的与做的往往是两码事。

1）功能

情境性问题可以考察应试者各方面的能力和个性品质，如应变能力、计划与组织协调能力、决策能力、情绪稳定性等。通常，其他题型难以考察的测评要素，可以考虑用情境性问题来考察。

2）样例

假如你被录用后在单位咨询服务部工作锻炼，一天上午你接到一位男士怒气冲冲的电话。他抱怨上午打了一个多小时的电话一直占线，后来快中午时打通了还没人接听，表示要投诉你们；还抱怨你们办事效率太低，补办一张卡一个月了还没有结果。面对这位情绪激动的咨询人员，你将如何进行电话回应？

3. 行为性问题

行为性问题关注的是应试者过去的行为，所问的是应试者实际上做了些什么、怎么做的、有什么结果，而不是他们知道什么（与工作相关的知识问题），或者他们将会做什么（情境性问题）。行为性问题的基本假设是，在类似的情境下，一个人过去的行为表现是预测其未来行为表现的依据。

行为性问题注重能反映相关素质的行为事件，一个完整的行为事件必须包括以下四个要素（STAR）：

- 情境（Situation）：关于任务、问题背景的具体描述。
- 目标（Target）：应试者在特定情境中所要达到的目标、所需完成的任务。
- 行动（Action）：应试者针对具体问题情境所采取的行动或未采取的行动。
- 结果（Result）：已采取的或未采取的行动的结果。

如果应试者的行为事件描述不完整（缺少一个或多个要素），则需通过后续的深入追问来补充。这样做的原因有两个：一是只有完整的行为事件才能反映出应试者是否具有某方面的能力特征；二是通过追问获取更多的事实和细节信息，可以防止应试者捏造事件。

1）功能

通过应试者描述过去所做的事情，考察其能力和个性适应方面的胜任情况。

2）样例

在你刚上大学或研究生时，周围的老师、同学或朋友认为你最需要改进的个人特点或习惯是什么？

追问（根据考生的回答情况）：为改进个人特点（习惯），你近几年采取了哪些举措？取得了什么样的效果？

8.1.3　面试的应用状况及其发展趋势

1. 面试的应用状况

面试是国内外人事选拔实践中最常用的一种测评方法。在西方各级各类组织的人事选拔中，面试的应用非常普遍。调查研究显示，在欧洲的人事选拔中，面试的平均使用率为 93%；在美国的人事选拔中，面试几乎被所有心理学家使用；在我国目前的国家公务员录用考试中，面试的使用率为 100%。在企业中，原人事部人事考试中心对全国 470 家不同规模的企业进行调查表明，有 91.7% 的企业将领导考察（主要是面试）作为选拔管理人员的主要方法之一，这还不包括其他人员（如人力资源管理人员）进行的面试。

2. 面试的发展趋势

1）重视考察应试者的价值观念与企业文化的一致性

如今的企业或公司需要的是能够效忠于企业的雇员。这样的雇员认同企业的价值观和目标，把企业视为自己的企业。因此，许多优秀的企业，如丰田公司，实行的是"以价值观为基础"的招聘战略。在招聘过程中，他们不仅关注应试者的工作资格，如技能、能力、教育、经历等，而且更关注他们的价值观和个人品质。因此，他们通过面试，努力寻找那些经历和价值观与公司企业文化相契合的应试者。

2）胜任力面试越来越受到人们的重视

传统面试受到人们的一个批评是应试者在面试中容易"伪装"自己，口才好、思维反应敏捷的应试者往往会占一定优势。而基于胜任力的行为描述式面试关注的是应试者以前做了些什么、具体又是怎么做的，面试官还需通过追问来澄清具体行为事件的详细情况，以防应试者胡编乱造。这种面试的一个基本假设是：应试者过去如何考虑一个问题、如何去做一件事情，那么以后遇到类似的情境，他还会那样去考虑和行动。这种面试方式在加拿大尤其受到推崇。

3）情境模拟面试越来越受到人们的欢迎

针对传统面试中的各种题型，应试者都有"模式化"的应对策略。有学者曾对面试的应试者进行过问卷调查，看看应试者对哪些面试要素感觉最没有把握，结果如图 8-2 所示。

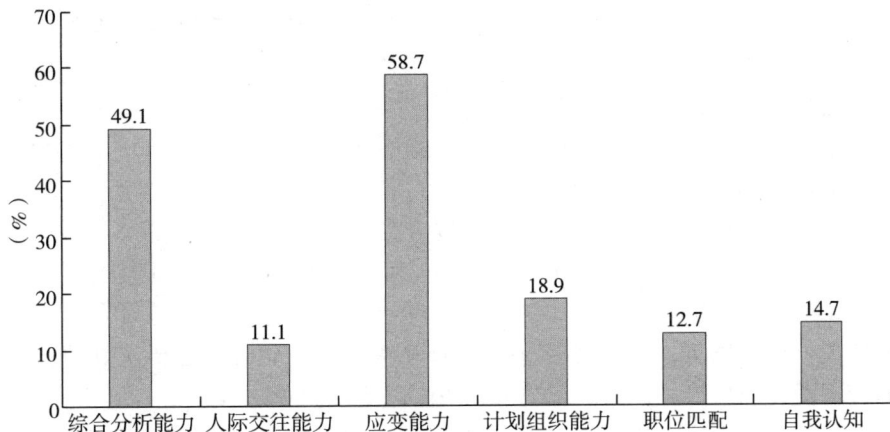

图 8-2　应试者感觉对各类面试题的"把握"程度

从图 8-2 可以看出，目前，应试者对许多面试要素都有应试技巧，相对来说，只有综合分析能力和应变能力这两个要素还没有很好的应对办法。在这种背景下，应试者难以"伪装"的情境性面试越来越受到人们的欢迎，并逐渐成为传统面试方式的重要补充。基于情境性面试的广泛应用前景，本书将在第 10 章专门探讨这种面试技术。

4）计算机辅助面试得到人们的关注

计算机辅助面试一般用于初次筛选，目的是将明显不合格的申请者筛选出去，把初步合格者筛选出来。这种方式可以节省用人单位的时间，因为以前用人单位必须对所有申请者逐一进行面试，而其中许多人是根本不合格的。计算机辅助面试的不足是它给人的感觉不亲切，因为与机器打交道显得有些冷冰冰。为了改善这一不足，发达国家已经尝试将计算机辅助面试设计成电子游戏的形式。当应试者在计算机面前时，面对的是不断出现的动态画面，这些画面会模拟出各种情境。例如，计算机辅助面试被设计为一种情境面谈或压力式面谈，假定一个应聘银行出纳职位的人需要面对计算机屏幕上出现的粗鲁顾客，这些顾客还会根据应试者的反应进行新的刁难。使用计算机辅助面试的企业反馈，这种面试方式很有效。计算机辅助面试能够减少用人单位必须进行的不必要的面谈，而且通过计算机辅助面试筛选出来的应试者在最初三个月的雇用期内流失或被开除的情形很少。这可能是因为计算机辅助面试（尤其是动画式面试）很生动地告诉了应试者他正在申请的工作到底需要做什么，而在一般的面试中，应试者可能由于各种顾虑而不愿意主动打听这方面的情况。

8.2 面试的实施过程

8.2.1 面试前的准备工作

面试前的准备工作繁多，从面试官角度而言，包括熟悉任职要求、应试者具体情况以及面试题目等资料；从用人单位角度而言，包括设计面试程序、选择与布置面试场地等。做好这些准备工作是顺利完成面试的基础。

1. 面试官在面试前的准备工作

面试官在面试前需要准备些什么呢？下面我们就对此进行讨论。

1）熟悉工作说明书

工作说明书中对职位的描述和说明是面试官在面试中判断应试者能否胜任该职位的依据，因此面试官在面试前应对工作说明书有清晰的了解。为了判断面试官是否对工作说明书足够熟悉，可以通过以下几个问题进行考察。

（1）是否对职位要求的应试者的重要任职资格有足够的了解？

（2）能否清晰地向应试者传达该职位的主要职责？

（3）能否准确回答应试者提出的关于职位信息和公司信息的问题？

（4）是否对职位的薪酬福利标准有足够的了解？

2）熟悉应试者的有关材料

一般来说，在面试前，面试官对应试者的应聘资料和简历一定要认真阅读。在阅读应试者的应聘资料和简历时，面试官应重点关注以下几个问题。

（1）浏览简历的外观与内容。在一份简历中，首先引起人们注意的就是它的外观，其次是文字、语法等方面。在浏览简历的外观时，需要注意一些要点，如简历是否整洁、排版是否美观、语句是否合乎逻辑、用词是否恰当等。如果是英文简历，可以看看其英文水平；如果是手写简历，可以了解其书写。一般来说，专业的简历通常为一两页，如果简历过长或过短，则需引起重视。

（2）注意简历中空白的部分或省略的内容。在招聘过程中，用人单位常常会提供给应试者一些现成的表格或简历模板，而现在越来越多的公司使用标准化的简历模板。这样所有应试者都填写相同的简历模板，因此用人单位很容易发现应试者的简历中哪些部分是空白的，而对这部分内容需要在面试中进一步了解。

（3）关注与应试者应聘职位或行业相关的工作经历。一个人应聘一份工作，通常会倾向于选择与自己过去经历相关的工作内容。在面试前，面试官应对应试者曾经工作过的单位有所了解。例如，一位应试者曾经在竞争对手的企业里做过类似的工作，或者在这个行业中很著名的一家企业中工作过，对这些经历都应该在面试中进一步了解。

（4）关注应试者工作变动的频率和可能的原因。从应试者变动的工作经历来看，面试官可以关注该应试者工作变动的频率如何，是否在很短的时间内（如几个月内）更换工作。可以考虑一下应试者每次工作变动的原因是否合乎情理，发现工作变动动机中的疑问。例如，从一家知名企业换到一家小公司，工作单位变了但工资反而下降了；所从事的工作领域发生变化，从做技术转向做人事。工作变动的动机常常是面试的提问重点。

（5）关注应试者的工作经历中时间上的间断或重叠。有时候，一位应试者从一个单位离职的时间和到下一个单位就职的时间之间会有一个间隔，那么在这个间隔的时间内应试者在做什么，应该是面试官关心的问题。有的应试者的工作经历有时间上的重叠。例如，某应试者在 2024 年 5 月至 2025 年 3 月既在一所学校任教，又在一家公司工作，那么这也需要在面试中澄清。

3）熟悉面试问题和评分标准

在面试前，面试官需事先熟悉面试问题，以便在面试中做到心中有数，将精力集中在应试者对问题的回答上。特别是对于面试负责人而言，事先熟悉面试问题尤为重要。熟悉面试问题后，面试官可避免出现念错字、将出题思路与题目一同念给应试者听等低级错误。评分标准也是每位面试官应事先熟悉的重要内容，只有"吃透"评分标准，面试官才能客观准确地根据应试者的面试表现进行打分。

有时候，面试问题并非由用人单位事先拟定，而是由面试官自行决定。在这种情况下，面试官需事先准备几个基本面试问题，用以考察应试者的基本素质。此外，还可根据面试的具体情况提出一些附带问题。

2. 面试程序的设计

面试程序的设计一般包括以下几个方面：

（1）面试程序的设计涵盖从应试者到达面试地点到面试结束的整个流程安排。通常，所有应试者需在正式面试开始前 15 分钟到达面试地点，通过抽签方式确定面试顺序，以确保程序的公平性；随后，应试者按顺序逐一进入面试现场，当一位应试者进入面试现场时，提醒下一位应试者做好准备；最终，面试官依据预定的面试题本进行面试。

（2）所有应试者的面试时间应有统一规定，即面试时间应保持一致，这要求在面试题本设计与操作规范方面有明确要求。

（3）面试的评分方法。面试官对面试评分的登记、核准和分数汇总等方面都应有明确、规范的说明。

面试操作流程图如图 8-3 所示。

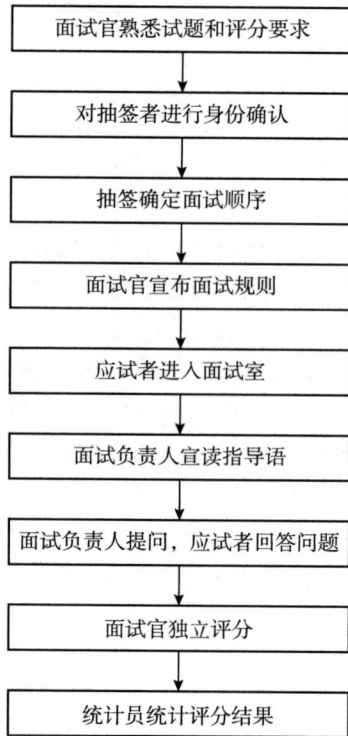

```
┌──────────────────────────┐
│  面试官熟悉试题和评分要求  │
└──────────────────────────┘
            ↓
┌──────────────────────────┐
│     对抽签者进行身份确认    │
└──────────────────────────┘
            ↓
┌──────────────────────────┐
│     抽签确定面试顺序        │
└──────────────────────────┘
            ↓
┌──────────────────────────┐
│     面试官宣布面试规则      │
└──────────────────────────┘
            ↓
┌──────────────────────────┐
│      应试者进入面试室       │
└──────────────────────────┘
            ↓
┌──────────────────────────┐
│    面试负责人宣读指导语     │
└──────────────────────────┘
            ↓
┌──────────────────────────┐
│ 面试负责人提问，应试者回答问题 │
└──────────────────────────┘
            ↓
┌──────────────────────────┐
│      面试官独立评分         │
└──────────────────────────┘
            ↓
┌──────────────────────────┐
│     统计员统计评分结果      │
└──────────────────────────┘
```

图 8-3　面试操作流程图

3. 面试场地的选择和设计

面试场地的选择和设计也是面试前的一项重要工作。一般来说，对面试场地的基本要求有四条：一是场地所在位置的环境必须无干扰，保持安静；二是场地面积应适中，一般以 30~40 平方米为宜；三是温度和采光度应适宜；四是每个独立的面试场地，除主考场外，还应根据应试者的数量设立若干候考室，候考室应与主考场保持一定距离，以免相互影响。

面试场地的设计也是很有学问的。就面试官与应试者的位置安排而言，图 8-4 和图 8-5 是我们认为比较理想的位置安排方式。

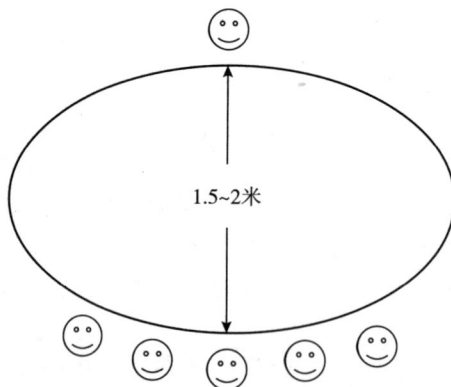

图 8-4　面试官与应试者座位安排图一

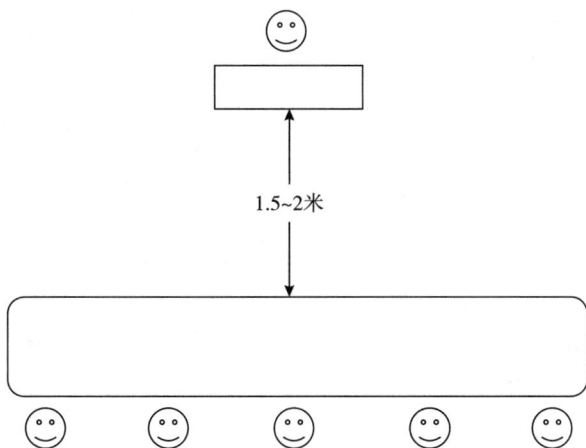

图 8-5　面试官与应试者座位安排图二

8.2.2　面试进程的控制

面试旨在考察应试者的相关素质，这要求面试官掌控面试进程。对于沉默寡言的应试者，面试官应鼓励其发言；对于滔滔不绝的应试者，面试官需把控好面试话题。可以说，掌控面试进程是面试的关键所在。

1. 构建和谐的面试氛围

在面试中，构建和谐的面试氛围有助于面试顺利进行。面试伊始，面试官的提问应自然、亲切，宛如闲聊，这既能缓解应试者的紧张和焦虑情绪，又便于引出面试主题。

面试官不仅要注重面试开始时的氛围营造，还需在正式面试过程中持续维护与应试者的和谐关系。要做到这一点，面试官应注意以下几点：首先，面试官在面试中应保持良好的面部表情。亲切、自然的微笑能拉近与应试者的距离，点头和赞许能消除应试者的戒备和怀疑。反之，严肃的表情会加剧面试的紧张气氛。其次，面试官应注意自己的言语行为。提问时的语气应平易近人，像平常与人交谈一样。在面试这种地位不平等的场合，面试官无须通过提问的语气来显示"优越性"。最后，当应试者在面试中表现不佳时，面试官切忌责备，而应予以鼓励。

2. 让应试者多讲

面试的目的是考察应试者是否具备相关素质，因此在面试中应让应试者多讲，面试官少讲。在面试实践中，常出现以下情况：有的面试官因某个话题引发个人兴趣，情绪激动，开始滔滔不绝地抒发感慨；还有的面试官提问时说了一大堆，而应试者仅用一两句话就将问题回答清楚。实践表明，面试官在面试中的发言时间不应超过整个面试时间的 1/3，应将 2/3 以上的面试时间留给应试者，这样才能真正发挥面试的效能。

当然，在面试实践中，我们经常会遇到不善言辞的应试者，这时面试官可以采取以下对策。

（1）适时沉默。在面试中，面试官不要在应试者出现停顿时就开口谈别的问题。有时候出现停顿可能是应试者在考虑如何进一步回答问题，或者不知道已回答的情况是否让面试官满意。如果面试官保持适时沉默，那意味着在对应试者说："你还没说完呢，请你考虑好之后继续回答问题。"这一方法对于内向的应试者还是比较有效的。

（2）给予鼓励。应试者出现停顿，有时是因为担心自己回答不好问题，这时特别需要面试官给予鼓励，使应试者谈出更多的东西。例如，应试者在回答问题时突然不想谈了，面试官不妨说，"还有吗"，或者直接说"你已经谈了不少东西，请接着说"。这样应试者一般会接着往下说。

（3）利用身体语言。面试官利用身体语言也可以鼓励应试者开口。例如，适度的身体前倾、微笑等，使应试者感到面试官对自己的认可，从而增加他继续谈下去的勇气。

3. 控制面试的主题

因为面试时间有限，面试官在面试中需紧紧围绕面试主题，原则上不提与面试无关或关系不大的问题。面试中，面试官要时刻注意收集应试者在胜任特征方面的关键信息。若面试官感到应试者在某方面的胜任特征信息已足够，可将主题转移到其他关键的胜任特征上；若感到信息还不充分，则需围绕该主题继续展开。下面介绍一个用行为性问题进行面试的例子。

面试官：请你谈谈你做得比较成功的一件组织协调方面的事情。

应试者：让我先想想。哦，对了，上个月，我参与组织了一个大型会议，由于准备工作充分、考虑周到，会议取得了成功。

面试官：这是一个什么性质的会议？为什么要开这个会？

应试者：这是一个大型研讨会，我们要把一项研究成果开发成产品，因此需要各方面的人员对开发成本、开发时间、市场潜力等方面的问题进行讨论。

面试官：你在组织这次会议中的主要任务是什么？

应试者：此次会议的组织工作由办公室主任负责，我的任务是配合主任做好相关工作。一个大型会议需要大家共同努力……

面试官：对不起，打断你一下，在举办此次会议中，你具体做了些什么？

应试者：我做了几乎所有与会议相关的具体事务，如联系落实会议地址、提前两周通知参会人员等。这些事虽然烦琐，但只要有一件事没做好，会议就可能失败，比如说……

面试官：对不起，请问你做的这些事是自己想到的还是办公室主任安排的？

应试者：我不是负责人，所做的事都是主任安排的……

以上只是面试官和应试者对话的片段。我们可以看到，应试者被面试官打断了两次，其目的都是为了让应试者提供更多面试官感兴趣的胜任特征信息。

在面试实践中，面试官经常会遇到谈起来滔滔不绝的应试者。对于此类应试者，面试官应要求其简要回答问题。如果应试者在回答某个问题时耗时过多，面试官可以在下一个问题开始时提醒他："你刚才回答那个问题花的时间太多，接下来请抓紧时间，挑关键的来说。"另一个办法是打断应试者的回答："说得不错，现在让我们讨论下一个话题好吗？"从而促使应试者结束该话题。不过，这种方法有时会影响应试者的情绪，因此只有当应试者回答问题没完没了时才应采用此法。

4. 结束面试

面试的收尾阶段是面试官检查是否遗漏了关于胜任特征的关键问题，并加以追问的最后机会。当面试官感到已充分收集了应试者的相关信息时，可以考虑结束面试。临近结束，面试官一般应给予应试者最后提问、重申或强调某些信息的机会。下面给出一个结束面试的例子。

面试官：在今天的30分钟里，你已经回答了所有面试问题。对于前面的回答，你还有什么需要补充或说明的吗?

应试者:我想没有了。

面试官:假如我们录用了你,你对我们有什么要求吗?

应试者:没有什么要求。如果可能的话,我希望单位能给我提供一个集体宿舍,因为我家离这里实在太远了。

面试官:今天的面试到此结束,谢谢你的配合。我们会在一周内将最终决定通过微信通知你,请注意查收。

8.3　面试中的倾听、提问与观察

8.3.1　面试倾听

1. 面试倾听的技能与技巧

一位优秀的面试官必须是一位好听众。要做到这一点并不容易。有的人听别人说了一半的话就以为自己全清楚了,其实,他在理解中加入了过多个人的主观猜测;有的人喜欢表现自己而不愿倾听他人,交谈时总是抢话题,根本不让对方讲。这样的人在面试中很难成为一位称职的面试官,因为他们不知道如何倾听。在倾听对方说话时,需将全部注意力集中在对其语言的精确理解上,了解其真实意图,准确把握其传递的信息。

(1)排除各种干扰。在面试过程中,经常会遇到各种干扰,特别是在办公区进行面试时,干扰因素更多,如电话铃声、机械设备的噪声等。因此,面试场地宜选在远离办公区的安静之处。无论发生什么情况,面试官都应保持注意力高度集中,积极倾听应试者的谈话。有时,在面试多位应试者后,面试官可能会感到疲惫,若应试者的语言枯燥乏味,面试官很容易分散注意力。此时,面试官需控制好自己的注意力。

(2)善于提取要点。在应试者回答问题时,面试官不必将其所说的每句话、每个字都记下来,而应善于从应试者的原话中提取与岗位胜任特征相关的信息。特别是对于一些不善言辞、回答问题不得要领的应试者,面试官更需从其回答中提取出与问题相关的内容。

(3)善于发挥眼睛、点头的作用。眼睛在倾听中起着重要作用,能传达重要信息。面试中,面试官的目光应在应试者的嘴、头顶和脸颊两侧范围内活动,这有助于面试官集中注意力,关注所听到的信息,同时也能让应试者感受到面试官对其感兴趣,正在认真倾听其回答。必要时,面试官可伴以和蔼的表情和柔和的目光。

应试者回答问题时,面试官应适度点头,因为点头是一种沟通信号,表示在注意听且听懂了应试者的回答。但面试官应在无关紧要处点头,否则容易泄露问题答案,违反面试的公平性原则。

(4)倾听的同时要注意思考。有效的倾听者不仅用耳朵听,还用头脑思考。研究表明,人的思考速度约为每分钟 400 字,而说话速度约为每分钟 150 字。这意味着思考速度远快于说话速度,因此在应试者说话时,面试官有足够时间进行思考。例如,面试官可以分析应试者话语的含义,不仅听到语言的表层意思,还能"听"到应试者想表达的深层次内涵。这才是倾听的本质。若在听时不加思考,很可能会误解对方想表达的意思。

(5)倾听时不要带着自己的观点。面试官在倾听时不应带着自己的观点。每个人对事物都有自己的理解和看法，当应试者说出与面试官相同的观点时，面试官容易将自己的其他观点也误认为是应试者的观点。这时，面试官会用一个"过滤器"去听，结果只听到与自己相同的观点，而忽视了不同的观点。这其实是面试官对应试者本意的曲解，是面试倾听中最忌讳的。

2. 面试官倾听能力自测问卷

面试评价的主要依据是应试者对问题的口头回答。一位倾听能力不过关的面试官，绝不可能是合格的面试官。倾听能力自测问卷及评分标准与结果解释如表8-1所示。

表8-1 倾听能力自测问卷及评分标准与结果解释

倾听能力自测问卷
下面有15个问题，请根据你在最近的会议或聚会上的真实表现，对每个问题做出"是"或"否"的判断，并在相应的括号内打"√"或"×"
1. 我常常试图同时听几个人交谈（　　　）
2. 我喜欢别人只给我提供事实，让我自己做出解释（　　　）
3. 我有时假装自己在认真听别人说话（　　　）
4. 我认为自己是非言语沟通方面的好手（　　　）
5. 我常常在别人说话之前就知道他要说什么（　　　）
6. 如果我对与某人交谈不感兴趣，我常常通过注意力不集中的方式结束谈话（　　　）
7. 我常常用点头、皱眉等方式让说话人了解我对他所说内容的感觉（　　　）
8. 我常常在别人刚说完话时就紧接着谈自己的看法（　　　）
9. 别人说话的同时，我也在评价其内容（　　　）
10. 别人说话的同时，我常常在思考接下来我要说的内容（　　　）
11. 说话人的谈话风格常常影响到我对内容的倾听（　　　）
12. 为了弄清对方所说的内容，我常常采取提问的方法，而不是进行猜测（　　　）
13. 为了理解对方的观点，我总是花费大量精力（　　　）
14. 我常常听到自己希望听到的内容，而不是别人表达的内容（　　　）
15. 当我和别人意见不一致时，大多数人认为我理解了他们的观点和想法（　　　）
评分标准与结果解释
第4、12、13、15题答"是"得分，其余各题答"否"得分。以此为标准，得出你的选择与"答案"不一致的题数（错误数），然后用下列公式进行换算： $$结果 = 105 - （错误数 \times 7）$$ 如果你的得分在77分以上，那么你在倾听方面是一名比较好的面试官；如果你的得分在63分以下，那么你在倾听方面是一名尚不合格的面试官。参考标准如下： 91~105分　　　　　倾听能力很好 77~90分　　　　　倾听能力较好 63~76分　　　　　倾听能力一般 63分以下　　　　　倾听能力存在问题，需引起注意

8.3.2　面试提问

面试提问是面试官的一项主要活动，提问的质量和水平直接关系到面试的效果。如何提问是每位面试官都应掌握的基本技能。

1. 力求通俗、简明、有力

首先，面试提问应通俗易懂，避免使用生僻字词和过于专业的词汇，提问的内容、方式和用语要适合应试者的接受水平，不能让应试者感到费解。其次，面试提问必须简明扼要。研究表明，一个问题的描述时间宜控制在 45 秒以内，半分钟为佳，不应超过一分半钟。超出这个时间，无论是应试者还是面试官，都可能觉得难以理解，问题也会变得不明确。最后，面试提问时，面试官应表现得活泼有力，可配合得体的手势，使问题更具感染力和吸引力。

2. 根据应试者的回答情况灵活地提问

尽管面试官对面试的关键问题通常事先有所准备，但面试提问不应拘泥于预设问题，而应根据应试者的回答情况，围绕特定的面试目的和岗位胜任特征灵活提问。有时，应试者可能提前回答了面试官尚未提出的问题，此时无须再按预定程序提问；有时，应试者可能未回答或仅部分回答了问题，如果该问题涉及应试者的关键胜任特征，面试官则需进一步追问。

3. 避免直接让应试者描述自己的能力或个性的问题

面试中，每位应试者都希望展现自己最好的一面。因此，若直接询问应试者是否具备某种能力，面试官难以获得真实回答，其他个性特征也是如此。例如，招聘营销人员时，若直接问应试者："你的个性特点如何？"对方可能会迎合地回答："我很喜欢与人打交道，能与各种各样的人交朋友。"然而，这种回答的真实性无法验证。较好的解决办法是提出行为性问题，如"请你举一个例子来说明你在工作中是如何有效地与人打交道的"。这样，应试者必须提供亲身经历的实例来证实自己的回答。如果应试者无法回答或回答含糊其词、前后矛盾，那么其描述的个性特征便缺乏真实性。

4. 多提问开放式问题

面试提问应多使用开放式问题，尽量让应试者列举一些实例，而避免使用多项选择式问题。因为后者会让应试者认为正确答案必然存在于几个选项之中，从而根据面试官的意图进行猜测。表 8-2 给出了一些开放式问题样例。

表 8-2　开放式问题样例

多项选择式问题	开放式问题
你是怎样分派任务的？是分派给已经表现出有能力完成任务的人，还是分派给表现出对此任务有兴趣的人，或者随机分派	请描述一下你是怎样分派任务的，并举例说明
你的管理风格是什么样的？是 X 理论的、Y 理论的，还是 Z 理论的	请描述一下你的管理风格，并举例说明你在工作中是怎样运用这些管理风格的
你觉得工作中最大的激励是报酬，还是从工作中获得的快乐	你认为工作中最大的激励是什么？为什么这么说

续表

多项选择式问题	开放式问题
你的前一任主管是一个随和的人，还是一个严厉的人	你的前任主管是一个怎样的人？请你举一些具体事实来说明
在你今后的职业生涯中，你是会继续在这个领域中工作，还是会做一些别的事情	你的中长期职业发展规划是怎样的

从表 8-2 中可以看出，开放式问题明显优于多项选择式问题。

面试中的信息是通过面试官的倾听和观察得到的，这两条途径能够充分获取应试者表现出来的言语信息和非言语信息，为面试评价提供依据。

8.3.3 面试观察

在面试中，面试官除倾听应试者所说的话外，还需观察其非言语行为。有心理学家研究表明，在人际交流中，文字交流仅占 7%，声音交流占 38%，而体态交流占 55%。由此可见，非言语信息在信息交流中具有重要地位。应试者在面试中的非言语行为只能通过面试官的观察获得，因此面试观察至关重要。

1. 注意应试者的言语行为与其非言语行为的一致性

面试中需警惕的一个问题是应试者撒谎。如何判断应试者是否撒谎？观察其非言语行为是一条重要途径。一般来说，人们说真话时，其言语行为与非言语行为是一致的；而撒谎时，则会有一些典型的非言语行为表现。例如，说话时不敢正视面试官，声音较小；当面试官询问应试者是否有某方面的实践经验时，应试者回答"是"的同时，手指迅速摸了一下鼻子，或用手捂住了嘴。这些表现很可能表明应试者的回答与事实不符。一旦怀疑应试者有说谎倾向，面试官可以就相关问题的细节进行追问，以确认其是否在撒谎。当然，自信心较低的应试者有时也会有类似表现，面试官需根据具体情况进行判断。此外，在面试中，面试官需特别关注应试者的行为变化。例如，某应试者在面试的前 20 分钟一直背靠椅背坐在椅子上，姿态放松，但当面试官问及他为何要离开当前工作单位时，他的背部忽然离开椅背，身体挺直，移坐到椅子前部。尽管他的离职原因听起来合理，且讲述时没有迟疑，但其身体语言的突然变化让面试官感到其中可能有问题，从而对其所讲内容的真实性产生怀疑。

2. 把握非言语行为的内涵

对于应试者的非言语行为，面试官应注意把握其内涵。古人早已觉察到人的非言语行为与其品性有一定的关系。例如，《人物志》中有"诚仁，必有温柔之色；诚勇，必有矜奋之色；诚智，必有明达之色"，认为人的面部表情变化均发自内心。当然，仅通过面部表情来辨识人的善恶、智愚是极不可靠的，但我们也不能否认，各种非言语行为在面试中往往有其特定的含义（见表 8-3）。

表 8-3 非言语行为的含义

非言语行为	典型含义
目光接触	友好、真诚、自信、果断
不做目光接触	冷淡、紧张、害怕、说谎、缺乏安全感

续表

非言语行为	典型含义
摇头	不赞同、不相信、震惊
打哈欠	厌倦
摇头	迷惑不解、不相信
微笑	满意、理解、鼓励
咬嘴唇	紧张、焦虑、害怕
跺脚	紧张、不耐烦、自负
双臂交叉在胸前	生气、不同意、防卫、进攻
抬一下眉毛	怀疑、吃惊
眯眼睛	不同意、反感、生气
鼻孔张大	生气、受挫
手抖	紧张、焦虑、恐惧
身体前倾	感兴趣、注意
懒散地坐在椅子上	厌倦、放松
坐在椅子边缘上	焦虑、紧张、表示理解
摇椅子	厌倦、自以为是、紧张
驼背坐着	缺乏安全感、消极
坐得笔直	自信、果断

另外，心理学家研究发现，在人的面部表情中，厌恶主要表现在鼻子、下颌和嘴上；恐惧主要表现在眼睛上；悲伤主要表现在前额和眉毛上；而吃惊可以表现在脸部的任何部位。

3. 切忌以貌取人

容貌与人的内在素质并无必然联系，但由于日常生活中的心理定式、小说、电影、电视艺术造型的感染以及相面术的影响，面试官在面试中观察应试者时难免会以貌取人。例如，有的人的容貌显得有点"阴险"，于是面试官就认为他一定不是好人。这种推断在面试中观察应试者时应予以避免。面试官应保持开放的头脑，理性地观察面试中应试者的行为表现。

在面试的提问、倾听和观察中，眼睛看到的信息往往会在我们的评判中占据主导地位，导致应试者尚未开口，面试官就已将其归类并放入心目中的"某类人"。因此，切忌以貌取人。

8.4　面试评价

面试的一个重要特点是其评价的主观性。面试官在面试评价中可以将自己积累的经验运用到对应试者的判断和评价中。然而，面试评价由于受到各种主观因素的影响，容易产生误差。那么，如何控制这些主观因素对面试评价的影响，以确保面试评价的客观性和公正性呢？这不仅需要通过培训面试官，使他们认识到影响面试评价的各种因素，从而提高自己的面试评价水平，还需要通过制定面试评价的程序和标准来减少主观因素的影响。本节将就此问题进行深入和全面的探讨。

8.4.1 影响面试评价的主要因素

在面试实践中，面试官的面试评价是一个非常复杂的过程，应试者的背景、面试官自身的特点、面试的方式等都会影响面试评价。了解这些影响因素，对于面试官在面试中注意控制这些因素、保证面试的客观公正是很重要的。

1. 应试者因素

大量的研究和面试实践表明，面试官的面试评价与应试者的许多因素有关，包括性别、工作地位及在面试中的非言语行为（如微笑）等。

辛格（Singer，1989）等研究者考察了应试者的口音和工作地位对面试官面试决策的影响，发现工作地位对面试决策的影响很明显，而口音的影响不明显。也就是说，面试官在面试评价中对工作地位较高的人（如白领阶层）评价偏高，而对工作地位较低的人（如蓝领阶层）评价偏低。

应试者的外表对面试官的面试评价也有影响。海曼（Heilmann，1989）研究发现，应试者的外表对面试评价有重要影响。对于寻求白领工作的男性应试者来说，其外表始终是有利于其被录用的一个因素；对于女性应试者来说，除应聘管理工作外，其外表也是有利于其被录用的，但外表对于管理工作反而不利。因为人们把女性外表有吸引力与女性化特征联系在一起，所以有吸引力的女性（"更女性化"）被面试官认为不适合男性化的工作——管理工作。

安得生（Anderson，1991）考察了应试者的非言语行为与面试官对应试者的个性评价之间的关系，发现面试官对应试者的个性评价取决于面试官与应试者的眼睛接触、应试者积极的面部表情等非言语行为。其他研究也发现，积极的非言语行为（如眼睛接触、笑容、倾听的姿态、较小的人际距离）会得到面试官较高的面试评价。当应试者在面试中的言语行为完全相同，而非言语行为在两种完全不同条件下时，面试官的面试评价会很不一样。不过，当个人履历信息与言语行为很充分的情况下，非言语行为的作用相对较小（Cascio，1991）。

从国内的面试实践来看，面试官在某些方面的偏向也是存在的。例如，对于大学生来说，知名大学的毕业生似乎更容易赢得面试官的好感。笔者曾经为某用人单位担任面试官，在面试一位清华大学毕业生时，其他面试官都给了其很高的评分，但其在面试中的表现并不比其他应试者好多少。于是我问其他面试官为何给高分，他们说，清华大学毕业生的素质都很高，相信在面试中考察的这些能力他们也比较强，而且面试表现确实也不错。这说明，面试官在面试评价之前就已经对应试者形成了一种期望，这种期望对某些应试者来说是不公平的。

2. 面试官因素

面试官的面试评价往往受其个人主观因素的影响。越来越多的研究表明，面试中面试官存在的各种偏差对面试决策有很大影响，这些偏差包括期望效应、对比效应等。

在加拿大麦吉尔大学进行的长达10年的一系列研究发现（Cacio，1987），应试者在面试中形成的早期印象对面试官的录用决策（接受/拒绝）起着极为重要的作用。应试者在面试前形成的印象对面试过程有影响，而一旦进入面试，刚开始的几分钟对面试官的印象形成很重要（Goldstein，1987）。这种"先入之见"的效应主要来自应试者的外表和与面试官打招呼时的人际交往技能，而它的影响会贯穿整个面试过程。研究表明（Cascio，1991），面试官在得不到其他信息的情况下，最容易以早期印象来评价应试者。类似的研究也发现（Dipboye，1982，1992；Phillips & Dipboye，1989），面试官在面试前对应试者形成的积极评价或消极评价会成为自我实现的预言。这种现象的普遍性是令人吃惊的。研究表明（Dessler，1997），85%的面试官在面试前已根据应试者的申请表和外表对应试者形成判断。这种面试前的判断会影响面试官在整个面试过程中对应试者的评价。

与期望效应不同的是对比效应。研究发现（Hakel 等，1970；Heneman 等，1975；Landy & Bates，1973），当一位面试官连续对三四个非常差的应试者做出评价后，他会对下一个只是一般的应试者做出较高的评价。当面试官一次评价一个以上的应试者时，他们总会将其他应试者作为标准。同时，他们对谁做出较好的评价，在一定程度上取决于这些应试者之间的相互比较。劳瑞（Lowry，1994）提出，面试官应根据全面性的面试标准对应试者进行面试评价，而不能仅在一位应试者与其他应试者比较的基础上进行面试评价。

许多研究发现（Springbett，1958；Miller & Rowe，1967；Hollman，1972），面试官在面试中受否定信息的影响比肯定信息的影响要大得多。研究表明（Anastasi，1979），面试官对应试者的印象从否定转变为肯定要比从肯定转变为否定难得多。在面试中，面试官似乎在寻求一个不雇用应试者的理由，即一直在寻找否定信息，特别是在面试的前期出现否定信息，这会对应试者产生更大的不利影响，哪怕是只对一个方面的印象不好，但要通过面试过程来改变这种印象是很难的。不过，这种否定信息效应会因情境的不同而不同，当面试官事先对应试者有积极的期望时，倾向于给否定信息以较低的权重（London & Hakel，1974）；当面试官有更多的经验（Johns，1975）或面试官对拟任工作的职责有更多的了解时（Peters & Terborg，1975），更不会给否定信息以过高的权重。

由于面试官是面试过程中一个很重要的因素，所以有专家认为改进面试效果的最佳途径是选拔更好的面试官并对他们进行培训（Anastasi，1979）。有专家认为选拔面试官最重要的标准有两条：一是面试官应该在观察、评价应试者的工作行为上有丰富的经验；二是面试官不应该认识应试者。

3. 面试方式

采用什么样的方式进行面试也是影响面试评价的重要因素。具体来说，决定面试方式的主要因素如下。

（1）工作分析。研究表明，基于系统的工作分析之上的结构化面试比无工作分析的面试更有效。给面试官提供完备的工作说明会在很大程度上消除各种评定偏差并提高评定信度（Langdale & Weitz，1973；Wiener & Schneiderman，1974）。研究发现，面试官对工作岗位的要求了解得越详尽，就越容易做出一致的评价。在一个研究中，有 8 位应试者应聘同一个秘书职位，面试官是 30 位面试专家，其中 15 位知道该职位的具体要求（如文字录入速度必须达到每分钟 60 字），另 15 位面试官仅知道应试者都是应聘秘书职位的。结果发现，前者对应试者工作潜力的判断比较一致，而后者的评价则不一致。这说明，知道更多的工作岗位要求信息能取得更好的面试效果。

（2）提问的标准化。研究表明，面试官评价的一致性在不允许追问的面试中比在允许追问的面试中要高得多（Schwab & Heneman，1969）。也就是说，不允许追问的面试评价更加可信。这是因为面试官的追问往往比较主观随意，从而在一定程度上破坏了面试的标准化和规范性。所以，当需要强调面试的公平性时，最好不允许面试官自由提问。

（3）辅助性信息。在非结构化面试中，通常在面试前后都会给面试官提供应试者的相关信息。研究表明，当面试官事先不看应试者的背景资料时，面试官之间的评分一致性更高。笔者的研究（2000）也得到了类似的结果。产生这种现象的原因是面试官在面试前不看应试者的背景资料，就不会对应试者形成"先入之见"，因此面试官必须依据面试过程来评价应试者，从而使不同面试官的面试评价更接近。

8.4.2　面试评价标准的含义与制定

1. 面试评价标准的含义

面试评价标准是面试官用来评价应试者面试结果的基准。面试评价标准通常包含三个方面内容：一是指标，即反映应试者素质的具体行为表现；二是量化尺度，即描述这些行为表现体现的各种能力和心理素质的数量水平或质量等级的量表系统；三是联系规则，即一定刻度与一定指标间的对应关系。

在面试评价中，面试评价标准对面试官具有重要的指导作用。作为面试官，了解面试评价标准的内涵，掌握面试评价标准的制定方法，对于其更加客观、公正地评价应试者是很有帮助的。

2. 面试评价标准的制定

面试评价标准的制定通常是在对目标岗位的工作分析的基础上进行的，并根据面试目的确定测评要素的内涵和操作定义，其中操作定义就是体现测评要素特征的具体行为表现，也就是所谓的测评指标。

关于判断能力这一要素，可以列出判断能力强的人的三个方面的主要表现：一是能准确、全面地掌握问题涉及的具体知识，这是判断的基础；二是能迅速、透彻地理解问题的含义和性质；三是结论正确、全面。相应地，判断能力差的人的表现主要是：不了解、没有掌握问题涉及的知识；对问题的含义和性质中十分明显的方面也不理解甚至理解错误；提出的结论不全面、不合逻辑或根本提不出结论。

面试评价的量化尺度在面试中体现为不同的分值，如 100 分制、10 分制、7 分制和 5 分制。该量化尺度也可以是优、良、可、差四等制或好、中、差三等制。在当前的面试实践中，人们普遍使用 10 分制和好、中、差三等制，也有按面试要素的权重大小来评分的。面试时，面试官根据应试者的行为表现符合测评指标的程度，按一定的评分规则（测评指标与量化尺度的对应关系），给应试者不同的分值，即完成了面试的评分。

在结构化面试的设计中，具体面试题目后往往会给出出题思路和参考评分标准，这也是测评标准的一种体现形式。其优点是帮助面试官从具体题目着眼，更好地观察应试者在相关测评要素上的行为表现；其缺点是容易使面试官误认为在面试中应该针对具体题目进行要点评分，而不能根据应试者的总体表现按测评要素来评分。

面试评价标准的基本要求如下：

* 切实体现岗位对人员的能力、个性品质和资格条件的要求，标准过高或过低都不可取。

- 不包含与岗位无关的内容和要求。
- 表述清楚，并且内容是可观察的，便于面试官之间取得一致的理解。
- 量化尺度，即分数体系，符合一般的模糊评价习惯。
- 评分标准明确、具体，便于掌握和操作。

3. 面试评分表的常见形式

面试评分表是面试官手中的重要工具，是面试标准化、结构化的重要手段，它集中体现了面试评价标准。在面试前，对测评标准的把握和评分表的使用是面试官培训的一项重要内容；在面试中，面试官一边提问，一边倾听回答，在观察应试者表现的同时，将应试者的表现与评分表上的测评标准相对照，并在评分表上记录要点，给应试者打分。

在现行的各种面试评分表中，结构化面试评分表（常称面试评分表）通常包括应试者的基本信息、测评要素及其权重、要素操作定义、评分尺度、面试官记录及评语等方面的内容，如表 8-4 所示。

表 8-4　面试评分表

序号		姓名		性别		应聘职位	
测评要素	综合分析能力	言语表达能力	应变能力	计划、组织与协调能力	人际交往的意识与技巧	求职动机与拟任职位匹配性	举止仪表
要素操作定义	对事物能从宏观方面总体考虑；对事物能从微观方面考虑其各组成部分；能注意整体和部分的关系及各部分间的有机协调组合	理解他人的意思，口齿清晰、流畅；内容有条理、富有逻辑性；他人能理解并具有一定的说服力；用词准确、恰当、有分寸	在有压力的状况下，思维反应敏捷；情绪稳定；考虑问题周到	依据部门目标，预见未来的机会和不利因素，并做出计划；看清冲突各方面的关系；根据现实需要和长远效果做出适当选择；及时做决策；调配与安置人、财、物等有关资源	人际合作主动；理解组织中的权属关系（包括权限、服从、纪律等意识）；人际适应性好；有效沟通（传递信息）；处理人际关系时，原则性和灵活性相结合	兴趣与岗位情况匹配；成就动机（认知需要、自我提高、自我实现、服务于他人的需要、得到锻炼等）与岗位情况匹配；认同组织文化	穿着打扮得体；言行举止符合一般的礼节；无多余的动作
权重	20%	20%	15%	15%	10%	10%	10%
满分/分	20	20	15	15	10	10	10

续表

得分/分								
面试官评价	面试官签字： 年　月　日							

8.4.3 面试结果的评定与综合

1. 面试结果的评定方法

有了面试评价标准和评分表后，经过培训的面试官就可以进行评分了。作为面试官，除了要了解与岗位相关的具体业务知识和能力，还应掌握人才测评方面的相关理论和方法，特别是与面试直接相关的面试设计思想、命题原理、提问技巧和观察技巧，这些都是正确评分的基础。此外，就评分工作来说，还有以下几点需要把握。

（1）在面试前，面试官应在一起研究拟任职位的要求，明确拟考察的胜任力；了解应试者的总体情况；研究面试题本，熟悉并理解面试题本中的问题，形成追问的思路；理解并统一评分标准，有条件时还可以进行评分的模拟练习。

（2）面试的评分是分要素进行的，或者说是以要素评分为主，要点评分为辅的。只有准确地评价应试者在各测评要素上的行为表现，才能客观有效地考察应试者的整体素质，也就是按照"先分析后综合""在分析的基础上再综合"的思路进行面试评分。对于极少量的知识性问题，还要按具体的评分要点来评分。

（3）面试评分应尽量在面试的后期进行，即在应试者回答完所有的面试问题后，为其按要素综合进行打分，这样可以更加准确而全面地评价应试者。在面试实践中，许多面试官在应试者答完一题就给相应的要素打分，这种做法至少有两个方面的缺陷：一是有时一个要素并不完全取决于某一道题的回答，像语言表达能力，在应试者回答完所有的问题后才能准确反映这一能力；二是一道题常常可以考察应试者多个方面的素质，所以仅将一道题对应一个要素是不合理的。

（4）在面试过程中，面试官可以用铅笔对每位应试者在不同要素上的表现进行试评分，在面试结束后，再将最终分数用钢笔打出，形成最终评分。这样既比较稳妥，又能减轻面试官的记忆负担，便于操作。

2. 面试总分的确定

当由多位面试官分要素同时评价同一位应试者后，如何根据各面试官的评分合理确定最终的面试分数非常重要，目前面试总分的确定主要有两种方法：协议法和统计法。

（1）协议法。协议法主要适用于采用分级量表评分的面试总分的确定，如 5 分制、7 分制等。面试结束后，面试官成员坐在一起，比较各自的给分并陈述理由、讨论分歧点；讨论之后，面试官各自重新打分以反映讨论的结果。这种方法有时也称为二次评分法。若重新打分后，结果仍然不一致，则再进行讨论。这个过程可以持续重复，直到达成一致为止。这种方法可以弥补现场评分的时间紧迫和个别面试官水平不高带来的误差因素，有利于深化对应试者的分析，提高评分的准确性和一致性。在公务员录用考试制度较成熟的国家，协议法是被普遍采用的方法。然而，这种方法也有缺点，就是要求面试官的整体水平较高，面试官内有良好的民主协商机制，否则，这种面试后的分歧点讨论不但不能提高评分的准确性，而且会使个别人操纵面试成为可能。

（2）统计法。统计法是指通过对各面试官的原始评分进行统计处理来取得面试总分的方法。这种方法比较适合面试总分采用百分制的情况。在应用实践中，统计法又有两种不同的统计模式。第一种可简称为总分和去高低分法。首先，分别把 N 位面试官在 M 个要素上的评分相加，求其总和，得到各面试官给该应试者的 N 个面试总分，然后，从这 N 个总分中去掉一个最高分和一个最低分，再求余下的 $N-2$ 个评分的平均数，即为应试者的面试总分。第二种可简称为要素和去高低分法。首先，分别求出应试者每个要素上得到的 N 个分数，去掉一个最高分和一个最低分后，再求余下的 $N-2$ 个评分的平均数，最后，将这 M 个要素的平均数相加，即得到应试者的面试总分。

从统计理论上讲，上述两种方法都是通过 N 位面试官在 M 个要素上对应试者给出的分值的统计处理，来估计应试者在面试中的"应得分"，试图在统计处理中减少极端值（最高分和最低分）带来的误差因素，而以平均数为"应得分"的估计值。这种做法的一个基本假设前提是：多数人是对的，"真理掌握在少数人手里"的可能性忽略不计。所不同的是，总分和去高低分法是一种简化而粗略的处理，没有充分考虑面试官对应试者分要素评分是否准确的问题。一位面试官对应试者的分要素评分即使不准确（一般假设为极端值），其各要素的总和仍有可能被保留下来；反之，其准确的要素评分（一般假设为非极端值）也有可能因为各要素的总和为极端值而被减掉。也就是说，这种处理方法会损失正确信息而利用错误信息。而要素和去高低分法则是在各个分要素的"应得值"都得到合理估计后，再去估计合理的综合值，它有效地排除了误差因素，充分地利用了正确信息，所以是一种更为合理的计算面试总分的方法。此外，要素和去高低分法由于提供了各要素的"应得值"，使得我们能了解应试者在不同要素方面的个体内差异，甚至可以画出应试者的要素结构剖析图。

第**9**章
基于胜任力的面试

基于胜任力的面试是极为有效的面试方式，在人员招聘领域，受到各级各类企事业单位的广泛青睐。胜任力面试之所以能够取得良好的效果，是因为其以过往行为为基础，系统地考察应试者的岗位胜任力。

本章导航

何谓基于胜任力的面试	传统面试的问题 基于胜任力的面试的含义和特点
基于胜任力的面试题目设计	行为性问题的设计原则 行为性问题的设计步骤
基于胜任力的面试实施过程	行为性面试实施前的准备 行为性面试实施过程
基于胜任力的面试样例	

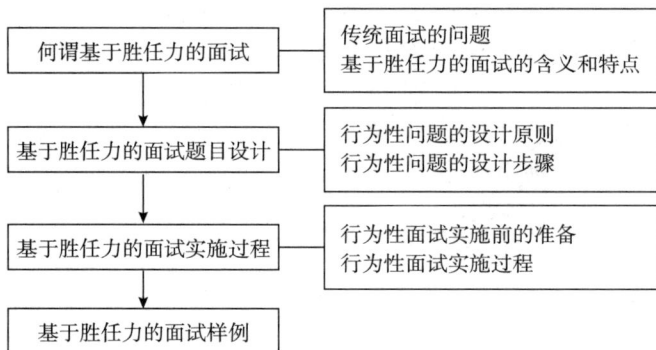

宝洁公司的招聘面试

宝洁公司的招聘面试分两轮，第一轮为初试，一般是由一位面试经理用中文对一位应试者进行面试。面试官通常是有一定经验并受过专门面试技能培训的公司部门高级经理。一般该经理是应试者所报部门的高级经理，面试时间是30~45分钟。

通过第一轮面试的应试者，宝洁公司将出资请应试者来广州宝洁中国公司总部参加第二轮面试，也是最后一轮面试。面试大约需要60分钟，面试官至少有三人。为确保招聘到的人才符合用人单位（部门）的需求，因此复试都是由各部门高级经理亲自面试。面试常由八个核心问题组成：

（1）请举例说明，你是如何设定一个目标然后达到它的。

（2）请举例说明，在一项团队活动中，你是如何采取主动，并起到领导者的作用，最终获得你所希望的结果的。

（3）请你描述一种情形，在这种情形中，你必须去寻找相关的信息，发现关键的问题并自己决定依照一些步骤来获得期望的结果。

（4）请举例说明，你是怎样通过事实来履行你对他人的承诺的。

（5）请举例说明，在完成一项重要任务时，你是怎样和他人进行有效合作的。

（6）请举例说明，你的一个有创意的建议曾经对一项计划的成功起到了哪些重要的作用。

（7）请举例说明，你是怎样对你所处的环境进行评估的，并且能将注意力集中于最重要的事情上，以便获得你所期望的结果。

（8）请举例说明，你是怎样学习一门技术并将所学技术应用于实际工作中的。

根据以上几个问题，面试时每一位面试官当场在各自的面试评分表上进行评分。评分分为三等：1~2分（能力不足，不符合职位要求；缺乏技巧、能力及知识），3~5分（普通至超乎一般水准；符合职位要求；技巧、能力及知识水平良好），6~8分（杰出应试者，超乎职位要求；技巧、能力及知识水平出众）。具体评分项目包括说服力/毅力、组织/计划能力、团队合作能力等。在面试评分表的最后一页有一项"是否推荐"栏，其后有三个结论供面试官选择：拒绝、待选、接纳。在宝洁公司的招聘体制下，聘用一个人，须经所有面试官一致通过。若几位面试官一起面试了应试者，在集体讨论之后，最后的评估多采取一票否决制。任何一位面试官选择了"拒绝"，该应试者将被直接淘汰。

9.1　何谓基于胜任力的面试

9.1.1　传统面试的问题

1. 传统面试的局限性

传统面试存在一个很大的问题，即没有系统地考察岗位胜任力，提问通常比较随意。例如：

"请介绍一下你的个人经历。"

"你的强项和弱点是什么？"

"你喜欢和不喜欢的工作是什么？"

"你个人的工作风格是怎样的？"

此类问题存在两个明显的缺陷：

（1）面试官并不清楚他们要考察的岗位胜任力是什么，这些问题也比较零乱，与胜任力的关系不够紧密。从应试者的角度来看，他们对这些问题也常常缺乏确切的认知，很多人说不清楚自己的强项和弱点是什么，甚至不清楚自己喜欢和不喜欢的工作是什么。我们常常发现，那些自认为强项在于"处理人际关系"的人，并没有受到他们的合作者的喜欢和信任。哈佛大学心理学家克里斯·阿吉里斯的研究表明，受人们拥护的"行动理论"（他们说他们要做的事情）与他们的"应用理论"（他们真正做的事情）并无太大关联。

（2）应试者很容易通过事先的准备来回答上述问题，导致他们的回答大多是面试官希望听到的"标准答案"。例如，关于个人的缺点问题，某个应试者的最大问题是做事很马虎，但他担心这样回答对自己不利，于是可能编造一个缺点，说"我最大的问题是有时做事情太急躁"。问题在于，面试官根本无法判断应试者所说的内容是否属实，但面试结果的好坏几乎就取决于应试者的回答。

2. 传统面试中面试官的角色及其问题

在传统面试中，面试官的角色多种多样，以下是对这些角色的简要归纳。

（1）事实发现者。许多用人单位在面试时，常询问应试者的背景信息，以掌握一些"事实"。典型问题如下：

"你父母从事什么工作？"

"你大学时期的平均成绩是多少？"

"你最近三年取得了哪些成果或荣誉？"

"你管理的下属有多少人？"

显然，这些问题确实能增进面试官对应试者的了解，但对面试官判断应试者的人职匹配度帮助有限。因为通过这些事实，通常难以判断应试者的动力特征和能力特点，且这些问题很少涉及应试者在关键岗位上如何行动等情况。所以，这些资料不足以考察应试者许多重要的胜任力。

（2）理论家。理论家是指面试官询问应试者做某件事的信心或价值等问题。例如：

"你为何选择这个行业？"

"你有信心做好这项工作吗？"

"你认为这个思路对公司的发展有何重要意义？"

这些问题的重要特点是理论化的，而非实操型的。谁都可以说得很好听，但至于应试者的真实想法和具体行动如何，面试官根本无法得知。

（3）治疗家。治疗家询问的是有关应试者曾经拥有的感觉、态度和动机等方面的问题。例如：

"当时你感觉如何？"

"你对你的直接上级有何看法？"

"告诉我你当时为何对他发那么大的火？"

通过这种提问所获得的信息，主要依赖于治疗家对受访者的反应的理解，而这种理解往往不太可靠。"感觉"性的资料，关于一个人能做什么或实际做了什么的问题常常涉及较少。一个人可以对某件工作感到很消极，但却做得很好，这可能是因为其成就动机较高，或具有较高的技能水平。胜任力是成就动机和技能的体现，而治疗家却没有收集到这些资料。

（4）预言家。预言家是假定应试者在未来岗位上可能会做些什么。例如：

"假如你遇到一个很难合作的人，你会怎么做？"

"假如进入一个自己完全不懂的行业，你会怎么开展工作？"

"如果出现一个突发事件，你会如何保证完成任务？"

这些问题都是假想的，其最大问题是人们怎么说并不见得就会怎么做。

9.1.2 基于胜任力的面试的含义和特点

1. 基于胜任力的面试的含义

基于胜任力的面试是依据岗位胜任力要求来系统设计面试流程，并在实施过程中紧密围绕岗位胜任力展开的面试方式。从这一定义可以看出，无论是面试设计还是实施，都必须以岗位胜任力为核心。这就要求面试设计者和面试官必须深入了解岗位，精准把握岗位胜任力的具体要求。若对岗位缺乏了解，面试过程中就容易仅凭借考生的言语表达和行为举止来判断其胜任力，而忽视对考生综合素质的全面考察，导致面试缺乏针对性。试想，如果面试设计者和面试官都不清楚自己想要什么样的候选人，又怎么可能精准地找到合适的人选呢？

2. 基于胜任力的面试的特点

（1）面试具有岗位针对性。不同岗位的胜任力要求各异，因此，针对每一个岗位都会有特定的面试问题和面试方式。所谓的通用岗位胜任特征模型，在现实中有一定的指导意义，但无法反映岗位的特殊性。哪怕对于通用性较强的岗位，如销售人员，在不同的行业、不同的企业文化中，甚至在企业的不同发展阶段，其胜任力要求都可能存在显著差异。

（2）面试形式一定是半结构化的。传统的非结构化面试事先没有任何设计，提问较为随意，这种方式通常比较主观，难以系统全面地考察面试者的胜任力。而结构化面试又过于刻板，不能根据应试者的情况进行有针对性的提问，通常也难以深入地考察其胜任力。半结构化面试则是在事先根据岗位胜任力对面试试题进行一定设计的基础上，在面试过程中允许面试官根据具体情况对应试者进行有针对性的追问，从而可以系统深入地考察应试者的胜任力。

（3）面试问题一般以行为性问题为主。考察岗位胜任力最主要的题型是行为性问题，因为过去的行为是预测未来的最好依据，这已在大量的人才评价实践中得到充分证明。当然，还有一种题型是情境性问题，也能在一定程度上考察胜任力。情境性问题是将应试者置于一个假定的情境中来考察其可能的反应，但遗憾的是，应试者所说的与其实际情境中会做的可能并不一致。不过，对于应试者尚未经历过的情境，情境性问题可以作为行为性问题的必要补充。

（4）面试时间通常需要 40 分钟以上。在面试实践中，许多用人单位对一位候选人的面试时间通常是 15~30 分钟。但对基于胜任力的面试而言，这样的时间显然是不够的。通常一个岗位的胜任力会有 4~6 个，考察一个胜任力的平均时间不应低于 10 分钟，因此笔者认为基于胜任力的面试的时间应该是 40~90 分钟。当然，具体时间的长短与职位高低、岗位的复杂性以及核心胜任力的数量都有关系。

9.2 基于胜任力的面试题目设计

基于胜任力的面试题目设计需要建立在目标职位的胜任力分析基础之上。鉴于行为性面试是基于胜任力的面试最主要的形式，故而在此重点介绍行为性问题的设计。

9.2.1 行为性问题的设计原则

1. 实际能力导向原则

在行为性面试过程中，真正要评价的是应试者的实际能力，而非其所具备的外在条件。在面试试题设计中，大多数情况下会要求应试者讲述其具体经历的事件及在其中的表现，而非去想象他会怎么做。

在招聘中，常有内部招聘的决策准确度远高于外部招聘的决策准确度这一现象。原因在于，前者的决策依据是基于内部人员的实际工作能力，应试者过去的实际工作业绩为衡量其实际能力提供了参照指标。而对外招聘则过于看重应试者的外在条件，很大程度上是基于应试者的工作经验、技术等级及教育背景来做出决策的，然而这些条件其实无法代替应试者需要完成的实际工作。

还有人认为，只要具备了足够的工作经验、技能、学历，再加上性格上的某些特点就完全可以满足工作所需要的工作能力。这其实是一个错误的逻辑。一位应试者可以具备上述所有条件，但有可能无法胜任某一项工作。相反，有很多人可以胜任这项工作，但可能并不具备上述全部条件，尤其是那些工作能力很强的人。

因此，应考虑那些因工作业绩突出而得到升迁的人员，是他们运用自己的技能、经验和能力在实际工作中取得了成功，而不仅仅是由于他们具备了某些外在条件。我们需要将注意力从应试者具备什么外在条件转移到应试者的实际工作能力上。

在设计行为性问题时，应更多地考虑让应试者讲述其遇到的某种情形以及具体的处理方式，引导其讲述真实发生而非杜撰出来的故事。在面试过程中，一方面需倾听应试者的故事内容，以判断其实际处理问题的能力；另一方面，要通过追问来判断该故事的真实性。在行为性面试中，一般有五种情况需要追问。

（1）为了帮助应试者形象化地重现当时的情境。

例如："你当时为什么要去完成这项任务？"

（2）为了了解应试者个人当时有哪些具体行为。

例如："为了达到这个目标，你采取了哪些具体行动？"

（3）为了了解所有具体情况的细节。

例如："为了说服他，你具体对他说了些什么？"

（4）分辨出那是个什么事件。

例如："你在这个事件中的角色是什么？"

（5）弄清结果。

例如："结果如何？你的上级或同事对此提出了什么意见？"

2. 针对性原则

针对性是指行为性问题的编制必须围绕目标职位的关键胜任力特征，并考虑到应试者群体的特征。

（1）目标职位的关键胜任力特征。由于不同的职务层次、工作性质、岗位类别所需要的关键胜任力不一样，编制的行为性问题也应有不同的侧重。在试题编制中，要注意选取那些带有岗位特定要求的典型性、经常性、稳定性的内容。

例如，对于商业银行来说，岗位存在职务的不同。对于正职而言，"团队建设"能力是非常重要的；而对于副职来说，"角色定位"则显得非常重要（见表9-1）。

表9-1 正职与副职的关键胜任力

岗位	正职	副职
测评要素定义	团队建设 善于赢得团队成员的信赖和支持，调动大家的积极性，引导他人或团队的观念和行动发生变化并跟随的能力	角色定位 对自己承担的副职角色认知清晰，很快适应新的角色，在领导群体中能够发挥承上启下和分工负责的关键作用

续表

岗位	正职	副职
主要行为表现	认识上领先，提出的思路让人信服； 行动上主动积极，是他人效仿的范例； 沟通意识强，主动征求、听取意见，善于说服大家接受自己的观点； 善于通过远景传播，将全体员工的行动统一在一种价值观下	善于理解一把手的决定，并能主动地完善和创造性地贯彻执行； 与班子成员观点不一致时，能解决有主见与服从之间的矛盾，协调冲突； 主动承担责任，执行力强，善于督办完成任务； 维护正职的权威，承上启下，积极反馈上级传达的信息，主动汇报工作； 发现问题，具备独立思考的精神，以恰当的方式向正职提出自己的改进建议
行为性问题样题	当团队成员出现矛盾时，你是如何处理的？请具体谈谈你曾经管理过的一个团队的真实事例	如果你的直接领导工作经验很丰富，很难听取下属的意见。遇到这种情况，你该如何处理？请谈一个类似的经历

（2）应试者群体的特征。应试者群体的特征也是编制行为性问题必须考虑的重要因素。如果脱离应试者来源背景这一实际，题目设计的水平再高，也未必能达到行为事件考察的目的。

这里需要特别提出来的是，当应试者是没有任何工作经验的应届大学毕业生时，设计行为性问题就难以从工作实践中去寻求话题，而可以从学习或学校生活中去挖掘，通常可以包括以下五个方面：

- 课程学习中的事件。
- 课题研究中的事件。
- 班级集体活动中的事件。
- 兼职或其他社会实践活动中的事件。
- 家庭、朋友之间的生活事件。

表 9-2 是针对应届毕业生的行为性问题样例。

表 9-2　针对应届毕业生的行为性问题样例

测评要素	问题
成就动机、学习能力	请谈谈你在大学里学得最好的一门课程，你是如何学的？谈谈你的具体做法
协调能力、人际能力	请讲述你在大学期间所做的最能提升自己组织才能的一件事
合作性	给予是最大的快乐。请讲述你在大学期间所做出的给予他人最多的一个事件
压力承受能力	请讲述你在学习期间所经历的最有压力的一件事

续表

测评要素	问题
决策能力、独立性	在大学期间，你独立做出的一个影响你将来生活的决定是什么
信息搜寻、学习能力	为完成论文，你所遇到的最大的技术难题是什么？你是如何解决的
责任心、主动性	在社会实践中，你主动承担更多工作的印象深刻的一件事是什么

3. 可行性原则

可行性原则是指面试题目在实际操作中具有可行性。通常我们不能等到实施面试时才发现试题不可行，而是在命题时就充分考虑其可行性。笔者认为一个比较好的方法是，命题人在设计题目时，不妨换位思考一下，假如自己是应试者，能否回答这个问题，可能会出现哪些情况。例如：

面试官："请谈一个你在工作中做得最成功的决策事例。"

应试者："我工作时间不长，而且只做一些事务性的工作，还没有独立决策的事例。"

这是一道不成功的题目，因为该应试者尚未经历过这样的事例。稍作修改后，该问题便更具普适性：

"请谈一个你在过去的生活或工作中做得最成功的个人抉择或决策事例。"

为了有效防止应试者以"我从来没发生过这样的事"来搪塞回答行为性问题，题目设计时可以暗含每个人都有的经历："我们做管理工作时都有不尽如人意的地方，你能给我们举一个你所遇到的这方面的例子吗？"

4. 重点突出原则

行为性面试本质上是在短时间内对应试者进行的抽样测评，所提问题总是有限的。因此，仅依据这些问题来对应试者的实际工作能力做出判断并非易事。行为性问题不可能面面俱到，无法涵盖组织所关心的所有能力，只能遵循重点突出的原则，着重考察最为关键的岗位胜任力。例如，财务经理岗位可能需要具备十二种胜任力，但在行为性面试中，我们或许仅能考察其中最为关键的五种胜任力。

此外，还需指出的是，由于行为性面试仅基于短时间的抽样测评，因此在评价某些胜任力时存在一定的局限性，难以做到精确评价。例如，人品、诚信度、责任心等胜任力，大多数人在实际工作中，尤其是在关键时刻，才会充分展现这些方面的特征。因此，对于此类胜任力的准确评价，通常来源于其周围的人，包括上级、下属、客户等。

9.2.2 行为性问题的设计步骤

1. 确定测评要素及其重要性

测评要素是依据岗位胜任力模型来确定的。表9-3展示了一家公司在选拔全国区域经理时所确定的七个测评要素，各个要素的重要性可以通过权重百分比来体现。

表9-3 某公司选拔区域经理的测评要素及其权重

测评要素	学习能力	市场开拓	组织协调	沟通表达	团队合作	执行力	进取心
权重	15%	15%	15%	10%	10%	20%	15%

采用百分比来衡量重要性的方法，对我们构建胜任力模型提出了较高的要求，因为对每种测评要素的重要性进行精确细分较为困难。鉴于此，另一种常见的确定重要性的方法是分级，其基本格式如表9-4所示。

表 9-4 测评要素的分级

测评要素	重要性等级		
	1	2	3
学习能力		*	
进取心		*	
组织协调		*	
沟通表达	*		
执行力			*
团队合作	*		
市场开拓		*	

2. 编制试题

行为性问题的编制方法有两种：关键事件法和经验确定法。

（1）关键事件法。关键事件法是指人才测评专家收集应试者经历的成功或失败的事件，并尝试以这些事件作为素材来设计行为性问题。通过这种方法设计出来的面试题具有很高的内容效度，应试者会有很强的认同感。

下面是用这种方法设计面试题的案例。

小李是某银行市场拓展部的客户经理，他给自己安排的工作是上午拜访自己多年来巩固下来的稳定的大客户，下午去开发新的客户，几年来，他一直坚持这样的工作习惯。

某天下午，他来到一座写字楼，从这座楼的顶层开始，一层一层地进行"扫楼"的工作，逐个敲门，习惯性地自我介绍，掏出名片。这样一直进行到第十层，敲开眼前这道门时，他立刻敏锐地意识到，这可能是一个大客户。通过对这家公司的观察和与该公司保洁人员的交流，他决定对这家公司进行全力以赴的营销。于是，他敲开了该公司总经理办公室的大门，与公司总经理进行攀谈。从该公司总经理的话语中，他意识到这家公司的国际业务特别多，如其中的信用证、保理和保函等业务，他所在的银行都可以提供服务。于是，他回到银行立即向行长汇报，行长派国际结算部的总经理与该公司老总进行洽谈。此后，小李经常走访该公司，询问公司在资金管理方面有无需要服务的地方。在这种攻势下，该公司尝试将公司的一部分业务放在小李所在的银行。

小李在接下来的日子里并没有放松对该公司的公关。他主动向该公司领导介绍自己银行推出的个人理财业务，并给他们提一些理财的建议，逐步获得该公司领导的信任，最后该公司领导终于将自己的储蓄账户放到小李所在的银行，并采纳了小李的理财建议，取得了较高的收益。

根据上述关键事件，我们可以设计选拔客户经理的行为性问题，如表9-5所示。

表 9-5 选拔客户经理的行为性问题

测评要素	行为性问题
客户开拓	在一个不太熟悉的环境中，你如何去开拓新的客户？请结合一个类似的经历来谈谈你的主要做法，以及最终达到的效果
问题解决能力	请谈谈你最近解决的一个别人看来比较棘手的客户问题。你是如何解决的？为什么在别人看来这个问题比较棘手

（2）经验确定法。经验确定法是指人才测评专家或人力资源管理人员依据自身经验，针对测评要素设计行为性问题，而非通过询问应试者来获取关键事件。在实践中，由于时间、经费等限制，访谈往往难以实施，此时便需采用经验确定法来设计行为性问题。此外，当组织设置新的工作岗位，无法获取关键事件时，也需运用此方法。例如，要考察新职位应试者的影响力，可设计如下问题：

"在过去的经历中，当你遇到阻碍时，你是如何试图通过其他人来达到目的的？请举一个最成功的具体事例。"

此类问题适用于各种职位。在问题中，常使用的关键形容词包括最成功的、最难忘的、最具挑战性的、最困难的、最失望的等。需要指出的是，面试题的设计还应特别关注胜任力模型中各要素的评价标准和行为指标，唯有如此，才能助力面试官在实施面试时准确有效地进行评价。

3. 试题的有效性检验

试题编制出来以后，要对其质量进行评估，包括试题的可操作性、鉴别力、难度、效果等指标。最好的检验方法是进行预测试，即寻找一些与应试者群体比较相似的人进行模拟面试，以考察题目的有效性。这是一个非常必要但经常会被忽视的环节，因为这会导致费用和时间成本的增加。而且，要找到真正与应试者相似的群体也不是一件容易的事情。

这里不妨举一个测量主动性的试题例子：

"请你举一个由于你的努力而使一个项目得以成功实施的例子。"

这个行为性问题看起来没有什么问题，但经过预测试就会发现有两个问题：一是有的人没有项目实施的经验，无法回答；二是许多项目的实施要求都是领导提出来的，无法体现出"主动性"这一胜任力。于是，我们改成这样的问题：

"请你谈谈这样一次经历：在没有外部要求的情况下，你通过自发的努力而出色完成一个项目或者一次活动的实施。"

4. 形成行为性问题本

在编制行为性问题的时候，常常会有这样的情况：许多经过检验被证明行之有效的单个面试题，当把它们组合在一起形成整套面试题本时，才发现这并不是一套理想的面试题。原因就在于随机组合未注意到整套题的题量和结构。

一般情况下，对于每种胜任力，通常要设计 2~3 个面试题。另外，对于每种胜任力还要设置一个备选题，以防止"面试官认为前两个问题没能很好地考察到应试者相应的素质或者其工作经历中没有类似经历的情况"。为此，一套完整的行为性问题本应该有10~15 个面试题。题目太少，可能无法有效地挖掘应试者有关胜任力的足够信息；题目太多，也可能导致面试官对每个问题点到为止，无法深入地进行追问，从而使面试流于形式。从结构上来说，应以成功事件题和中性题为主，辅以少量的失败事件题。

9.3　基于胜任力的面试实施过程

因为行为性面试是基于胜任力面试最主要的形式，因此本节主要讲解行为性面试的实施过程。

9.3.1　行为性面试实施前的准备

1. 行为性面试主持人的培训

在情境性面试中，题目设计是核心；而行为性面试的关键在于主持人（面试负责人），行为性问题设计得再完美，如果主持人不合格，面试效果也不可能理想。有研究认为，管理人员面试选人的成功率一般只有 33.33%，原因就在于面试官在评价应试者时，主要依靠自己的主观感觉，而缺少能够用来参照的准确的岗位胜任力模型，缺少一套系统、科学的评价方法和流程。并且对于那些通过面试录用到工作岗位的人员，也很少去做一些跟踪，以检验自己面试的有效性，从而失去了进一步提升面试准确性的机会。如果由经过培训的专业人员来主持行为性面试，面试的效度能达到 0.5，远高于一般企业主管面试的成功率。即使一些没有太多企业工作经验的专业工作人员，只要具有人才测评或心理学的专业背景，若采用了行为性面试的技巧和方法，也能够达到面试的较佳效果。其中起关键作用的一个因素是专业的培训和训练。没有经过训练的面试主持人与经过专业训练的面试主持人，对比效果的差异非常明显。

1）专业技能培训

要想成为一个优秀的行为性面试的主持人，需要对人才测评的专业知识有一定的了解，掌握行为性面试的理论体系和操作技能。面试是为了了解应试者的素质与岗位要求的匹配度，主持人必须熟悉掌握岗位胜任力模型方面的知识，以及依据胜任力模型进行提问的技巧。但在人力资源管理实践中，许多人很难做到这一点。

有一位企业的招聘主管，一度对自己的面试能力非常自信，但有一次她为用人部门招聘了三个行政助理，用人部门都不满意，试用后不到半个月就被辞退了，原因是这几个人的沟通能力都不符合他们的要求。实际上，在面试过程中，她也专门考核了这几位应试者的沟通能力，自我感觉非常不错，才推荐录用。现在，她开始对到底怎样通过面试来考察应试者的沟通能力感到困惑。

经过进一步的了解，专家发现用人部门总是将新来的人与刚离职的小王进行比较：小王很容易做好事，新上岗的人员却很难完成。因此，专家建议这位招聘主管与用人部门的经理进行沟通，详细了解：离职的小王在沟通过程中有哪些行为表现？新来的人又有哪些行为表现？然后，在面试的时候，以小王的行为表现作为标准参照，收集应试者过去经历中与小王相似的行为信息，以此对应试者的沟通能力进行评价。

其实，这是一个典型的应用胜任力模型的事例。案例中的招聘主管把沟通能力理解成了表达能力，即能够把事情清楚地说出来，以使别人了解他的能力。而用人部门对沟通能力的要求则不仅是能够把事情说清楚，更重要的是，能通过沟通与别人维持一种良好的关系，可以说服别人改变一些行为。

作为行为性面试的主持人，在主持行为性面试的过程中考察应试者的沟通能力时，必须非常熟悉沟通能力的具体定义、具体的行为表现及能力的等级等，这样在面试的过程中才能更准确地对候选人的情况进行判断。通过面试过程中的提问，主持人需要不断地做出判断：是否获得了正确的行为信息？是否获得了足够数量的信息？这些信息是否能够对应试者的沟通能力给予足够的证据支持？

2）沟通技能培训

对于行为性面试的主持人来说，沟通技能显得尤为重要，因为我们希望了解的是应试者的行为信息，而这些信息并非简单的事例，而是应试者在事例中的具体行为表现。由于受各种因素的影响，设法让应试者完整地提供所需信息本身就是一个挑战。这一过程需要主持人具备良好的沟通技巧。

这里我们主要介绍两种沟通技巧：提问和倾听。

第一，提问。与主持其他类型的面试一样，主持行为性面试需要具备良好的表达能力。除了掌握面试过程中的追问技巧，最基本的要求是将问题表述得清楚、简洁、易于理解。在面试过程中，如果面试主持人的声音过小，或者对问题的表述不够清晰明确，可能会导致应试者不断确认问题。应试者参加面试时心理上本就紧张，如果总是听不清主持人的提问，其注意力多半会转移到听清问题上，从而无暇回忆和讲述过去的事例。

主持人可以通过有经验的面试主持人事后对主持效果的反馈，结合反馈意见，通过不断的实践进行模拟练习，有意识地锻炼自己以清晰而洪亮的声音进行提问。

第二，倾听。除了提问，倾听对于行为性面试的主持人来说同样至关重要。因为在面试过程中，必须保证70%以上的时间用于倾听应试者讲述具体的行为事例。

在主持面试时，存在这样一种现象：有的面试官具有行动思维特点，说话的过程就是其思考的过程。当应试者的某一句回答引起了他的疑问之后，他可能立刻就想到了另一个问题，接着便脱口而出。此时，应试者不得不回答新问题，而原来的问题尚未讲完整就被打断了。

要主持好行为性面试，必须进行倾听训练，学会用自我意识来调控自己，把握提问的节奏，将大部分时间留给应试者。这样既能保证面试官获得更多信息，同时也为应试者营造轻松的氛围，便于其讲出内容更加具体和丰富的事例。尽管由于人的个体差异，对于一些人来说，倾听的沟通技巧很难培养，但经过有意识的训练，还是可以逐渐形成这种习惯的。

3）行为举止培训

鉴于面试主持人的重要角色，其一言一行都会对应试者产生很大影响。因此，作为行为性面试的主持人，言行举止的自我控制至关重要。当前，许多人才测评的专业工作者是毕业不久的硕士生和博士生，并非都是年龄较大或资历很深的人员，而其测评对象年龄可能比他们大得多。这种情况下，如何树立面试官在应试者面前的威信极为重要。除了科学系统的测评方法，面试官的言行举止也是极为重要的一个方面。如果面试官举止不得当，势必会对测评效果产生影响。

"严肃、认真、专业"是对面试官提出的重要要求。在主持面试的过程中，过于随意必然会分散面试官的精力。面试官在从事测评实施工作期间，不宜做任何与工作无关的事情，应始终保持严肃认真的态度，同时必须体现专业和职业素养。例如，在测评结果尚未完全出来之前，不能随意评价应试者的表现，尤其不能当着应试者的面评价应试者的表现；着装要规范；坐姿必须端正等。现实中，主持面试前、主持过程中以及主持结束之后，都应该有一套系统的行为规范体系，对所有准备担任行为性面试的主持人进行培训和指引。

2. 行为性面试开始前的准备

行为性面试开始前的准备非常重要，通过对面试过程的各个环节细致的组织，不仅能够提高企业的形象，激发应试者更强的加入企业的动机；更重要的是，让优秀者有机会在企业营造的这个测评舞台上尽可能地展现自己的才能，在强手如林的环境下脱颖而出。这一方面使企业不会漏掉那些才能卓越的"大鱼"；另一方面抬高了人才引进的门槛，避免那些不太适合企业需要的人员进入企业。

1）面试前的通知及说明

在面试前，如果应试者能够对行为性面试有一些了解，会更有助于其取得较好的面试效果。因为行为性面试侧重于从应试者过去经历的一些事例中来挖掘应试者的行为表现。如果应试者没有做好心理准备，那么在突然被问到类似的问题时可能会无所适从。

下面以一个行为性面试的问题来说明此类情形。

"请讲述你在说服代理商接受你的渠道政策过程中遇到较大困难的一次经历，你是如何克服所面临的困难的？"

如果应试者没有事先准备，突然听到这个问题，他可能会由于不适应或者有所避讳而不能讲述这样的事例，他们常常会说"好像没有什么困难的事，都挺顺利的"。其实在现实的生活和工作中，要做好一些事情，不可能没有挑战性。因此，为减少上述情况的发生，在行为性面试前，还应告知应试者面试的形式，下面就是一个说明样例。

"大家好！欢迎大家来参加××公司的面试。我们这次面试采用行为性面试方法，面试时大部分问题都要求你讲述过去经历的一些事例。这些问题不会有太大的困难，不过需要你回忆一下你过去职业经历中做过的事情，以便更准确地回答我们的问题。我们会对你所讲的事例进行保密，请大家放心。"

经过这样的解释说明，应试者对面试有了一些了解，就可以充分回忆一下自己过去的经历，提前对自己的经历做一些回顾，更有利于在面试过程中把主持人所需要的信息有效、准确地讲述出来。

2）行为性面试的时间

在完全不了解应试者的情况下，识别和选拔人才是一项非常有挑战性的工作。前面我们在介绍胜任力面试的特点时已经谈到，行为性面试的时间至少需要 40 分钟。而实践中，每个应试者的面试时间常常只有 15 分钟，这样得到的信息是最表面的信息，真正重要的各种胜任力很难在那么短的时间里被清晰地考察出来，在这种情况下所作的判断主要依靠面试主持人的主观感觉。

获取应试者大量的行为表现是行为性面试的特殊性所在，这些行为表现的信息就存在于应试者所叙述的其过去经历的事件中。讲述行为事件会比回答其他理论性的问题要花费更多的时间，应试者需要把事件的起因、经过和结果讲清楚。

3）行为性面试的现场布置

参加行为性面试对应试者而言是一项挑战，从某种意义上说，其挑战程度甚至超过平时工作中所遇到的挑战，需要应试者集中精力去应对。因此，行为性面试的环境应本着让应试者感到舒适的原则来设计，要使整个面试环境舒适、适宜、整洁、干净。

第一，布置舒适的座位。不要让应试者坐活动椅，以使其能够坐稳。应试者面前最好放一张桌子，将应试者与面试主持人隔开，同时让应试者与面试主持人保持一定的距离，这样会让应试者感到更舒服一些。

第二，选择安静的环境。行为性面试需要应试者回忆过去发生的事情，安静的环境很重要，通常不宜在临近马路的嘈杂房间里进行。

第三，在应试者面前的桌上准备一些必要的用品，如纸、笔、纸巾等。有一个事例能够充分说明为应试者准备纸巾的必要性。有一位女士在行为性面试中讲述其为了实现目标，如何克服自己身体上的、家庭上的困难时，禁不住流下了眼泪。这时为其提供纸巾，让其舒缓一下情绪再进行后面的面试是比较合适的。

第四，合理安排应试者与面试官的位置。在行为性面试中，应试者和面试官的位置安排应该有利于创设和谐的环境，让应试者能充分回忆过去发生的行为事件，同时与面试官保持 3~4 米的距离，以维护面试官的权威性，并能防止应试者看到面试官的面试记录。房间大小以 15 平方米左右为宜，小型会议室也可以。

9.3.2 行为性面试实施过程

1. 行为性面试的开场白

面试的开场白是非常重要的，作为行为性面试的主持人，从面试一开始就应该控制整个面试现场的氛围，既不能使应试者过于紧张以致影响其表达，也不应该让应试者处在过于轻松的状态。如何通过开场白为整场面试定下一个理想的气氛基调？这需要使用一套完善、准确的指导语。下面就是一个指导语的样例。

"你好！请坐，欢迎你来参加今天的面试。我们会提出一些问题，请你尽量以过去经历当中的事例来回答，在回答问题的过程中请注意简明扼要，抓住要点。回答问题前可以想一想再回答，我们会根据需要对你的回答进行一些追问。如果没有听清楚问题，可以让我们再重复一遍。对于你回答的内容，我们会替你保密，这也是我们的职业操守。你准备好了吗？……好，我们现在开始。"

2. 提问

在行为性面试中，设计的问题一般是结构化的。在行为性面试实施之前，面试官已经根据应聘岗位的胜任力模型形成了结构化的问题。一般来说，每种胜任力都有相应的问题来对应。但是，我们并不建议在面试过程中采用完全结构化的提问方式，即仅仅把问题一字一句地读出来，而不再进行灵活的追问。

1）应该提什么样的问题

行为性面试的方法之所以有效，是因为这种面试让应试者讲述与目标职位相关的一些行为事件，并且会通过追问来了解应试者在做这件事情过程中的一些细节，包括当时的动机、应试者的角色、当时的思考过程和心理感受等。

对应试者来说，接受行为性面试有一个进入状态的过程，可能在面试的初始阶段还不太适应如何去回忆自己过去的经历。那么，这时提出的问题最好是其过去经历中最近发生的一件事，如"请谈一谈你最近六个月里解决的一个技术上的难题"。如果其工作经历中发生过此类事件，他会记得比较清楚，也容易说出来。但在此时，不太适应行为性面试的应试者可能只会泛泛谈谈事情的概况，这样就需要通过进一步追问的方式来获取事件的细节。例如，用一个使应试者逐渐进入状态的样例，整个行为性面试就容易展开了。

2）开放式问题和追踪式问题

行为性面试中的问题大致有两种类型：开放式问题和追踪式问题。开放式问题是在行为性面试前就准备好的面试题目。在实际主持行为性面试的过程中，主持人根据挖掘行为信息的需要来灵活运用开放式问题和追踪式问题。

在进行行为性面试时，通常以一个开放式的行为问题来引出应试者对一个行为事件的描述。例如，"请谈一次你经过努力将一个凝聚力不太理想的团队建设成团结、进步的团队的经历"。应试者对这个问题的回答可能表现出不同的特点。有的人不用多提示和引导，就会把问题讲得很具体，而有的人则可能根本不讲事件本身，只是谈对不理想的团队进行改造的一些做法。这时，你不得不使用追踪式问题："你是否有过类似的经历？"应试者可能会想一想，之后的回答可能还不理想："我曾经带领过许多精英团队，虽然这些团队起初并不都是很糟，但经过我的努力，都取得了很好的团队业绩。"此时，你还没有得到应试者关于事件的具体描述，需要进一步追问："请谈一个印象最深的经历。"应试者这时可能会想一想，然后开始陈述一个具体的事例。而作为行为性面试来讲，直到这时才开始获得对我们有用的信息。在具体陈述事例的过程中，主持人仍然需要使用追踪式的问题来获取更多具体的细节。

3. 行为性面试中的 STAR 模型

行为性面试的主要目的是通过开放式问题和追踪式问题获取应试者过去经历中的行为信息。那么，到底收集多少信息，或者收集到什么程度，才算已经掌握了足够的信息量，并确信自己掌握的信息是准确的，而不是应试者为了迎合面试主持人而瞎编的？以下几个标准可以帮助我们判断获得的信息是否已经足够。

- 是否已经了解应试者所说的环境？他采取了什么行动？后果是什么？
- 是否已经获得了主要的细节，如大致的日期、数量、参与的人员等？
- 是否已经能够想象出应试者是如何做事的？
- 是否能够想象，如果应试者上岗以后，能否做出符合岗位要求的事情？

在实际的面试中，面试主持人常有一种"抓不住"应试者的感觉，因为有些应试者的回答总是不符合面试主持人的期望。他们常常偏离行为性面试的跑道，进行一些理论性的陈述；或者陈述"他应该做的事情"，而不是"他做过了的事情"；或者描述的事例很不明确，让人觉得好像是他自己做的，又似乎是别人做的。尽管面试主持人努力控制面试的进程，但往往还是难以引导应试者说出其中的关键信息。这种情况是初期主持行为性面试的人常常会遇到的。改变这种局面的一个经典的做法是使用面试主持中的 STAR 模型。

1）STAR 模型

STAR 模型代表了一个完整行为事件的四个要素，即 Situation（情境）、Target（目标）、Action（行动）、Result（结果）。这四个要素也代表了我们在主持行为性面试时提问的四个方向，是对应试者所回答的行为事件的具体性进行考察的框架。当我们以一个开放式问题进行提问时，如"请谈谈你努力说服他人接受你的观点的一次经历"，应试者的讲述可能不够具体，甚至根本没有谈论事件本身的内容。这时，可以使用 STAR 模型的提问方式进行进一步的追问。

下面是面试银行客户经理的一个例子。

主持人："请描述你努力说服他人接受你的观点的一次经历。"

应试者："我经常说服我的客户购买我们银行的理财产品，客户都很信任我。"

主持人："既然这样的事例很多，你能不能谈其中一个让你感到最有成就感的事例？"

应试者："我想一想，我曾经说服一个刚刚投诉过我们银行的中年女性购买了我们银行的30万元理财产品……"

提问至此，主持人只是大概知道了应试者所要讲述的事例，但具体这位客户经理有哪些行为表现，所说是否属实，则很难去把握，这时主持人可以应用STAR模型来进一步地追问，以达到对事件具体细节的了解。

第一步，我们可以针对STAR模型中S（Situation）来追问，即了解该事件当时发生的背景。

主持人："这件事情发生的背景是什么？当时有哪些具体情况？"

应试者："那时我在营业厅做大堂经理，主要是为那些到银行营业厅办业务的客户提供一些咨询指导服务。当时3号柜台的一位客户对柜员大声嚷嚷起来，骂柜员办事效率低，服务态度不好。周围的人劝说她也不听，非要找领导投诉，并且说的话非常难听。我听到以后，马上走过去，准备处理此事。"

通过针对S（Situation）的提问，主持人可了解到这件事情发生的背景，知道这件事情的难度；通过这个提问，了解到的具体情况是客户对银行的工作已经非常不满意，并且情绪失控，有不文明的言语。这样我们就对这位客户经理需要去面对和处理的问题的难度有了非常明确的认识。

第二步，我们需要了解的是，应试者在这种情况下想要达到什么样的结果，即其行为的目标是什么，也即STAR模型中的T（Target），那么继续提问。

主持人："你当时跟这位客户沟通时，想要达到什么样的目的？"

应试者："当时我是大堂经理，有责任处理客户的投诉。发生了这种情况，我第一个想法就是平息客户的怨气，使客户的需求得到满足，避免对我行产生不良影响。"

这一步的提问使主持人了解到这位客户经理当时做这件事情的动机和目标，使我们对他做事的愿望有了一定的了解，也更有利于我们了解其接下来的行为与这一目标和动机的一致性。

第三步，要了解这位客户经理为了达到这样的目标，采取了什么样的行动，即STAR模型中的A（Action）。主持人继续提问。

主持人："当时你是怎么想的？又做了些什么？能不能具体讲一讲？"

应试者："当时我为了使她的情绪稳定下来，做了这样几件事。首先我向她介绍我是大堂经理，专门负责解决大家的疑难问题。当她提出她的不满时，我认真地听她说，等她说完了，我首先表示我听明白了。我说：'你先跟我到贵宾室，咱们一起商量一下。'她跟我到贵宾室后，我给她倒了杯茶水，她就开始说她的问题。原来她办理取款业务时，有一张卡自己忘了密码，接连输入三次都不对，到第四次的时候就不让输入了，必须办理挂失。她抱怨前台柜员没有及时提醒她，使她不能及时取出钱来，影响了她用钱。"

主持人："然后你是怎么做的？"

应试者："她这个问题确实不好办了，按照规定，密码输入三次就必须挂失了。我首先表示道歉，我们没有及时提醒，影响她用钱了。我想了解她用钱做什么，她说要买基金。我了解到她对投资知道得不多，正好是我可以帮上她的地方，并且还可以向她介绍我行的基金和理财产品。于是就开始了解她的需求，并介绍家庭投资的方式，买基金的时机及利弊分析。我用我们行的各个产品来举例，说在我们行买了理财产品的人收益不少。谈着谈着，她对我说的话越来越有兴趣了。"

这一步的提问使主持人了解到应试者为了达到预期的目标所采取的一些具体行动，例如，倾听、认可对方的说法，引导、提供帮助和指引，了解对方的需求及想法，为对方提供无私的帮助，转移对方的注意力等。这些行为都是在说服对方过程中不可缺少的，说服对方的基础是与对方建立良好的关系，而当事人的行为习惯和做事方式对建立什么样的关系起着关键作用。所以了解到这些行为表现，对于评价应试者是否具备相应的素质是非常重要的。

第四步，了解应试者行为的结果，即 STAR 模型中的 R（Result），主持人继续提问。

主持人："最后的结果怎么样？"

应试者："经过这么一沟通，那位客户的抵触情绪渐渐淡化了，语气已经缓和了许多，而且好像对我说的话越来越有兴趣。我其实已经了解到她的需求，就开始转守为攻了，想看看她是否愿意买我们银行的产品。结果她不仅不再想着投诉我们，而且一下子买了我们 30 万元的银行理财产品，并点名要求我做她的理财顾问。"

这样，经过连续四步的提问，我们就全面地了解了这件事情的经过，对应试者在该事件当中表现出的素质就有了清晰、全面的认识。

2）STAR 模型帮助获得完整信息

即使我们在面试时采用了行为性问题，但由于不同应试者各具特点，所回答的问题并不会完全如我们所期望的那样。例如，一个问题提出来之后，获得的大多是不够完整的信息，常常是不全面的 STAR 模型。下面的案例就是在面试中常常会遇到的情况。

主持人："请讲述在过去经历中，你克服重重阻力，努力改变落后局面的一次经历。"

应试者："我刚到（房地产）公司的销售部上任的时候，业务代表之间的矛盾很严重，相互之间钩心斗角，抢单、诋毁他人的事情时有发生，并且还发生过业务代表之间的打架事件，销售工作的开展非常不顺利。我上任之后，把整个局面扭转了，将我们这个团队打造成了一个非常团结、高效的集体。"

从这个案例来看，应试者回答的事例虽然是行为事例，但该行为事例是不完整的。该事例有完整的 S（业务代表之间的矛盾很严重，相互之间钩心斗角，抢单、诋毁他人的事情时有发生）和 T（到新部门上任，扭转不利局面）。但是这一事例中没有 A，即"我做了哪些事情获得了成功"，也就是应试者"为了改变这种局面采取了哪些具体的行为"这部分内容。而且，事例中的 R 部分也不具体，即对"团结、高效的集体"的具体体现描述得不够清楚。

对于一个不完整的行为事例，就要针对其不完整的部分进行追问。上例中就可以对 A 和具体的 R 进行追问：

"请谈谈你做了哪些事情使原来的局面有了改观？"

"你是怎么具体实施新的制度和流程的？"

"在实施过程中是否遇到一些阻力或挑战，你是如何处理的？"

"哪些关键的做法起了作用？"

"关键的转折点在哪里？"

"团结、高效体现在什么地方？有什么具体的事例可以说明？"

经过这些进一步的提问，我们就可以完整地了解应试者的行为信息。采用 STAR 模型进行提问需要经过一定的训练，才能使面试主持人逐渐养成这种结构化提问的习惯，从而明显提高面试的效率。

3）STAR 模型帮助辨别行为事件的真实性

由于应试者处于被评价的位置，他们希望通过面试获得目标职位，因而必然会想方设法地表现甚至夸大自己好的方面，极力掩盖自己的不足。例如，将别人做过的设计方案说成自己做的，或者将别人的行为事例说成自己的，这就会影响整个面试的结果。STAR 模型运用于行为性面试时，如果运用得好，能够帮助评价者辨别应试者回答问题的真伪。

行为性面试主持人可以针对 STAR 模型的不同方面进行提问，来辨别应试者回答的真伪。

- 针对 STAR 模型中的 S 进行提问。例如："领导为什么要你来管理销售部?""销售部都有哪些职责?""你当时为了做好销售部的工作都做了些什么准备?"
- 针对行为的任务提问。例如："你当时具体的任务是什么?""是谁给你定的目标或任务?""为什么给你定这样的目标? 你当时是怎么想的?"
- 针对具体的行动和措施提问。例如："你当时是怎么做的? 你当时为什么这么做?""你在其中担当了什么角色? 其他人做了哪些事? ⋯⋯你当时最关键的举动是什么? 改变了什么?"
- 针对最终的结果进行提问。例如："团队的哪些行为表现比以前有了大的改观? 请讲出一个事例。""公司对你工作结果的评价怎样? 在什么情况下做的评价? 如何评价的?""你又是如何知道的?"
- 针对过程中的挑战进行提问。例如："你在这个部门的管理工作中遇到过什么样的挑战? 你是如何处理的?""过程中最难处理的问题是什么? 你是怎么处理的?"
- 针对过程中最成功之处或最失败之处进行提问。例如："你觉得在这个过程中最成功的地方在哪里?""你觉得回想起来，哪些地方做得不够好?"

通过采用这种具体的追问方式，面试主持人可以判断出应试者所讲述的行为事件的真假。因为对于虚假的事件，应试者很难详尽地说明事例中的每个细节，进一步的提问会使应试者出现这样或那样的漏洞，或者无法详细具体地描述事件。在这种详细的提问攻势下，讲述虚假事件的应试者往往难以招架。同时，如果应试者对这些问题的回答都似是而非，则可以推断，在这个过程中他亲自参与的程度不够，也就无法断定他是否具备相应的素质。

4. 面试信息的收集与记录

在面试中，一些表面信息最容易进入面试主持人的视线，如应试者的仪态、表情、声调、表达等。这些信息能够给面试主持人最直接的刺激，很容易在面试主持人心中形成一个直观印象。

在实践中，我们发现，一些面试主持人没有把应试者在面试现场表现出来的一些能力素质和其实际工作中具备的能力素质进行区分，面试主持人往往容易把应试者当时表现的好坏当作评价其是否能够胜任新工作的依据。我们经常会看到面试主持人这样的一些面试记录与评价，如"声音洪亮，表达比较清晰""亲和力强，喜欢微笑""表情比较严肃"等。这些信息能够代表应试者素质能力的某些方面，但不能完全代表其胜任岗位的情况。一个沟通表达能力强的人，执行力却不一定强，良好的表达能力不一定能说明他可以完成既定的目标。

应试者表面的行为表现背后有着代表其某些个性和能力特征的信息，这是我们在收集其行为事件时需要特别关注的，这些过去经历中的行为事件是我们对其进行评价的最主要的依据。其实，面试主持人心中会存在一个目标岗位的胜任力框架，在面试的过程中，针对胜任力逐项收集对应的行为事件信息。例如，假设我们要收集应试者沟通表达能力的信息，就得让应试者讲述一两件他本人运用沟通表达能力完成的事，通过判断他在做这些事的过程中的行为表现来评价其沟通表达能力，而不仅仅看他在面试现场说话声音是不是洪亮、语句是否连贯、条理是否清晰来判断。

　　总的来说，在行为性面试中，应试者所讲述的行为事件是对其进行评价的主要依据，对面试进行有效的记录是必要的。行为性面试要求讲述的事件具有真实性，这样，应试者对于录音、录像等都会比较介意。因此，我们需要用笔记下我们需要的信息。但是面试主持人不可能都掌握速记技巧，把应试者讲述的所有信息都记录下来。对于那些相对不太重要的信息可以略记或不记，如应试者的背景资料，我们是可以通过其他途径来获得的。对最关键的信息，如行为事件本身，应该做好详细的记录，包括应试者当时怎么做的，甚至怎么说的。在进行面试记录时应注意以下几个问题。

- 在面试过程中，评价者不能一味地进行记录，如果与应试者没有目光接触，则会影响沟通的互动性。
- 面试记录纸最好是特定设计的。例如，左侧主要记录应试者的行为事件、行为表现；右侧可以记录应试者所表现出来的胜任特征；右侧上方可记录应试者简单的外貌特征，以作为回忆的一个线索。
- 面试记录纸应留有足够的空间和相应的位置，并准备足够数量的笔以防中途突然没有办法记录。
- 对于已经记录下的信息应注意保密，不宜让其他人看到，一方面要为应试者保密，另一方面则需避免在面试结束之前过早地评价应试者。

9.4　基于胜任力的面试样例

1. 背景信息

某股份制银行陕西分行进行内部中层后备干部选拔，经过资格筛选、心理测验等环节，面试专家对候选人进行一对一面试，以判断其发展潜力，并向分行高层管理人员提交候选人的名单。

专家为该群体应试者梳理了评价模型，其中的主要指标包括创新思维、团队管理、高效执行、问题解决、沟通影响、快速应变、组织意识、积极主动和持续学习。

其中一位候选人 A 先生的工作经历和荣誉奖励如表 9-6 所示。

表 9-6　候选人 A 先生的工作经历

类别	时间	具体内容描述
工作经历	2009 年 4 月—2009 年 11 月	某保险公司陕西省分公司银行业务部
	2009 年 12 月—2011 年 3 月	某股份制银行陕西省分行某支行财富保障策划经理
	2011 年 4 月—2016 年 6 月	某股份制银行陕西省分行理财经理、社区支行行长
	2016 年 10 月至今	某股份制银行陕西省分行零售金融部私行投资顾问、产品经理

类别	时间	具体内容描述
荣誉奖励	2015 年	陕西省银行业协会服务明星
	2016 年	某股份制银行第五届理财师大赛个人赛一等奖第一名、团队赛冠军
	2015—2017 年	某股份制银行总行私人银行培训班五次优秀学员、两次优秀小组
	2017 年	某股份制银行私人银行"优秀投资顾问"、某股份制银行西安分行"优秀员工"
	2018 年	"第一财经"中国理财精英评选"年度最佳私人银行家"
		某股份制银行总行私人银行家族信托"创新方案奖"

2. 面试过程

面试官与候选人 A 先生的交流过程如表 9-7 所示。

表 9-7　面试官与候选人 A 先生的交流过程

提问顺序	面试官提问与候选人 A 先生（简称 A）回答	点评
起	**面试官：在你获得的这些荣誉奖励中，哪一个最有含金量、最有挑战性？** A：我觉得都挺有含金量的。如果一定要选一个的话，是 2018 年获得的"第一财经"举办的中国理财精英评选的"年度最佳私人银行家"。当时，全国有 3000 名理财师参与评选，评选流程有线上知识问答、线下面试、TED 演讲、线上投票，最终由评审委员会从业绩指标、从业经历、人气指数、面试评估四个维度衡量。设有四种团队奖、六个个人奖，我获得的"年度最佳私人银行家"全国只有 10 个人获奖	荣誉奖励能反映一个人的能力水平，最高荣誉反映最高水平
	面试官：其他奖项的获奖人数很多吗？ A：其他奖项，如"年度最佳理财培训师""年度最佳理财师""年度人气理财师"，获奖人数都在 50 人以上	对比人数，看含金量

提问顺序	面试官提问与候选人 A 先生（简称 A）回答	点评
承	**面试官：你为什么能获得这个奖项？** A：2015 年我主办的首笔家族信托业务正式签约，这也成为我行全国首单家族信托业务，标志着我行家族信托业务正式起步。2017 年，我作为投资顾问，在总行和分行的共同努力下，又成功签约一笔委托规模为 3 亿元人民币、初次委托金额为 8000 万元人民币的家族信托业务，这笔业务创新性地使用了架构不同的两个家族信托，帮助客户实现了风险隔离和财富传承的需求，其业务模式为行内首次，受托规模也创造了行内家族信托业务纪录	寻找获奖与努力之间的关系
	面试官：2015 年首笔家族信托业务是怎么签下来的？客户为什么选择你们？ A：当时我们的客户经理在与客户的沟通中，了解到客户希望通过家族信托实现财产隔离与传承、保障子女未来教育与生活等多重目的，便与我取得联系，我当时在分行零售事业部担任投资顾问。我为这个客户设计了一个个性化的家族信托专案。据我了解，客户与其他银行做了对比，觉得我们的方案考虑问题比较周全，在实现收益最大化的同时也有效地防范了风险，所以选择了我们	属于行为性问题，STAR 模型要素基本完整，但写专案的行为过程还不太详细，所以还需要追问
	面试官：是几月份签约的？ A：2015 年 3 月份，具体是哪天我记不太清了。在网上能查到相关的新闻	通过追问细节来判断真实性
	面试官：行内以前没有开展过这类业务，你是怎么做出这个家族信托专案的？ A：是这样的，这主要与我个人平时的爱好与学习有关。近几年，随着国内私人财富不断积累，高净值人士阶层人数迅速增加，并呈现老龄化趋势，财富传承的时代已经到来。家族信托是一种信托机构受个人或家族的委托，代为管理和处置家庭财产的财产管理方式，以实现财富规划及传承的目标。所以，近年来家族信托已经逐渐受到高净值客户和业界的重视和关注。作为理财经理，我关注到其他银行如招行已经在 2013 年开展这类业务，我判断它会迎来一个黄金时期。所以我在平时就自学了相关方面的知识，看了很多书，并且凭借理财经理的从业基础，做出这个专案对我来说并不难	通过追问来考察候选人解决问题的能力。如果能进一步追问是否有其他同事或领导给予帮助就更好了

续表

提问顺序	面试官提问与候选人 A 先生（简称 A）回答	点评
承	**面试官：你从体育专业背景转型到投资顾问，一定付出了很多努力吧？** A：大学毕业时，我肯定没想到会像现在这样每天穿着正装在银行上班。正因为我不是科班出身，所以我要付出比其他人多几倍的努力。我花了很多时间来学习，考取了与投资理财相关的一些资格证书，如国际认证财富管理师、注册金融理财师、互联网金融管理师等，这为我开展工作打下了很好的基础。除此之外，我还在攻读南开大学金融硕士的同时，又报考了中国政法大学的法律硕士	专业、职位等发生转变能体现一个人的能力
	面试官：你已经读了金融硕士，为什么还要读法律硕士？ A：家族信托业务除了要有金融背景，还需要有系统的法律知识作为支撑。让财富管理插上法律的翅膀，能更好地解决境内高净值家族财富传承中的现实难题	了解其学习目的与职业规划
	面试官：投资顾问这项工作很忙吧？你每天的工作节奏是怎样的？ A：我的每一天都很紧张而充实。每天一上班，我先要对前一天的市场进行回顾，针对重大事件独立完成事件分析和解读。同时，针对每天的客户邀约情况进行回顾和总结。在晨会时间，我要对支行进行业务辅导和跟进。在进行客户陪谈后，与支行确定客户服务方案，便于支行后期跟踪服务。下午，我还要进行事件处理和客户面谈，一般一周预约面谈的客户不少于 5 位，包括前期已经完成面谈的客户的回访工作。在参加完支行的夕会后，我还要回到分行，填写每天的工作进度表。最后，处理每天的日常邮件。 **面试官：你工作这么忙，还要读两个硕士，而且都在外地，你的时间安排得过来吗？** A：时间就像海绵里的水，挤一挤总会有的。我现在是减掉一切社交时间，减少不必要的时间浪费，压缩休息时间，平均每天只睡 5 小时，晚上的时间都用来处理工作、看书或完成作业。周末飞到外地去上课。有时因为工作的原因没来得及订机票，只好坐高铁，就会更累一些。 **面试官：你的家庭对此没有意见吗？** A：当然是有意见的，不过她们还比较理解和支持我。我有两个小孩，一个 4 岁多，一个不到 1 岁，家里当然希望我能多花些时间在家庭上。所以我特别感谢我的妻子，基本上都是她在照顾家庭，我感到特别惭愧。有时候我出去上课，也会把她们一起带上，顺便带她们出去玩一玩，也算是一种补偿吧	了解其学习与工作的平衡，以及时间管理能力

续表

提问顺序	面试官提问与候选人 A 先生（简称 A）回答	点评
	面试官：你目前这个职位是属于专业岗位，对吧？有没有团队成员？ A：是的，目前我没有直接下属，只是负责自我管理，并对支行进行业务指导。 **面试官：你以前有没有带过团队？** A：有，我曾经担任过两年的社区支行行长，期间连续五个季度业绩排名整个分行第一。 **面试官：当时您管理的那个社区支行有多少人？** A：三个人，分别是一名理财经理和两名客户经理。 **面试官：你这个支行的位置在哪里？** A：该支行位置较为偏僻，接近城乡接合部。周边没有大型公司，商业氛围也不够浓厚，所以这个业绩是凭借实力取得的	继专业能力之后，考察管理能力，并且通过询问地理位置，排除地段带来的业绩影响
承	**面试官：你当时采取了哪些措施呢？** A：他们都觉得很难，其实我觉得挺简单的。作为管理人员，要懂得抓重点。对于社区支行的业绩考核，主要就是考核存款，而要搞定存款，关键是要找到大客户。所以我跟团队成员说，要去寻找社区里有钱的客户，特别是私营企业主。因此，我组织的活动都是高端的，不一定邀请到私营企业主本人，能把他的家人邀请过来就很不错了。我们组织针对高净值客户的活动，如举办奢侈品展览、宠物饲养咨询、高端运动、健康养生活动等。只要能拉来几个大客户，存款的问题就不用愁了。 **面试官：能不能说得更具体一些，举一个例子？** A：有一次举办活动，参加人员里有一位女士，她的长相和穿着并不起眼，但我注意到她的手表很像某款名表，于是重点跟进了一下。我了解到她家里有一个 6 岁的儿子，就赠送了她一张骑马券。原来她家是开公司的，在我这里开了户，后来通过她的介绍拉来了几个大老板。平时我会组织团队成员熟悉各种奢侈品的品牌，尤其是品牌标识，让大家背诵，我还会进行考核。 **面试官：你是怎么提高团队成员的能力的？** A：这个比较简单。我把目标定好之后，大家一起研究一套方案，然后按照这套方案去执行，中间遇到什么问题可以随时反馈。每服务一个客户，我都会和团队成员进行总结反思，今天哪里做得不对，哪里做得比较好，下次需要改进什么。一段时间之后，他们就养成了总结的习惯，我只负责抽查和监督。另外，我要亲	考察经营管理能力和团队管理能力

续表

提问顺序	面试官提问与候选人 A 先生（简称 A）回答	点评
承	自带头示范，如果你做不好，我做一次给你看，你跟着学就可以。比如见客户，我先让他们跟着我去见客户，看我是怎么跟客户沟通的，回来之后再给他们分析一遍，让他们知道刚才为什么要那样说	考察经营管理能力和团队管理能力
	面试官：很多智商高的人，在与人沟通时情商不一定高。你平时与人沟通时，有没有一些摩擦、不愉快的事情发生？ A：还真被您说对了。我以前和别人沟通时，确实发生过一些不愉快的事情。因为我这人办事讲究效率，喜欢直来直去，对于看不惯的事情我会直接说出来，所以有时会得罪人。随着阅历的增加，我也逐渐意识到这个问题了。现在和别人沟通时，我会适当注意自己的表达方式，多倾听别人的意见，之后再发表自己的观点	考察人际关系处理能力
转	**面试官：你对自己未来的职业是怎么规划的？** A：关于职业规划，我考虑得比较清晰。我打算在私人银行投资顾问这个业务方向继续发展。我行以对公客户为主，对私业务相对较少，因此对私业务的人才较为稀缺。同时，对公客户中有很多高净值人士，他们有很多投资理财的需求，所以我觉得往这个方向发展比较有空间。说实话，我现在外部的机会也很多，经常接到猎头的电话，邀请我外出演讲的机构也不少。所以，未来我一方面希望在专业能力上继续提升，另一方面想在职位上更上一个台阶，自己带领一个团队，为行里培养更多的专业人才	考察职业规划
	面试官：你已经读了两个硕士了，将来打算怎么继续提升呢？ A：硕士上面还有博士。我已经联系了西安交大的一位教授，平时我们在工作上有不少交流，他答应等我念完硕士后去读他的博士	继续考察学习动力
合	**面试官：您还有什么要补充说明的吗？** A：没有了。 **面试官：那我们今天的面谈到此结束，非常感谢您！** A：不客气，您也辛苦了！	收尾

面试总结：此次面试时间虽短（40 分钟），但提问顺序符合"起承转合"结构，考察指标较为完整。通过提问挖掘出了较多行为事件，并进行了相应追问，总体上属于效果较好的一次面试。

3. 评价意见

定量评价：面试官对 A 先生的各项能力指标评分如图 9-1 所示。

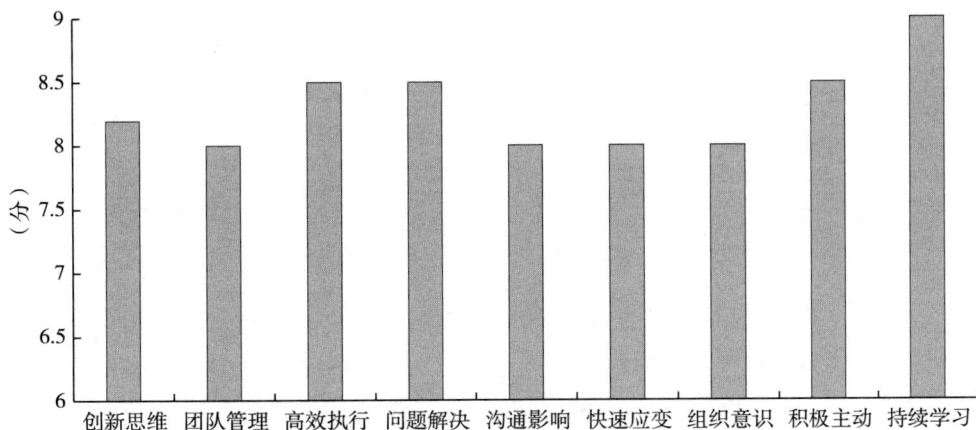

图 9-1 面试官对 A 先生的各项能力指标评分

定性评价：整体判断较为优秀。A 先生自信沉稳，表达清晰简洁，结构化思维较强，工作中能把握住关键点；工作经历丰富，既有销售经历，又有短暂的带团队经历；业务能力较强，专业知识扎实；学习能力非常强，在学习上投入的时间非常多；有理想抱负，自我提升意愿度非常高；能认识到自身的优劣势，对未来的职业生涯思考得非常充分，并有明确具体的学习计划。

风险提示：性格直爽，沟通风格较为直接，对人际关系处理可能会有一定的影响；带团队经历较短，较多时间是独自开展工作，其带领更大的团队可能还需要一定的适应期。

第 *10* 章
情境模拟面试

近几年，由于传统的陈述性面试容易伪装而受到批评，情境模拟面试应运而生。这种面试方式因其表面效度和应用效果较好而受到欢迎，越来越多的企事业单位在选人用人时开始尝试应用这种新颖的面试技术。

本章导航

```
┌──────────────┐      情境模拟面试的产生
│ 情境模拟面试概况 │─────  情境模拟面试的特点
└──────────────┘      情境模拟面试的作用
        │
        ▼
┌──────────────┐      背景性面试的内涵、设计与实施
│  背景性面试    │─────  以文字资料为背景的面试案例
└──────────────┘      以录像资料为背景的面试案例
        │
        ▼
┌──────────────┐      工作模拟面试的概念
│  工作模拟面试   │─────  工作模拟面试的特点
└──────────────┘      工作模拟面试案例
```

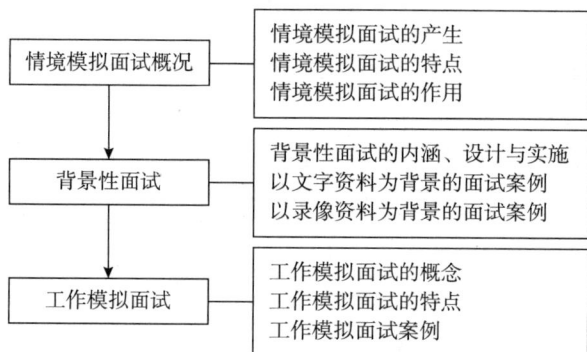

10.1　情境模拟面试概况

联合利华：通过角色扮演法招聘人员

角色扮演虽然轻松，但其在外企招聘中有着举足轻重的地位。在联合利华每年的员工招聘中，有80%的应试者都要经过这种看似简单的游戏，其目的都是要在自然状态下给每位应试者以充分的展示机会，同时，企业可以从中选择与岗位契合的人。

角色扮演很简单，将48位应试者分成三组，每组得到一根长绳，所有组员被黑布蒙上眼睛，他们需要在20分钟内将长绳拉成一个正方形，并且每个边上站上数量相等的人。参加游戏的人都是出类拔萃的人才，但在角色扮演中，人们会自觉或不自觉地流露出本质的东西，这在简历和面试中是无法体现的。在一堆蒙着眼睛

并商量着怎么动作的应试者中，主考人员无声地往来穿梭着。当观察到两名可以通过黑布看见当时的场景却没有声明而继续指挥大家摆布的应试者时，这两人会被叫出去重新蒙紧眼睛，最后这两人会被从备选名单中首轮划除。和其他公司一样，外企首要重视的是员工的诚实和忠诚。

拉绳游戏考验诚实只是一方面，主考人员看得更多的还是每个人在游戏中所担任的不同角色。在游戏中，不断有新点子产生的应试者在创新、灵活一项可得到加分；善于总结经验并协调大家去顺利完成任务的人在领导才能一项可得到加分；主动实践、积极执行可得"认真分"；甚至最后主动收起长绳的应试者也可得"踏实肯干分"。游戏并不是单纯为了放松的，在跨国公司里，游戏中所得的各种分会被作为分配工作岗位时的参考。

所谓情境模拟面试，是指给应试者创设一个实际情境，面试官通过言语交流观察应试者的行为表现，评价其是否具有相关的实际工作能力。情境模拟面试也是人才测评中应用较广的一种测评方法，它主要测试应试者的各种实际工作能力。

10.1.1　情境模拟面试的产生

传统的陈述性面试因其操作简便等多种优点，在实践中被广泛应用。然而，由于许多用人单位在面试设计方面缺乏创新，该面试方法的模式化倾向日益严重。应试者只需进行简单的应试培训，就能对面试的几种题型及其答题要领了如指掌。结果往往是，面试官的问题尚未阐述完毕，考生就已经知晓相对正确的"答案"。于是，面试考察的不再是应试者的岗位胜任力，而是其应试与应试准备能力。长此以往，传统的面试方式，尤其是结构化面试，将面临失效的风险。因此，多年来笔者一直呼吁加大面试方式的创新力度，以确保其在人才测评中的地位和作用。

情境模拟面试是在陈述性面试的基础上发展起来的，它是传统面试方式的创新与发展。情境模拟面试与陈述性面试的最大区别在于，它强调在实际情境中考察应试者，重点关注其在情境中考虑和处理问题的方式，从而使面试评价不再受到应试者口才和外表等无关因素的影响。通常情况下，应试者在情境中难以伪装自己。换言之，如果应试者真能在情境模拟面试中伪装得很有水平，那么其实际工作能力往往确实不错。目前，情境模拟面试在人员招聘和选拔中越来越受到人们的欢迎。

10.1.2　情境模拟面试的特点

1. 针对性

由于情境模拟的环境往往是拟招聘岗位或近似拟招聘岗位的环境，测试内容又是拟招聘岗位的某项实际工作，因此具有较强的针对性。例如：

在财政部门人员招聘的情境模拟面试中，可以给应试者提供相关的财务资料，要求应试者据此写出一份财务分析报告，内容包括数据计算、综合分析、个人观点、意见和建议。在此基础上，面试官就财务分析报告中的有关问题进行提问，应试者现场回答。

上述情境模拟面试就是针对财政工作的需要和现实问题设计的。

2. 直接性

直接性是指情境模拟面试可以直接考察应试者的工作能力。例如：

某市检察院在人员招聘中应用了情境模拟面试：对参加应聘的所有应试者，以中速播放了一名犯罪分子的犯罪证词录音，时间为 15 分钟，其中既有相关证据又有无关信息，要求应试者做笔录，并据此撰写"起诉书"。然后，面试官针对应试者所写的起诉书进行现场提问。

上述情境模拟面试不仅使考察内容与拟招聘职位的业务有直接关系，而且使面试官能够直接观察应试者的工作情况，直接了解应试者的基本素质及工作能力。

3. 开放性

开放性是指情境模拟面试可以给考生一个较为开放的、自由的发挥空间。例如：

某市广播电视局在招聘编辑、记者时，组织应试者参观了上海无线电一厂生产车间，请厂长介绍了该厂在搞活企业经营、狠抓产品质量、改进营销工作等方面的情况，并以记者招待会的形式，由厂长解答应试者提出的各种问题。随后，要求应试者根据各自的"采访记录"，分别撰写新闻综述和工作通讯。最后，面试官根据应试者的采访报道进行提问。

总体来说，情境模拟面试的特点主要表现在针对性、直接性和开放性等方面。针对性体现在测试的环境是仿真的，内容是仿真的，测试本身的全部着眼点都直指拟任岗位对应试者的素质的实际需求。需要指出的是，有时表面上模拟的情境与实际工作的情境并不相似，但其所需要的能力、素质是相同的。这时，表面的"不像"并不妨碍实质上的"像"。直接性表现为应试者在测试中所"做"的、所"说"的、所"写"的，与拟任岗位的工作直接相关，正如一个短暂的试用期，其工作状态一目了然。开放性表现在测试的方式多样、内容生动，应试者作答的自由度高、伸缩性强，提供给应试者的不是一个封闭性试题，而是一个可以灵活自主甚至即兴发挥的广阔天地。上述特点也派生了情境模拟面试的相对局限性，主要表现为面试的规范化程度不够高，同时对面试官的素质要求较高。

10.1.3 情境模拟面试的作用

情境模拟面试的特点决定了它在人员招聘与选拔中有着重要作用，主要体现在以下三个方面。

（1）为考察应试者的实际业务能力提供依据。无论是情境模拟面试的内容，还是情境模拟面试的方式，都比传统的面试答辩更接近拟招聘岗位的工作实际。这一点使得情境模拟面试在考核应试者的业务能力方面发挥着笔试和面试答辩难以替代的作用。

（2）有利于避免高分低能现象。情境模拟面试注重业务能力的考核，考核标准是依据实际工作要求拟定的，面试官一般由用人单位的部门经理或高层经理担任。这些因素决定了情境模拟面试不仅能够为实践经验丰富、具有实际工作能力、可胜任拟招聘岗位工作的应试者提供"用武之地"，而且可以避免笔试表现不错但实际业务能力不足的应试者进入录用行列。

（3）为用人单位安置录用人员的具体职位提供依据。实践表明，应试者在情境模拟面试中表现出来的个体能力差异与他们的实际工作能力紧密相关。因此，情境模拟面试的结果一般可以作为用人单位安置录用人员具体职位的依据。本着扬长避短的原则，情境模拟面试可以最大限度地发挥新录用人员的作用。

10.2 背景性面试

10.2.1 背景性面试的内涵、设计与实施

1. 背景性面试的概念

背景性面试是情境模拟面试的一种。所谓背景性面试，是指通过给应试者创设一个面试背景，使应试者扮演特定的角色，并围绕特定的任务接受面试官的提问。背景性面试可以有效地考察应试者的综合分析能力、逻辑思维能力、组织协调能力、解决实际问题的能力等。

2. 背景性面试的优缺点

背景性面试具有以下优点：

（1）针对性。在背景性面试中，由于面试背景是典型的实际工作情境，因此面试提问往往围绕实际工作中容易遇到的问题，可以有针对性地考察应试者的胜任力。

（2）可以考察应试者解决实际问题的能力。在回答背景性面试的问题时，往往不能只谈一些原则性的思想，而是需要针对特定问题提出具体的想法或措施，从而可以很好地考察应试者解决实际问题的能力。

（3）系统性。这里的系统性是指在背景性面试中，各面试问题之间往往是有机地联系在一起的。而在传统的面试中，各面试问题之间通常没有任何联系，每个问题都从某个方面孤立地去考察应试者。从这个角度来说，背景性面试能够系统而深入地考察应试者。

当然，背景性面试也有一些缺点，突出表现在以下两个方面：

（1）对应试者素质的考察范围比较有限。由于问题背景的限制，背景性面试往往不能考察应试者各方面的素质。

（2）面试设计费时费钱。背景性面试的设计需要面试专家花费大量的时间进行工作调研和面试背景设计，所以需要的费用也比较高。

3. 背景性面试的设计

背景性面试的设计包括以下几个步骤：

（1）工作调研。进行有关工作分析，特别是岗位胜任特征分析，了解拟任岗位所需人员应具备的特点和技能；运用行为事件访谈法对一些任职者进行访谈，了解他们在工作中常遇到的问题情境，积累实际案例。

（2）背景设计。将收集到的所有原始材料进行加工，根据具体测试目的，设计出比较典型和现实的面试背景。

（3）面试问题的编制。根据设计的面试背景，编制出相应的面试问题。通常背景性面试的问题有 4~6 个即可，问题之间最好紧密相连、层层深入。

（4）评价标准的制定。最后，还要根据测试的目的和背景性面试的特点，对每个测评要素进行界定，并结合应试者的具体答题模式给出相应的评价标准。

4. 背景性面试的实施

背景性面试的实施可以分为以下步骤：

（1）应试者熟悉背景资料。在正式进行背景性面试前，应试者须单独在一个房间里

熟悉背景性面试的背景资料，包括应试者担当的角色、主要任务等。例如，应试者的角色可能是某部委的一位司长，背景性面试的任务是应试者需要根据一系列调研材料，向部长汇报某项政策在具体落实中遇到的问题，并提出自己的对策和建议等。应试者看这些背景资料的时间通常与正式面试的时间一样长。

（2）正式面试。当一切准备就绪后，背景性面试就可以开始了。面试官要再次强调应试者所承担的角色，然后像结构化面试那样开始逐一提问。有时应试者进入面试现场时需要就某个背景问题发表演讲，阐述自己的看法和理由，演讲结束后面试官再进行提问。

（3）面试官对应试者进行评价。在整个背景性面试过程中，面试官需要对照各种胜任力的定义及其具体行为指标，认真倾听应试者的回答，观察应试者的行为表现，并就每种胜任力进行评分。

10.2.2 以文字资料为背景的面试案例

当背景性面试中的背景资料是文字资料时，该面试就称为以文字资料为背景的面试。这里给出一个笔者为国务院某局机关副司局级领导人员竞争上岗所设计的实际测评案例，实际应用效果很好。

案例背景

由于机构改革和人员的正常流动，国家某部委政策法规司综合处等10个处级岗位出现了空缺。此次处级干部的选拔采用了竞争上岗的方式，经过笔试（行政职业能力测验和申论）和结构化面试，最后每个职位有两位候选人进入考核阶段。这几天人事司正与有关领导确定各岗位的最终人选。

你的角色和任务

假定你现在是政策法规司的司长，现在贵司综合处处长的两位候选人的民主测评和考核结果已经出来了。在备考室的30分钟内，你必须完成两项任务：

- 阅读本资料（包括政策法规司综合处的有关背景资料与两位候选人的资料）。
- 将你推举的人选和理由写出来。

然后你将去正式考场，在20分钟内必须完成以下两项任务：

- 10分钟内的演讲：向相关领导提出你推举的人选，并阐述你的理由。
- 10分钟左右的答辩：回答相关领导就人选问题对你的提问。

背景资料

1. 政策法规司的职能和内设机构及其综合处的现状

1）政策法规司的职能和内设机构

（1）职能：负责起草重要文件和信息发布工作，组织、参与、协调经济法律法规的起草，负责有关法律法规的对外颁布；研究国际经济动向及其对我国的影响；研究国内经济及有关经济体制改革问题；负责行政复议工作。

（2）内设机构：政策法规司下设5个处室，现有3位司长，除了你这位司长，还有两位副司长。政策法规司的内设机构如图 10-1 所示。

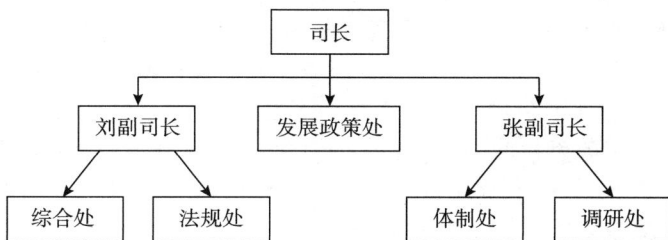

图 10-1　政策法规司的内设机构

2）政策法规司综合处的现状

综合处是政策法规司的重要处室，综合处的工作直接关系到政策法规司工作的成效。

（1）综合处的现有人员情况。综合处现有 4 位工作人员，其中一位副处长，人员结构比较合理，但综合处内人员的凝聚力不强。各工作人员的大体情况如下。

王×：副处长，男，40 岁，已在副处长岗位上工作 7 年，工作勤恳，经验丰富，合作性强，但工作能力和开拓创新能力都比较低。

张×：主任科员，女，45 岁，政策法规司的老同志，不再期望高升，只想根据领导的安排做一些事务性工作。

周×：主任科员，男，32 岁，名牌大学硕士，积极进取，文字能力强，但对王副处长不够尊重，常提出一些与王副处长不同的主张，且往往被原来的正处长采纳。

单×：科员，男，25 岁，去年公开招聘进来的大学生，思维活跃，工作热情高，在组织管理方面有发展潜力。

（2）主管副司长的工作风格。主管综合处的刘副司长今年 43 岁，已在此岗位上干了 3 年。刘副司长是军队转业干部，工作雷厉风行，很有魄力；事业心和责任感很强，善于接受新事物，推崇用新思路去解决改革过程中出现的新矛盾、新问题。刘副司长的脾气不大好，不过这常常是因为下属没能领会他的意图，从而使得他的工作思路没有得以实现，但政策法规司的各处处长都很佩服他的胆识和眼光。刘副司长在群众中的威信也很高。

2. 综合处处长的职位说明书及任职要求

1）工作项目

（1）组织、参与起草部内的综合性文件、政策报告。

（2）组织研究重大综合性经济改革、发展、法规问题和政策。

（3）组织编印政策研究室刊物，编写经济大事记。

（4）负责主任基金课题研究的计划、管理和成果评奖工作。

（5）组织文件收发、归档等行政秘书工作。

2）工作概述

（1）按领导要求，草拟综合性文件和政策报告。

（2）关注社会经济发展趋势和动向，并根据上级有关精神，组织对重大经济问题的调查与研究，并提出对策和建议。

（3）组织政策研究室刊物的编辑、校对、印刷和发行工作。

（4）组织重大经济事件的记录、整理和编写工作。

（5）根据经济发展情况和领导要求管理主任基金，组织主任基金课题的设计、实施、跟踪及评奖工作，推动重大课题的研究和成果应用。

（6）组织文件资料的归档管理及行政性工作。

本职位在工作中常与部内外有关司、处工作人员接触，工作的政策性、全局性、时效性强，工作难度较大。如有失误，将对政策法规司的工作进程产生重大影响。

3）任职要求

（1）具有大学本科及以上学历。

（2）具有较强的逻辑思维能力、组织协调能力、分析判断能力及较强的文字表达能力。

（3）熟悉国家的基本方针政策及宏观经济管理知识，具备一定的经济理论和政策知识。

（4）具有开拓进取意识，工作有思路。

（5）在副处级职位工作两年以上。

3. 综合处两位候选人的材料

候选人一

姓名	刘强	性别	男	年龄	38 岁	学历	本科	专业	法律
竞聘职位		综合处处长		现所在部门及职务			法规处副处长		
1991—1995 年		中国人民大学法律系				学生			
1995—1997 年		中国政法大学法律系				教师			
1997—2001 年		中国政法大学校长办公室				文秘			
2001—2003 年		政策法规司法规处				科员			
2003—2007 年		政策法规司体制处				主任科员			
2007—2012 年		政策法规司法规处				副处长			

1）笔试成绩

（1）行政职业能力测验（满分100分）：60分。逻辑推理能力一般，分析问题的能力中等。

（2）申论（满分100分）：85分。具有很强的文字概括水平、解决问题的能力和写作能力。

2）面试评价

（1）综合分析能力强，能够比较准确地把握复杂事物的内在关系，从纷乱的现象中发现问题的本质和造成问题的症结；能够在综合判断分析的基础上权衡各种问题的解决方案，并做出选择。在管理决策中，显得比较谨慎。

（2）计划能力一般，能按上级的要求开展工作，对事情的轻重缓急有所考虑，同时注意设计实现目标的程序、方法和步骤。

（3）组织能力较强，重视资源的高效利用和挖掘，具有积极主动地影响他人的意识；能有效地授权下属协助解决问题，并考虑到下属的经验与能力。

（4）在控制方面，能力偏弱，在事情的进展中不够主动，对采取的方案、行动或措施的后果估计不足。

3）个性特点

具有温和、踏实的个性特点，注意与他人建立并保持和谐友好的人际关系。合作意识强，在工作中力求认真踏实地按上级指示办事。对于在工作过程中遇到的困难和挫折，能积极主动地去应对，情绪很稳定。相对来说，思维的开放性不够，工作思路不够开阔。

4）民主测评

政策法规司共有 23 人，其中 17 人对其晋升表示赞同，6 人未推荐。在对其晋升表示赞同的 17 人中，4 人认为其担任正职不大合适。

5）考核评价

该同志政治立场坚定，具有政治意识和大局意识；在工作中严于律己，宽以待人，从不计较个人得失。该同志经验丰富，为人正直、坦诚、有责任感；工作兢兢业业、认真细致、行事稳重，对于领导安排的事情和临时交办的任务能保质保量地完成。注意对外沟通和协调，在工作交往中，与部内有关司局及中国人民银行、财政部等有关部门建立了良好的工作关系。

不足：

（1）工作中缺乏新思路，创新性略显不够。

（2）群众反映，该同志有时因为怕得罪人而不敢坚持自己的工作决策。

6）近期工作业绩

在担任法规处副处长期间，能积极配合处长开展工作。近两年，起草了 100 多万字的各项经济政策法规（初稿）、报告、文件等文字资料。2010 年和 2011 年连续两年被部里评为优秀工作者。

候选人二

姓名	李飞虎	性别	男	年龄	35 岁	学历	硕士	专业	劳动经济
应聘职位		综合处处长		现所在部门及职务		政策法规司调研处副处长			
1995—1999 年		西安交通大学管理系				学生			
1999—2003 年		西安飞机制造公司				管理人员			
2003—2005 年		中国人民大学劳动人事学院				研究生			
2005—2006 年		政策法规司发展政策处				科员			
2006—2009 年		政策法规司调研处				主任科员			
2009—2012 年		政策法规司调研处				副处长			

1）笔试成绩

行政职业能力测验（满分 100 分）：90 分。逻辑推理能力很强，思维反应敏捷，分析问题的能力强。

申论（满分 100 分）：70 分。具有较好的概括分析能力、解决问题的能力和写作能力。

2）面试评价

（1）综合分析能力强，在日常管理中，能从纷乱的现象中发现问题的本质和造成问题的症结，能在综合判断分析的基础上权衡各种问题的解决方案，并做出选择。

（2）计划能力很强，行事通常有明确的目标，并设计实现目标的程序、方法、步骤，为目标的实现准备必要的条件；善于区分事情的轻重缓急，以求高效率。

（3）组织能力一般，能根据任务来分配资金、人员和物质条件，但在调动下属的积极性方面，能力偏弱。

（4）在控制方面，积极主动，预留余地，注意了解所采取的方案、行动或措施的后果，注意监控事情的进展。

（5）在协调各种矛盾和冲突方面，能力较弱，合作意识不强，不够积极主动地协调下属间的团结，不注重团队精神的建立与维护。

3）个性特点

性格开朗，待人热情；注重现实，行事喜欢按计划进行，原则性很强。通常对于自己看好的工作会全力以赴地去完成。分析问题比较理智，并倾向于依据自己的经验来解决问题。相对来说，情绪控制能力略显不足，有时会大发雷霆。

4）民主测评

政策法规司共有23人，其中14人对其晋升表示赞同，9人未推荐。

5）考核评价

该同志注重理论学习，能认真贯彻和执行党和国家的方针政策，在政治上与党中央保持一致；对国家的宏观经济政策和计划委员会的具体规章制度，有较深刻的认识和理解。该同志开拓进取，事业心强，在工作中努力钻研业务，并富有成效；思维开放，善于接受新事物，注重业务领域的发展动向；面对改革中出现的新问题，多次提出了有创新性的工作思路，得到了相关领导的大力赞赏。

不足：

（1）协调能力略显不足。

（2）群众反映其口头沟通能力较差。

（3）由于脾气不好，以至于与个别同事关系紧张。

6）近期工作业绩

在担任调研处副处长期间，能针对部里工作面临的问题创造性地开展调研，撰写的几项重要研究报告对部里的有关工作提出了建设性的意见，得到部领导班子的一致肯定。2011年被部里评为优秀工作者。

面试答辩问题

如果应试者倾向选刘强，则面试问题如下。

（1）你觉得作为部里综合处的处级干部，关键的素质要求是什么？

（2）政策法规司综合处的很多工作需要有工作思路，而刘强在工作中缺乏创新，他如何能保证综合处工作的质量？

（3）据群众反映，刘强有时因为怕得罪人而不敢坚持自己的工作决策，这样如何能保证工作的客观公正？

（4）在民主测评中，尽管刘强的赞同票（17票）比李飞虎（14票）高，但在刘强的赞同票中，有4人认为他担任正职不大合适，对此你怎么看？李飞虎也很合适，为何不推荐他？

（5）假如在政策法规司的司务会上讨论综合处处长的人选时，另外两位副司长都推举李飞虎，你怎么办？

如果应试者倾向选李飞虎，则面试问题如下。

（1）你觉得作为部里综合处的处级干部，关键的素质要求是什么？

（2）综合处处长需要做很多协调工作和文字工作，而李飞虎的协调能力较弱、写作能力也不突出，他如何能保证综合处工作的正常开展？

（3）李飞虎的情绪控制能力比较差，而综合处的工作需要承受压力、遇事冷静分析，他这样怎能胜任工作？

（4）在民主测评中，刘强的赞同票（17 票）比李飞虎（14 票）高，而且刘强连续两年被部里评为优秀工作者，你没选他主要出于什么考虑？

（5）假如在政策法规司的司务会上讨论综合处处长的人选时，另外两位副司长都推举刘强，你会怎么办？

测评要素

根据这个背景性面试的情况，可以考察以下六个方面的测评要素：综合分析能力、判断决策能力、协调技能、人职匹配技能、言语沟通技能、人格魅力。

10.2.3　以录像资料为背景的面试案例

当背景性面试中的背景资料是录像时，该面试就称为以录像资料为背景的面试。这里给出一个实际测评案例，具体如下。

案例背景

某企业集团聘请招聘专家为其下属百货公司选拔总经理。在最后阶段，招聘专家对一路过关斩将的 4 位候选人使用了以录像资料为背景的面试方法。4 位候选人被安排同时观看一段录像，录像内容如下。

画面呈现一座小城市，画外音告知这是一个中等发达程度的小县城。镜头聚焦于一家百货商场，时间显示当时是上午 9：30。这时，商场的正门入口处出现了一位身高 1.8 米左右、穿着夹克的年轻小伙子。他走进商场，径直走向日用品柜台，对一位 30 多岁的女售货员（你的员工）说："买一块香皂。"女售货员说："两块八。"小伙子便掏出一张 100 元的人民币，女售货员找他 97 元 2 角。

当天上午 10：00，一位矮个子青年走进商场，对女售货员说："买一支牙刷。""什么牌子？"女售货员问。小伙子用手指了其中的一种，女售货员说："3 块 2 毛。"于是小伙子取出一张 10 元的人民币递给了女售货员，女售货员给了小伙子一支牙刷并找回 6 元 8 角。此时，小伙子突然急了："我给你 100 块，你怎么才找我几块钱呀！"女售货员吃惊地说道："你给我的明明是 10 块呀！"小伙子很恼火地说："我给你的就是 100 块，快给我找钱，我还有急事要办。"女售货员也急了："你这人也太犯浑了，非得把 10 块说成 100 块，你想坑人啊？"

这时周围已经聚拢了十几位看热闹的顾客。小伙子向周围的人说："大家瞧瞧，这是什么服务态度呀，你们经理呢？我要找你们经理。"

这时总经理（你）正好从楼上走下来，看到这边有人围观，便走了过来。看到总经理过来，女售货员委屈地向总经理告状："经理，这个人蛮不讲理，他明明给我的是一张 10 块的，硬说是一张 100 块的。"总经理首先安慰了女下属，并了解了事情的原委。女下属说，今天就没收几张 100 块的，有个高个子青年给了她 100 块，他买的是香皂。然后，总经理转身很礼貌地对小伙子说："很不好意思出现这种情况，你能告诉我事情的真实情况吗？"小伙子也把事情的过程描述了一遍。总经理对小伙子说："根据我的长期了解，女售货员并不是那种常说谎和不负责任的人，当然我同样相信你也不是那种找碴儿的人，所以为了弄清真相，我能否问你一下，你有什么证据表明你拿的是一张 100 块的？"小伙子眼睛一亮，说道："证据？哦，对了，我昨天算账的时候，在这张 100 块的右上方用圆珠笔写了 2 888 四个数字。"于是，总经理立即让女售货员把收银柜中的所有 100 块都拿出来，结果果然有一张 100 块上写了 2 888。这下，小伙子更来精神了，冲着人群喊道："那就是我刚才给的 100 块钱，那个 2 888 就是我写的，不信的话，可以验笔迹。"

人群骚动起来，人们开始表现出对商场的不满，有的人甚至开口骂女售货员……

面试问题

作为商场的总经理，你会如何应对当时的局面？你将如何善后？

测评要素

理解能力——正确理解事件的背景与问题。
洞察力——洞察整个事件的本质。
全局观——"顾客至上"的理念及其贯彻。
道义感——对社会上反诚信现象的态度。
应变能力——巧妙、灵活地采取一些对策和措施。

应试者作答分析

背景性面试应用于人才选拔是基于心理学家勒温的著名公式：$B=f(P \times E)$。这个公式的意思是一个人的行为（Behavior）是其人格或个性（Personality）与其当时所处的情境或环境（Environment）的函数。换句话说，候选人面试时的表现是由他们自身的素质和当时面对的情境共同决定的。如果面试官能够恰当地选择情境并保证情境对不同候选人的一致性，那么不仅可以诱发候选人的相应行为，而且能够说明候选人行为的不同是由其素质不同所致。

本案例中的情境旨在选拔集团公司下属的百货公司总经理，选择的录像情境非常恰当。同时，由于 4 位候选人同时观看录像且问题一致，因此整个选拔程序的设计是公平合理的。面试问题的设置在于考察候选人的快速决策能力。由于允许他们有 10 分钟的准备时间，因此，也可检验他们分析问题的深度。

第一位候选人的答案大意是：他首先向那位小伙子道歉，承认他的下属工作失误，然后当众批评女售货员，并如数找给小伙子 96 元 8 角。这样做的理由是，90 多块钱是小事，影响商场正常营业、损害公司形象是大事，而且事件持续的时间越长，对百货公司越不利。至于女售货员所受的委屈，可以在事后进行心理上的安抚。

这位候选人的优点在于能够从公司大局出发，分清轻重缓急，具备作为公司总经理的基本思维素质。但是，这种做法没有负起道义的责任。

第二位候选人的答案大意是：她首先诚恳地向那位小伙子和在场的顾客道歉，因为她手下的员工出言不逊，冒犯了顾客。她也主张将 96 元 8 角钱当场如数找给小伙子，但并不承认自己的员工搞错了，而是奉行"顾客永远是对的"这一理念，并向在场的顾客承诺将继续追查此事。如果确实是售货员的失误，那要从严处罚，同时向当事人承认错误，并给予一定的赔偿。另外，她还诚恳地要求小伙子配合百货公司的工作，留下联系方式。

这位候选人的优点与第一位相似，但较为主动一些。在无法立即判断孰是孰非之际，突出"顾客是上帝"的理念，让顾客明白，百货公司做出让步性决策的前提是对顾客的热爱。但是，这种做法仍然没有负起道义的责任。

第三位候选人的答案大意是：他认为他只要在那位小伙子的耳边说上两句话就行了。他的话是"哥儿们，请跟我到后面看一看，我们有内部录像系统"。他的理由是，整个事件明显是欺诈，对付欺诈的手段可以以毒攻毒，让其知难而退。

这位候选人的优点在于有较强的道义感，对恶势力采取针锋相对的态度。但是，他犯了一个大忌，就是职业经理人应以诚信为本。"内部录像系统"在"中等发达程度的小县城"的百货公司中是绝对不可能有的。候选人如果没有意识到"中等发达程度的小县城"，便是信息管理能力方面的欠缺；如果意识到了，便是以诈还诈了。

第四位候选人的答案大意是：他要当众揭穿骗子的伎俩，并与公安部门配合对其进行打击。他首先私下吩咐安保人员报警，然后向小伙子发问："你确定你支付的是 100 块，而不是 10 块，是吗？"得到认可后进行推理："既然你支付的是 100 块，上面又写有 2 888，那么这张钱上应该有你的指纹。既然你没有支付 10 块，今天收银柜内收到的所有 10 块纸币上就不会有你的指纹。如果经查证有一张 10 块纸币上有你的指纹，又如何解释呢？"

这位候选人的最大优点在于分析问题的深刻性，他敏锐地抓住了诈骗者逻辑上的盲区，并当场予以揭穿，这是有震撼力的。从道义的角度上讲，也是完全可以理解的。然而，作为职业经理人，"得理也饶人"是一大招财秘诀。何况女售货员在有理的情况下也不该出言不逊。因此，如果这位候选人在识破骗局的同时，不忘向当时的顾客群体展示亲和力，那么效果会更好。

总而言之，该背景性面试的题目主要考察候选人的三层素质：洞察力——对事件本质的把握；全局观——对形象力和"顾客至上"理念的理解；道义感——对社会上反诚信现象的态度。另外，本案例还能够考察候选人的理解能力和应变能力。

10.3　工作模拟面试

10.3.1　工作模拟面试的概念

工作模拟面试是情境模拟面试的一种。所谓工作模拟面试，是指通过模拟目标职位的典型工作任务情境，让应试者在真实的情境中扮演特定的角色、围绕特定的任务去收集信息和处理信息，并形成文字报告，最后接受面试官的提问，从而有效地考察应试者的综合分析能力、逻辑思维能力、组织协调能力、解决实际问题的能力等。例如，笔者曾经为一个单位的高层管理人员招聘设计过这样的工作模拟面试：在选拔的最后一个环节，给每位应试者一周时间，在这段时间里，他们可以找这家单位的任何人（从高层决策者到普通员工）了解情况，至于了解什么、问什么问题、怎么沟通完全由应试者自行决定，但要求每位应试者提交一份关于这个单位存在的问题及个人对策与建议的报告，面试官将就此报告中的有关问题对应试者进行提问。

10.3.2 工作模拟面试的特点

工作模拟面试与背景性面试的根本不同在于，背景性面试中的"背景"是应试者阅读文字资料描述的情境或观看录像资料描绘的情境，而工作模拟面试中的"情境"是应试者直接面对模拟工作的情境。其共同特点是应试者最后都必须就与情境相关的主题回答面试官的提问。

工作模拟面试具有以下优点：

（1）真实性。在工作模拟面试中，由于面试情境是实际工作的典型代表情境，因此应试者亲临实际工作情境去收集资料和处理信息，感觉就像已经开始工作一样真实。

（2）直接考察解决实际问题的能力。工作模拟面试将应试者直接放到实际工作情境中，应试者如何分析问题和解决问题会在情境中直接表现出来。例如，某市场管理部门在人员招聘时采用如下工作模拟面试：其要求考生利用一天时间去一家大型蔬菜批发市场进行调研，并写出调查报告，再接受面试官面试。

> 早上7点30分，应试者统一乘车前往某蔬菜批发市场工商所会议室，集体听取有关人员对市场基本情况的介绍。应试者可以做笔录，但不得录音。
>
> 8点30分，应试者就地解散，分头到市场自由采访、考察。买主和卖主、批发商和小贩、职业倒爷和菜农，本地人、外地人和外国人，开大卡车的、蹬三轮车的、骑摩托车的，鱼贩子、肉贩子、牛羊贩子、海鲜贩子、菜贩子，因塞车吵架的、因争摊位发生口角的、讨价还价的、没事闲逛的、收税的、打扫卫生的，包括维持秩序的交警、巡警都可以成为应试者的采访对象。商品的品种、质量、价钱、产地、运输方式、储存保管、成交量、损耗，以及度量衡、治安环境、税费等都在应试者的关注之列。
>
> 11点30分，应试者统一乘车到一学校教室吃盒饭，然后原地休息。休息期间任何人不得动笔。下午1点开始撰写调查报告，5点完成。
>
> 第二天，面试官就调查报告中的有关问题对应试者进行逐一提问。

显然，应试者的市场调研能力、发现问题并解决问题的能力，可以从其调查报告和面试答辩中得以很好的体现。

（3）能动性。在工作模拟面试中，应试者如何观察情境、收集资料和分析资料，完全由自己决定，个人发挥的空间很大，能动性可以得到充分发挥，不同应试者的表现也因此很不一样。

工作模拟面试也有一些缺点，突出表现在以下两个方面：

（1）面试实施成本很高。由于工作模拟面试是在真实的模拟工作情境中进行的，因此面试的实施成本非常高。同时，单位的管理层领导还得配合应试者的模拟活动，所以有时还会影响到正常工作的开展。

（2）标准化程度不高。由于每位应试者在工作模拟面试中的所想所感不同，因此面试官对他们的面试提问也会千差万别，所以该面试的标准化程度不高。

10.3.3　工作模拟面试案例

下面是笔者曾经为某市提供测评服务的一个工作模拟面试案例。

案例背景

　　S 市是我国东北某省的一个小城市，与俄罗斯滨海边疆区接壤，常住人口 10 万人。S 市作为国际通商口岸，是我国经俄罗斯通往日本海的陆海联运大通道，是我国参与东北亚国际区域经济分工与合作的重要窗口和桥梁。

　　改革开放以来，S 市按照"以贸兴业，富民强市，建设现代化国境商都"的总体发展思路，充分发挥地域优势和政策优势，不断扩大对外贸易。2013 年，S 市对外贸易总额达到 180 亿美元，占全省对俄贸易总额的 2/3 以上，进出境旅游人数占全省总进出境旅游人数的一半，连续三年被国家统计局评为百强县（市）。2014 年，S 市前三个季度的贸易总额达到了去年全年的贸易总额。当然，S 市的进一步发展也面临着多方面的挑战，内地城市的对外贸易竞争、边贸优惠政策的弱化、银行授信额度的限制等多方面的因素都制约了 S 市快速发展的步伐。

　　为了应对上述挑战，S 市决定面向全国公开招考 8 位正局职位和副局职位的人员，各招聘职位的基本能力要求如下。

　　市招商局局长：通晓国家与省对内对外开放、利用外资、经济技术合作等与招商有关的法律法规和方针政策，了解国内招商引资情况，能够依法行政，善于灵活变通地运用和执行有关优惠政策；分析概括各种经济活动和经济信息的能力强，善于抓住主要矛盾和重点工作，善于在激烈的竞争中找准优势，对招商引资优惠政策、重大招商项目、重大招商活动具有较强的超前研究、论证和组织策划能力；具有较强的协调沟通和语言表达能力，能够协调好各相关单位及其他各方面的关系，以保证招商工作的顺利开展。

　　市中俄贸易综合体管理委员会副主任：熟悉党的重要方针政策，掌握对外贸易和经济技术合作等相关知识，熟悉外贸法、合同法、海关法、土地法等相关法律法规，具有扎实的理论知识功底和宽广的知识面，有较高的政治和政策水平；具有较强的调查研究、综合分析和判断预测能力，善于将调查的材料，进行系统的综合分析研究，形成调查结论，写出调查报告，且调查报告具有针对性、客观性、政策性、可读性；善于抓住主要矛盾和重点工作，在调查中善于发现正反两方面的经验，有超前的研究能力，能及时提出相应对策，为领导决策提供依据；有较强的文字表达和语言表达能力。

　　市重大课题研究组副组长：熟悉市场经济理论，掌握市场经济运行规则，了解俄罗斯远东和东北亚经济概况，具有扎实的理论知识功底和宽广的知识面，有较强的政治和政策水平；具有较强的独立研究课题的能力和创新思维能力，善于调查研究和系统综合分析，能结合沿边开放城市的具体实际，对开放升级、产业布局和搭建对外经济技术合作平台等方面有独到的见解，能针对经济运行中的问题，提出调控措施；善于和相关部门、单位联系沟通，赢得支持，为调研工作的顺利开展打好基础。

市外经贸局副局长：熟悉国家、省和地方对对外贸易、经济合作、外商投资等方面的方针政策及有关法律法规，通晓 WTO 的相关知识和规则；能够组织策划相关知识培训，并提供业务指导和咨询服务；了解对外贸易发展情况，能够依法行政，善于灵活变通地运用和执行相关优惠政策；善于调查研究和系统综合分析，具有较强的判断预测能力；能够及时概括分析国际经贸和我市对外贸易情况，善于抓住主要矛盾和重点工作，善于在激烈的竞争中找准优势，对全市对外经贸的中长期规划和发展战略、外商投资发展战略和中长期规划、重大投资项目、重大经贸活动具有较强的超前研究、论证和组织策划能力；具有较强的协调沟通能力，能够主动对接上级部门争取政策支持，积极拓展外部资源，协调好与工商、财政、税务、金融、海关等相关部门，以及我市驻外及域外驻我市官方和企业商务机构的关系；能够解决国内外投资企业的有关问题，处理重要经贸事务的能力强。

……

测评手段

所有应试者经过笔试，按每个职位 1：10 的比例进入文件筐测试和结构化面试，最后每个职位有两位候选人进入工作模拟面试。

工作模拟面试过程

在工作模拟面试中，候选人结合报考的职位要求进行为期半个月左右的调研，调研主题可以自由选择。在调研过程中，调研什么、怎么调研完全由候选人自行决定，全市各级领导对候选人的调研将予以积极配合，包括市长和各局局长在内的领导可以随时接受候选人的访谈。半个月后，每位候选人须拿出调研报告，结合自己竞聘的职位要求，阐述现存的问题、自己打算怎么干和个人优势等。竞聘工作领导小组会将各候选人的调研报告提前送给答辩委员会所有专家进行审阅，并让专家针对每份调研报告提出问题。

然后组织召开调研答辩会，每位候选人有 15 分钟的时间进行演讲。演讲结束后，面试官提出专家小组事先拟定的五个问题，要求候选人逐一回答，但回答顺序由候选人自由决定，时间为 20 分钟。最后，答辩委员会的专家还可以针对性地进行现场提问，根据候选人的答辩情况进行评价，并当场民主推荐。将推荐结果按百分制核算分数，与上述三个测试程序累计总分，然后按总分从高到低排序。

这种工作模拟面试可以很好地测试候选人的实际工作能力，包括提出问题、分析问题、研究问题和解决问题的能力，同时这种测评方法还可以给面试官提供非常丰富的解决问题的思路和方案，给相关部门的领导对今后实际开展工作提供很多启发。当然，这种测评方法付出的代价也是比较大的，相关部门的领导须付出大量的时间和精力投入此事，同时答辩前后还需要邀请多位专家对调研报告进行审阅，其程序很像硕士论文和博士论文的答辩。应该说，在越来越强调智力引进的今天，这种测评方法可以带来很多有益的工作思路，特别是对于高层次人才的引进，不仅有利于选拔合适的人才，而且对没有录用的人才也能起到"不求所有，但求所用"的效果。

第 *11* 章

情境判断测验

近年来，情境判断测验在国内外各类管理人员的测评中运用得越来越多。这是一种新兴的能力测评形式，也是一种特殊的情境模拟技术。由于情境判断测验兼有传统纸笔测验和情境模拟技术的优点，因此在人才测评实践中广受欢迎。

本章导航

```
情境判断测验产生的背景 ──┐  传统智力测验的问题
                         │  从一般智力到实践智力
            │            │  实践智力的测量
            ▼            │
    情境判断测验概述 ──────┤  情境判断测验的概念
                         │  情境判断测验的特点
            │            │  情境判断测验的类别
            ▼            │
情境判断测验的开发模式及步骤 ┤  情境判断测验的开发模式
                         │  情境判断测验的开发步骤
            │            │
            ▼
    情境判断测验样例
```

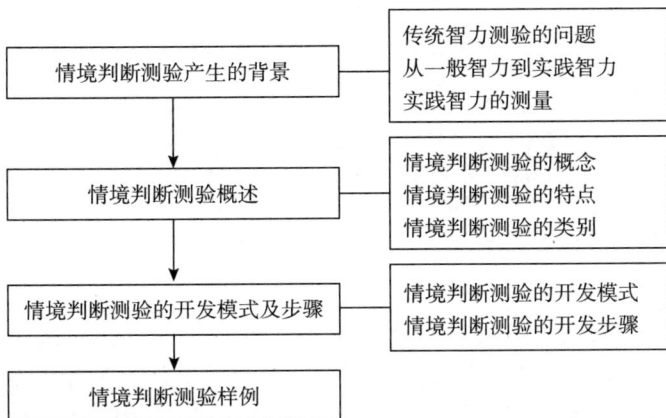

通用电气公司的情境判断测验：木板过河游戏

通用电气公司将应试者分为两组，开展木板过河游戏比赛。游戏内容为每组有一个"病人"需要送到"河"对岸，要求应试者用手中的木板搭成"桥"，将"病人"送到"河"对岸，谁先送到"河"对岸则录用谁。实际上，"桥"的长度不可能足够达到"河"对岸，公司设计此考题的目的是观察两组应试者是否有团队意识，因为只有当两组木板合并起来才能过"河"。如果两组应试者都只想着自己过"河"，那么他们没有达到公司要求招聘的人才应具备的条件，都将不予录用。

11.1 情境判断测验产生的背景

11.1.1 传统智力测验的问题

智力测验一直是人才测评理论和实践关注的重要领域。在第 4 章中，我们详细地介绍了智力测验的理论及一些经典的心理测验量表。在人才测评中，无论是选拔性测评还是发展性测评，对个体认知能力的准确把握是人事决策的重要依据。而智力测验又是认知能力测评中最重要、最基础的部分。非常遗憾的一个现实是，目前无论是在心理学界还是在测评实践中，至今尚没有一个被普遍接受的智力定义。早期的心理测量学家在编制智力测验时，没有系统的智力理论的指导，智力理论的演变没有在智力测验演变史上留下什么明显的标记。他们往往醉心于测验技术的改进，而忽视了在究竟什么是智力以及智商分数究竟在多大程度上代表了智力等重大理论问题方面的研究。许多心理学家满足于博林（1923）提出来的定义："智力就是智力测验所测量的东西。"传统智力测验是在因素分析的基础上，强调一般智力因素（G 因素）的测量，G 因素被认为是一个稳定有效的绩效预测变量。但是，传统智力测验在以下两个方面有明显的缺陷。

（1）传统智力测验的测量内容范围太窄，不能涵盖人们对智力的全面理解，如社会智力就没有包括在测量内容中。大量的研究和实践表明，传统智力测验对非学业/教育领域绩效的预测效果要远低于对学业领域绩效的预测。常用的智力测验（如斯坦福-比奈量表、韦克斯勒量表等）与学业成绩的相关一般在中等程度以上（见表 11-1）。

表 11-1　智力测验与学业成绩的相关

	数学	英语	地理
智力测验	0.55	0.50	0.48

注：来源于 Satterly（1979）。

人们在日常生活中经常发现，学业成绩高的个体在其他问题情境下的处理能力并不高。例如，一个学习成绩很好的人未必是一个出色的销售员。西方智力领域的研究者自 20 世纪 70 年代以来就开始关注这个问题。他们发现，在不同的问题情境下，即使在抽象层面上结构相同的问题，个体也表现出不同水平的处理能力。例如，斯滕伯格在一项对家庭妇女在超市的购买行为的研究中发现，一些家庭妇女能够迅速地判断购买何种规格/容量的洗涤剂最划算，但是如果将相同的判断比较情境表述为文字、数学问题，那么她们的成绩将显著下降；而大学生的表现则正好相反（Sternberg，1985）。大量类似的实验表明，问题解决能力存在很强的情境特异性。这说明传统的智力测验只考虑了更多与学业相关的问题情境。

（2）由于忽视文化差异，传统的智力测验结果存在跨文化的不公平性。有学者认为，传统的智力测验只与部分文化下对智力的理解和智力成分的强调存在较高的一致性。如果忽视这些文化差异，直接对智力测验结果进行比较，那么可能存在很强的误导性。正如一些学者所言，智力测验是"企图用一种最初被设计用来打破特权的工具来维护特权"。常用的智力测验包括美国大学和研究生入学考试的各种能力测验，这些测验对于不同文化背景的人并不是公平的。另外，人们对智力的理解和智力对适应能力的预测存在文化差异性。研究发现，人们对智力的理解除了一般因素包含的范围（如记忆、推理等），还包括自我调整、人际调整等因素。对一些国家和地区（如俄罗斯、肯尼亚、北美等）的研究表明，人们对智力的理解和智力成分的强调与对西方文化的理解也存在不同程度的差异。

11.1.2　从一般智力到实践智力

传统智力测验存在的上述问题，多年来受到理论界和实践者的广泛批评。一些学者尝试从多个角度拓展智力理论的内涵和智力测验工具开发的新模式。其中，比较著名的智力理论有美国心理学家加德纳 1983 年提出的多元智力理论和斯滕伯格 1985 年提出的三元智力理论。加德纳认为，现行的智力测验的内容过于偏重基于知识的测量，这大大缩窄了智力的内涵，甚至曲解了智力的本质。他认为智力是在某个文化情境设定的价值标准体系下，个体解决问题、满足需要的能力。加德纳认为，智力应该有八种（见表 11-2）。

表 11-2　加德纳认为的八种智力

智力	终端站	中心成分
逻辑-数学	科学家、数学家	洞悉能力和灵敏性、逻辑和数字模式，把握较为复杂的推理
语言	诗人、新闻记者	对词的声音、节律和意义的灵敏性，对不同语言功能的灵敏性
自然	生物学家、环保主义者	对种属不同的灵敏性，与生物敏锐交往的能力
音乐	作曲家、小提琴家	产生和欣赏节奏、音高和颤音的能力，对不同音乐表达形式的欣赏
空间	航海家、雕刻家	对空间的感知、辨别、记忆和改变的能力，对人的最初知觉进行操作转换的能力
身体运动	舞蹈家、运动员	控制身体运动和有技巧地运用物体的能力
人际（社交）	心理治疗师、推销员	对其他人的情绪、气质、动机和期望的辨别和恰当反应能力
内心（自知）	详细的、准确的自我知识	对自己情绪的感知、区分，并以此指导行为的能力，对自己的力量、弱点、期望和智力的了解

加德纳认为，西方社会促进了前两种智力的发展，而非西方社会对其他智力更为注重。例如，与美国等个性化的社会相比，日本这样的群体性社会更强调合作行为和公众生活，因此人际能力更为重要。其实，近年来流行的情绪智力（Emotional Intelligence）与加德纳的人际智力和内心智力的概念高度相关。

斯滕伯格的三元智力理论区分了三种不同的智力或技能。

（1）分析智力，即个体进行分析、评价、判断、比较及对比的技能。通常当面对相对比较熟悉的问题而需要做出的判断又比较抽象的时候，会用到这种技能。

（2）实践智力，即个体把自己的技能实际使用、应用或提高到现实情境中的能力。它包括个体把自己的技能应用到其在日常生活中面对的问题中，如在家里或在工作中遇到的问题，还包括把自己的智力成分应用到现实经验中，以适应、改变或选择环境。

（3）创造智力，即个体进行创造、发明、发现、想象，以及做出设想或假设的能力。分析智力可以从书本上学到，实践智力可以从日常生活中学到，只有创造智力不仅需要学习，而且需要启发和引导。

分析智力与实践智力的特征比较如表 11-3 所示。

表 11-3　分析智力和实践智力的特征比较

分析智力	实践智力
由他人提出/界定（施测者）	需要自己提出/界定
定义清晰	定义模糊
提供的信息是完整的	需要自己寻找必要信息
固定数目的正确答案（通常是单一的）	有多种正确解决方案
固定的解决路径（通常是单一的）	多种解决路径
与日常经验是脱离的	需要将问题与日常经验联系起来
与个人兴趣/目标是脱离的	需要个体动机和卷入

斯滕伯格认为，传统的智力测验测查的是西方文化下专家认为的智力因素（如反应速度、记忆、逻辑推理等），而这些因素通常没有包含实践领域中需要的能力成分。因此他认为，智力应定义为个体为了实现目标，通过对环境的适应、塑造、选择等过程获得优化选择适应的能力。

11.1.3　实践智力的测量

在提出三元智力理论和实践智力这个概念之后，斯滕伯格研究组在各实践领域研究了人们解决问题的思维过程。斯滕伯格认为，人们在解决实际问题的过程中，通常使用已有的知识结构来同化当前的问题情境，以迅速获得问题的解决方法。所以，斯滕伯格将实践智力定义为一种"发展中的专家素质"（Developing Expertise）。从本质上来说，这种"发展中的专家素质"是一种内隐的程序性知识，而这种内隐知识可以作为实践智力的测量指标。

内隐知识的概念是由英国思想家博兰尼首次提出的。他提出人类拥有两种不同类型的知识，一种是可言传的知识，可以用语言、文字或符号等有形的、客观的方式清晰地表达出来，称为外显知识；另一种是不可言传的知识，很难用语言、文字等有形的、客观的方式清晰地表述出来，称为内隐知识。斯滕伯格把内隐知识定义为：在没有其他人直接帮助的情况下获得的、个体为达到具有价值的目标而掌握的行为定向的知识。斯滕伯格认为，内隐知识有三个关键特征：程序性知识；与目标达成紧密相关；通过个人经验获得。内隐知识的具体特征如下。

（1）内隐知识难以编码。内隐知识不能言传，也很难进行编码，难以运用显性的方式进行表述和交流。

（2）内隐知识是程序性知识。内隐知识与行动密切相关，它是程序性知识而不是陈述性知识。

（3）内隐知识具有价值性。内隐知识以经验为基础，以行动为导向，对个体或组织目标的达成有很强的指导作用，因而具有重要价值。

（4）内隐知识具有非系统性。内隐知识通常是零碎的、不明确的，往往以局部的认识取代完整的知识，表现出非系统性。

（5）内隐知识具有文化性。内隐知识与具有一定文化传统的人们分享的概念、符号、知识体系相关，具有文化性。

由于内隐知识难以言传的特点，使其在测量上存在较大的困难。采用情境判断测验，可以模拟真实世界的复杂情境，在时间压力下，要求个体提供相应的反应，测量个体间的关系、问题解决技巧和行为意愿等（Weekley & Jones，1999），以此可以更好地捕捉那些来自实践的行为，尤其是以经验为基础的程序性行为，因此使得对内隐知识进行测量成为可能（Grigorenko，Sternberg & Strauss，2006）。

11.2　情境判断测验概述

11.2.1　情境判断测验的概念

情境判断测验（Situational Judgment Tests，SJT）是一种有效的情境模拟测评工具，主要用于测量人们的社会生活与工作实践能力。情境判断测验是通过模拟一些工作中实际发生或可能发生的情境，为应试者呈现一些与工作相关的典型情境及在该情境下可能产生的行为反应，令应试者对情境中的问题与相应的行为反应做出判断、评价和选择，然后面试官以一定的方式对应试者的选择结果进行评分，并根据评分结果对应试者做出某些判断的测验。情境判断测验是一种结构不良问题的定向反应测验。最早的情境判断测验是 1926 年华盛顿大学制定的社会智力测验判断量表，因为该量表不是用于管理测评的，所以在当时没有引起广泛的注意。到了 20 世纪 40 年代，该量表已应用于商业和军事领域，20 世纪 60 年代，其又应用于美国民用服务系统。该量表在人力资源管理中得到普遍应用始于 20 世纪 90 年代斯滕伯格和摩托维德罗对其的研究，经过研究和应用，他们发现情境判断测验是测量个体胜任力的良好工具，是重要的评价中心技术。情境判断测验之所以越来越受重视，主要有以下四个原因：一是情境判断测验具备更高的表面效度；二是情境判断测验的开发成本相对较小，而效标关联效度较高，尤其是针对管理岗位及需要人际技能的岗位；三是情境判断测验与智力测验及工作经验、工作知识有较高的相关；四是相比传统的认知能力测验，情境判断测验对不同文化群体产生的负面效应较小。

11.2.2　情境判断测验的特点

情境判断测验是在情境模拟技术的基础上发展起来的，它具有以下特点。

（1）情境模拟性比较强。在情境判断测验中，为应试者呈现的情境及相应的行为反应都是与实际工作紧密相关的，且呈现形式不限于文字描述，还包括影像。在传统的纸笔测验中，问题情境及相应的行为反应是通过文字描述呈现出来的，因此仿真度较低。而在影像呈现中，问题情境及其行为反应是通过演员表演出来的，能够向应试者传递更多的信息，因此与纸笔测验相比具有较高的仿真度（Funkedg，1998）。

（2）问题解决的限定性。在情境判断测验中，每个问题情境都设置了有限的几项可能出现的行为反应，应试者只需要根据要求对情境反映的行为反应做出选择或评价，而不需要陈述或展示其真实行为。与此相比，评价中心只设置一定的情境，然后要求应试者根据情境条件现场做出反应，即按照在实际工作中惯有的行为方式对问题进行处理；在测验过程中，应试者的行为反应是开放式的，其依据是应试者平时的工作行为或习惯。

（3）操作实施的简便性。情境判断测验的操作实施简便高效，测验结果是依据事先确定的各个选项的赋分规则进行评分得来的，不需要面试官对应试者的行为反应进行评价。与此相比，评价中心中的文件筐测验、无领导小组讨论等要求面试官对应试者的行为反应做出评价，进而得到一个评分结果。

（4）测量的效度比较高。情境判断测验是一种有效的人才测评工具，在人力资源管理中有广泛的应用空间和较高的应用价值。元分析表明，情境判断测验对工作绩效有较好的预测力，平均效度系数为0.36，但在不同测验上，其取值的波动范围较大，这是它最吸引测评专家的地方。情境判断测验与人格和其他非认知特征因素显著相关，例如，与大五人格测试的多种因素有中度以上的相关，与尽责性的相关系数为0.26，与情绪稳定性的相关系数为0.32，与宜人性的相关系数为0.25。威克利和琼斯的大样本研究表明，情境判断测验与认知能力的平均相关系数为0.45。另外，情境判断测验与所测领域的个人工作经验、工作年限有统计显著意义的相关。

11.2.3 情境判断测验的类别

从情境的提供方式来看，情境判断测验分为文字描述类、录音口语描述类与录像模拟类三个子类；从对行为反应的判断要求来看，情境判断测验分为强调认知的有效与无效判别和涉及态度的愿与不愿表述两个亚类。下面列举最常用的两类情境判断测验。

1. 文字描述类情境判断测验

文字描述是最常用的情境判断测验形式，这种形式便于测验的实施和应试者的作答。

假设你是地方负责环境保护规划的主管干部，你对辖区内的生态系统的保护负全部责任。你的下属告诉你，某个公司要在保护区内建设一个项目，该公司声称已得到上级主管领导的批准，只是工程进度比较紧，目前审批手续还不齐备。该公司的施工队已经进驻，对于是否阻止施工的进行，下属请示你的意见。对于这件事情你早有耳闻，并且知道上级领导已经点头同意，他也向你暗示过要支持这项工作。但是在没有审批手续的情况下，这个项目明显违规，你可能要负全部责任。

这件事情如何处理？请对以下给出的九种做法按其有效性程度分别给出评价。

    1   2   3   5   6   7

最无效的处理方式　　　　　　　　　　　　　　　　　　　最有效的处理方式

（1）马上通知该公司的领导，表明没有审批手续不能开工。

（2）与上级领导沟通，说明按规定没有审批不能在此施工。

（3）命令下属，阻止该公司的施工。

（4）告诉下属，该项目获得了上级领导的批准，可以放行。

（5）对下属不置可否，不明确表态（阻止还是放行），自己立刻就此事与上级领导通气，获得领导的明确意向。

（6）向上一级部门（主管领导的上级）反映情况，说明自己的正常工作受到上级领导的干扰。

（7）不直接阻止该项目的施工，但让下属每天去该公司，要求他们出具审批手续，并把每次检查的过程记录在案。

（8）向上级领导请示，如果他要求自己不要阻止该项目的施工，则要给自己一个书面材料的指示。

（9）要求下属去该公司质疑项目的合法性，但不要表态。

2. 录像模拟类情境判断测验

录像模拟也是现在用得越来越多的情境判断测验形式，应试者通常需要看一段模拟实际工作情境的录像，然后以某种角色就录像中呈现出来的问题提出解决方案。

录像情境：王莉在某银行营业大厅为客户办理业务时，有位男性客户走了过来。此人递过来的号码条并不是刚才叫到的号，很显然，这位顾客插队了！按照标准的服务程序，王莉礼貌地告诉客户，请他回到大厅座位上再耐心等待一下，因为再过一个人就轮到他了，而且这位男士身边站着本应该叫到号的那位女士，此时正恶狠狠地看着前面这位男士。这位男士似乎并不知情，而是一个劲儿地说自己多么忙，要赶紧办，还责怪王莉办业务太慢，而且声明自己刚才听到王莉叫的就是自己手里的号。此时，大堂经理走过来试图调解，突然，旁边的女士爆发了，和那位男士吵了起来，说他耽误了自己的时间，而自己马上要取钱去看病人，旁边等待的顾客都站了起来，准备看看这场惊心动魄的闹剧如何收场……

录像的画面到此戛然而止，画面下方跳出一行字幕："假如你是这个营业厅的大堂经理，此时你将采取什么行动？"接下来应试者需要在一份问卷上用笔回答上述录像中的问题。过了一段时间后，录像又继续往下播放，并跳出另一个问题让应试者回答。

11.3　情境判断测验的开发模式及步骤

11.3.1　情境判断测验的开发模式

情境判断测验的内容结构包含以下四个方面。

（1）题干，用以设置问题情境。

（2）选项，提供须判断的行为反应。

（3）指导语，确定判断方式，如是选出一个极端项还是对每个选项进行等级评定。

（4）评分标准与办法。

情境判断测验的开发模式有两种，一种是经验性开发模式；另一种是逻辑性开发模式。

1. 经验性开发模式

（1）通过访谈的方式了解与岗位工作密切相关的"关键事件"，并将那些能有效区分绩效的关键事件进行加工，设置成问题情境。

（2）请专家和该岗位不同熟练程度的人员提供行为反应，选出恰当数量能代表不同有效性或不同选择意愿的行为反应作为试题选项。

（3）确定指导语和评分标准。

（4）实际施测。

（5）针对实测结果分析测验能测到什么内部特质（构想），以考察测验的有效性。总之，这里不是先从测验应测什么构想出发来编制测验，而是从收集具体有效的情境和恰当行为反应出发，最后再来分析测了什么构想，可以说是自下而上的测验编制模式。

2. 逻辑性开发模式

（1）从工作分析出发，确定应测构想的因素模式。

（2）对每个因素拟定操作说明。

（3）根据每个因素的操作说明，开发问题情境与行为反应选项。

以上三步除定性地进行理论分析外，还要进行实证的定量分析。

（4）通过试验性测试进行项目分析。

（5）通过实测，采用探索性与验证性因素分析进行结构效度验证，以及建立恰当效标并进行预测效度检验。

（6）通过多方面反复检验、修改、完善，最后得到符合原定理论构想的测验。当然，在实际开发过程中，原定构想很可能需要修改，而且开发中的各环节都要注意吸取相关专家与工作能手的经验，所以逻辑性开发模式与经验性开发模式并非完全对立。

11.3.2　情境判断测验的开发步骤

1. 确定所测能力的结构

在开发情境判断测验前，首先要确定所测能力的结构。由于情境判断测验通常是应试者在文字描述的情境条件下对有限的既定行为反应做出评价判断，而非在工作实践中由应试者自主做出行为反应，甚至也不是进行口头或笔头的自由陈述。因此，尽管情境判断测验比传统的认知能力测验有更强的实践性，但其需要更多地依赖工作经验和内隐知识来作答，而且不是直接而全面地测量工作经验和内隐知识，所以它对个体实践智力的测量是有限的。当通过工作分析确定了高绩效人员的胜任力要素后，还必须进一步明确其中哪些胜任力要素是"能测的要素"。由此可见，职位"所需的能力要素"与"能测的要素"是两个不同的概念：前者是上位的、全称的，它可直接等同于"胜任力"这一概念；后者是下位的、部分的，它显然只是"胜任力"的某些组成因子，是不能跟"胜任力"这一概念相混同的。胜任力结构模型通常与具体工作领域相关联。例如，我国学者王重鸣提出的企业高层领导的结构要素包括价值取向、诚信正直、责任意识、权力取向、协调监控、战略决策、激励指挥、开拓创新。有的专家（时勘）提出的结构要素包括影响力、组织承诺、信息寻求、团体领导、人际洞察力、主动性、客户服务意识、发展他人、成就欲、自信。美国有人认为，后备军官应具备的结构要素包括：指导、监督下属；训练他人；团队领导；关心士兵生活；对文化差异的容忍力；激励、领导、支持下属；联系、支持同僚；解决问题与决策的技巧。显然，不同职位层次的人对胜任力结构的要求也是不同的，但是不论哪个领域或层级的管理人员，尤其是高层管理人员，他们为之工作的直接对象并不是自然界、物或人工技术系统，而是作为另一个主体的人，以及由人所构成的群体、组织系统、文化与社会系统。管理人员也是主体，不仅要适应组织与社会环境，更要跟他人一起去发展与变革组织，成就社会事业，并使自己在实践活动中得到改造与发展。所以，在胜任力结构模型中，不应过分强调专业技能与知识，而应突出以下四个要素：社会技能与管理能力；自我认知、调控与发展能力；逻辑思维能力；责任、诚信、创新等思想意识。这些要素才是管理人员胜任力中应普遍具有的能力要素。

2. 问题情境的设置

问题情境的设置是为构建问题空间服务的。如前所述，传统的认知能力测验构建的问题，常属于结构良好的问题，其问题情境与解决方案之间蕴含了一个由已知走向未知的必然逻辑。这一逻辑所需的条件在试题中是完备的，逻辑展开的路径与步骤是确定的，发现这一逻辑，按应有的路径与步骤操作，就必定能获得正确的结果。而在情境判断测验中，问题情境要解决的问题常属于结构不良问题，它是社会工作、生活与实践中的矛盾，可以通过不同途径运用不同措施来解决，其结果也可以是多种多样的。正因为问题情境提出的结构不良问题是社会工作、生活与实践中的矛盾，所以其与认知能力测验不同，需要重点提供社会信息，如具体情境中的人员角色信息、人际关系与组织文化信息、价值取向与利益关系信息、社会技巧与管理制度信息等。这些信息都应或公开或隐蔽地呈现出来，既为解决问题所必需，又不过分冗余。另外，这种结构不良问题包含的矛盾应该具有普遍性、典型性和现实性，与工作绩效直接相关并具有较强的鉴别能力。同时，它又不能过分专业化，不能牵涉过多的业务知识。就管理人员胜任力测评来说，为确保情境判断测验的有效性，情境必须针对核心的胜任力结构要素来设置。为了做好情境设置，可以从以下几个方面来收集与加工素材，即如何处理好人与人之间的关系、个体与群体及组织的关系、组织与组织的关系、人与事的关系、事与事的关系，以及现实与未来的关系等。

3. 收集和筛选问题解决的行为反应

情境判断测验不但要设置问题情境，还要收集和筛选问题解决的多个行为反应。只有将问题情境与若干行为反应共同呈现出来，才能共同构成测验的问题空间。行为反应选项的收集可以采用开放式问卷调查的方式来获取，该方式要求受访者写出在问题情境中自己会做出的反应。通常会邀请一批在岗员工，可以要求他们针对情境中的问题，写出自己处理问题的理想解决方法，也可以要求他们写出较好的和较差的两种解决方法，以增加可能的行为反应选项。一般要求在岗员工具有不同程度的工作经验，工作绩效也要有较大的差异。在有的研究中，为了提高行为反应选项的区分度，直接选择工作绩效较好的和工作绩效较差的两批在岗员工来填写在工作中可能遇到的问题的解决方法，或者选择一些没有工作经验的大学生来填写可能遇到的问题的解决方法。问题解决方法应满足以下要求。

（1）具有针对性。每个行为反应都是解决情境问题可能出现的一个方法。如果行为反应与设置的情境问题无关，或者太离奇、太幼稚，那该反应就不能作为一个有效的行为反应选项。

（2）具有区分度和鉴别力。应试者是否选择某个行为反应或做出有效或无效的判断，正是其能力强弱的一个具体表现。如果高水平和低水平的应试者在某一行为反应选项上的作答表现完全一样，那么这样的行为反应选项就是没有区分度和鉴别力的无效选项，应该剔除。

（3）数量恰当并能按强度大小排成序列。一个情境判断测验题一般应有 4~6 个行为反应选项，它们可以按解决问题的有效性或愿意被人采用的程度从高到低进行排列。

行为反应选项被编选出来以后，还要通过试测来收集实证数据。例如，考察专家能手与低能力的新手的测验作答结果间的差异（如考察平均数、标准差的差异等），计算各行为反应选项得分与总分的相关，以及各行为反应选项得分与外部效标测量值的相关等，并据此确定各行为反应选项的有效性。

4. 确定测验的指导语

情境判断测验要求应试者针对给定的情境，对与情境有关的行为反应选项做出判断、评价和选择。在进行判断时，要给出具体的指导语，指导语是用来说明应试者如何选择行为反应选项的。常用的指导语包括两种形式：一种是从行为反应的有效性角度进行选择，另一种是从是否愿采用该行为反应的角度来选择。后者牵涉意愿与态度，应试者很可能不愿如实作答，或者易受社会称许性的影响，从而影响测验的真实性。因此，在没有特别需要时，最好不用这种选择方式。在具体的情境判断测验中，主要有以下几种测评方法。

（1）迫选式。迫选式有两种：一种是要求应试者从多个行为反应中选择一个应试者最可能采取的解决方法，它的变式是要求应试者选出一个最可能的和一个最不可能的解决方法；另一种是要求应试者从多个行为反应中选出一个应试者认为最好的解决方法，它的变式是要求选出一个最好的和一个最差的解决方法。

（2）李克特量表式。李克特量表式要求应试者评价每个行为反应对于解决情境问题的有效性大小。一般采用5点或7点李克特量表，请应试者按照从1（非常无效）到5或7（非常有效）的量表评价每个行为反应的有效程度。

（3）排序式。排序式要求应试者按照有效性或先后顺序对行为反应进行排序。

5. 确定记分方法

不同的记分方法对测验的效度有不同的影响，同时，记分方法要与不同的测评方法相连。目前，比较常用的记分方法主要有两种：演绎式和实证式。演绎式记分方法是请一批职务专家对每个情境下的各行为反应选项进行判断、评价，直到最后达成一致意见。在正式的测评中，就按照确定下来的记分方法给每位应试者记分。实证式记分方法是根据情境判断测验的结果对每个情境下的各行为反应选项进行记分的。目前，实证式记分方法一般由直接主管对任职者进行工作绩效考核。两种记分方法各有特点，开发者可以根据测评目的选择合适的记分方法。具体而言，记分方法有以下几种。

（1）当采用迫选式测评时，应试者选对（跟职务专家选项相同）得"1分"，选错得"0分"；或者选对一项得"1分"，选对两项得"2分"或将最有效（最愿意）项选为最无效（最不愿）项得"-1分"，反之也得"-1分"。

（2）当以李克特量表形式呈现测验时，令应试者在等级量表上对每个行为反应选项进行评分，再计算出应试者的评分与专家设定值的离差，离差小者为优，或者只考察最有效（最愿意）项上的离差；也可不求离差而求相关系数值，这时，要求行为反应选项的个数比较多。

（3）当采用排序式测评时，按专家排序的标准给每个行为反应选项赋予一定的分值，然后把应试者的选择按这个标准进行数量化。

11.4 情境判断测验样例

以下是斯滕伯格（1985）提到的一个企业经理实践智力量表样例。

1. 你已经在一家通信公司担任了两年的中层经理，你所领导的部门有 30 多人，大家对你在第一年的工作反映普遍较好，对你管理的部门的评价即便不是更胜一筹，但至少和你接手前一样好。你有两个助手，一个能力很强，一个则表现一般，不能为你提供任何实际的帮助。

你认为，尽管你受到大家的一致好评，但你的上司不一定认为你比公司的其他几名级别相当的部门经理技高一筹。你很想快速地被提升，进入公司的上层。以下列出了你在之后的两个月中考虑要做的事情。显然，你不可能事事都做。请根据你的目标（晋升），评估每个事项的优先权。

（1）找机会除去部门中的"朽木"，如表现一般的助理及部门里面另外两三个成绩平平的人。

（2）更加投入地参与本地社区的公益事业组织活动。

（3）想办法使你的上级注意到你的工作成就。

（4）对超出你直接领导的部门范围内的事情，提出一个工作建议报告，用以引起上司的注意。

（5）在做决定之前，更加注意考虑上司的意见。

（6）接受朋友的邀请参加一个贵宾俱乐部，许多高级经理是那里的会员。

（7）让上司对你所做的重要决定进行评价。

（8）调整工作时间以提高效率。

2. 一个下属找你咨询如何在这家公司中获得成功。你对这个下属并不是很了解，所以无法谈得很深，只能说一些一般性的建议。你认为下述建议对于在公司中获得成功的重要性有多大？

（1）对重要任务经常设置优先级。

（2）当你在状态的时候才去工作。

（3）每天早点儿把常规工作做完。

……

3. 你的单位派你到一所大学去招聘管理培训生。你考虑大学生的哪些特质对他们在商业上的成功是重要的。请评价以下各项特质的重要性。

（1）能力或智力。

（2）根据任务的重要性来设置其优先级。

（3）商业相关领域的知识（如财务、生产等）。

……

4. 在招聘面试的过程中，一位大学生问道，哪些事情能够增加他在商界成功的机会。对于以下选项，请评价其对在商界成功的重要性。

（1）避免批评别人，除非你有一个更好的解决办法或建议。

（2）在被别人批评的时候要捍卫你的观点。

（3）利用机会在本地媒体的报道中获得关注和好评。

……

5. 很多因素可能与造就一名经理的声誉有关。请评价以下各项的重要性。

（1）批判性思维能力。

（2）知名度（在公司里广为人知）。

（3）对上司意图的敏感性。

……

6. 你刚刚被提升为公司一个重要部门的经理。这个部门的前任经理被公司平调到另一个较不重要的部门任职。你认为公司这次人事变动的原因可能是这个部门的业绩总体上看起来非常一般，当然并没有什么特别的失误，仅仅是看上去不那么出众而已。你的任务是重组这个部门，估计公司期望你能够快速做出成绩。对于以下由你的同事提出的一些建议，你认为哪些是相对重要的、是你能够在这个新职位上成功的关键。

（1）永远把任务指派给职位较低且你信得过的人去办。

（2）不断地向你的上司汇报工作进展。

（3）促进开诚布公的沟通方式。

（4）小心地避开公司里惹不起的人物。

（5）不要做得过多过快。

……

第12章
无领导小组讨论

无领导小组讨论是当前人员招聘与选拔中很受人们欢迎的一种测评方法。从测评技术方面来看，无领导小组讨论已经发展得比较成熟，有一套设计规范和实施规则；从测评功能方面来看，高度的情境性使这种测评方法成为传统面试方法的必要补充。目前，无领导小组讨论正得到越来越广泛的应用。

本章导航

什么是无领导小组讨论	无领导小组讨论的内涵 无领导小组讨论的特点 无领导小组讨论的类型
无领导小组讨论的设计	无领导小组讨论题的设计要求 无领导小组讨论题的设计步骤 无领导小组讨论题的形式
无领导小组讨论的实施	准备阶段 开始阶段 讨论阶段 汇报阶段 评价阶段
无领导小组讨论的结果评定	无领导小组讨论结果评定的原则 无领导小组讨论结果评定的测评要素 总体结果评定 无领导小组讨论的记分方法
无领导小组讨论样例	

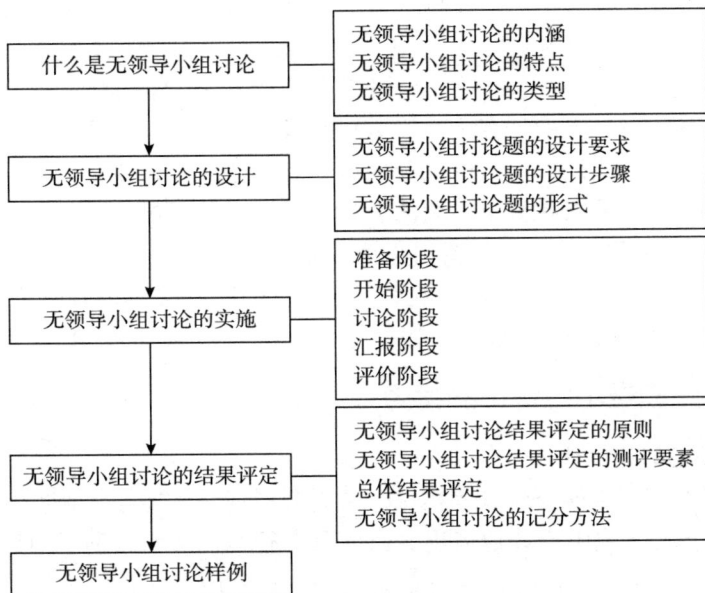

12.1　什么是无领导小组讨论

摩托罗拉公司的招聘程序

摩托罗拉公司的招聘程序一般包括三轮面试。第一轮面试是人力资源部的初步筛选，筛选方法有结构化面试和非结构化面试两种，主要针对专业技术人员和行政管理人员。第二轮面试是在初步筛选后，由业务部门进行相关业务的考察及测试。最后一轮面试是由拟招聘职位的高层经理和人事招聘专员参与，在几位候选人中，选出个人需求与公司需求最配合的那一位。

在考察应试者是否具备一些软性条件时，公司会针对不同的人采用不同的方法。在招聘大学毕业生时，会给他们一些小题目，让他们进行小组讨论，然后从中观察每个人的性格、反应能力、对待问题的态度等各方面的素质；对于有工作经验的应试者，一般不进行小组讨论，因为在没有确定能进入某公司之前，应试者大多不想让别人知道自己的应聘情况。这时，公司会请应试者谈谈发生在他身上的小故事，例如："你印象最深的一次挫折经历是什么？你是如何对待的？"从应试者的叙述中可以发现，每个人对待挫折的态度会有所不同，有的人很被动，不知如何是好；有的人会寻求帮助；还有的人会想办法自己把问题解决掉。这种考察没有一定的规则，不是评判哪种做法更可取，而是从中看一个人的性格和解决问题的能力。

12.1.1 无领导小组讨论的内涵

无领导小组讨论是评价中心技术中经常采用的一种测评技术，其操作方式是让一组一定数量的应试者（一般为 5~7 人）在既定的背景之下或围绕给定的问题展开讨论，这种讨论一般要持续一小时左右。所谓"无领导"，是指参加讨论的这一组应试者，在讨论的问题情境中的地位是平等的，其中并没有哪个人充当小组的领导者。评价者或面试官并不参与讨论的过程，他们只在讨论之前向应试者介绍一下讨论的问题，并规定要达到的目标及时间限制等。无领导小组讨论的目的主要是考察应试者的组织协调能力、领导能力、人际交往的意识与技巧、对资料的利用能力、辩论说服能力及非言语沟通能力（如面部表情、语调、语速、手势、身体姿势）等，同时考察应试者的自信心、进取心、责任感、灵活性及团队精神等个性方面的特点及风格。

12.1.2 无领导小组讨论的特点

1. 无领导小组讨论的优点

（1）无领导小组讨论能为应试者提供一个充分展现其才能与人格特征的舞台。应试者能够在一种动态的情境中充分地表现自己的真实行为，从而有利于面试官对他们进行客观而全面的评价。

（2）无领导小组讨论明显优于其他测评方法的一个方面是，它为应试者提供了一个平等的相互作用的机会。在相互作用的过程中，应试者的特点会得到充分的表现，同时也为评价者提供了在与其他应试者进行对照比较的背景下，对某位应试者进行评价的机会。

（3）无领导小组讨论可以同时考察若干名应试者，并且应用的领域比较广泛，操作起来比较灵活。

2. 无领导小组讨论的缺点

（1）基于同一个背景材料的不同小组，其讨论气氛和基调可能完全不同。有的小组讨论气氛比较活跃，富有挑战性；而有的小组讨论气氛则比较平静，节奏缓慢，甚至显得死气沉沉。一位应试者的表现会过多地受到同一小组中其他应试者表现的影响。例如，当一个健谈的人遇到一些比他更活跃的应试者时，反而会让人觉得他是比较寡言的；而一个说服力不太强的人，在一个其他人更不具说服力的群体中，反而会显得说服力很强。这就导致了无领导小组讨论的另一个缺点，即绝对评价标准与相对评价标准的混淆。

（2）无领导小组讨论对讨论题目的要求较高，题目的质量直接影响了对应试者评价的全面性与准确性。这种评价方式对评价者的要求也较高，评价标准相对不易掌握。

（3）由于应试者知道评价者在观察自己的表现，因此在无领导小组讨论中，应试者存在做戏、表演或伪装的可能性。

12.1.3　无领导小组讨论的类型

1. 无情境性的无领导小组讨论和有情境性的无领导小组讨论

根据讨论背景的情境性，可以将无领导小组讨论分为无情境性的无领导小组讨论和有情境性的无领导小组讨论。

无情境性的无领导小组讨论一般是让应试者就一个开放式问题展开讨论，阐述自己的观点并试图说服他人，通常会要求应试者在规定的时间内得出一个一致性结论。

无情境性的无领导小组讨论样例

请你仔细阅读下面的材料。

德国巴特瓦尔德塞的国际综合经营管理学院的汉斯·戈延格教授指出："21 世纪，企业的兴衰取决于企业家的领导力量，他们面临的任务是非常艰巨的。"他强调企业领导人要面向未来做好准备，积极适应新局势。他认为，欧洲国家以及日本和美国的一些大型企业已起到了先锋作用。他主张，21 世纪的经理人应具备以下 10 项条件：

（1）视野开阔，具有全球性眼光。

（2）要向前看，具有前瞻性视野。

（3）将远见卓识与具体目标结合起来。

（4）适应新的形势，具有不断变革的能力。

（5）具有较强的沟通协调能力和知识。

（6）具有管理各种不同人物和各种不同资源的能力。

（7）具有不断改进质量、成本、生产程序和新品种的能力。

（8）具有创造性管理的才能。

（9）善于掌握情况，通晓决策过程。

（10）具有准确的判断力，富有创新精神并能带动社会变革。

本次讨论大家要解决的任务是：结合企业管理实际及你们对经理人素质要求的理解，请从上述 10 项条件中选出两项你们认为最重要的条件和两项最不重要的条件，并给予详细的理由说明。

讨论要求如下：

（1）每个人都必须参与讨论发言，但每次发言的时间不要超过 3 分钟。

（2）总的讨论时间为 50 分钟。

（3）欢迎个人表述不同见解，但最后必须就主题达成一致意见，即得出一个小组成员共同认可的结论，并能给予充分的理由说明。

（4）在讨论结束之前，必须选派一名代表来汇报你们的结论。

（5）如果到了规定时间还不能得出统一意见的话，那么你们每个人的成绩都要减去一定的分数。

好！现在开始。

有情境性的无领导小组讨论是将应试者置于某种假设的情境中，让他们从情境要求的角色的角度去思考某个问题，以寻找解决问题的思路和办法。

有情境性的无领导小组讨论样例

新迪公司是一家生产电子仪器仪表的小公司，由于经营状况不佳，现在面临着一个严重问题：裁减员工。这是一个比较困难的问题，因为这家公司从未解雇过员工，公司向来以公平对待员工著称。但现在由于形势所迫，总经理不得不召集几条生产线的工长，讨论并排出7名员工的裁员顺序。

拟裁减员工的情况介绍如表 12-1 所示。

表 12-1　拟裁减员工的情况介绍

员工简况	个人排序	小组排序
A：男，34 岁，已婚，两个孩子。已在该公司任职 7 年，工作表现良好，在员工中威信较高，但在过去一年中常有缺勤和迟到现象		
B：男，35 岁，已婚，一个孩子。在该公司任职将满两年，头脑灵活，能吃苦，爱钻研，技术掌握得很快，有一定的专业水平		
C：男，30 岁，该生产线的尖子技术工人，偏内向，喜欢独处，不善交际，同事关系不佳		
D：男，24 岁，未婚。已在该公司工作 3 年，表现良好，与同事关系不错，作为将来的技术骨干力量，正被公司考虑送出去培训以提高技术		
E：男，33 岁，已婚，两个孩子，其妻子前不久失业。已在该公司工作 5 年，工作表现良好又稳定，曾经被公司选送出去接受培训。但最近常常公开表示对公司的不满		
F：男，49 岁，已婚，3 个孩子。自该公司成立 15 年来，一直在公司工作，曾为公司做过不少贡献。近年来对公司有些抱怨，并有酗酒现象，因此影响了工作，但清醒时，工作还不错		
G：女，30 岁，离婚，养育两个孩子。已在该公司工作 5 年，工作完成得较好，因生活比较困难，情绪不太稳定，曾因待遇问题与主管发生过争执		

现在假定你们就是各条生产线的工长，请按照裁减的顺序，将第一个应被裁减的员工排在第一，第二个应被裁减的员工排在第二，依次全部排出顺序。

请大家先熟悉这些员工的材料，排出自己确定的裁员顺序，同时写出自己排序的简单理由，然后进行小组讨论。

要求：
(1) 讨论时间为 45 分钟，请大家充分利用时间。
(2) 每个人都要发言，表达观点并提供理由。

2. 定角色的无领导小组讨论和不定角色的无领导小组讨论

根据是否给应试者分配角色，可以将无领导小组讨论分为定角色的无领导小组讨论和不定角色的无领导小组讨论。

定角色的无领导小组讨论是指在讨论过程中给每位应试者分配一个固定的角色，他需要履行这个角色的责任，完成规定这个角色应完成的任务。例如，有一个关于几个城市申办城市运动会的问题。参加讨论的 6 个人分别代表 6 个竞争城市负责这项工作的领导。在这个任务中，每个人的角色是随机分配的。当你成为某个候选城市的申办代表时，你会拿到一些关于这个城市的情况介绍，然后根据自己的优势与其他代表进行竞争，争取申办权。

不定角色的无领导小组讨论是指在讨论过程中并没有给应试者分配一个固定的角色，他仅仅是阐述自己的观点或充当小组中的一个与其他人没有什么差别的成员。前面介绍过的"无情境性的无领导小组讨论样例"和"有情境性的无领导小组讨论样例"都属于不定角色的无领导小组讨论。

3. 竞争性的无领导小组讨论、合作性的无领导小组讨论和竞争与合作相结合的无领导小组讨论

根据小组成员在讨论过程中的相互关系，可以将无领导小组讨论分为竞争性的无领导小组讨论、合作性的无领导小组讨论和竞争与合作相结合的无领导小组讨论。

在有些无领导小组讨论的情境中，每个小组成员都是代表他们各自的利益或各自从属群体的利益的，小组成员之间的目标也是相互冲突的，并且往往存在对某些机会或资源的争夺问题。这样的无领导小组讨论就是竞争性的。

在有些无领导小组讨论的情境中，小组成员之间必须通过相互配合来共同完成某项任务，每个小组成员的成绩都依赖于合作完成这项任务的结果，同时也取决于他们在合作完成这项任务的过程中所做的贡献。这样的无领导小组讨论就是合作性的。

例如，告诉应试者，他们需要负责所在单位的新年联欢晚会的筹备工作，并在规定的时间内，提交一份关于晚会的形式、内容、筹备人员分工和经费预算情况的报告。这种情境下的无领导小组讨论就是合作性的。

有的无领导小组讨论的情境中既包含竞争的成分，又包含合作的成分。其实，在拓展训练中，两个团队如何利用木板和绳子过鳄鱼池的项目就是这样一种小组讨论形式。在小组内部，成员的行为是合作性的，而小组之间是竞争性的。

12.2　无领导小组讨论的设计

12.2.1　无领导小组讨论题的设计要求

1. 讨论题的具体要求

1）讨论题的内容要求

讨论题在内容上有两个方面的要求：一是讨论内容要反映出应试者的有关素质；二是题目内容应与拟任职位相适应。例如，讨论题的选材直接源于实际工作，突出其现实

性和典型性，这样不但能考察应试者在人际互动方面的素质，而且能考察应试者从事拟任职位的胜任力和适合度。当然，有时无领导小组讨论的目的仅在于测量应试者的一些基本素质，如应届大学生的招聘，这时则可以用一些和具体职位无关的问题。

2）讨论题的难度

无领导小组讨论重在讨论过程而不在讨论结果，通过讨论过程中应试者的表现，来观察和评价其各方面的能力素质。这就要求讨论题具有一定的难度。

为了使应试者能够讨论和争辩起来，讨论的主题一定要具体明确，让应试者有发挥的余地。讨论题的结论不能过于简单，更不能显而易见，使大家的意见"一边倒"，形成"天花板效应"。也就是说，在每个讨论题的分析和判断中，会出现几种可供选择的方案和答案，而每种方案和答案均有利有弊，可以让应试者的主观能动性得以充分发挥，在讨论之中仁者见仁、智者见智。另外，讨论题也不能过难，使应试者无法讨论下去，形成"地板效应"。

3）指导语的要求

讨论题都应有指导语，面试官根据指导语实施讨论，而应试者从指导语中可以完全明白自己在无领导小组讨论中的具体任务和目标要求。通常指导语应包括以下几个部分：

（1）提供讨论情境的背景信息，包括讨论的主题及其整个背景、应试者的角色等。

（2）明确应试者在讨论中须完成的任务，包括个人的任务（如在答卷纸上独立写出自己对问题的看法和理由）和小组的任务（如达成一致的意见并派人向面试官汇报）。

（3）规定无领导小组讨论的具体步骤和要求，包括实施步骤和有关要求，如要求应试者先轮流阐述自己的观点，然后进行自由讨论，每人每次发言时间不能超过 3 分钟等。

（4）规定讨论的时间限制，通常总时间不超过 1 小时，讨论时间不超过 45 分钟。

2. 讨论题的数量

题目的数量与应试者的人数有关。一般来说，每组应试者的人数为 5~9 人。人数太少往往讨论不起来，而人数太多每个人的表现机会太少，同时面试官的观察也会变得不容易。因此，建议每组应试者的人数以 6~7 人为最佳。以此测算，如果要对 30 人进行无领导小组讨论测试，那么分 5 组为宜，这样至少需要 5 道讨论题。但是，题目数量多了以后，一定要注意题目之间的难度要基本一致，否则对不同的应试者不公平。在实践中，处理这个问题的办法有两个：一个是实施测试时分两个或多位面试官同时进行，这样对题目数量的要求就成倍下降了；另一个是尽量将应聘同一职位的应试者放在同一组，这样对不同组的题目难度的一致性要求就会降低，也便于面试官对同一职位的竞争者进行比较。

12.2.2　无领导小组讨论题的设计步骤

1. 工作分析

开展工作分析，特别是胜任特征分析，了解拟任职位所需人员应该具备的特点、技能。根据职位的这些具体要求和无领导小组讨论自身的特点，开展有关讨论题素材的收集和整理工作。

2. 素材收集

与拟任职位有关的素材收集，可以通过查看与职位有关的工作记录来获得，必要的时候也可以通过对任职者的访谈来获得更多具体的案例。收集的相关案例应能充分地反映拟任职位的特点，并且能够使应试者处理起来有一定的难度。

3. 案例设计

对收集到的所有素材进行甄别、筛选，并在此基础上对素材进行加工。根据测评目的，设计出难度适中、内容合适、典型性和现实性都比较好的案例。

4. 讨论题的编制

对设计出来的案例进行整合，使其符合无领导小组讨论的题目要求。整合内容主要包括剔除那些不宜公开讨论的部分或过于琐碎的细节，相应地，应该根据考察的目的，补充那些需要的内容，尤其是要设定一些与职位工作相关且符合讨论特点的情况或问题，使其真正成为具备科学性、实用性、可测性、易评价性等特点的既凝练又典型的讨论题。

5. 讨论题的完善

讨论题编制完成以后，如果条件允许的话，可以先对与应试者相似的一组人进行试测。一方面，看看讨论题是否具有可行性和可操作性；另一方面，检验讨论题能否考察应试者的相关素质。据此，对讨论题进行进一步的修正和完善，直至达到预期的效果。当然，这里一定要注意讨论题的保密工作，否则讨论题将会失效。

6. 评分表的制定

根据测评目的和无领导小组讨论的特点，对每个要素进行界定，给出每个要素的权重，并结合讨论题给出相关要素的观察要点。

12.2.3 无领导小组讨论题的形式

从形式上来说，讨论题一般分为以下五种。

1. 开放式问题

所谓开放式问题，是指没有固定答案、可以有多种多样的答案的问题。开放式问题主要考察应试者考虑问题是否全面、是否有针对性、思路是否清晰、观点是否鲜明和新颖等。例如：

从用人单位的角度来看，你认为优秀的大学毕业生是什么样的？

关于上述问题，应试者既可以从很多方面，如大学毕业生的人品、职业价值取向、发展潜力、专业能力、人际技能等方面来回答，也可以列出很多优良品质。此类问题不易引起应试者之间的冲突，而且讨论的进程不可控，考察的能力范围也比较有限。

2. 两难问题

两难问题要求应试者从两种互有利弊的答案中选择其中的一种。此类问题主要考察应试者的分析能力、语言表达能力及说服力等。例如：

你认为在事业单位管理人员招聘中，专业能力与合作精神哪个更重要？

对应试者而言，此类问题的讨论往往存在竞争有余而合作不足的问题，而且由于选项受限，讨论中很容易出现一边倒的情况。所以，编制此类问题时需要注意，两种备选答案须有同等程度的利弊，否则就无法充分地讨论起来，达不到测评的目的。

3. 多项选择问题

多项选择问题是让应试者从多种备选答案中选择其中有效的几种，或对备选答案的重要性进行排序。此类问题主要考察应试者分析问题实质、抓住问题本质方面的能力。以下为一个曾经设计过的多项选择问题。

针对 700 多家用人单位的调查表明，用人单位认为当代大学生需要加强或提高的素质包括 13 个方面（见表 12-2）。

表 12-2　用人单位认为当代大学生需要加强或提高的素质（多选）

需要加强或提高的素质	选择该素质的用人单位数量/个	选择比例/%
实际操作能力	452	64.20
敬业精神	435	61.79
团队合作	421	59.80
组织协调能力	400	56.82
创新能力	396	56.25
心理素质	275	39.06
人际交往能力	270	38.35
独立工作能力	263	37.36
知识结构	256	36.36
发展潜力	223	31.68
人文素养	212	30.11
外语水平	185	26.28
研究能力	169	24.01

请针对上述调查中用人单位认为当代大学生需要加强或提高的 13 个素质，按每种素质的可塑性进行排序，最能够培养和改变的因素排在第 1 位，最不好培养和改变的因素排在第 13 位。

此类问题对于考察应试者的各方面能力和个性特征是比较有利的，但要使讨论题比较有效，评价者需要在题目设计上下功夫。

4. 操作性问题

操作性问题是给应试者一些材料、工具或道具，让他们利用所给的这些材料，设计出一个或一些由面试官指定的物体来。此类问题主要考察应试者的主动性、合作能力及在实际操作任务中充当的角色。例如，给应试者一些材料，要求他们相互配合，构建一座铁塔或一座楼房的模型。此类问题在考察应试者的操作行为方面要比其他方面多一些，同时情境模拟的成分也要多一些，但考察言语方面的能力较少，同时面试官必须很好地准备所用到的一切材料，对面试官的要求和题目的要求都比较高。

5. 资源争夺问题

资源争夺问题适用于定角色的无领导小组讨论，主要通过让处于同等地位的应试者就有限的资源进行分配，从而考察应试者的语言表达能力、分析问题能力、概括或总结能力、发言的积极性和反应的灵敏性等。例如，让应试者担任公司某部门的经理，并就有限数量的资金进行分配。因为要想获得更多的资源，自己必须有理有据，必须能说服他人，所以此类问题可以引起应试者的充分辩论，也有利于面试官对应试者进行评价。但是此类问题对讨论题的要求较高，即讨论题本身必须具有角色地位的平等性和材料准备的充分性。

12.3　无领导小组讨论的实施

无领导小组讨论的实施包括准备阶段、开始阶段、讨论阶段、汇报阶段、评价阶段五个环节。

12.3.1　准备阶段

1. 有关材料的准备

在讨论开始前，须准备每位应试者的材料和每位面试官的材料。前者包括讨论的背景信息和讨论的主题、必要的道具（如笔、答题纸等）；后者包括面试官指导语、讨论题、评分表和记录用纸等。

2. 面试官的准备

（1）将面试官分组，每组 5~7 人，指定一人为面试负责人。

（2）对面试官进行集中培训，使每位面试官熟悉采用的讨论题，包括题目的内容、实施程序、指导语、时间限制、评价维度和评分标准等。

3. 应试者的准备

（1）将应试者分成讨论小组，尽量将应聘同一职位或相近职位的应试者安排在同一组，每组 5~9 人。

（2）排出应试者参加讨论的时间表。

4. 场地的准备

场地应整洁、安静、采光良好。场地要有足够大的面积，应试者的座位宜围成圆桌，以便讨论，也有利于使所有的应试者处于同等的地位。面试官的座位应与应试者的座位保持一定的距离，并便于进行观察。面试官与应试者的位置安排（一）如图 12-1 所示。

图 12-1 中的位置安排方式既有利于应试者之间进行讨论，又便于面试官对每位应试者的行为表现进行观察。在评价中心中，若每位面试官只需观察一两位应试者的行为表现，则面试官和应试者的位置安排（二）如图 12-2 所示。

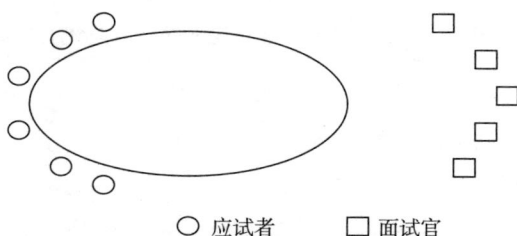

○ 应试者　　□ 面试官

图 12-1　面试官与应试者的位置安排（一）

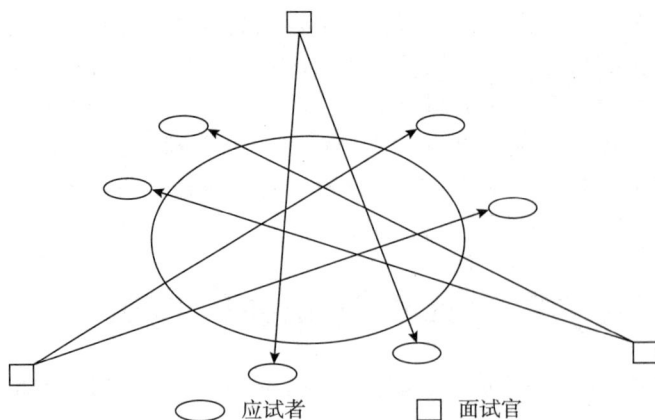

图 12-2　面试官与应试者的位置安排（二）

12.3.2　开始阶段

1. 面试官提前入场

面试官和工作人员应提前 10 分钟进入考场，检查考场的准备情况，包括所需材料是否齐全等。

2. 应试者入场

应试者入场前应先由工作人员对其身份进行确认，经确认无误后，再在工作人员的引导下入场。面试官根据事先安排好的位置将应试者引到相应的座位上。为便于面试官观察和评价，每位应试者面前应有桌签，上面有其姓名和序号，序号按 1、2、3、4、5 等的顺序排列，这样面试官在评价时只需记住每位应试者的序号即可，这比记住每位应试者的姓名要容易得多。

3. 宣读指导语

工作人员给每位应试者发放材料。然后，面试负责人宣读指导语，指导语样例如下。

大家好！欢迎大家参加本次讨论，本次讨论的主题是关于……希望你们在本次讨论中积极发言。面试官将根据你们在讨论中的表现，对你本人及小组进行评价。在整个讨论的过程中，面试官作为旁观者，不参与你们的讨论，由你们小组成员自主进行。讨论开始后，请不要再向面试官询问任何问题……

4. 讨论开始前的准备

应试者在讨论开始前需要用 10~15 分钟时间阅读材料，有时还需要在答题纸上单独写出自己的观点，并阐述理由。在这段时间里，应试者是不能相互讨论的。表 12-3 给出了一个奖金分配类问题的无领导小组讨论答题纸（样例）。

表 12-3　无领导小组讨论答题纸（样例）

考号：		姓名：　　　　　报考部门：　　　　　编号：
奖金分配方案	排序	各部门人均奖金额由高至低依次为：

续表

奖金分配方案	人均奖金额	高于平均水平的部门：	
		相当于平均水平的部门：	
		低于平均水平的部门：	
理由			

12.3.3　讨论阶段

（1）面试负责人宣布讨论要求，说明讨论的具体规则、时限和小组要达成的目标。在面试负责人说"讨论开始"之后即可开始进行自由讨论，讨论时间一般为 40~60 分钟。在讨论期间，小组的任务一方面是要形成一个解决问题的一致意见，另一方面是在讨论结束后选派一名代表向面试官报告讨论情况和结果。

（2）首先应试者轮流发表自己的意见，然后按照要求展开讨论。通常在讨论开始时，每位应试者需在 2 分钟内阐述自己的观点，在紧接着的讨论中，每人每次的发言时间一般不能超过 3 分钟，但对每人的发言次数不做限制。

（3）面试官观察和记录应试者的表现。观察可以从以下多个方面进行。

- 每位应试者提出了哪些观点？
- 当小组成员间的观点不符时，应试者是怎样处理的？
- 应试者是否坚持自己认为正确的观点？
- 应试者提出的观点是否有新意？
- 应试者是怎样说服别人接受自己的观点的？
- 应试者是怎样处理与他人的关系的？是否善于赢得他人的支持？
- 应试者是否善于倾听别人的意见？是否只顾自己讲或常常打断别人的讲话？
- 应试者是否尊重别人？是否侵犯别人的发言权？
- 当个人的利益与小组的利益发生冲突时，应试者是如何处理的？
- 是谁在引导着讨论的进程？
- 是谁经常进行阶段性的总结？
- 每位应试者在陈述自己的观点时，语言组织得如何？语调、语速及手势是否得体？

12.3.4　汇报阶段

（1）面试官宣布讨论结束，请应试者停止讨论。
（2）各小组推荐一位应试者进行总结汇报，其他人可以进行适当的补充。
（3）面试官宣布测试结束，请应试者退场。

12.3.5　评价阶段

（1）面试官对自己的记录内容进行整理，并根据每位应试者的综合表现对他们进行评分，必要时可写出评价意见，最后签上自己的名字。

（2）工作人员回收面试官的评分表，并对评分进行汇总。

12.4　无领导小组讨论的结果评定

12.4.1　无领导小组讨论结果评定的原则

1. 全面性原则

面试官对应试者的评价应基于应试者在无领导小组讨论中的全部行为表现，不应仅根据部分行为表现就对应试者的表现下结论。所以，无领导小组讨论的结果评定通常要在讨论结束后进行。

2. 面试官资格原则

面试官必须具备一定的资格并接受过相关的培训。不具备资格的人员不论其职位高低都不能充当面试官。同时，在对具体的无领导小组讨论进行评分时，还必须有针对该题目的有关培训，以便使所有面试官对该题目的一切材料和问题非常熟悉，从而保证评分的一致性。

3. 过程重于结果原则

在无领导小组讨论的结果评定中，面试官须注意对应试者的评价应基于应试者在整个讨论过程中的行为表现和反应（如说服他人的倾向、控制讨论节奏的能力等），而不应过多地关注应试者最终讨论的结果。

12.4.2　无领导小组讨论结果评定的测评要素

1. 言语表达能力

能否清晰地表达自己的观点和思想，以及声音是否洪亮、用词是否准确、语言是否流畅。

2. 倾听

是否专心聆听他人的发言；能否明白他人的意思；在讨论中是否存在随便打断他人发言的情况；非言语行为是否恰当（如表情、点头等）。

3. 组织协调能力

在讨论中是否善于寻求大家观点的共同点和分歧之处，并为达成小组目标主动平息小组的纷争，推动小组形成统一意见。

4. 综合分析能力

分析问题的思路是否清晰、是否具有条理性，是否善于抓住问题的要害；提出的问题解决办法是否具有可行性。

5. 合作意识

是否善于察言观色；与他人沟通的态度和方式是否得体；能否主动与他人达成一致的观点。

6. 感染力

语言表述是否自信、有力；能否根据他人的反应来调整自己的行为；个人观点能否得到小组其他成员的认可。

12.4.3　总体结果评定

为了便于面试官把握评分尺度，通常采用10分制的形式对每个要素进行结果评定。在给出具体分数前，面试官可以先根据应试者的行为表现进行等级评定（如优、中、差）。

优（8~10 分）：发言和行为表现很突出，基本没有失误，在大部分观察点上表现优异或与大部分观察点一致性程度很高。

中（4~7 分）：发言和行为表现一般，没有太多的失误，在部分观察点上表现较好，在部分观察点上无突出表现或与部分观察点符合程度不高。

差（1~3 分）：发言和行为表现差，在大部分观察点上表现很不理想或与大部分观察点描述的行为很不一致。

必须注意的是，除按要素对每位应试者进行评价外，在实践中还常常需要根据每位应试者在小组讨论中的总体表现进行评价（见问题 1~3），以及根据整个小组的总体表现情况进行评价（见问题 4~5），后者的评价对每个小组成员都有影响。

个人总体表现评价

问题 1：此人的参与程度有多高？

应试者 1	很低	1 2 3 4 5 6 7 8 9	很高
应试者 2	很低	1 2 3 4 5 6 7 8 9	很高
应试者 3	很低	1 2 3 4 5 6 7 8 9	很高
应试者 4	很低	1 2 3 4 5 6 7 8 9	很高
应试者 5	很低	1 2 3 4 5 6 7 8 9	很高

问题 2：此人对小组讨论的贡献有多大？

应试者 1	很小	1 2 3 4 5 6 7 8 9	很大
应试者 2	很小	1 2 3 4 5 6 7 8 9	很大
应试者 3	很小	1 2 3 4 5 6 7 8 9	很大
应试者 4	很小	1 2 3 4 5 6 7 8 9	很大
应试者 5	很小	1 2 3 4 5 6 7 8 9	很大

问题 3：在讨论中，此人在多大程度上显示了管理潜力？

应试者 1	很低	1 2 3 4 5 6 7 8 9	很高
应试者 2	很低	1 2 3 4 5 6 7 8 9	很高
应试者 3	很低	1 2 3 4 5 6 7 8 9	很高
应试者 4	很低	1 2 3 4 5 6 7 8 9	很高
应试者 5	很低	1 2 3 4 5 6 7 8 9	很高

小组总体表现评价

问题 4：该小组在多大程度上显示了竞争性/合作性？

小组 1	竞争性	1 2 3 4 5 6 7 8 9	合作性
小组 2	竞争性	1 2 3 4 5 6 7 8 9	合作性
小组 3	竞争性	1 2 3 4 5 6 7 8 9	合作性
小组 4	竞争性	1 2 3 4 5 6 7 8 9	合作性
小组 5	竞争性	1 2 3 4 5 6 7 8 9	合作性

问题 5：该小组的好战性/凝聚性如何？

小组 1	好战性	1 2 3 4 5 6 7 8 9	凝聚性

小组2	好战性	1 2 3 4 5 6 7 8 9	凝聚性
小组3	好战性	1 2 3 4 5 6 7 8 9	凝聚性
小组4	好战性	1 2 3 4 5 6 7 8 9	凝聚性
小组5	好战性	1 2 3 4 5 6 7 8 9	凝聚性

12.4.4 无领导小组讨论的记分方法

（1）每位面试官对每位应试者的每个测评要素进行打分。这种方法的优点是有利于对不同面试官的评价分数进行比较和汇总；缺点是对面试官的要求比较高，特别是当应试者人数较多时，面试官要同时观察多名应试者会比较困难。

（2）不同的面试官对不同应试者的每个测评要素进行打分。这种方法的优点是面试官可以集中注意力去评价少数应试者，提高评价的准确性；缺点是由于各面试官的评定对象不同，因此无法比较不同面试官的评价结果。

（3）每位面试官分别对每位应试者的某几个特定测评要素进行打分。这种方法的优点是有利于面试官更好地把握测评要素的操作定义，使评分更为准确；缺点是由于人的各方面素质本来就是相互联系的，因此分要素评价有"只见树木，不见森林"的缺憾。

12.5 无领导小组讨论样例

下面给出一个由笔者设计的用于大学生招聘的无领导小组讨论样例。

指导语：

大家好！欢迎大家参加这次讨论，讨论的主题是关于出国留学问题的。希望你们在讨论中积极发言，面试官将根据你们在讨论中的表现，对你本人进行评价。在讨论的整个过程中，面试官只作为旁观者，不参与你们的讨论，由你们小组自主进行。讨论开始后，请不要再向面试官询问任何问题……

问题背景：

2017年，我国出国留学人数首次突破60万大关，达60.84万人，继续保持世界最大留学生生源国地位。其中，自费留学人数共54.13万人，占出国留学总人数的88.97%。出国留学规模的持续增长，使中国生源领跑世界。自改革开放以来，各类出国留学人员累计已达519.49万人，目前仍有145.41万人在国外进行相关阶段的学习和研究。

现在，我国越来越多的学生开始走出国门，留学人员的年龄结构还出现了低龄化的发展趋势。至于出国留学的目的也是多种多样的，专家概括为以下几个方面：

（1）学习外语，增加就业竞争力。目前，外语特别是英语已成为重要的学习和工作的基本技能，通过留学可以有效提高外语的听、说、读、写能力，从而增强就业竞争力。

（2）学习更多先进的文化知识。国内教育不一定能满足个人的求知欲望，而在国外的许多世界知名学府中，可以学到许多在国内难以获取的知识。

（3）寻求更大的发展空间和平台。有的同学对自身专业情有独钟，而西方发达国家在诸多专业领域的研究广度和深度上更具优势，出国留学能够为其专业发展拓展更广阔的空间。

（4）享受更自主的教学模式。国外院校的课程设置灵活多样，学生可根据个人兴趣自主选择课程，这有助于培养学生的独立思考能力和创造力；教学方式多采用开放互动式，师生之间可进行更多互动交流，这不仅能激发学生的学习灵感和兴趣，还能增进师生之间的友谊。

（5）拓展自己的人脉。在国外留学会有更多机会接触到来自全世界各个国家的精英，这些人可能成为良师益友，甚至亲密伴侣。留学能够使自己拥有更广的朋友圈。

（6）增加自己的见识。在国外可以体验外国人的生活方式、饮食习惯、做事方法和风土人情，从而增长见识，开阔视野。

（7）适应外国生活，为永久性定居做准备。有的同学更喜欢发达国家的人文环境和生活方式，因此希望通过留学取得国外永久居留权，成为移民。

（8）提高自己独立生活的能力。在国外独立自主的环境下，学生在保证正常学业的同时会勤工俭学，以减轻家庭经济压力，从而提高独立生活能力和自理能力，这对其未来适应社会有很大帮助。

任务：

1. 请每位应试者根据个人经验和所见所闻，除上述八个方面的出国留学目的外，补充一个其他方面的出国留学目的。

2. 根据目前大学生出国留学的实际，经小组讨论确定当前比较普遍的两个出国留学的目的，并为广大出国留学人员实现这两个目的提出留学期间的对策和建议。

注意事项：

1. 小组讨论必须得出一个一致性的明确意见。

2. 在讨论结束后，小组选派一名代表向面试官报告你们小组讨论的情况和结果。

上述无领导小组讨论的评价维度可以从综合分析能力、组织协调能力、言语表达能力和合作意识四个方面进行。无领导小组讨论评分表样例如表 12-4 所示。据此，面试官就可以根据应试者在无领导小组讨论中的表现给他们打分。

表 12-4　无领导小组讨论评分表样例

	测评要素			
	综合分析能力	组织协调能力	言语表达能力	合作意识
评分参考标准	好（8~10 分）：分析问题思路清晰，条理性强，善于抓住问题的要害，并提出符合实际的解决办法。中（4~7 分）：基本抓住了问题的实质，并提出了有一定可行性的措施，但缺乏思维深度和广度。	好（8~10 分）：在讨论中善于寻求大家观点的共同点和分歧之处；为达成小组目标主动平息小组的纷争，推动小组形成统一意见。中（4~7 分）：对他人的不同意见能据理力争，但在推动小组形成统一意见方面的意识不强。	好（8~10 分）：能清晰地表达自己的观点和思想，语言流畅，并善于运用他人的观点来完善自己观点。中（4~7 分）：基本能表达自己的观点，能理解他人的观点，但缺乏感染力和说服力。	好（8~10 分）：善于察言观色，与他人沟通的态度和方式很得体；能主动与他人达成一致的观点。中（4~7 分）：能理解他人的意图，与他人意见不一致时能做一定的让步，但原则性与灵活性不够。

	测评要素			
	综合分析能力	组织协调能力	言语表达能力	合作意识
评分参考标准	**差**（1~3分）：思路狭窄，没有把握问题的实质，考虑问题片面，缺乏逻辑性和条理性	**差**（1~3分）：在讨论中固执己见，听到不同意见时情绪激动，无理指责他人，不能从完成小组目标的角度去平息纷争	**差**（1~3分）：表达凌乱，语无伦次，不能理解别人的观点，找不出别人观点的漏洞	**差**（1~3分）：不能很好地理解他人的意图，与他人沟通的态度和方式欠妥，与他人意见不一致时不懂得让步
应试者A				
应试者B				
应试者C				
应试者D				
应试者E				
应试者F				

表现最好的应试者：

表现最差的应试者：

其他意见：

面试官签字：

第13章
文件筐测验

当前，在管理人员的招聘和竞争上岗中，文件筐测验作为一种测评技术已经得到越来越广泛的应用。在国外，文件筐测验是评价中高层管理人员的重要测评工具，也是评价中心技术中应用最多的一种情境模拟测验。文件筐测验是一种信度和效度都比较高的测评方法，可用于领导干部和管理人员的选拔、考核及培训。

本章导航

```
┌─────────────────────┐      ┌──────────────────────────┐
│  文件筐测验的特点与功能  │──────│ 文件筐测验的概念            │
└─────────────────────┘      │ 文件筐测验的特点            │
           │                  │ 文件筐测验的功能            │
           ↓                  └──────────────────────────┘
┌─────────────────────┐      ┌──────────────────────────┐
│   文件筐测验的实施     │──────│ 测评前的准备阶段            │
└─────────────────────┘      │ 开始阶段                  │
           │                  │ 正式测评阶段               │
           ↓                  │ 评价阶段                  │
                              │ 标准化文件筐测验的实施步骤     │
                              └──────────────────────────┘
┌─────────────────────┐      ┌──────────────────────────┐
│  文件筐测验的设计与     │──────│ 确定测评要素               │
│    试题编制           │      │ 编制文件                  │
└─────────────────────┘      │ 试测与收集答案             │
           │                  └──────────────────────────┘
           ↓
┌─────────────────────┐      ┌──────────────────────────┐
│  文件筐测验的结果评定    │──────│ 制定评价标准               │
└─────────────────────┘      │ 评分标准的设计             │
           │                  │ 评定标准的把握             │
           ↓                  │ 评价结果的内容             │
┌─────────────────────┐      └──────────────────────────┘
│    文件筐测验样例      │
└─────────────────────┘
```

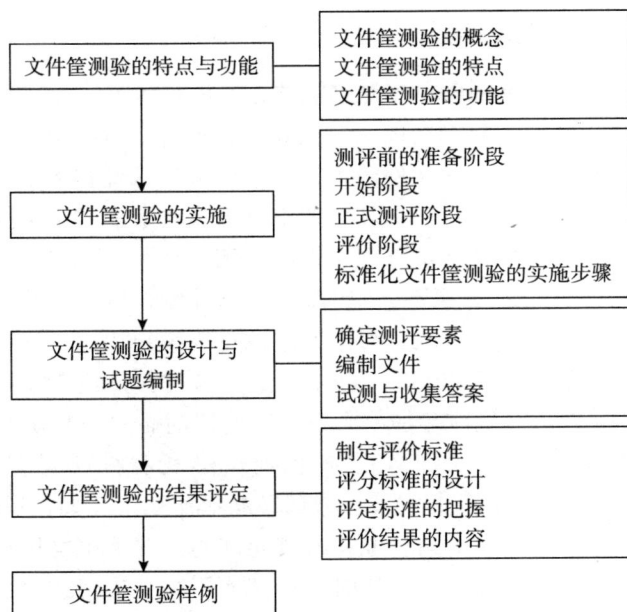

13.1 文件筐测验的特点与功能

美国电报电话公司应用文件筐测验评估管理人员

第二次世界大战期间，美国情报机构在向纳粹德国派遣敌后情报员的过程中，试用情境模拟法物色可靠人选，结果大获成功。美国情报机构的这一"发明"，刺激了商界精英的管理灵感。20 世纪 50 年代至 60 年代，美国电报电话公司率先将该创意由"军用"转向"民用"，先后对本企业 422 名年轻管理人员实行了一种别具一格的、以工作情境模拟为核心的测验。该测验重点评估管理人员的知识、技能、价值观和个人职业追求，同样取得了轰动性成果。其中就包括被称为"管理人员实战演习"的文件筐测验。

在美国，除电报电话公司外，包括福特汽车、通用电气在内的 1000 多家知名企业，均将文件筐测验作为企业管理人员选拔、测评的重要方法。

任何测评方法都有其独特的功能。由于每种测评方法的特点不同，它们往往适合测量不同的测评要素。通常来说，某一种测评方法总是适合测量某些要素的，而对另一些要素的测量效果则相对较差。例如，文件筐测验能有效地测量计划、决策和授权等方面的能力，而无领导小组讨论更适合测量沟通、人际合作等方面的技能。就测量对象的层次而言，文件筐测验更适合测量中高层管理人员；而工作取样法更适合测量基层管理人员和工人。在实践中，我们一定要注意每种测评方法的独特功能，这样才能起到事半功倍的效果。

13.1.1 文件筐测验的概念

文件筐测验又称公文处理测验。在这项测验中，应试者通常扮演某一管理者或领导者的角色，然后处理一系列信函或文稿，包括通知、报告、电话记录、办公室的备忘录等。这些材料通常都放在办公桌的文件筐内，文件筐测验因此得名。材料的具体内容因应试者拟任职位要求的不同而不同。例如，如果是选拔科级职位的人员，问题可能仅涉及理解并遵循上级指示、安排日常事务性工作、协调和执行等；而对于应聘局级职位的人员，问题可能涉及很广，如人事安排、财政支出与控制、组织机构的调整、公共关系等。所有这些信函与文稿都要求应试者写出处理意见或做出决定。这些材料的数量可多可少，一般不少于 10 份且不多于 30 份，同时要给予一定的时间限制，以使应试者产生一定的心理压力，如必须在赶飞机或参加一个重要的会议前做完、要在 1~3 小时内把这些材料处理完毕（美国电话电报公司要求 3 小时内处理 25 份材料）。在处理材料的过程中，一般没有其他人的协助，而且所设情境要使应试者能单独工作（如在星期天或晚上），这样就必须通过书面表达而不使用电话。但在人员允许的情况下也可以派一个秘书或助手供应试者吩咐调遣，在对应试者进行评价时也将其使用这个秘书或助手的情况作为一个评价指标。有时在应试者处理完这些材料后，评价者还要对其进行采访，要求说明为什么要这样处理，对于不清楚的地方，应试者要予以澄清。

在西方高层管理人员和官员的选拔中，测量管理能力最有效的方法是评价中心技术。这种技术把应试者置于一系列模拟的工作情境中，由组织内部的高层管理人员和外部的心理学家组成评价小组，采用纸笔测验、结构化面试和情境模拟技术等多种测评手段，以考察应试者的各种能力或预测其潜能。评价中心的预测效度是现有各测评方法中最高的，而文件筐测验是评价中心用得最多的一种测评工具。西方的一项调查表明，文件筐测验的使用频率高达 81%。文件筐测验已成为测量高层管理人员和官员实际工作能力的有效手段。

13.1.2 文件筐测验的特点

文件筐测验是把应试者置于模拟的工作情境中去完成一系列工作的。与通常的纸笔测验相比，它显得生动而不呆板，较能反映应试者的真实能力水平；与结构化面试、无领导小组讨论等其他测评方法相比，它提供给应试者的背景信息、测验材料及应试者的作答都是以书面形式完成的。这样一方面是考虑到应试者在日常工作中接触和处理大量文件的需要，另一方面也为每位应试者提供了条件和机会相等的情境。文件筐测验可以同时对大批量的应试者进行测试，这也是其他测验无法比拟的。可以说，文件筐测验兼备了情境模拟技术和纸笔测验的优点。

1. 文件筐测验的优点

与结构化面试等方法相比，文件筐测验具有以下优点。

（1）测评情境具有很高的仿真性。文件筐测验的一个最大优点是测评情境与实际工作情境很相似，应试者不是进行角色扮演或回答应该怎么做，而是测评情境几乎就是他们实际的工作情境。由于这一优点，应试者在文件筐测验中会非常投入，就好像他们已经在相应的岗位上工作了一样。从这方面来说，文件筐测验本质上是工作情境的浓缩和模拟，只是在操作实施上做了特别的设计。

（2）考察的内容范围广。在文件筐测验中，测评应试者的依据是文件处理的方式和理由，是静态的思维结果。因此，除了必须通过实际操作的动态过程才能体现的要素外，任何背景知识、业务知识、操作经验及能力要素都可以包含于文件之中。文件的内容和种类可以多种多样，通常包括来自多个部门（或多人）的信函、报告与请示，文件内容涉及政策法规、人事、财务、公共关系等方方面面的事务，从而可以考察应试者对多方面管理业务的整体运作能力。

（3）开放性强。在文件筐测验中，应试者作答的自由度很高，主动发挥的空间很大；应试者面对的不是封闭性问题，而是可以灵活处理的各种开放式问题。

（4）操作实施比较简便。文件筐测验只要求应试者对各种书面材料（包括背景信息和测验材料）进行处理，不涉及人与人之间复杂的互动行为，应试者的作答也是以书面形式完成的。所以，相对于结构化面试、无领导小组讨论来说，该测验的操作实施比较简便，评价者只需经过一定的培训即可胜任。

（5）具有较高的效度。由于文件筐测验的测评方法与拟任职位的工作方式的相似性很高，因此测评结果可以很好地预测应试者未来的绩效。西方有研究者观察了 51 人的工作实绩后发现，工作实绩与文件筐测验之间的相关度高达 0.42；还有人发现文件筐测验的绩效与日后三年内的晋升之间的相关度为 0.32。

2. 文件筐测验的缺点

任何测评方法都有其局限性，文件筐测验也不例外。

（1）由于在文件筐测验的实施过程中，评价者与应试者之间通常没有互动交流，因此此法难以测量应试者的口头沟通、人际协调等方面的实际能力。

（2）编制一个有效的文件筐测验并非易事。它不仅要求编制者具备一定的相关工作经验和丰富的测量学知识，还需要投入大量的时间和精力。通常，编制一个比较规范有效的文件筐测验需要花费一个月以上的时间，且费用较高。

（3）文件筐测验的评价较为困难。文件的处理对于不同的组织往往具有不同的评价标准，因为机构性质和价值理念等因素的不同，文件处理的标准也会存在差异。同时，不同评价者之间的一致性也难以保证，这在一定程度上影响了该方法独特性的充分发挥。因此，文件筐测验的评价应有专家指导，否则会由于评价尺度把握不准而无法取得良好的效果。然而，在具体实践中，专家并不容易请到。所以，这使得文件筐测验很难大规模推广使用，西方一般也只在选拔高层管理人员和官员时才使用此方法。

13.1.3 文件筐测验的功能

由于文件筐测验可以将工作情境中可能遇到的各种典型问题抽取出来，并通过书面的形式让应试者来处理，所以它可以考察应试者多方面的管理能力。特别是计划能力、分析和判断问题的能力、给下属布置工作并进行指导和监督的能力、决策能力等可以得到很有效的测量。从业务方面来说，文件筐测验可以考察应试者在财务、人事、行政、市场等多方面的业务运作能力。同时，与其他面试方法相比，此方法提供给应试者的测验材料和作答都是通过书面形式来实现的，所以还能有效地测量应试者的写作能力。另外，文件筐测验不仅可以用来挑选有管理潜力的应试者，而且可以有效地训练应试者的计划、授权、时间管理、决策等方面的管理能力。研究表明，文件筐测验的结果与培训成功之间的相关度为 0.18~0.36。由于文件筐测验所设情境与实际工作情境很相近，因此经过文件筐测验培训后的管理人员可以在很大程度上提高其工作技能。

13.2 文件筐测验的实施

文件筐测验的实施包括测评前的准备阶段、开始阶段、正式测评阶段和评价阶段，各阶段都有一些特定的要求，任何一个阶段出现问题，其他阶段都难以弥补。因此，在实施文件筐测验时，必须严格按要求对所有应试者进行施测，以保证测量的标准化和公平性。本节前四个部分对非标准化文件筐测验的实施步骤进行了详细说明，第五部分则专门针对标准化文件筐测验的实施步骤进行了说明。

13.2.1 测评前的准备阶段

测评前的准备工作是文件筐测验能否顺利实施的关键。测评前的准备工作的范围很广，包括指导语的设计、各种材料的准备、测试场地的安排等，只有将这些工作做得周到细致，才能确保实施质量。

1. 要有清楚、详细的指导语

指导语要说明应试者在文件筐测验中的任务与相关要求，其文字应通俗易懂，以保证每位应试者都能准确无误地理解测验的要求。典型的指导语可能是这样的：

这是一个文件筐测验。在这项测验中，你将作为一个特定的管理人员，在 2 小时内处理一系列文件、电话记录、办公室的备忘录等。

这里为你准备了今天需要处理的全部资料，放在办公桌的塑料文件袋里。

在测验中，你需要使用以下工具：一本答题纸、相关背景材料、文件袋中的测验材料、铅笔、计算器。

请不要在文件袋中的测验材料上写任何东西，所有的问题处理都写在答题纸上。我们只对答题纸上的作答进行记分，在其他任何地方答题都将不予考虑。

在测试期间，为了不影响你的成绩，请关闭手机。

大家都听明白了吗？有问题的请举手……（若有问题，则加以解释；若没问题，则继续。）

2. 测验材料充分而逼真

测验材料包括两类，即提供给应试者的背景材料和待处理的各种测验材料。

（1）背景材料一般包括应试者的特定身份、工作职能和组织机构等具体的情境设计。背景材料的多少随测验材料而定，其核心目的是为应试者处理文件筐测验中的各种问题提供一个背景情况，以保证应试者有足够的背景信息可以参照。

（2）各种测验材料包括信函、报告、请示、备忘录等。这些材料事先放在桌子上的文件袋里。为了突出文件筐测验的逼真性，上述文件可以通过多种方式来呈现，如不同的文件用不同规格和大小的纸张来呈现，文件可以既有打印稿又有手写稿，有些文件内容中甚至可以写上多位主管的批示，以表示文件已在多位主管中传阅过。

3. 合理设计答题纸

答题纸专供应试者对材料写处理意见或回答指定的问题，是应试者唯一能在其上写答案的地方。评价者只对答题纸上的内容进行评分。

给每位应试者的测验材料和答题纸应事先编上序号，实施前要注意清点核对。答题纸一般由三部分组成：一是应试者编号、应试者姓名、应聘职位、文件序号；二是处理意见或处理措施；三是处理理由，如表13-1所示。文件序号只是文件的标识顺序，通常可以由易到难，但不代表处理的顺序；应允许应试者根据轻重缓急调整处理顺序，只要给所有应试者的文件顺序相同即可，以示公正。在某些特殊情况下，可能需要应试者就某个问题写一个报告，此时得另加上几页空白答题纸。

表 13-1　文件筐测验答题纸示例

应试者编号		应试者姓名	
应聘职位		文件序号	
处理意见一：		处理理由：	
处理意见二：		处理理由：	

4. 事先编制好评分标准

根据各测评要素的定义，结合具体的测验试题，给出各测评要素的评分标准，必要时可给出好、中、差三种情况的作答特征描述。

5. 事先安排一个尽可能与实际工作情境相似的环境

文件筐测验除要求环境安静、空气新鲜、采光好等条件外，还要求测试环境与实际工作情境相似，至少应保证每位应试者有一张桌子和必要的办公用具。由于要处理大量的文件，因此桌面要足够大。应试者之间的距离也应远一些，以免相互干扰。为了保密和公平，最好所有的应试者在同一时间内完成文件筐测验。

13.2.2　开始阶段

在文件筐测验正式实施前，面试官要把测验指导语从头到尾念一遍，并对测验要求进行简要介绍，同时强调相关注意事项。当应试者对测验指导语完全理解后，每位应试者才可以开始阅读相关背景材料，即应试者的身份和一个假定的时间与情境，通常包括工作职能说明、组织机构表、工作描述和部分工作计划等，阅读时间的长短随背景材料的多少而定，一般10分钟就足够了。这里的关键是让应试者尽快进入情境，明确自己的角色，以便正式开始作答。在这个阶段，应试者有任何不清楚的问题都可以向面试负责人提问。下面给出某公司选拔一位副总裁的文件筐测验背景材料。

今天是20××年12月7日，你将有机会在以下两小时中担任TQC公司的执行副总裁。由于公司总裁于20××年12月4日去国外考察，预期一个月左右，因此，你在这段时间里要全权处理公司的一切事务。

TQC公司自2008年创办以来，从一个民办小公司发展成今天拥有五家分公司、三家海外投资公司、员工5000多人的现代化高科技大型企业，其产品行销全国，并已打入国际市场。

TQC公司的机构设置（见图13-1）：总裁有四位，一正三副，下设九个部门，它们分别是研发部、计划部、生产部、营销部、客户部、采购部、企划部、财务部、人力资源部。每位副总裁掌管三个部门。

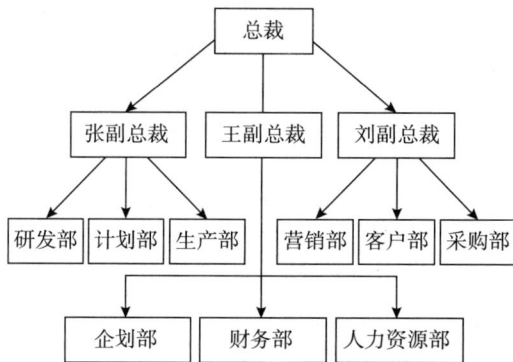

图13-1　TQC公司的机构设置

你所担任的王副总裁这个角色，毕业于清华大学计算机系，并获得北京大学光华管理学院工商管理硕士学位，自公司初创时就立下了汗马功劳，先后担任过研发部经理、企划部经理，担任公司副总裁已有五年。

现在是上午9点，在处理完一般的工作安排之后，你来到办公室。秘书已将今天需要处理的文件整理成册，并放在你的办公桌上。你必须在两小时内处理完所有文件中的问题，因为11点还有一个重要会议需要你主持。很抱歉，由于电话线路维修，你在处理文件的过程中，没有办法与外界通话，因此需要你以文件、备忘录或便条的形式将所有文件的处理意见或处理方法写出来，并把每个文件的处理理由也写出来（请将处理意见或处理方法写在专用的答题纸上）。记住：你被大家称为"王副总"。

现在可以开始工作了，祝你顺利。

为确保应试者理解指导语和相关背景信息，有时在应试者看完材料后还会要他完成一个测验（见表 13-2），特别是在文化水平比较低的群体中，这样做是很有必要的。

表 13-2　指导语和背景信息测验示例

应试者编号：　　　　　　应试者姓名：　　　　　　应聘职位：
指导语和背景信息测验题：
1. 文件必须在两小时之内处理完 　　A. 是　　　　　　　B. 否
2. 有什么不清楚的地方，你可以打电话请示公司总裁 　　A. 是　　　　　　　B. 否
3. 对文件的处理意见或处理方法全部写在相应的文件上 　　A. 是　　　　　　　B. 否
4. 对文件的处理有时候可以凭直觉，不一定非写出处理理由不可 　　A. 是　　　　　　　B. 否
5. 你所在的公司下设九个部门 　　A. 是　　　　　　　B. 否
6. 你将代理总裁全权处理所有的文件 　　A. 是　　　　　　　B. 否
（答案：A、B、B、B、A、A）
（如自己的回答与答案不符，请对照指导语检查。）

13.2.3　正式测评阶段

正式测评通常需要两小时左右的时间，为保证公平性，在正式测评前，应试者不得翻看测验材料。应试者对文件的处理意见或处理方法都要写在答题纸上，除非评价中心的总体设计中设定，否则应试者一般需要独立工作，没有机会与外界进行其他方式的交流。应试者在这个阶段有任何问题，都不得向面试官进行提问。当测评结束时，应试者必须同时停笔，但面试官可以提醒他们检查一下是否在每一页答题纸上写上了应试者编号。对于提前做完试题的应试者，不要让他们离开考场，因为下一个阶段面试官可能还会对应试者进行必要的追问。以某公司选拔副总裁的例子来说，文件筐测验中可能会出现以下文件。

【文件一】

王副总：

　　这是刚才营销部副经理范近提交的辞职报告，他表示本周完成移交工作后就离开公司。您看如何处理？

秘书　文海民
20××年 12 月 6 日

辞职报告

我来公司四年了，在公司领导的信任和支持下，于去年 5 月开始担任营销部的副经理，在工作上自谓尽心尽职，公司的营销业绩有了显著的进步，公司也因此于去年底重奖了我。部门经理可能觉得我能干，就让我分管工作最难开展的区域，这倒没什么，可近半年来，我经常感到部门内很多人不配合我的工作，甚至在背后给我拆台，这样下去不论对公司还是对我来说都是很不利的，我也感到很郁闷，所以想换个工作环境。

我已做好了移交工作的准备，如果由于我的辞职给公司及您本人带来不便，那么请您接受我诚挚的歉意。

营销部　范近

20××年12月6日

【文件二】

关于开发新产品的报告

王副总：

开发部研制并开发了一种新产品——汽车高级自动保护系统，这是第一次向您汇报。我们定于12月11日上午9：00—10：00在本部二楼召开一个产品检验会，希望您能参加。届时，美国国家专利局的官员和日本丰田汽车新产品试验部的主任都将到场。

请及时回复，便于我们做出安排。

研发部　王××

20××年12月6日

【文件三】

新闻采访

王副总：

今年，我公司在行业整体效益大幅度滑坡的背景下，销售额居然有较大的增长，这引起了许多媒体的关注。因此，《工商时报》记者王兵希望在20××年12月11日上午采访您。这一报道对我公司的宣传很重要，我们希望该报能用较大的篇幅报道我公司新产品的有关情况，但记者认为这要根据对您的采访结果来决定。

您是否安排采访，请批示。

营销部　温××

20××年12月5日

【文件四】

客户需求

王副总：

我们客户部上周收到一封信，内容摘要如下："作为贵公司的客户，我们急需100台TJX-2000微型电路系统的计算机，须在明年1月10日前交货。鉴于贵公司的信誉及和我公司的长期合作关系，恳请给予最大的帮助，万分感谢。望复！"从信中可以看出客户的需要，但这种计算机的生产周期是30天，若要满足客户需求，我们需要动员相关部门全力协作，具体涉及的部门有生产部、采购部、财务部和营销部。

此事如何处理，请批示安排。

客户部　金××

20××年 12 月 6 日

【文件五】

王副总：

现呈报给您周正中的辞职报告。他是公司研发部的业务骨干和重点培养对象。

人员流动性大始终是困扰我公司发展和经济效益的重大问题。根据最近三年的统计，有 15%员工工作不满一年就辞职了，25%的员工来公司工作两年就辞职了，近 40%的员工在公司工作三年就"跳槽"到了其他同类单位。

从最近人员流动的情况来看，公司员工离职主要有以下几个方面的原因：

一是我们公司的员工素质总体比较高，许多人都具有计算机应用、微电子工程或工商管理等热门专业的硕士学位，他们在国内的就业机会很多，这在客观上为他们的流动提供了可能。

二是我们公司尽管很重视员工的培训，但员工提职的机会很少。由于公司中高层管理人员一直很"饱和"，近两年来全公司只有 14 名优秀的员工被提拔到中层管理岗位，所以一些员工因为看不到自己的发展希望而离开公司。

三是我们公司的薪酬不仅比外资公司低不少，而且与同类的民营企业相比也偏低。

此事您看如何处理，请批示。

人力资源部　张××

20××年 12 月 5 日

附：周正中给研发部王经理的辞职报告

辞职报告

王副总：

您好！

首先衷心地感谢您和公司对我的重视和培养，在公司工作的近两年时间里，我觉得自己在业务技术和管理方面都有了很大的提高。随着公司业务的不断发展，我感到自己的担子越来越重，同时觉得自己付出的劳动与得到的回报不太相称。为此，经过慎重考虑，我决定离开公司，去寻求一个更适合我的发展环境。

此事实在是出于无奈，请予以批准，谢谢。

研发部　周正中

20××年 12 月 4 日

【文件六】

新产品成本分析

王副总：

某企业试制成功了一种微型恒温器，这种产品的市场远景很好，且竞争对手已成功地以每只 800 元的价格在市场上进行了销售。目前的问题是，我们的实际成本超过了标准成本很多，无法与竞争对手抗衡。请您根据成本报告（见表 13-3）进行分析，找出成本控制中的主要问题及对策。

表 13-3　微型恒温器的成本报告　　　　　　　　　单位：元

项目	实际成本	标准成本
直接劳动力费用	59	52
直接材料费	340	194
生产管理费（按直接劳动力费用的标准成本的 438% 计算）	228	228
生产总成本	627	474
损耗费（总成本的 10%）	62.7	47.4
销售与管理成本费（直接劳动力费用和生产管理费的 40%）	114.8	112
总成本	804.5	633.4

财务部　李××

20××年 12 月 5 日

【文件七】

合作商谈

王副总：

　　最近，我们收到日本 PHR 公司的一封邮件，邮件内容是希望与我公司合作。PHR 公司是日本本田汽车公司参股的一个专业开发汽车配件的公司，公司年销售额达 40 亿美元，在全球近 10 多个国家的 30 个城市设有销售部。该公司通过我公司的网站了解到我们的情况后，对我们很感兴趣。他们认为我公司很有发展潜力，希望能与我公司合作，共同开发中国市场。为此，他们希望能与我公司相关人员商谈一次，请我们尽快给予答复。下个月初，该公司副总一行五人来中国考察，如果可能的话，他们希望顺便拜访我公司。此事如何回复，请批示。

企划部　张××

20××年 12 月 4 日

　　当应试者在处理文件时，面试官应注意对应试者进行观察，以了解他们在这种情况下是如何工作的：他们对这些文件的处理是否互有联系；他们是授权让别人来干工作，还是自己来干所有的工作；他们的紧张程度如何等。面试官在观察应试者行为的过程中可以适当记录，记录的内容要详细，不要进行不成熟的评论，主要是通过客观的观察，为后面的评价提供补充信息。实践表明，一些以前没有当过管理人员的人发现他们并不喜欢管理工作，因此他们拒绝接受这一工作。在选拔过程中，把这些人淘汰比在雇用后再淘汰，无论对他们还是对组织来说都有好处。

13.2.4　评价阶段

　　测试结束后，面试官要立即对应试者的作答进行粗略的评价，因为只有这样，面试官才能在感到应试者的回答模糊不清时，对应试者进行当面提问。如果未能及时进行评价，那也应该在现场翻看一下做的记录，以决定是否要对应试者进行必要的提问。面试官一般在评价应试者的实际回答时，不仅要看应试者对文件的处理方法，还要结合应试者对每个文件的处理方法背后的理由说明。有时候，尽管两位应试者的处理方法相同，但不同的处理理由往往能反映出他们不同的能力水平。

13.2.5　标准化文件筐测验的实施步骤

以上我们介绍了非标准化文件筐测验的实施步骤，但有时我们也会采用具有常模的标准化文件筐测验进行施测，此时更要注意实施步骤的标准化，否则测验结果将会失效。下面以某个标准化文件筐测验为例来说明其实施步骤。

本文件筐测验包括四个分测验，每个分测验都有严格的时间控制，总计时间为115 分钟。其中：

测验 1：计划——40 分钟

测验 2：预测——25 分钟

测验 3：决策——25 分钟

测验 4：沟通——25 分钟

该测验采用集体施测的方式，整个测验过程都会用录像机记录下来，考虑到录像的效果，每组人数以不超过 10 人为宜。如果能单独安排在模拟的经理室里进行测试，效果更好，具体过程如下。

（1）依据预定的应试者人数，选择适宜的测验地点，并进行考场布置。考场环境应安静、整洁、无干扰，采光照明良好。由于要处理大量文件，因此桌面要够大。如果同一考场有多人参加，那么应试者之间距离要远一些，以免相互干扰。

（2）准备好测验所用的材料及用品，如测验材料、答题纸、铅笔、橡皮，以保证每位应试者有以上完整的测验材料及用品。允许应试者自带计算器。

（3）安排应试者入场，并宣布测验注意事项（略）。

测验 1：计划

指导语

这个测验要求你根据文件筐中的材料给出的工作做计划，请你用任何你认为合理的方式对这些材料进行分类。在这一部分中，你必须完成以下三项内容。

（1）根据材料的主要内容对材料进行分类，并对每个类别进行命名。

（2）确定材料或材料中事件的优先级。你必须根据材料的重要性和紧迫性，用下列表示优先级的字母确定材料处理上的优先顺序。优先级和字母的对应关系如下。

H＝优先（材料极其重要，需立即处理）。

M＝中等（材料不急不缓，可稍后处理）。

L＝靠后（材料是平常的，可搁置一段时间再处理）。

（3）请对每一份材料写出处理意见，并指出参考了文件筐中的哪些材料（请用材料右上角的编号来代表每一份材料）。

你有 40 分钟的时间来完成这项任务。请记住你现在的身份和今天的具体日期：瑞克有限公司市场营销部经理；20××年 2 月 8 日。若现在有疑问，请立即向面试官询问，然后等待翻页和测验开始的指令。

测验2：预测

指导语

这个测验要求你运用文件筐中的材料提供的有关信息，针对给定的两个问题分别做出预测。两个问题单独记分，分值相同。对每个问题你必须：

（1）做出全面的预测（要求进行简单解释）。

（2）列出预测所依据的主要因素或假设。

（3）列出实现预测所需的实施方案。

你的答案应写在随后的两页答题纸上，我们只对这两页答题纸上的内容进行评估。你有25分钟的时间来完成这两个问题。若现在有疑问，请立即向面试官询问，然后等待翻页和测验开始的指令。

测验3：决策

指导语

这个测验要求你运用文件筐中的材料提供的有关信息，针对给定的两个问题进行决策。每个问题单独记分，分值相同。对每个问题你必须：

（1）列出可供参考的备选方案，并综合考虑其优劣性。

（2）综合文件筐中的材料信息，列出影响你决策的主要因素。

（3）选择一种方案作为你的最终决策，并说明理由。

你的答案应写在随后的两页答题纸上，我们只对这两页答题纸上的内容进行评估。你有25分钟的时间来完成这两个问题。若现在有疑问，请立即向面试官询问，然后等待翻页和测验开始的指令。

测验4：沟通

指导语

这个测验要求你针对总经理的辞职报告起草一份备忘录，列出你计划要采取的行动。它将作为今天晚上会议发言的底稿。请把备忘录写在随后的两页答题纸上。我们只对这两页答题纸上的内容进行评估。我们将依据以下几点来评估你的备忘录。

（1）范围，即备忘录参考了文件筐中的哪些材料信息。

（2）结构，即要求文章结构严谨，内容简明扼要。

（3）语言风格，即要求行文流畅，有严密的逻辑性。

你有25分钟的时间来完成这项测验。若现在有疑问，请立即向面试官询问，然后等待翻页和测验开始的指令。

13.3 文件筐测验的设计与试题编制

试题编制是设计文件筐测验的核心环节，是直接影响测评效果的关键。如果这个环节的工作做得不好，那么测评实施与结果评定等环节也很难做好，文件筐测验的有效性和可靠性也就无从谈起。因此，如何设计和编制文件筐测验试题是学习和掌握文件筐测验的关键。

13.3.1 确定测评要素

测评要素的确定要依据以下两个方面来进行。一是通过工作分析或胜任特征分析来澄清拟任岗位的要求，通常需要分析岗位的职责与任职要求，这可以通过查阅有关职位的说明书来进行，同时要与任职者或其上级领导进行深入细致的访谈，以澄清拟任岗位的关键任务指标和胜任特征。二是要充分考虑文件筐测验的特点并进行取舍，如前所说，文件筐测验不一定对所有的测评要素都适合，这就需要根据测验本身的特点进行选择。通过这一步骤，可以确定文件筐测验要测评什么要素、哪些要素可以得到充分测评、各要素应占多大的权重。

文件筐测验通常可以考察以下多种能力。

（1）统筹计划能力。

（2）组织管理能力。

（3）向下属布置工作，并进行指导和监督的能力。

（4）分析和判断问题的能力。

（5）授权能力。

（6）决策能力。

（7）人际协调能力。

（8）文字表达能力。

为便于试题编制，通常要给出各测评要素的简要定义。例如：

决策能力

能对复杂的问题进行审慎的剖析；能灵活地搜索各种解决问题的途径，并做出合理的评估；能对各种方案的结果做出清醒的判断；能从全局的角度，提出高质量的决策意见。

13.3.2 编制文件

编制文件是文件筐测验设计的核心环节。编制文件要经过以下三个步骤。

1. 征集文件素材

文件素材不能凭空杜撰，而应该从任职者的实际工作中得来。一种比较有效的办法是请一批比较好的任职者或他们的上级领导开个交流会，运用关键事件法，让他们回想自己在工作中处理过的印象比较深的各种事情，并要求他们写出来。一位任职者的回忆常会引起另一位任职者的回忆。

为了得到任职者的配合，对关键事件的回忆宜从正面事件开始，因为大多数人谈论自己比较成功的事情还是比较容易的，这样做能使他们很有信心，从而乐于去回忆关键事件。一般来说，每个人写上 5~10 件事是没有什么问题的。另外，要注意提醒任职者按事件发生的时间先后顺序来回忆，这样可以防止事件重复，同时便于回忆。至于征集事件总体数量的多少，要根据所需编制的文件数量而定，一般要按所需文件数量的 2~3 倍来征集。

为了不使他们写出的事情太离谱，应该事先将测评要素及其内涵告诉他们，让他们回忆能反映这些要素的事件，同时指导他们写下什么样的事件。一个好的事件应该具有以下特征。

（1）事件需要任职者提出一种处理办法，也就是说呈现一个需要解决的问题。

（2）事件具有一定的挑战性，即并不是每个人都知道最佳的处理办法。

（3）事件是现实发生的而不是凭空想象出来的。

（4）事件的处理必须有一种正确的解决办法，至少某些处理办法比另外一些办法好。

（5）事件提供了足够充分的细节，能使应试者做出一些行动方案。

（6）事件处理不需要过于专业的知识。

2. 筛选、加工文件素材

运用关键事件法得到的大量文件素材中，有一些可能不符合你的要求。例如，有的事件根本反映不出任何的测评要素，那么这个事件就不能用；如果能反映出任一测评要素，则把这个事件归类到相应的测评要素上。经过这样一个过程，可以得到反映各测评要素的大量事件。

接下来要对各测评要素下的许多事件进行加工。因为任职者写出来的有些事件太抽象或不够完整，这就需要对事件进行适当补充和完善；有些事件包含了多个事件，这就需要对事件进行适当拆分；还有些事件描述得太烦琐或过长，这就需要对事件进行精简和加工。另外，完全真实的材料往往过于偏重经验的考察，而忽视了潜能的考察，据此选拔出来的人无疑是完全与用人单位文化气氛相同的人，违背了引入外来人才，给单位输入新鲜血液的目的。同时，完全真实的材料，使选拔本身对单位外部的应试者不公平，因为素质相同的内部应试者被录取的可能性更大，结果给人留下"一切都是内定，测试不过是走形式"的印象。这对真正想引进外来人才的单位尤其不利。所以，对文件素材的加工处理是很有必要的。

3. 编制、组合文件

在上述工作的基础上，可以根据各种事件组合文件素材，形成相关文件，如信函、备忘录、报告、请示、便条等。文件的类型通常包括三类：批阅类、决策类和完善类。批阅类文件要求应试者能区分文件的轻重缓急和性质，并提出处理意见。这类文件是常规性的公务文件，通常只需按部就班地处理即可，该阅知的阅知，该批复的要提出批复意见，需要请示的要向上级领导请示等。决策类文件往往是请示、报告、建议之类，阐述的往往是日常工作中遇到的非常规性决策问题。这类文件要求应试者在综合分析的基础上提出决策方案或从给定的几种方案中选择最佳方案。完善类文件往往是有缺陷的文件，尚缺少某些条件和信息，如材料不完善、观点意见不妥当等。这类文件是考察应试者是否善于提出问题和获得进一步信息。这一步要注意的是，文件的形式尽量与拟任职位中实际可能遇到的各种文件形式相一致。

编制的文件应力求做到以下几点。

（1）典型性。文件必须具有典型性，这里有两层意思：一是文件的内容涉及的是应试者在未来工作中最主要的、最关键的活动，而不是那些次要的、偶然的活动；二是文件涉及的事件不是原原本本地从实际原型中截取，而是把多种情况进行归纳、概括，然后集中在一个文件里。

（2）主题突出。一般来说，一个文件会涉及一个事件多方面的具体描述，短的有几行字，长的会有好几页。一个文件通常要考察应试者某方面的能力，文件的描述应以此为核心，所以文件的主题应突出。如果文件的核心问题抓得不准，应试者就会在不相干的细节上浪费宝贵的测试时间。

（3）难度要适中。选拔性测试的目的是要区分能力不同的应试者，这就要求编制的文件不能太复杂或太简单，因为大家都会处理或大家都不会处理的文件不能有效地区分能力不同的应试者。这个道理说起来简单做起来难，由于国内许多机构没有系统科学的职位分类体系，对许多职位应具备何种水平的知识、经验和能力缺乏客观可靠的依据，因此难度的把握就比较困难，只能通过试测来估计。

文件编制出来以后，还要依据一定的管理情境和假定的应试者的身份对应试者提出问题或要求，并对各种文件进行组合，从而构成一个文件筐测验的整体。在文件组合过程中，要根据文件的难度安排一个合理的顺序，通常应该由易到难，形成梯度，从而避免应试者在一个很难处理的文件上耽搁太久而影响对后面文件的处理。另外，要注意对一个文件的不同处理可能体现不同的要素，同时可能会产生一些新的要素，例如，通过设置应试者参加的两个会议在同一时间，看看应试者是否觉察到时间上的冲突，以及能否区分事件的重要性程度，避轻就重；通过设置三个反映同类问题的事件，看看应试者能否觉察到它们之间的联系，并做出统一处理等。最后，还要对文件筐测验的作答时间有一个大概的估计。

13.3.3　试测与收集答案

文件筐测验的文件编制完成以后，制定评价标准是最为关键的。为使评价标准具有针对性和实用性，就需要收集各种答案，即文件的各种处理办法。一个比较有效的做法是把编制好的文件提供给在职的管理人员来作答。这些在职管理（或领导）人员应该具有代表性，他们的总体状况必须与将来正式应试的团体具有相似的特征，他们所在的岗位就是应试者将来拟任的岗位，而且人数不能太少，通常应有几十人，否则难以获得有统计价值的数据。试测的实施过程与情境尽量与将来正式测试时相近，但时限可稍宽泛一些，以便使试测者把所有的文件都处理完，以收集较充分的资料，使统计分析的结果更为可靠。最后将这些人的答案进行汇总分类，列出表来。在试测中，要特别注意文件筐测验的保密性，这个要求需要对试测者明确提出来。

为了保证文件筐测验的应用效果，我们还可以通过一定的技术手段来提高测验的区分效度。一个理想的方法是将编制好的文件筐测验施测于一批优秀的任职者和一批无管理经验的一般人员，从理论上讲，前者对测验材料的处理应该明显强于后者。假如这两个群体之间的作答结果无显著差异，甚至一般人员对测验材料处理得更好，那么说明编制的文件筐测验可能存在什么问题，这时就需要对这样的文件进行进一步分析，并在此基础上进行修改或删除。不过，对于大多数文件筐测验来说，好的任职者会比无管理经验的一般人员的处理结果要好。美国电报电话公司曾经对此进行过研究，他们比较了有经验的管理人员与那些接受管理培训的新手在文件筐测验上的作答情况，结果发现：相对于有经验的管理人员来说，新手的处理意见更加冗长、烦琐；更少以问题的重要性为基础来采取行动；更少看到问题与整个组织机构的关系；更频繁地采取行动和做出最终决策，而不进行调查研究；更依赖于授权，而不是像有经验的管理人员那样有所控制地授权；除了考虑高层领导，很少考虑别人。由此可见，有经验的管理人员可以为文件筐测验提供更为合适的答案。

13.4　文件筐测验的结果评定

结果评定既是文件筐测验的重点，又是其难点所在。只有对应试者的作答进行准确合理的评定，才能有效地发挥文件筐测验的鉴别功能，也才能体现使用此方法进行人员选拔的客观公正性。然而，由于文件筐测验的作答具有开放性，再加上测验背景的复杂性，其结果评定难度较大，因此对面试官提出了很高的要求。

13.4.1 制定评价标准

让有经验的高层管理人员或主管对所有答案使用三级量表进行评定（好、一般、差），并进一步确认试题测试的要素及答案可能反映出的应试者的能力水平。在此基础上，把所得到的结果进行总结性的统计和组织，即可得出各文件的可能答案表及评价标准。下面给出一个计划能力评价标准的样例。

计划能力评价标准

好：能有条不紊地处理各种公文和信息材料，并根据材料事件的性质和轻重缓急对材料进行准确的分类处理；在处理问题时，能及时提出切实可行的解决方案，主要表现在能系统地事先安排和分配工作，注意不同材料间的关系，有效地利用人、财、物和信息资源。

一般：分析和处理问题时能区分事件的轻重缓急，能看到不同材料间的关系，但解决问题的办法不是很有效，在资源的分配与调用方面也不尽合理。

差：处理各种公文和信息材料时不分事件的轻重缓急，没有觉察到各材料间的内在联系；解决问题时没有考虑到时间、成本和资源方面的种种限制，以致提出的问题解决办法不可行。

13.4.2 评分标准的设计

评分标准的设计是文件筐测验的结果评定中的基础环节，文件筐测验的评分标准包含三个方面的内容：一是参考标准，即处理各个问题的较理想的方式；二是等级水平，即各种不同的处理方式所体现的能力、素质或资格条件的数量水平或质量等级的量表系统；三是测评标准，即一定等级水平与参考标准之间的对应关系。文件筐测验的测评标准有三个方面的作用：一是提高面试官对各测评要素的认识，提高其判断力；二是在文件筐测验的结果评定中应用，以保证评分的客观统一性；三是作为面试官培训的指导性材料。要设计一个好的文件筐测验评分标准，需要在参考标准的确定和评分表的设计上下功夫。

1. 参考标准的确定

参考标准的确定是评分标准设计的关键，因为只有明确了什么样的文件处理方式说明应试者在某方面的能力强、什么样的文件处理方式说明应试者在某方面的能力差，才可能有效地评价测验结果。那么怎样确定测评要素的测评指标呢？可以采用当前国际上盛行的行为定位法。这种方法不关注应试者之间的比较，而是有一个行为性的测评基准点，寻求有效的行为表现与无效的行为表现的区别及不同的行为表现所产生的效果。根据这一方法，我们要注意区分在各测评要素上水平高低的行为表现。例如，判断能力这个要素，我们可以先寻求判断能力强的人的三个方面的主要行为表现：一是能准确、全面地掌握问题所涉及的具体知识，这是判断的基础；二是能迅速且透彻地理解问题的内涵和性质；三是结论正确、全面。相应地，判断能力差的人的主要行为表现：不了解、无法掌握问题涉及的知识；对问题含义和性质中十分明显的方面也不理解甚至理解错误；提出的结论含糊、不全面、不合逻辑或根本提不出解决问题的方法。

上述行为表现标准的编写并不是凭空进行的，而是要通过认真的调查、分析和思考得出的。例如，关于判断能力的体现，我们可以提出这样的问题：我们说一个人的判断能力强，究竟是什么意思？判断能力强的人，在工作和生活中、在处理文件时，会有什么样的行为表现和特点呢？判断能力强的人和判断能力差的人，在行为表现上又有什么差别呢？为回答这些问题，可以通过文献调研的方式，同时征求一批在职的管理人员或专家的意见，最后加以归纳整理。

2. 评分表的设计

参考标准确定后，评分表的设计就比较简单了。这里首先要确定量表评定的等级，常用的有 5 点量表、7 点量表、9 点量表、10 点量表，其特点是将应试者的行为表现分成等距的几个等级。例如，在使用 5 点量表时，可以将应试者在某个要素上的表现分成很好、较好、中等、较差、很差 5 个等级。在使用 10 点量表时，常常会把应试者的行为表现先分成好（8~10 分）、中（4~7 分）、差（1~3 分）三个等级，并对三个等级的行为表现做出具体的描述，然后面试官根据应试者的具体表现在三个等级内再进行细分。下面给出一个比较简单的文件筐测验评分表示例（见表 13-4）。

表 13-4　文件筐测验评分表示例

序号：		姓名：	性别：		年龄：		
文化程度				报考职位			
测评要素		观察要素		满分/分	得分/分		备注
问题解决	洞察问题	察觉问题的起因，把握相关问题的联系，归纳综合，形成正确判断，预见问题的可能后果		10			
	解决问题	提出解决问题的有效措施并付诸实施，即使在情况不明朗时也能及时决策		10			
	计划统筹	确定正确、现实、富于前瞻性的目标安排和实现目标的有效举措和行动步骤，预定正确可靠的行动时间表		10			
日常管理	任用授权	给下属分派与其职责、专长相适应的任务；给下属提供完成任务所必需的人、财、物支持；调动使用下属的力量，发挥下属的特长和潜能		10			
	指导控制	给下属指明行动和努力的方向，适时地发起、促进或终止有关工作；维护组织机构的正常运转，监督、控制活动经费的开支及其他资源的消耗		10			
	组织协调	协调各项工作和下属的行动，使之成为有机的整体；按一定的原则要求，调和不同利益方的矛盾冲突		10			

续表

日常管理	团结下属	理解下属的苦衷，在力所能及的范围内解决下属的困难；尊重下属，倾听下属的意见，维护下属的积极性，帮助下属适应新的工作要求；重视并在条件可能的情况下促进下属的个人发展	10		
个人效能	个人效能	注重实干、效率和行动，合理有效地使用、分配、控制自己的时间	10		
面试官评语					
		面试官签字：			

13.4.3 评价标准的把握

让面试官掌握评价标准是文件筐测验结果评定的核心环节。评分表设计得再好，如果面试官对评价标准没有把握好，那么结果评定也是没有可信度的。面试官要把握评价标准，通常需要按以下程序进行训练。

1. 让面试官熟悉测评要素的内涵和拟任岗位的要求

在文件筐测验的面试官中，通常有两类人员：一类是评价专家；另一类是具备拟任岗位工作经验的人（一般是拟任岗位的上级领导或人事组织部门的领导）。评价专家能很好地把握测评要素的理论界定和评价尺度，但往往对具体岗位的要求了解不够，从而对测评要素的实际内涵把握不够，所以评价专家一定要熟悉岗位要求，特别是要把握拟任岗位对应试者的具体能力要求。而参与评定的相关领导则正好相反，他们往往对岗位要求很了解，但由于在测量评价方面缺乏相应的专业知识，因此对测评要素的操作定义把握不好，同时在评价操作中对评价尺度的把握也比较欠缺，这就需要接受评价专家的培训，深刻领会各测评要素的内涵，掌握评价尺度。这一步是很重要的，评价专家应与参与评定的相关领导密切沟通，相互取长补短，以提高评价的客观性和有效性。

对于文件筐测验中经常涉及的要素，如计划、授权、决策等方面的能力，面试官可以通过一些具体的行为表现对应试者进行评价。例如：

（1）是否每份材料都已经看过，并做出了答复。

（2）在有时间限制的压力下，应试者能否分清轻重缓急、有条不紊地处理这些公文。

（3）是否将每份书信按照其重要程度进行了分类，并做了答复。

（4）能否恰当地授权于下属。

（5）当信息不足以做出决策时，应试者是否提出要寻求相关的信息。

（6）是否过分拘泥于细节。

（7）解决问题的方法是否巧妙而有效。

（8）做出每项决策的理由是否充分合理。

2. 评价练习

让面试官熟悉测评要素的内涵和拟任岗位的要求，这一点仅通过讲解和交流的方式来进行培训是远远不够的。因为评价技能的掌握不仅需要通过言语来沟通，而且需要通过评价实践来巩固。通常可以让多位面试官同时对几份文件筐测验的应试者作答情况进行评价训练。评价前要把拟任岗位的工作职责和素质要求详细地介绍给面试官，然后将事先准备好的比较详尽的评分表发给面试官，并加以讲解。待各位面试官基本把握了测评要素和指标后，让各位面试官把应试者的文件处理结果与职位要求的测评指标相比较，最后对二者相一致的程度给出一个数量化的描述。

在评分的实施过程中一定要注意，面试官一般应该各自独立评分，然后交流评分结果。通常会发现不同面试官的评价结果差异较大，此时就得让他们简述自己的评分理由，并据此对他们进行指导，使他们把握好统一的评分尺度，再独立进行第二次评分，直至达到预定的标准为止。

13.4.4　评价结果的内容

在文件筐测验的结果评定过程中，面试官不要仅给出一个简单的分数，最好能就各测评要素写出对应试者的书面评语。这样做的意义在于：一是书面评语记录了文件筐测验中提供的难以从分数中体现出来的很多宝贵信息；二是书面评语可以使录用决策建立在更生动具体的评价信息的基础上；三是书面评语可以更明确地反映出面试官对应试者的倾向性意见。

关于如何填写文件筐测验的评语，并没有很严格的限定，一般可以从以下方面着手。

（1）应试者的主要特点应与应试者在不同测评要素方面的得分相一致，即与对应试者某些测评要素得分的文字描述相一致。当然，面试官也可以在此记录应试者在主要测评要素之外的突出之处。

（2）对应试者的不解之处，即文件筐测验后面试官对应试者仍存在的疑点暂时没有办法确切了解，可留待其他测评方法进行印证，或者有必要提请有关人员今后注意。

（3）考核建议，即在评语中提出如何对应试者进行考核或考核重点的建议。下面给出一个文件筐测验评价结果的简要样例（见表 13-5）。

表 13-5　A 先生文件筐测验的总成绩

测评要素	满分/分	得分/分
计划	100	40
授权	100	30
问题分析	100	50

在文件筐测验的 25 个文件中，A 先生处理了 18 个，但处理得比较深入。他过迟地觉察到自己来不及完成全部文件。

计划

他在解决问题时主要按时间的顺序而没有按紧迫性来进行。他在提出问题的处理意见时没有考虑到时间和资金的限制。

授权

对许多事情的认识不足，很多工作项目本来可以由他的下属或辅助人员去完成。他未让手下的人员去为其收集信息，以至于在面对一些事情时未能做好准备。

问题分析

他未能领会各种备忘录的含义，认为每个备忘录都是孤立的，因此把许多问题简单化，仅处理了备忘录上写得最明显的事情。

总体来说，A 先生作为一个管理人员缺乏应有的管理能力。

13.5　文件筐测验样例

下面是由笔者设计的在领导干部竞争上岗中使用的文件筐测验。

文件筐测验指导语

这是文件筐测验的模拟练习，目的是考察日常管理和业务管理的能力和经验。所有的文件都是杜撰的，但请你务必当作真实文件来对待。

你的角色是××市人力资源和社会保障局的王副局长，毕业于中国人民大学劳动人事学院，在人力资源和社会保障局已干了 10 多年，先后担任过考试录用处主任科员、职称处副处长、教育培训处处长、办公室主任。人力资源和社会保障局的有关工作职能和机构设置情况，请参见背景材料。

今天是 20××年 1 月 19 日，由于局长于 20××年 1 月 15 日去国外考察，预期一个月左右，因此，你在这段时间里得全权处理局里的一切事务。局里另外两位副局长也出差在外，下周才能回来。

请注意：

（1）假定在 20××年以前发生的国内外事件都是真实的，你可将之作为分析判断和决策的依据。

（2）你对每份文件的处理意见和理由必须写在答题纸上，直接写在文件上不予记分。

（3）对同一份文件可以有多种处理意见，如果每种处理意见正确，则都可以得分。

背景资料

人力资源和社会保障局有关人事工作的主要职能如下。

（1）贯彻国家人事人才工作的法规、规章、政策规定，研究起草本市人事人才管理方面的地方性法规、规章草案及人事制度改革的规划，并组织实施。

（2）负责本市国家公务员管理工作；研究拟订本市国家公务员职位分类、职位设置、考试录用、考核、奖励、纪律、惩戒、辞职、辞退等方面的政策规定，并组织实施；指导、协调各区、县和各部门实施国家公务员制度的工作。

（3）负责本市专业技术人员队伍的建设规划和管理工作；负责本市专业技术人员职称工作，研究拟订专业技术职务聘任工作的政策、规定，并组织实施；负责组织推行专业技术人员职（执）业资格制度；完善专业技术资格考试制度。

（4）负责本市人事人才工作的国际交流与合作；负责引进国外人才和来华在京定居的外国专家的管理工作；承担对有突出贡献的中青年专家和享受政府特殊津贴专家的管理工作；负责建立本市博士后站的管理和服务工作。

（5）负责本市人才市场的管理工作，建立和完善人才市场体系，规范人才市场活动；规划、指导本市人才市场信息网络建设；建立和完善人才市场中介机构业务许可制度；推动本市人事代理制度建设。

（6）负责协调、指导、推进事业单位的人事制度改革工作；负责本市机关单位、事业单位工资福利的综合管理和分配制度的改革工作；研究拟订本市机关单位、事业单位和派驻境外工作人员的工资福利、津贴、补贴等政策，并组织实施。

（7）负责本市国家公务员培训工作，研究制定培训计划，并组织实施；研究拟订专业技术人员继续教育的规划、政策、规定，并组织实施。

（8）指导、协调本市用人单位推进普通高等学校毕业生就业制度改革；指导普通高等学校毕业生就业社会化服务体系建设；负责本市普通高等学校毕业生接收和接收后的调整管理工作。

（9）研究制定本市军队转业干部安置政策、安置计划、培训计划，并组织实施；负责驻京部队军官的随军家属进京安置的相关工作。

人力资源和社会保障局的机构设置（见图 13-2）：××市人力资源和社会保障局有七位局长，一正六副，其中有关人事工作的处室有九个，它们分别是办公室、人才流动处、公务员管理处、专业技术人员管理处、工资福利与退休处、大中专毕业生就业处、专家与博士后工作处、军官转业安置处、教育培训处。三位副局长分别管三个处室。另外，还有三个直属事业单位，即人事考试中心、培训中心、人才交流中心。

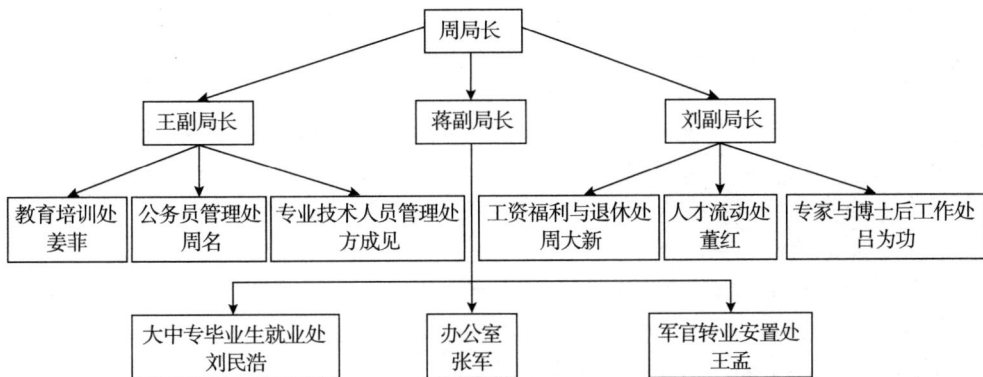

图 13-2　人力资源和社会保障局的机构设置

现在是下午3点，在处理完一般的工作安排之后，你来到办公室。秘书已将今天需要处理的文件整理成册，并放在你的办公桌上。你必须在一小时内处理好所有文件中的问题，因为今天下午4点还有一个重要会议需要由你主持。很抱歉，由于电话线路维修，你在处理文件的过程中，没有办法与外界通话。所以，需要你以文件、备忘录或便条的形式将所有文件的处理意见或方法写出来，并把每个文件的处理理由也写出来（请将处理意见写在专用的答题纸上）。记住：你被大家称为"王副局长"。

现在可以开始工作了，祝你顺利。

文件一　关于请您出席人才大厦落成仪式的请示

王副局长：

近年来，我市的人才交流业务发展很快，为更好地满足工作需要，经市政府有关部门批准，我们于去年 1 月开始动工兴建市人才大厦，上月底大厦已竣工。兹定于 1 月 24 日上午 8：30 举行大厦落成仪式，届时市政府有关部门领导将亲临现场。您能否出席并讲话？

人才交流中心　王建军

20××年 1 月 19 日

文件二　关于副处级领导职位选拔聘用实施方案的请示

王副局长：

去年 12 月 29 日局党组会议研究，拟对我局空缺的四个副处级领导职位开展选拔聘用。按照局领导要求，我起草了 20××年副处级领导职位选拔聘用实施方案。

现将实施方案报上，请您审批。

附件：副处级领导职位选拔聘用实施方案（略）

办公室　张军

20××年 1 月 19 日

此事拟由人力资源和社会保障局研究，并提出初步意见。

文件三　市疾病预防控制中心关于参照公务员法管理的请示

××市长：

我单位是 2002 年 12 月 26 日经市机构编制委员会批准成立的全民事业单位，主要职能是行使法律法规授权的公共事务管理职能。根据最近市委组织部、人力资源和社会保障局"关于转发中共中央组织部、人力资源和社会保障部《关于印发〈关于事业单位参照公务员法管理工作有关问题的意见〉的通知》的通知"文件精神，我单位符合参照管理的相关条件，特申请参照公务员法进行管理。

一、基本情况

我单位共核定各类编制 104 个，副局级职位 2 个、正处级职位 4 个、副处级职位 12 个。现共有工作人员 97 名，其中，副局级干部 1 名、正处级干部 4 名、副处级干部 12 名，职员 94 名、工勤人员 3 名。

二、履行的主要公共事务管理职能

（1）疾病预防与控制。

（2）突发公共卫生事件应急处置。

（3）疫情报告及健康相关因素信息管理。

（4）健康危害因素监测与干预。

（5）实验室检测分析与评价。

（6）健康教育与健康促进。

（7）技术管理与应用研究指导。

特此请示，请批复。

市疾病预防控制中心　姜××

20××年 1 月 12 日

文件四　关于开设人力资源管理岗位资格考试的请示

王副局长：

根据市委市政府提出的人才强市战略，为满足我市社会经济发展对人才资源管理的客观需求，我们拟建议开设人力资源管理岗位资格考试。这项工作将有利于促进我市人力资源的开发，有利于提高企事业单位的人员管理的效能。

基于上述考虑，我们就开设此项考试的有关问题提出如下设想。

一、考试级别的划分

鉴于我市人力资源管理从业人员的整体状况，我们经过调查分析后认为，人力资源管理岗位资格考试宜分为初级（人力资源专员）、中级（人力资源主管）和高级（人力资源经理）三个层次，考试合格者颁发相应等级的职业资格证书。

二、考试内容及考试方法

人力资源管理岗位资格考试关系到我市人才战略的具体实施、关系到我市人力资源的管理与开发、关系到人力资源和社会保障局的形象。因此，我们要从各方面确保此项考试的科学性和有效性，起点一定要高，具体从以下几个方面来实现。

1. 考试内容的确定

人力资源管理涉及的学科范围很广，包括管理学、经济学、法学、心理学、社会学、人口学等，这对考试内容提出了较高的要求。作为现代人力资源管理人员，究竟需要具备哪些方面的素质，是我们确定考试内容的重要依据。为此，我们打算召开专家研讨会进行研讨，同时组织专家对成功的人力资源管理人员进行访谈和调研，以确保考试内容的针对性和有效性。

2. 考试方法的选择

人力资源管理是一个新兴的领域，是集政策性、技术性与实践性于一体的领域，这就要求我们在人力资源管理岗位资格考试中，不仅要运用传统考察理论知识的方法，而且要关注运用知识处理实务能力的考察。为此，我们认为可以借鉴情境模拟技术，开发具有不同复杂程度的背景性例题，以确保人力资源管理岗位资格考试在方法与技术上的有效性。

三、管理与分工

人力资源管理岗位资格考试的主管部门是我处，所以此项考试业务宜由我处牵头，具体考试实施工作由人事考试中心承担。

以上请示，妥否？请批示。

专业技术人员管理处　方成见
20××年 1 月 18 日

文件五

王副局长：

今接到市政府办公厅电话通知，下周一上午 9 点，我局主管副市长将在市政府会议室主持召开我市事业单位人事制度改革的动员会，届时首批试点事业单位的负责人将会参加，我局谁去参会，请您决定。

办公室　张军
20××年 1 月 19 日

文件六　关于公务员招考中题目错误问题的处理

王副局长：

在我市 20××年公务员招考的笔试中，有一道行政职业能力测验题明显有误，以致目前成绩还未对外公布。我们已就此事对参与命题和审题的有关专家进行了严厉批评，要他们引以为戒，以后不要再出现此类问题。

公务员管理处　周名
20××年 1 月 19 日

文件七　关于企业军转干部生活困难问题的请示

王副局长：

去年，市委市政府出台了《关于××市解决企业军转干部生活困难问题工作方案》。该方案规定，我市将为因基本养老金偏低而生活困难的企业离退休军转干部发放生活困难补助金，并通过比照就业人员参保办法或困难企业参保办法，解决企业军转干部的基本医疗保险待遇问题。该方案的出台，圆满解决了企业离退休军转干部的生活困难问题，但未对未到离退休年龄的企业军转干部给予足够关注。

今天上午，几位 40 多岁的企业军转干部前来我处反映情况。他们所在的企业因效益不佳已停工半年，许多年轻职工已另寻他就，但十多位企业军转干部由于受年龄、学历、技能等因素影响，至今未能再就业。目前，他们生活困难，连子女的教育费用也难以承担，因此希望我们能像关心企业离退休军转干部那样，关注他们的工作和生活。他们还表示，在未得到我局正式答复前，不会离开我的办公室。尽管我已告知他们，需向您请示后才能给予正式答复，但他们态度强硬，并声称，如果明天下午 5 点前得不到满意答复，他们将集体前往北京上访。

此事如何处理，请批示。

军官转业安置处　王孟
20××年 1 月 19 日

文件八　关于我市人才引进与任用政策有关问题的请示

王副局长：

由于我市干部队伍素质普遍偏低，在 2 000 多名处级干部中，全日制本科毕业的不到 1/3，研究生仅有几十位，这与我市经济发展状况很不相称。为此，市委市政府提出了人才强市战略。其中，一个重要举措是，从今年起，我市每年将采取委托招考或单独选拔的方式，从省内外高等院校应届毕业生中，公开选拔优秀本科生及硕士、博士研究生进入公务员队伍，进行重点培养。凡通过省市组织人事部门考试、考核的选调生，将被直接录用为国家公务员，选调的硕士生安置在街道或乡镇任副职，选调的博士生安置在县区或市直部门任副职。

根据市委市政府的上述决策，我处目前正在抓紧研究制定有关人才引进的条件、方式，以及人才引进后的日常管理与监督、生活待遇与奖励等问题的相应政策。

但是，最近我们面临的社会压力越来越大。许多公务员很不理解："这些年来，我们不也干得很好吗，这几十个副县级的职位一定要由博士生来担任吗？"一些学者也在媒体上评论说："学历不等于能力，博士生在经验方面能否适应领导干部的需要，是个值得考虑的问题。"更糟糕的是，全国各地的媒体知道此事后纷纷给我们打电话质疑此事，严重影响了我们的正常工作。

此事如何对待？请您指示。

公务员管理处　周名
20××年 1 月 18 日

文件九　信访办转交的群众来信

王副局长：

近日，我们收到了一封反映你局有关问题的群众来信，信件内容如下。

市信访办领导：

我怀着十分愤懑的心情向您反映一件事。我的儿子大学毕业后被分配至一家企业工作。去年 11 月，他参加了市财政局面向社会公开招考公务员的考试。在申论考试以及行政职业能力测验中，我儿子的成绩较为优异，面试时的表现也十分突出，然而最终却未被录用。反观另一位考生，其各科成绩皆不如我儿子，却得以被录用。这种情况明显违背了公务员考试所秉持的"公开、公平、公正"原则。经了解，此次招考工作是由公务员管理部门负责组织实施的。

由此，我怀疑该部门可能存在收受部分考生好处费的情况，否则无法合理解释这一事实。恳请信访办领导为我主持公道，我将深表感激。

我急切地期盼着您的回复。

一位普通的市民

以上来信，请你局及时予以回复。

市信访办　周××
20××年 1 月 18 日

文件十　关于我处周兵同志安排问题的处理

王副局长：

在我局本次机构调整中，我处周兵同志将被安排至一家事业单位工作。近日，局领导安排我与他进行沟通，开展思想工作。但周兵同志资历较我深厚，且其近期情绪不佳，似乎已有所耳闻。我担心与他谈话后效果不佳。

特向您请示此事，望给予指示。

人才流动处　董红
20××年 1 月 19 日

第 *14* 章
评价中心技术

评价中心是第二次世界大战后迅速发展起来的一种人员素质测评的新方法。因其可靠性和有效性较高，近几十年来，评价中心已成为西方企业中流行的一种用于选拔和评价高级人才，尤其是中高层管理人员的综合性人才测评技术。20 世纪 80 年代初，评价中心技术被介绍到我国，近十几年来，在我国企事业单位中高层管理人员的选拔和评价工作中得到了较多应用。

本章导航

评价中心技术概况	评价中心的产生 评价中心的概念和特点
评价中心的实施	评价中心的实施步骤 在评价中心实施中应注意的问题
评价中心的练习和内容	评价中心的练习 评价中心的内容
评价中心的应用和发展趋势	评价中心在人力资源管理决策中的应用 评价中心在人才发展中的应用 评价中心在应用中的发展趋势

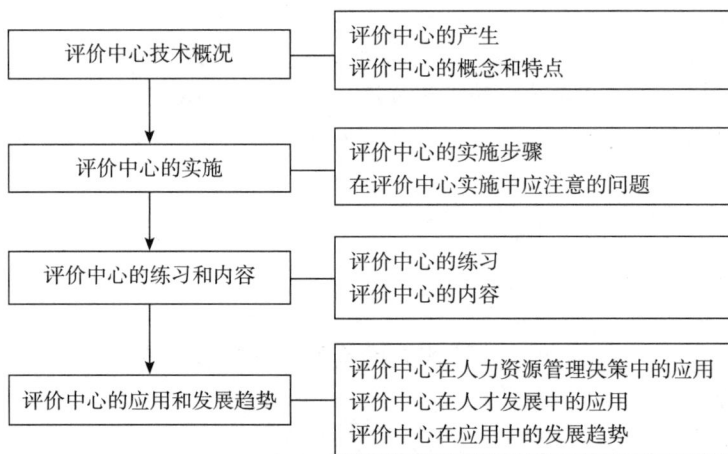

14.1 评价中心技术概况

壳牌（中国）有限公司的人员选拔与考核

壳牌（中国）有限公司（简称"壳牌"）在人员选拔与考核过程中，最为关注的是人员的发展潜质。壳牌将人员的发展潜质定义为 CAR，即分析力（Capacity）、成就力（Achievement）和关系力（Relation），这三者各占 1/3 的权重，共同构成了壳牌对人员素质要求的核心内容。

壳牌的人员选拔与考核主要包括以下三步：

第一步，应试者填写应聘申请表，公司据此进行初步筛选。壳牌的招聘申请表是依据 CAR 设计的，其内容为后续面试提供了重要素材。在这一步，80%～90%的应试者会被淘汰。

第二步，通过初步筛选的应试者将参加时长为 50 分钟的结构化面试。在面试过程中，面试官会围绕预先确定的几个关键方面进行提问，旨在考察应试者分析和解决问题的综合能力。面试结束后，应试者需要决定是否继续参与应聘流程，同时公司也会根据面试表现决定是否推荐应试者进入评价中心流程。通常情况下，这一步的通过率约为 25%。

第三步，通过结构化面试的应试者将进入评价中心流程，接受为期一天的综合测试。测试内容涵盖小组讨论、议案（就某一议题进行陈述并接受质询，本质上是一种演讲形式）、商业模拟（处理一系列业务任务，实质上是文件筐测验）以及面试（主要针对分析力，形式类似于模拟面谈）。测试结果将提交给公司最资深的经理进行评估。经过评价中心这一关键步骤的筛选，基本可以确定最终的招聘人选。

14.1.1 评价中心的产生

作为人才测评的新方法，评价中心起源于 1929 年德国心理学家建立的一套用于挑选军官的多项评价程序。在评价过程中，心理学家对军官的个性和领导才能给予了明确的概念界定，并通过调查将这些特质细化为明确的目标、信心、有效的想法、精神上的适应性、数学头脑和诚实等性格特征（这项工作在一定意义上相当于评价中心的工作分析作业）。为了评价这些个性和领导才能，军事心理学家设计了许多独特的评价方法，具体如下。

（1）采用书面测验评估智力。

（2）任务练习：要求应试者按照详尽的指令，在一条复杂的、紧张的障碍道路上，完成一系列任务。在这个过程中，观察他们的首创精神、毅力和体力表现等。

（3）指挥系列练习：让应试者指挥一组士兵，他必须完成一些任务或向士兵们解释一个问题。在此基础上，评价者对其面部表情、讲话的形式进行观察。

（4）深入面谈：了解应试者的经历、教育情况和观念等。

（5）一系列的五官功能测验和感觉运动协调测验等。

评价过程会持续 2～3 天，由两名军官、一名内科医生和三名心理学家主持（由于某些政治原因，德国由军事心理学家主持的军官评价活动在 1942 年停止）。德国军事心理学家的领导才能多项评价程序是最先采用多种评价方法和多名评价者来评价复杂行为的，之后的评价中心工作事实上都建立在这两条原则之上，并成为今天普遍应用的评价中心技术的主要特点，其创设的情境模拟测评形式更是成为评价中心的核心思想。

第二次世界大战期间，鉴于仅通过传统面谈方式挑选军官常遭遇失败的困境，英国军队在借鉴德国评价活动的基础上，于 1942—1946 年成立了陆军部评选委员会。两位英国精神病学家为其制定了初始方案，该方案涵盖精神病学面谈、智力测验以及与德国模式极为相似的情境模拟测验等内容。据相关统计，先后共有 14 万人参与了此项评价，并且取得了显著的成功。陆军部评选委员会在评选军官方案上有所创新，其评价程序分阶段在 3~4 天内完成，每 8 位应试者为一组，第一阶段的测评为小组练习，第二阶段是个人心理、精神测验和面谈，第三阶段为第二轮的小组练习。小组练习的基本原理是"小组环境是评价领导才能的最好机会"。随后，英国心理学家拜恩对上述练习进行了修改，综合应用了无领导小组讨论、团队任务、5 分钟的即兴演讲、角色扮演法、深度面谈及投射测验等。借助这些方法和技术，评价者对应试者进行广泛的心理调整评价，并着重评价那些对成功领导者极为重要的个性特征。

除此之外，美国中央战略情报局（Office of Strategic Services，OSS）于 1943—1945 年建立了一套评价应试者个性的程序（包含 8 个步骤）。OSS 坚信对应试者工作绩效的预测应主要依据模仿工作环境的练习来确定，因此 OSS 的评价程序非常重视情境模拟测验和绩效练习，同时也重视面谈、履历表分析、句子完成测验、健康调查和工作条件调查、词汇测验等传统方法。另外，OSS 有时也采用住宿安排的评价方式，即通过让评价者和应试者一起在某个场所（如宾馆）度过三天时间，一起工作、吃饭、睡觉、生活。这种安排可以给评价者创造更多与应试者进行非正式接触的机会，从而可以进行更为真实的观察评价。

第二次世界大战以后，评价中心技术从军用转向民用。如今，有数百家著名的美国公司都建立了自己的评价中心，其中包括美国电报电话公司、国际商业机器公司、通用电气公司、俄亥俄州标准石油公司、福特汽车有限公司、柯达公司、西尔斯百货商店及美国政府的农业部等。在美国，每年通过评价中心选拔的管理人员达数十万人。西欧国家的一些大型企业也采用了评价中心技术，如德国大众汽车有限公司专门设立了一个评价中心，由专人负责管理人员的选拔、培训与发展，是否能担任领导职务要以评价中心的评定为准。

14.1.2 评价中心的概念和特点

1. 评价中心的概念

评价中心是一种包含多种评价方法和形式的测评系统。它通过创设一种逼真的模拟管理系统或工作场景，将应试者纳入该环境中，使其完成该系统环境下对应的各种工作，如主持会议、处理公文、进行决策、处理各种日常事务和突发事件等。在这个过程中，评价者采取多种测评技术和方法，观察和分析应试者在模拟的各种情境压力下的心理行为表现及工作绩效，以测量和评价应试者的各种管理能力和潜能等素质。评价中心的概念有以下几个要点：

（1）针对多种能力的评估，强调潜能的评估。

（2）运用多种测评手段，同时以情境模拟技术为核心。

（3）有多位训练有素的评价者，评价者必须经过专业培训。

（4）有多位应试者参与，通常需要 4~6 位。

（5）针对这些能力对所有的评价数据进行综合，应试者的数据在所有评价者中实现共享，但在评价前，任一评价者不应拥有关于某应试者的所有信息。

2. 评价中心的特点

（1）综合性。评价中心是多种评价方法的有机结合，涵盖传统的心理测验、面试以及新兴的情境模拟测验。评价中心不仅综合了各种测评方法的优点，而且每种测评方法从不同角度对应试者进行观察，能够对应试者各方面的特点进行较为全面的观察与评价。

例如，在评估个体的沟通能力时，如果仅使用面试，我们只能看到其在一对一模式下表现出来的沟通技能；如果再使用无领导小组讨论、演讲，则可以看到其在团队中或在一对多模式下表现出来的沟通技能。综合应试者在这些情境中表现出来的沟通情况，才能对其沟通能力做出较为全面的评估。

（2）以情境测验为主。"如果想知道一个人的能力和发展潜质，必须让他们处在特定的环境中并加以观察。"评价中心采取的测评方法很多是对真实情境的模拟，创设一种逼真的模拟管理情境或工作情境，将应试者放入情境中，要求其完成各种各样的工作。例如，在无领导小组讨论中，应试者与其他六七名应试者一起围绕一个管理案例深入讨论，相互沟通、协调，进行集体决策，达成一致意见；在文件筐测验中，应试者要处理一系列公文，对管理中的各类事件进行分析、归类、处理、预测；在角色扮演中，应试者面对一位难以应对的"下属""上级"或"客户"，与他们进行一对一沟通，影响并说服对方。在这些过程中，专业的评价者在一旁认真观察、记录应试者的行为表现，然后客观评价应试者的若干能力和素质。

在这种情境测验中，应试者的表现比较接近真实情况。在复杂的任务之下，应试者也不易伪装，测评结果对应试者未来的表现有较好的预测性。此外，情境测验也是对简单的纸笔测验、面试的一种补充。以前，这些测评方法获得的大多是一些静态的信息，而情境测验使得动态的测评成为可能。在模拟的情境中，应试者之间（如无领导小组讨论中）、应试者与评价者之间（如演讲中）可以相互作用，应试者的某些特征会得到更加清晰的暴露。

（3）多位评价者从不同的角度观察。多位评价者的参与能够提高测试的客观性和公正性。这些评价者应是人力资源方面的专家、管理人员或心理学家。评价中心的核心技术是情境测验，这种评价方法的主观性较强。为了避免评价者受个人因素的影响，应采取多名评价者观察应试者在不同测试情境中的表现的方式，分别对应试者做出评估。

（4）将多位评价者的观察结果汇总起来，达成对行为信息的综合结论。由于不同的评价者具有不同的价值观、管理风格和技能，在评价环境中又难免有各自的情绪、偏见，因此在评价中心中不仅有多位评价者观察应试者的行为，而且评价决策也是由多位评价者组成的小组来确定的。他们汇集观察结果，对观察结果的正确性进行互相讨论，并互相帮助理解观察结果的含义和重要性。在此基础上，尽量达成对行为信息的一致结果。如果实在达不成完全一致的结果，就以多数人的意见为准。

（5）并非一种单一的技术，而是一种测试的程序。从上述几个特点中我们可以看出，评价中心是一种程序，而不是一种具体的方法，它是多重测验组在逻辑上的延伸，是组织选拔管理人员的一种评价过程。在这种程序中，多个评价者针对特定的目的与标准，使用多种评价技术，如情境模拟、角色扮演等主客观人事评价方法，对应试者的各种能力进行评价，为组织选拔、提升、鉴别、发展和培训服务。评价中心是一种为组织判断和预测那些与组织的工作绩效目标相关联的个体行为，以测评应试者的操作能力及管理素质为中心，所进行的一系列标准化程序，是一种比较全面的测评方法和技术，具有较高的表面效度。

当然，评价中心也有缺点，主要表现在以下几个方面。

（1）在评价中心采用的情境测验中，由于评分的主观性程度较高，因此制定并执行统一的标准化评分标准比较困难。评价中心技术对评价者的要求很高，评价者需要接受系统的培训。

（2）评价中心为应试者提供的任务情境比较复杂，评价者往往要从应试者所表现出来的诸多行为中辨别、筛选、记录其典型行为，并做出最终评价。观察和评价的过程需要在很短的时间内完成，而一位评价者往往要同时观察多位应试者，这无疑增加了评价者的评分难度。因此，没有经验的评价者事先必须接受系统的培训。

（3）评价中心的技术成本较高。首先，评价中心中的任务情境的设置和题目的编制难度较大；其次，由于采用多种测评方法，因此施测时间比较长，往往需要 1~3 天。这些都造成了评价中心的技术成本比较高。

14.2　评价中心的实施

评价中心是一种测试程序，如何运用这种程序，其关键技术环节是什么，是所有应用评价中心的人无法回避的问题。

14.2.1　评价中心的实施步骤

1. 确定评价中心的目标

评价中心应作为企业人力资源管理的一个辅助手段。在运用评价中心技术之前，需与企业高层决策者进行沟通，明确是否要使用评价中心，应试者属于哪个层级，以及使用评价中心的主要目的。

评价中心最好在缺乏应试者未来绩效数据的情况下使用。目标职位与现任职位的差别越大（如从推销员提升为销售主任），就越需要对应试者未来执行工作的胜任力进行评价。职务的管理工作成分越大，评价中心评价出来的管理潜力往往越准确。

在确定应试者的层级时，应注意以下几点：

（1）要有足够的应试者参加，以使评价中心最经济。

（2）要有足够的评价者参加，这些评价者至少比应试者高一级，最好高两级。

（3）涉及身份的一些问题。身份的差异会影响应试者在团体作业中的表现。

2. 确定目标岗位的胜任特征

所谓目标岗位，是指对于将要招聘和选拔的人才，我们将安置他们到什么岗位，如销售经理岗位、副总经理岗位等。关于胜任特征，我们在第 2 章已进行了详细介绍。从胜任特征的内涵可以看出，胜任特征主要是直接与个体的工作绩效表现紧密相关的内在因素，因此它是预测个体工作绩效的有效评价指标，评价中心也以此作为测评工作的基准。如果忽略这一环节，即使在测评上投入再多的精力也是无的放矢。

在测评之前，要针对具体企业的目标岗位进行胜任特征分析，确定该岗位的岗位胜任特征模型，并界定有关胜任力的维度定义，作为测评的标准。

3. 设计测试方案

确定了目标岗位的岗位胜任特征模型后，接下来就要考虑怎么测量这些胜任力了。

首先，需要选择和完善测评工具和练习。针对目标岗位的胜任力要求，选择合适的测评工具和练习。选择测评工具和练习的原则如下：

（1）每个练习必须与测评的胜任力标准直接相关。

（2）每个练习的难度适中。

（3）内容丰富，具备与岗位相关的情境。

（4）测评方法和练习经过专家的精心设计，具有合理的信度和效度。

（5）针对测评单位的组织机构特点和时间、费用要求，对测评工具进行修正。

其次，设计胜任力评价矩阵。评价矩阵包括测评方法和胜任力两部分内容，每个素质维度必须通过多个测评方法进行观察，以保证测评的效度。例如，影响力可通过无领导小组讨论、角色扮演和演讲三种不同的测评方法进行评估。表 14-1 是评价中心设计中的评价矩阵。

表 14-1　评价中心设计中的评价矩阵

测评方法	影响力	协调能力	授权	决策	分析判断
无领导小组讨论	★	★		★	★
文件筐测验			★	★	★
演讲	★				★
角色扮演	★	★			★
半结构化面试		★	★	★	★

从表 14-1 中可以看出，每种测评方法都测量了多种胜任力，而每种胜任力又至少可通过两种测评方法进行考察。

最后，制定评价行动计划，包括确认评价目标、设计测评流程和测试时间表、保证合理的测试程序。将测试时间表提供给每位评价者，测试应按时间表进行，以确保每位应试者在公平一致的条件下进行测试。表 14-2 是评价中心实施安排表。

表 14-2　评价中心实施安排表

日期	测评方法	时间	测评对象	评委组成	地点
3 月 30 日	无领导小组讨论	8：00—10：10	第 1 组应试者	A 组评委：李××、张××、王××、刘××、程××	212 室
			第 2 组应试者	B 组评委：姜××、任××、周××、韩××、耿××	304 室
		10：20—12：30	第 3 组、第 4 组应试者	第 3 组：A 组评委 第 4 组：B 组评委	212 室 304 室
		14：00—16：10	第 5 组、第 6 组应试者	第 5 组：A 组评委 第 6 组：B 组评委	212 室 304 室
		16：20—18：30	第 7 组、第 8 组应试者	第 7 组：A 组评委 第 8 组：B 组评委	212 室 304 室
3 月 31 日	案例分析	9：00—11：00			308 室
	文件筐测验	14：00—17：00			308 室

续表

日期	测评方法	时间	测评对象	评委组成	地点
4 月 1 日	半结构化面试	8：00—8：45	1 号应试者	A 组评委：李××、张××	402 室
			2 号应试者	B 组评委：王××、刘××	406 室
			3 号应试者	C 组评委：姜××、任××	407 室
			4 号应试者	D 组评委：周××、韩××	404 室
		8：45—9：30	5~8 号应试者	……	
		9：30—10：15	9~12 号应试者	……	
		10：15—11：00	13~16 号应试者	……	
		11：00—11：45	17~20 号应试者	……	
		11：45—12：30	21~24 号应试者	……	
		14：00—14：45	25~28 号应试者	……	
		14：45—15：30	29~32 号应试者	……	
		15：30—16：15	33~36 号应试者	……	
		16：15—17：00	37~40 号应试者	……	
		17：00—17：45	41~44 号应试者	……	
		17：45—18：30	45~48 号应试者	……	

注：评委注意事项如下：

1. 在测评开始前，请提前 10 分钟到达指定场地。
2. 在测评实施中，请关闭手机，不要走动。
3. 对测评中学员的表现及评价请务必做出记录，形成书面文字。

4. 评价者培训

评价中心的核心技术——情境模拟测验具有很强的主观性，测试效果的好坏在很大程度上依赖于评价者的技术水平。评价者要从专业人士中挑选，并且要具备丰富的测评实践经验，即使是最优秀的测评专家，在测试前也要接受有针对性的培训。培训内容包括：

（1）熟悉测评的素质维度（胜任力）和测评工具，了解特殊测试的一些操作实施细节。

（2）主持情境模拟测验的方法与技巧。

（3）测试过程中的行为观察、记录、归类和行为评估技巧。

（4）统一评价的标准和尺度，以提高评价者评价的一致性。

（5）评价者在培训中要将刚掌握的内容进行实际演练。

（6）评价者每年至少应参加 1~2 次评价中心，以保持状态。

5. 试测

在正式实施评价中心前，在严格的测试程序中，应该找一组与应试者类似的群体进行一次试测，尽量收集试测过程中的反馈信息，以便对测试的内容、程序进行修改和完善，再付诸实施。

6. 单独评价测评结果

在各项评价中心活动中，每位评价者都要对应试者进行观察，尤其要观察应试者所说的和所做的具体事情。在观察过程中，不允许评价者进行解释性说明。在一个评价练习结束后，每位评价者要将观察记录进行归类、评估，并按照各胜任力中成功行为的特征独立地评价其等级水平。通常每个行为特征分为以下六个等级：

5：显著高于成功管理行为的标准。

4：有些高于成功管理行为的定性和定量标准。

3：符合成功管理行为的定性和定量标准。

2：有些低于成功管理行为的定性和定量标准。

1：显著低于成功管理行为的标准。

0：没有足够资料表明等级。

7. 整合测评结果

在评价结束后，评价者逐一讨论应试者的所有测量和观察的结果，直到确定一个所有评价者都同意的等级为止。每位评价者要宣读他对应试者的观察记录结果，宣读的内容包括应试者在该测试中的行为表现、作用和地位等，尤其是与成功管理行为有关的行为表现和初步的等级。

宣读结果的一般顺序：面谈结果、纸笔测验结果、心理测验结果、情境模拟测验结果。一般来说，越是重要的评价技术，宣读时越靠后。最后，所有的评价者根据已宣读的该应试者的全部结果，共同讨论其行为等级。在讨论过程中，每位评价者可以改变他最初给出的等级，直到取得一致同意的等级为止。此外，有时根据评价的目的，评价者会做些额外的讨论，指出每位应试者的进一步发展需要和培养方法。

8. 撰写报告

评价者以书面形式写出最终的全面评价等级和进一步发展意见，并指出应试者在今后几年内的发展需要，然后将书面报告呈送给应试者所在的人力资源管理部门，为最终的人事决策提供依据。

只有做到以上几条，才能使评价中心成为一种科学有效的人才选拔和评估工具。

14.2.2 在评价中心实施中应注意的问题

1. 在有限的时间内，测评指标不宜过多

为了保证测评结果的准确性，测评指标不宜过多，否则可能因评价者关注的内容过多而无法对关键指标进行深度挖掘，从而影响测评效果。不同评价中心考察的测评要素数目差异较大，通常测评要素的数目为5~27个。例如，美国电报电话公司根据职位分析和公司需求，选择了组织和计划能力、决策能力等25个初步测评要素。然而，有学者在比较了3个、6个和9个评价维度对观察和评分的影响后发现，使用3个维度时，对行为进行分类和评分的准确性最高；使用6个维度时，对行为进行观察的准确性最高。有专家建议测评指标最多不要超过14个。

曾经有一家公司要求测评专家在一天内测量21个测评指标。该公司希望提拔3名分公司总经理，让他们在集团公司担任更重要的职位，但对他们的定位不够清晰，希望通过评价中心了解他们的优势和劣势。然而，测评结果显示并不准确。其实，这并非评价者或测评工具本身的问题，而是测评指标过多所致。最终，专家通过对企业高层进行行

为事件访谈，确定了关键的 6 个测评指标，并用一天时间通过评价中心完成了测评，使客户获得了满意的结果。

2. 对于不同的测评要素，选择最适宜的测评方法

对于不同的测评要素，往往有最适宜的测评方法。例如，分析思维能力最适合通过案例分析来测量，而团队领导能力则最适合通过无领导小组讨论来考察。

有些测评要素难以通过情境模拟测验来考察。例如，威信就是这样一种测评要素，因为在现实生活中，影响他人对自己尊重和敬佩的因素太多，而威信的建立通常需要一定的时间，所以通过观察在模拟情境中短暂的外显行为很难判断一个人在现实生活中是否具有很高的威信。如果要考察这一测评要素，360 度评估中的同事评价及下属评价不失为一种好方法。在实践中，不少拥有高资质的人才并不一定在企业中拥有很高的威信。

例如，有一个国内知名的物流运输企业曾邀请测评专家考察两位高层管理人员的威信。其中一位管理人员在情境模拟中表现得相当出色，在工作会议模拟中表现得很有号召力，大家都听从他的安排；在角色扮演中也表现出良好的人际关系。然而，他的威信却不如另一位管理人员高。公司老总向测评专家透露了一个信息：表现出色的管理人员刚进公司不久，大家对他还不是很了解；而另一位则是公司的老员工。又如，成就动机适合用结构化可评分面试进行测量；个人价值观则适合用心理测验中的自陈问卷法进行测量。

3. 评价中心的设计随评价目的的不同而不同

评价目的有好多种，如招聘、晋升、培训发展、裁员、继任计划、薪酬设计等。在为裁员设计评价中心时，一定要格外慎重，测评要注重区分度和公平公正性，应让被裁的人感到心服口服。某跨国公司曾经因为裁员寻求测评专家的帮助，为了避免不必要的劳动纠纷，公司一再向专家强调要让参与的每个人觉得公平。由于在评价中心里，每个人都能看到自己的表现如何，以及和别人比自己的优势在哪里、弱势在哪里。通过这种方法，该公司顺利完成了大规模的裁员。

评价中心的报告设计也有两种分类方法。第一，按报告是给谁看的来分类，给个人看的报告措辞要委婉些，否则会带来麻烦，而给管理层、决策层看的报告可以明确一些。这里又可以区分出两种报告形式，一种是针对个人的（每个人的潜能和发展建议），另一种是针对集体的（公司整体管理层的素质状况）。第二，功能不同，报告的设计也不一样。如果是招聘用的，报告可以简单一些，告诉管理人员什么人可以用，什么人该淘汰即可；如果是用于培训发展的，报告就要尽量详尽，要说明这个人哪些方面强，为什么强，在模拟情境中的哪些行为可以证明这一点等。

4. 测评对象在各项资质上的得分要经过评价者讨论以后得出

前面已经指出，评价中心的重要特点之一是多个评价者同时测评多个测评对象。因此，在评价中心施测完毕后，应立即进行讨论，将大家观察到的行为和对测评对象的评价加以汇总，以提高测评结果的真实性。

咨询公司在为客户服务时，经常会遇到这样的场景：评价中心施测结束后，所有评价者聚在一起开会讨论测评对象的表现。有一次，两位评价者在某个测评对象的团队合作资质上的打分相差很大，于是他们各自给出了自己的证据。其中一位评价者说，在访谈过程中，测评对象提到他们子公司的广告一开始是由集团公司下属的一家兄弟公司制作的，但服务质量不佳，价格却比外部广告公司更高，于是他另寻一家物美价廉、服务质量好的企业合作。这样的人怎么可能在团队合作上得高分呢？而另一位评价者则指出，这一行为并不能证明他的团队合作资质不好。在这种情况下，企业的一把手首先考虑的当然是如何把自己的企业做好。当企业利益受到损失时，维护企业利益是合理的，这一证据反而可以在变革创新资质上加分。

5. 尽量让高层参与到整个测评活动中

让企业高层参与评价中心的指标制定及施测过程，能够使企业高层看到许多平时难以察觉的情况。因为没有一位领导会从日常工作中如此清晰地观察到下属的工作表现，同时，这也能够让企业对整个项目更加认可。

有一家台资企业对咨询公司不够放心，提出先试测一个人，如果试测结果得到大家的认可，再考虑大规模推广。咨询公司提醒人力资源部门，在指标确认阶段最好与高层进行沟通，但人力资源部门认为反正只是试测，关系不大。然而，在最终的报告会上，企业老总对测评结果表示认可，但对评价指标提出了质疑。因此，如果企业决策层能够在指标制定阶段就参与其中，那么整个测评实施过程将会更加顺利。

可以肯定的是，评价中心的操作原则远不止这些。但从客户服务的角度来看，这几点是评价中心实施者都应当熟悉并牢记于心的。遵守并合理运用这些原则，不仅是评价中心质量的保障，也是客户服务成功的基础。

14.3　评价中心的练习和内容

14.3.1　评价中心的练习

评价中心综合了多种测评方法，包括前面介绍的能力测验、动力测验和人格测验等心理测验方法，但这些方法并非评价中心的主要组成部分。评价中心的一个重要特征是在情境测验中对应试者的行为进行观察。目前，最为普遍的情境性测验方法主要包括无领导小组讨论、文件筐测验、角色扮演法、演讲、模拟面谈以及案例分析等。美国有专家曾对各种情境模拟技术在评价中心中的使用比率进行了粗略统计（1990 年），具体如表 14-3 所示。

表 14-3　各种情境模拟技术在评价中心中的使用比率

	情境模拟技术	使用百分比/%
比较复杂的	角色扮演法	25
↓	文件筐测验	81
	小组任务	未调查
	无领导小组讨论	分配角色 44
		未分配角色 59
	演讲	46
	案例分析	73
	搜寻事实	38
比较简单的	模拟面谈	47

由表14-3可以看出，文件筐测验、无领导小组讨论、案例分析是在评价中心中应用得较多的情境模拟技术。

实际上，不同的情境模拟技术，其应用效果也是不一样的。表14-4从应用的效度、公平性、可用性和成本等多个方面显示了各种测评技术的优劣。

表14-4 各种测评技术的优劣比较

测评技术	效度	公平性	可用性	成本
智力测验	中	中	高	低
性向和能力测验	中	高	中	低
个性与兴趣测验	中	高	低	中
面谈	低	中	高	低
工作模拟	高	高	低	高
个人资料	高	中	高	低
同行评议	高	中	低	低
自我介绍	低	高	中	低
推荐信	低	—	高	低
评价中心	高	高	低	高

从各种测评技术的效度比较来看（见表14-5），评价中心的效果无疑是最好的。美国电报电话公司在建立了评价中心的考评、提升制度后，曾对此法的有效性进行了检验。该公司封存了几百名应试者通过评价中心得到的测评结果。八年后，将封存的结果与实际表现情况进行对照，结果发现，当初评价中心判定适合进入中级管理层的应试者中，有80%实际上正在中级管理层就职，而被判定不适合进入中级管理层的应试者中，有95%实际上的确未得到提升。

表14-5 各种测评技术的效度比较

测评技术	效度
评价中心—提升	0.68
结构化面试	0.62
工作取样	0.55
能力测验	0.54
评价中心—绩效	0.41
个人履历资料法	0.40
个性测验	0.38
非结构化面试	0.31

续表

测评技术	效度
申请表	0.13
占星术	0
笔迹法	0

由于文件筐测验、无领导小组讨论、面试等测评技术在本书的前面几章已有专门介绍，因此这里主要介绍其他一些用得比较多的情境测验，并通过一些实例来进行说明。

1. 搜寻事实

在搜寻事实测验中，首先给予应试者一个关于他要解决的问题的少量信息，然后他可以向一个能够提供信息的人询问一些额外的情况。如果应试者提出的问题比较模糊，那么他得到的答案也将是比较泛泛的；如果他能提出比较具体的切中要害的问题，那么他就会得到一些有利于问题解决的有价值的信息。在提问和回答之后，要求应试者给出解决问题的建议和原因。在搜寻事实的任务当中，主要评价应试者的问题分析能力、理解和判断能力及社会知觉能力，同时考察应试者的决策能力和对压力的容忍能力。

下面是搜寻事实的一些典型样例。

● 面试负责人告诉一个中层管理人员，他的预算计划已经被否决了，以此考察他将如何搜寻信息并做出解释。

● 面试负责人告诉一个初级管理人员，生产线上出现了不合格的产品，让他来了解和解决这一问题。

● 面试负责人告诉应试者有关客户的一些需求，看其如何反应。

在搜寻事实测验中，信息源必须非常详尽，同时提供信息的人员必须对这些信息十分熟悉，以便能够及时、准确地应对应试者所提出的各种信息需求。然而，搜寻事实测验存在一个明显的不足之处：提供信息的人员很难对所有应试者做出完全一致的反应，因此难以提供一种标准化的情境。

2. 书面的案例分析

在书面的案例分析测验中，通常要求应试者阅读有关组织问题的材料，并据此准备一系列建议，以提交给更高层级的管理部门。这种测评方法能够考察应试者的综合分析能力和判断决策能力，既可以评估一般性技能，也可以考察特定技能。

当面试官审阅应试者撰写的报告时，可以同时对其内容和形式进行评价。如果报告在写作形式或书面表达方面存在问题，那么撰写该报告的应试者需要接受有关业务规范和写作规则方面的培训。如果应试者撰写的报告对所给材料的分析不当，或缺乏对各种解决方案的系统性评价，那么他需要接受有关决策能力方面的培训。这种测验的设计非常灵活，可以根据需要量身定制，以全面测量各种胜任力。然而，其不足之处在于很难找到一种客观的评分方法。例如：

你刚刚就任某旅游饭店的副总经理。你将看到一些关于饭店目前情况的介绍，包括若干图表性材料（见表 14-6、表 14-7 和表 14-8）。应试者需根据所提供的材料，撰写一份关于该饭店现状及其未来发展建议的报告。

表 14-6　咖啡厅损益表（每日平均）　　　　　　　　　　单位：元

项目	营业时间	
	早 8：00—次日凌晨 2：00	凌晨 2：00—早 6：00
销售额	8 500	735
固定费用	1 800	500
可变费用	5 325	265
费用合计	7 125	765
利润	1 375	亏损 30

表 14-7　韩国餐厅损益表（每日平均）　　　　　　　　　单位：元

项目	费用及损益
销售额	5 700
固定费用	3 260
可变费用	1 500
费用合计	4 760
利润	940

表 14-8　近年的人员流动情况　　　　　　　　　　　单位：%

年份	2011 年	2012 年	2013 年	2014 年	平均
管理人员晋升率	5.7	1.3	15.6	3.5	6.47
非管理人员晋级率	50	48	90.5	78	66.7
人员流动率	9.4	9.0	12.8	13.6	14.2

3. 演讲

演讲既可以是即兴的，也可以是有准备的。即兴演讲通常是在应试者抽到题目后稍作准备，约 5 分钟即可上台进行演讲；有准备的演讲则可以给予应试者约 1 小时的准备时间，正式演讲时间约为 10 分钟。此外，还应安排约 5 分钟的时间，让面试官对应试者的演讲内容进行提问，由应试者进行回答。还有一种形式是，几位应试者分别进行演讲，随后共同讨论他们的观点，并最终选择最佳方案。

演讲的主题可以根据具体情境来确定，其实施过程也相对较为容易。例如，对于销售岗位，演讲主题可以包括以下内容：

- 作为新任销售经理，你将如何完成公司设定的销售目标？
- 一名优秀的销售人员应具备哪些素质？
- 如何与客户有效沟通？

面试官可以从以下几个方面进行观察：

- 声音是否洪亮有力，口齿是否清晰；

- 演讲是抑扬顿挫，还是平淡无奇、缺乏感染力；
- 举止是否自然、平静且放松；
- 目光是否与观众进行了有效交流，是否频繁望向天花板或某一处；
- 演讲内容结构是否清晰，论点与论据的关系是否紧密、层次是否分明，论据是否具有说服力；
- 回答问题时是对答如流，还是答非所问。

通过演讲，可以考察应试者思维的敏捷性、系统性、条理性、创造性、说服能力以及自信心等多方面的素质。

4. 商业游戏

商业游戏是一种复杂的测验形式，通常采用一些非结构化的情境，促使应试者之间进行交互作用。商业游戏的典型例子如下：

（1）让6位应试者分别担任企业中6个部门的领导，用2小时的时间模拟企业的运作。

（2）让由3个人组成的团队进行股票交易，进行4小时的情境模拟。

（3）一个8小时的模拟电脑游戏，让20名经理运作一个大型的集团组织。

（4）分别由4人组成的小组模拟仓储贸易中的情境等。

面试官的主要任务如下：

（1）在游戏开始之前，向参加游戏的应试者进行简要说明与介绍，以确保应试者了解整个游戏的过程。

（2）为应试者分配角色。

（3）在整个游戏过程中，必须随时保持应急状态，以便处理各种突发情况。

（4）对应试者的各种行为进行系统的观察与评价。

（5）对应试者的各种行为保持足够的敏感性。

这种游戏实际上综合了许多其他情境测验的内容。当一个复杂的游戏展开时，往往类似于一系列的情境演练：游戏中既会发生一对一的相互作用，也会出现类似小组讨论的场景，有时需要进行演讲，有时需要对公文进行处理，最后整个团队在一起做决策等。

商业游戏的优点在于它能够比其他形式更好地再现组织中的真实情况。这种形式虽然较为复杂，但它更真实，并且能帮助有经验的管理人员从中学习管理技能。然而，商业游戏的缺点在于对应试者的观察和评价比较困难，而且费时。

14.3.2　评价中心的内容

评价中心旨在对管理人员进行评价，选择什么样的评价维度、依据什么样的评价标准进行测评是非常重要的。评价维度和评价标准的制定因不同的企业、不同的职位而有所不同，因此各评价中心测量的指标也各不相同。一般需要通过胜任特征分析，确定一个职位所需的素质要求，然后选择能够测量这些关键素质的测评方法。

对于管理人员来说，评价中心的测评要素通常包括以下重要的胜任特征：责任心、分析能力、商务理解力、人际关系技能、口头表达能力、表达技巧、决策能力、团队精神、对压力的承受力、领导力、书面表达能力等。

美国电报电话公司选择了25个评价变量对每位应试者进行评价。这25个评价变量分别是组织和计划能力、决策能力、创造力、人际关系技能、行为的灵活性、个人活力、对不确定性和事物变化的容忍力、应变能力、压力的承受力、学习能力、兴趣的广泛性、内在的工作标准、工作绩效、语言表达能力、社会角色知觉能力、自我努力目标、精力、期望的现实性、遵守贝尔系统价值观的程度、社会目标、成长提高的需要、忍受延迟报酬的能力、受到上级称赞的需要、受到同事赞许的需要、目标灵活性和安全的需要。

在一个由 12 人组成的专门评价中心中，应试者用三天半的时间进行测评。在此期间，使用的测评方法包括纸笔测验、文件筐测验、投射测验、面谈、参与集体问题解决、无领导小组讨论。每位应试者还需填写一份个人履历调查表、一篇简短的自传文章以及一份包含 70 个项目的调查表。之后，面试官将根据 25 个评价变量对每位应试者进行评价，并通过文字描述概括每位应试者的表现。

通过对评价变量的因素分析，提炼出 7 种要素，这 7 种要素构成了评价的基本内容。在这 7 种要素中，行政管理技能和人际关系技能较为重要，其次是智能、绩效的稳定性、以工作为导向的激励、职业导向和对他人的依赖性。尽管这 7 种要素的重要性各有侧重，但它们在评价体系中是相互平行的。以下是这 7 种要素的测评方法：

（1）行政管理技能：文件筐测验。

（2）人际关系技能：无领导小组讨论、制造问题法。

（3）智能：纸笔测验。

（4）绩效的稳定性：文件筐测验、无领导小组讨论、制造问题法。

（5）以工作为导向的激励：投射测验、面谈和模拟方法。

（6）职业导向：投射测验、面谈和个性测验。

（7）对他人的依赖性：投射测验。

14.4 评价中心的应用和发展趋势

14.4.1 评价中心在人力资源管理决策中的应用

在人力资源管理决策中，评价中心能够为组织的人员招聘、选拔、培训、薪酬确定、裁员等提供科学有效的帮助。评价中心在人力资源管理决策中的应用主要体现在以下几个方面。

1. 人员招聘

在组织中，管理人员的招聘失误可能会导致公司在财务、经营管理和发展规划等方面遭受巨大损失，因此，管理人员的招聘对企业来说至关重要。评价中心作为一种综合测评技术，凭借其多方法、多评价者的优势，无疑可以在管理人员的招聘中发挥汰劣择优的作用。

在实践中，我们运用评价中心技术为众多企事业单位提供了人才招聘服务。例如，某银行的一个省级分行在刚成立时，面向全国公开招聘客户服务部、信贷部、办公室等 7 个部门的副职主管，结果通过简历筛选的候选人多达 200 人。为了确保人员选拔的质量，该分行领导邀请我们运用评价中心技术为其提供服务。我们首先安排 200 名候选人参加为期一天的笔试，内容涵盖银行综合知识、职业能力倾向测验和管理技能测验，通过这一环节淘汰了基本素质不过关的 138 名候选人；次日，我们对剩余的 62 人进行了情境模拟测验，采用的方法包括文件筐测验、案例分析和无领导小组讨论；第三天，我们又对最后剩下的 20 人采用半结构化面试的方式进行了分组面试。最终，我们为该分行此次招聘活动提供了录用决策建议。

由于在整个测评过程中，该分行的高层领导始终参与其中，他们清晰地看到了各候选人在评价中心中的表现，从而深刻感受到了评价中心的科学性和有效性。由于通过评价中心招聘的人员素质较高，他们在实际工作中的工作绩效大多较为优秀。

2. 人员任用与晋升

通常情况下，对于一个管理人员，往往有多个岗位可供安置。理想的情况是岗位胜任力要求与个人优势相匹配。在安置管理人员时，使用评价中心可以寻求最佳的人岗匹配。例如，宏观思维能力较强的人可以更多地参与到规划工作中，而计划能力相对较弱的人则可以安排到计划能力较强的人手下工作。

当公司的一个重要岗位出现空缺，需要从内部选拔接替者时，通常会从工作表现良好的管理人员中选取。然而，事实上，在某个管理层次上表现优秀的人未必就是高一级管理岗位的合适人选。人员晋升的最可靠方法是采用评价中心技术，考察候选人在目标岗位上的潜能。例如，美国科罗拉多州福特科林斯市的警察局曾设计了一个情境测验，向候选人提出其在未来岗位上可能遇到的与人打交道的难题，如当与愤怒的市民对峙时，观察他们能否保持镇静而不做出过激反应。由于评价中心的情境性极强，可以根据目标岗位设计相应的活动，从而选择合适的人选。有了这些客观、翔实的材料作为参考，组织便可以成功地找到合适的人选。

3. 人力资源普查

人力资源管理的目的是充分开发和利用组织系统中的人力资源，因此需要对公司内部人员的发展潜能、职业倾向、专业素质等进行全面了解。在多数情况下，直接上级通常通过面谈来评估下属，但这显然是不够的。在这种情况下，评价中心可以用来评估员工的能力和潜能。

国内某知名上市公司高层领导一直高度重视人力资源的开发和利用。为了全面掌握公司内部的人力资源状况，该公司曾邀请我们运用评价中心技术为其现有的中高层管理人员提供人力资源普查服务。我们综合运用了履历分析技术、心理测验、文件筐测验、无领导小组讨论、角色扮演法及 360 度评估法，对该公司每位中层以上管理人员进行了全方位的测评，并为公司提供了每位受测者的详细测评报告，同时还提供了公司人力资源状况的总体分析报告。此次测评历时 6 个月，评价中心严格的设计要求和严谨的操作实施过程给该公司的高层管理人员留下了深刻的印象。此后，该公司在面向全国招聘人力资源总监时，也采用了评价中心技术。

4. 培训

所谓培训，是指传授在组织内发挥作用所必需的个人知识、技能、能力及其他特征。培训是挖掘人才潜能的必要手段。评价中心可用于诊断员工的不足之处，在对在岗员工进行综合素质分析的基础上，根据具体情况设计有针对性的培训计划；按照计划开展相关培训活动，并在培训后进行效果评估。例如，美国陆军战争学院设计了一系列包含自我评价在内的评价中心活动，通过这些活动，高级军官意识到了自身的发展需求，并据此设计了一学年的学习安排。采用评价中心技术开展培训时，应重视接受培训员工的主动性，锻炼其思维能力和实际工作能力。培训方式包括敏感性训练、管理角色训练、事件处理训练和拓展训练等。评价中心有助于更好地体现员工的自身价值，使员工素质的提升与公司的发展紧密相连。

5. 裁员

当一个组织因经济原因或结构性调整而必须裁员时，决定让谁离开、让谁留下是一个艰难的选择。霍夫曼公司的保安部曾利用评价中心模拟部门重组后的工作要求，使每位员工都有机会展示自己胜任新任务的能力。参加评价中心的员工表示，这种方法为他们提供了展示相关技能的平等机会。与依据资历或依据直接上司对员工当前工作表现的评估做出的裁员决策相比，员工更能接受依据评价中心得出的测评结果。

14.4.2　评价中心在人才发展中的应用

评价中心也可应用于人才培训与发展。当评价中心将测评结果反馈给应试者时，对于应试者而言，整个评价过程即成为一次良好的培训体验。通过评估报告和具体行为表现的反馈，应试者能够清晰了解自己在人群中的素质水平，明确自身的优势与待提升的素质，知晓如何在今后工作中扬长避短，充分发挥自身特长，并在行为层面进行改进，有意识地培养和弥补自身的不足，从而成长为更优秀的人才。同时，针对应试者中存在的共性问题，可开设专题培训课程。因此，评价中心技术不仅是一种有效的人才选拔工具，还在人员培训、职业生涯规划等方面具有重要的应用价值。

从评价中心技术的发展趋势来看，其早期主要侧重于人员甄选，而如今则越来越注重人员培训与发展。评价中心与发展中心的区别如表 14-9 所示。

表 14-9　评价中心与发展中心的区别

评价中心	发展中心
外部招聘	识别潜能
内部招聘	诊断与工作有关的优/劣势

在 1977 年，玻姆提出了两种不同类型的发展中心，分别是识别策略和诊断策略，这两种策略的主要区别如表 14-10 所示。

表 14-10　识别策略与诊断策略的区别

区别项	识别策略	诊断策略
目标	对个体进行早期潜能识别，以帮助快速发展	改善现在工作绩效、动机和士气
目标人群	已被识别为高潜能者	对多数人
提名程序	邀请符合标准者	自愿或推荐
决策或结果	多数成功/失败决策是为了长远的发展	聚焦于有关优势和劣势
反馈报告	突出高层发展活动的需求	优/劣势的详细信息，以促进后续行动计划
组织监控的水平	高度集中化的监控	基层管理控制

评价中心报告往往可以为应试者提供许多有益的信息。以下以龚淼女士的评价中心报告为例，说明评价中心在个人职业发展中的作用（见表 14-11）。

表 14-11　评价中心报告样例

胜任力名称	在评价中心活动中的表现
沟通与交流能力 （行为定义略）	在从口头信息交流中提取信息的能力方面，龚淼女士被评定为高于平均水平。在管理问题练习中，她经常澄清他人的表述，使其更易于理解，这表明她能够准确把握发言人的思想意图。她还向他人提出了一些关键问题，这些问题对于讨论内容来说至关重要，说明她非常仔细地关注谈话的细节。在练习中，她能够迅速抓住发言的重点并做出反应。她还纠正了另一名参与者在金额计算上的错误。在销售战略练习中，她再次澄清了其他小组成员提出的问题。在讨论中，她多次要求他人重申观点，试图了解他人在分析问题时所依据的具体理论基础
分析问题的能力 （行为定义略）	在根据所获得的信息发现问题、找出问题成因并提出解决问题的途径和方法方面，龚淼女士在解决大多数浅层次具体问题的能力上高于平均水平，但在分析和把握较高层次的战略问题及深层次问题时，仅处于平均水平。总体而言，龚淼女士在分析一般问题时表现较为出色，然而，当问题需要进行深入分析和深思熟虑时，她的表现就不够突出了。 　　在文件筐测验和销售战略练习中，龚淼女士未能达到既定标准。她未能准确领会公文中各类备忘录的含义，将每个备忘录视为孤立事件，未能从整体上把握问题的关联性。她似乎倾向于将许多问题简单化处理，仅关注备忘录中明确表述的内容，而忽略了潜在的复杂性和关联性。 　　在销售战略练习中，龚淼女士做出了一些缺乏依据的假设，例如认为年纪较大的销售人员知识较为肤浅，且认为他们的工作动力是增加销售额的关键。她未能充分了解一名参与者提出的建议细节，该建议可能导致销售甲、乙两种产品的批发商与公司销售人员之间产生冲突。遗憾的是，龚淼女士支持了这一不合理的建议
判断能力 （行为定义略）	在判断能力方面，龚淼女士被评定为低于平均水平。在文件筐测验中，她对下属的指导明显不足，回避了许多重要或困难的项目。这种做法可能会给公司带来较为严重的问题。 　　在销售战略练习中，她提出的许多建议是基于毫无根据的假设。例如，她建议延长顾客应付账单与推销员收账的时间间隔。然而，在做出这一决策时，她并未考虑到这可能会导致流动资金的占用问题
计划和组织能力 （行为定义略）	在适当地选派人员和分配资源使用方面，龚淼女士被评为低于平均水平。 　　在文件筐测验中，龚淼女士未能将工作项目按先后次序进行合理排列，或者即使进行了排列，她对各工作项目重要程度的认识也明显不足。许多工作项目本可以安排下属或辅助人员去完成，但她却选择亲自处理这些工作，而忽视了她应优先处理的经营战略问题。此外，她未能有效利用下属为她收集足够的信息，导致她在面对一些困难时未能做好充分准备
管理控制能力 （行为定义略）	龚淼女士在采取行动监督委派任务及项目结果方面，被评定为低于平均水平
总评价	根据工作说明书中对任职资格的要求，结合龚淼女士现有的工作能力，她在担任地区销售经理之前，还需接受几项重要的管理能力培训

从表 14-11 可以看出，龚淼女士可以从评价中心报告中获取诸多有价值的行为信息，这些信息既涵盖了她的个人优点，也指出了她的不足之处。在此基础上，她可以与公司的人力资源部携手，共同制定有针对性的培训与发展计划。

14.4.3　评价中心在应用中的发展趋势

总的来看，评价中心的发展呈现出两大特点：一是仿真程度的不断提高，二是情境模拟的结构化程度的增强。仿真性的加强有利于准确地对测评对象进行行为取样，而结构化的尝试能够有效降低评价中心的评分难度和施测成本。评价中心在应用中的发展趋势如下。

1. 采用整体情境

传统的评价中心由相互独立的情境构成，不同情境采用互不相关的背景材料。如今，越来越多的评价中心采用跨练习的材料，即所有情境均使用相同的背景材料。这种做法的优势在于，测评对象无须花费过多时间阅读新的材料，同时能够有效提升不同情境的仿真性和评分一致性。

2. 对评价中心应用的强化

评价中心依据其施测目的的不同，会有不同的设计、容量和成本，也会结合其他人力资源管理技术。

（1）对于招聘或晋升决策，评价中心的设计复杂性可依据测评指标数量、岗位级别和效度要求等因素来决定。

（2）对于诊断或培训需求，通常会设计大容量的评价中心，以充分、全面地衡量测评对象的资质。

（3）对于职业生涯规划、继任计划和人职匹配等环节，可以将才能—角色匹配技术融入评价中心的施测过程。

（4）评价中心越来越多地与建立岗位胜任特征模型、战略性工作分析、绩效管理等结合，并应用于人力资源管理的各个方面。

3. 借用计算机和其他辅助设备进行测评

（1）将情境模拟的呈现计算机化（如文件筐测验和案例分析）。

（2）使用录像设备等协助施测（例如通过录像呈现人际情境，并要求测评对象做出反应）。

（3）通过软件对评价者的评分进行自动汇总。

4. 引入除情境模拟以外的技术

在评价中心的应用中，越来越多的技术被引入作为情境模拟的补充，如行为事件访谈和心理测验。行为事件访谈可用于测量一些通过情境模拟较难测评的资质，如成就动机和坚韧性等。此外，行为事件访谈也可作为回顾测评对象在评价中心中的行为动机的手段。

尽管商业化评价中心经过了 50 多年的发展，但其核心要素仍未改变，包括以多种情境模拟为主体、由多名评价者参与整合讨论、注重情境的仿真性等。一直在变化的是，在不违背评价中心原则和核心要素的前提下，人们不断改进其设计和操作流程，使其更符合人力资源管理的发展需求，也更契合企业自身的需求。随着人们对评价中心本质的理解日益深入，这种改进的步伐将越来越快，成效也将愈发显著。

第 3 部分

人才测评应用

人才测评的根本目的是实现人职匹配，确保事得其人、人适其事、人尽其才、才尽其用。作为一种专业化的活动，人才测评与其他技术性活动一样，有其必须遵守的规范和流程。在实践中，只有严格遵循人才测评的规范和流程，才能保证测评的信度和效度。

本章导航

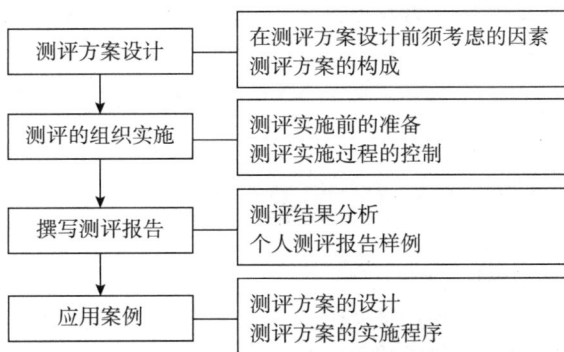

测评方案设计	在测评方案设计前须考虑的因素 测评方案的构成
测评的组织实施	测评实施前的准备 测评实施过程的控制
撰写测评报告	测评结果分析 个人测评报告样例
应用案例	测评方案的设计 测评方案的实施程序

丰田公司的招聘体系

为招聘优秀且有责任感的员工，丰田公司设计了一套由六个阶段构成的全面招聘体系，前五个阶段需持续5~6天。

第1阶段：丰田公司通常委托专业招聘机构对应试者进行初步筛选。应试者将观看介绍丰田公司工作环境与工作内容的录像资料，同时了解公司的全面招聘体系，并填写工作申请表。一小时的录像资料旨在使应试者对丰田公司的具体工作情况有初步了解，感受工作岗位的要求，同时也是应试者自我评估与选择的过程，许多应试者在此阶段会因自我评估而放弃申请。专业招聘机构将根据应试者的工作申请表及其具体能力和经验进行初步筛选。

第2阶段：评估应试者的技术知识与工作潜能。通常要求应试者参加基本能力测试和职业态度心理测试，以评估其解决问题的能力、学习能力及职业兴趣。对于技术岗位的应试者，还需进行6小时的现场实际机器和工具操作测试。通过第1阶段和第2阶段筛选的应试者资料将转交至丰田公司。

第3阶段：丰田公司接手招聘工作。本阶段主要评估应试者的人际关系和决策能力。应试者需在公司评估中心参加一个4小时的小组讨论，讨论过程由丰田公司的招聘专家即时观察并评估。典型的小组讨论主题可能是讨论未来几年汽车的主要特征。通过实际问题的解决，可以考察应试者的洞察力、灵活性和创造力。同样在第3阶段，应试者需参加5小时的实际汽车生产线模拟操作。在模拟操作过程中，应试者需组成项目小组，负责计划和管理职能，例如如何生产一种零配件，以及人员分工、材料采购、资金运用、计划管理、生产过程等一系列生产考虑因素的有效运用。

第4阶段：应试者需参加一个1小时的集体面试，分别与丰田的招聘专家讨论自己的成就。这有助于丰田的招聘专家更全面地了解应试者的兴趣爱好、职业自豪感以及激发其热情的事业方向，从而更好地进行工作岗位安排和职业生涯规划。在此阶段，还可进一步了解应试者的小组互动能力。

通过以上四个阶段的应试者，原则上将被丰田公司录用，但还需参加第5阶段的全面身体检查，以了解应试者的身体状况及是否存在特殊问题，如酗酒等。

第6阶段：新员工需接受为期6个月的工作表现和发展潜能评估。在此期间，新员工将接受监控、观察、督导和培训等。

15.1　测评方案设计

在第2部分介绍的内容中，我们已经了解到人才测评的具体方法多种多样。然而，在具体应用中，究竟采用何种方法来形成测评方案，则取决于诸多因素。这些因素主要包括测评的预算、测评的目的、测评指标以及候选人的数量等。

15.1.1　在测评方案设计前须考虑的因素

根据我们的实践经验，在测评方案设计前，通常需要考虑以下因素。

1. 测评的预算

预算的多少直接关系到测评的精度。通常情况下，招聘一个人的平均预算越高，选用的测评方法往往越多，测评的效果也越好。这一问题与企业领导的认识密切相关。如果企业领导认为人才测评不值得投入过多费用，预算自然会定得较低；反之，若企业领导重视人才测评的作用，预算则会定得较高。例如，某公司为了招聘几位部门经理，仅在测评环节投入了几千元，因为老板认为凭借自己的经验进行面试即可；而一家知名企业为了招聘两位副总经理，在测评环节投入了高达20万元。实际上，在我国，鲜少有人对测评的投入产出比进行过系统的测算。而美国有测评专家经过测算发现，在企业中层管理人员的测评中投入几千美元，其实际回报能达到几百万美元。

2. 测评的目的

在开展人才测评活动之前，活动组织者必须明确人才测评的目的，即为什么要开展测评活动、要实现哪些管理目标、通过测评项目解决什么问题。人才测评的目的直接决定了测评指标，不同的测评目的对测评指标的要求也各不相同。

在人才测评中，企业内部的人力资源普查通常比外部人员招聘需要更复杂的测评方案设计。这是因为人力资源普查需要全方位地了解和诊断企业员工的特点与不足，为企业的未来发展和员工的个人发展提供诊断报告。因此，往往需要邀请外部测评专家，综合运用心理测验、面试、无领导小组讨论、文件筐测验、360 度评估法等多种测评技术和方法。相比之下，一般员工招聘通常只需采用履历筛选、笔试、情境模拟测验和面试即可。

3. 测评指标

前文已述，岗位胜任特征模型是人才测评的基础，能够确保人才测评的针对性与有效性。近年来，众多大型企业纷纷委托专业咨询公司构建岗位胜任特征模型，这些模型为测评指标的确定提供了重要参考。同时，还需综合考虑外部环境的变化、企业的未来发展以及与目标岗位相关的团队构成等因素。通常情况下，测评指标的数量控制在 7 个以内效果较佳，超过 7 个则难以对各指标进行有效区分。然而，在应用评价中心技术进行测评时，测评指标数量往往可达 10 个。国外研究发现，评价中心的测评指标平均为 11 个。

4. 候选人的数量

候选人的数量也是测评方案设计前需考虑的重要因素之一。当某一职位的候选人数量较多时，采用较少的测评方法即可达到理想的测评效果；反之，若候选人数量较少，尤其是需要从最终的几个人中选出两人时，则需选择更多的测评方法。这是因为初步筛选相对容易，而最终决策时对测评精度的要求更高，决策风险也相应增大。

5. 预期结果

测评的预期结果同样会影响测评方案的设计。若仅需依据岗位胜任特征模型对候选人进行简单排序，则对测评方案的设计要求相对较低；而若需为每位候选人提供个人职业发展建议报告，则对测评方案的设计要求则较高。

6. 组织实施

在测评方案设计前，还需考虑测评的组织实施细节。例如，若组织实施中评价人员数量有限，无法分多组同时对候选人进行测评，则测评实施可能需要持续多日。在此情况下，为确保测评题目的保密性，需事先设计多套难度相当的测评题目。

15.1.2　测评方案的构成

测评方案一般包括测评的目的、测评的内容与方法、测评程序设计和测评费用构成等。以下以 A 公司在内部开展人力资源普查为例，给出测评方案。

1. 测评的目的

根据 A 公司的要求，对公司在岗员工进行全面测评，了解每位员工的职业素质及其发展潜力，为公司提供每位员工的测评诊断报告，并根据公司人力资源状况提出咨询建议。

2. 测评的内容与方法

（1）纸笔测试。纸笔测试分为知识水平测试（见表 15-1）和基本职业素质测试（见表 15-2）。

表 15-1   知识水平测试

职位类别	测试内容	测试方法	测试时间/分
中层管理人员	企业经营管理常识+汉英互译	考试	60
主管人员	企业经营管理常识+汉英互译	考试	60
技术人员	生产管理基本常识	考试	60
行政人员	行政管理基本常识	考试	60
一线工人	综合知识与企业员工行为规范	考试	60

表 15-2   基本职业素质测试

职位类别	测试内容	测试方法	测试时间/分
中层管理人员	基本认知能力	心理测验	90
	组织行为动机		20
	职业兴趣		15
	行为风格		20
主管人员	基本认知能力	心理测验	90
	组织行为动机		20
	职业兴趣		15
	行为风格		20
技术人员与行政人员	基本认知能力	心理测验	90
	行为风格		15
一线工人	机械能力	心理测验	30
	职业兴趣		15

（2）情境测验（见表 15-3）。

表 15-3   情境测验

职位类别	测试内容	测试方法	测试时间/分
中层管理人员	企业经营管理实务处理能力	文件筐测验	120
	团队协作及领导	无领导小组讨论	90
主管人员	企业经营管理实务处理能力	文件筐测验	120
	团队协作及领导	无领导小组讨论	90

（3）半结构化面试（见表 15-4）。

表 15-4　半结构化面试

职位类别	测试内容	测试方法	测试时间/分
中层管理人员	经营管理经验、问题分析判断、沟通和人际技能、业务技能	半结构化面试	60
主管人员	经营管理经验、问题分析判断、沟通和人际技能、业务技能	半结构化面试	60

3. 测评程序设计

（1）胜任特征分析与测评方案设计。深入了解公司文化，依据公司职位需求，通过行为事件访谈，构建各类职位的岗位胜任特征模型；确定测评要素和测评方法，形成项目的测评方案。此阶段工作预计需 4 周。

（2）笔试准备与实施。依据双方议定的测评方案，组织各项笔试准备工作，并提供实施笔试所需材料供公司组织实施测试。此阶段工作将在测评方案议定后 3 周内完成。

（3）情境测验、面试的准备和实施。根据测评方案，设计情境测验题目与面试题目。此阶段工作将在测评方案议定后 4 周内完成。对公司参与评估的相关人员进行测评培训，随后共同实施测评。

（4）综合分析与评价报告撰写。依据各职位胜任特征的具体要求，对上述各项测试结果进行综合分析评估，撰写并提交各中层管理职位和主管职位候选人的评价报告，以及公司人力资源管理的综合建议报告。此阶段工作将在测评实施结束后 3 周内完成。

4. 测评费用构成

测评费用包括固定费用项目（见表 15-5）和变动费用项目（见表 15-6）。

表 15-5　固定费用项目

项目名称	内容概要	单价/元	数量/项	费用合计/元	备注
方案设计费	胜任特征分析、测评方案设计	35 000	1	35 000	
笔试命题费	含命题费、制卷费	10 000	4	40 000	
情境设计费	含测试评估培训费	10 000	4	40 000	
面试设计费	含测试评估培训费	5 000	4	20 000	
固定差旅费	专家测试与咨询	5 000	4	20 000	2 人 2 次
合计				155 000	

表 15-6　变动费用项目

项目名称	内容概要	单价（元/人次）	备注
笔试测试费	含印卷费、阅卷费	100	
测验测试费			
能力	测验使用	200	
动机	测验使用	200	

项目名称	内容概要	单价（元/人次）	备注
兴趣	测验使用	200	
风格	测验使用	200	
机械能力	测验使用	200	
综合评价与咨询	综合分析评估与撰写报告		
管理人员	综合全部测试结果	1 000	
技术行政	综合笔试测试结果	500	
工人	综合笔试测试结果	200	
情境测验费	含 1 位应试者测试费用及结果整理	500	人均费用
面试测试费	含 1 位面试官劳务费用及结果整理	500	

15.2 测评的组织实施

在测评方案设计完成后，可进入组织实施阶段。测评的组织实施可以从两个方面进行分析，即测评实施前的准备以及测评实施过程的控制。

15.2.1 测评实施前的准备

测评实施前的准备包括测评资料准备，以及选择、布置测评场地和面试官的分组与培训等内容。

1. 测评资料准备

在测评活动开始前，活动组织者要准备好测评项目需要的各种材料。这些材料包括测试题目、答题卡、评分表。

（1）测试题目。面试官要给应试者提供测试题目。单个测验的测试题目要单独装订并统一编号。在开始测评时，面试官将测试题目发给每位应试者。

（2）答题卡。在测试过程中，要求应试者在专用的答题卡上作答。案例分析或文件筐测验通常需用答题纸，客观题和心理测验则要用答题卡，以便通过光电扫描仪直接生成应试者的成绩。需要注意的是，答题卡的使用方法及注意事项须事先向应试者说明。

（3）评分表。评分表是面试官记录应试者在测试过程中的语言和行为表现的专用表格。在测试结束后，面试官常常要在评分表上对应试者的表现进行评价。

2. 选择、布置测评场地

每种测评技术的实施对场地都有一定的要求，如光线充足、环境安静、场地宽裕、色调温和，不能让应试者产生视觉刺激或空间上的压抑感等。因为在一般的测评项目中，应试者通常需要参加多个测试，所以在布置测评场地时，应在每个测评室外的显著位置标明该房间的测试项目，如"面试室""小组讨论室""角色扮演室"等。如果需要使用多个相同功能的房间，还应对房间进行编号，以便应试者能够快速准确地找到测评场地。如果条件允许，还可以设立专门的引导人员对应试者进行引导。

如果参与测评的应试者人数较多，最好设立候考室。候考室应与测评室保持一定的距离，避免无关因素干扰应试者的测试过程。

3. 面试官的分组与培训

在测评实施过程中，通常需要多位面试官对应试者的行为表现进行观察与评价，这就需要在测评实施前对面试官进行组合与分组。在测评项目中，除测评专家外，面试官一般还包括企业高层管理人员和人力资源管理人员。高层管理人员能够从企业战略的角度对应试者与企业的匹配度进行评估；人力资源管理人员能够准确理解不同岗位所要求的典型行为表现；测评专家则在测评要素与典型行为表现的对应关系、评价标准的把握、应试者行为表现的观察与评价等方面具备专业素养。由这三方面人员组成的面试官团队能够从战略文化、岗位胜任标准、评价练习中的行为表现等多个方面对应试者的素质特征进行准确、客观的评估。

此外，所有面试官在测评实施前必须接受系统的技术培训。培训能够使面试官准确理解岗位胜任标准、典型行为表现和评价标准，确保所有面试官使用统一的评价尺度对应试者进行评估。培训工作通常由人力资源部负责，由人力资源部负责人召集所有面试官，集中向他们说明测评目的、测试维度（维度的定义、典型行为表现）、施测过程中的观察与记录要求、评价程序、出现分歧的解决办法、评价要求、测评报告的结构与内容要求等。

许多企业对外部测评专家的评价结果持怀疑态度，这可能是因为外部测评专家未接受企业的面试官培训，或者企业本身未意识到在施测前需要对面试官进行统一培训。尽管测评专家熟悉测试的过程与技巧，但未必了解企业对测试维度的个性化理解。面试官评价的客观性与准确性直接决定了测试的成败，系统的面试官培训能够有效提升测试的信度和效度。

15.2.2　测评实施过程的控制

1. 测评时间的控制

由于应试者之间存在素质差异，其答题速度也会有所不同。在测评实施过程中，可能会出现部分应试者在面试官宣布测试结束后仍未完成所有试题的情况。为此，对于笔试项目，面试官可在测试结束前 15 分钟、5 分钟时给予提醒，以便应试者合理安排时间。

当测试项目为公开招聘或内部竞争上岗时，测试结束后必须要求所有应试者立即停止作答，以确保测试的公平公正性；而当测试项目基于培训和职业规划与发展时，对于未完成答题的应试者可以适度放宽时间要求。需要特别指出的是，在心理测验中，如果应试者未完成全部题目，测验结果往往无法进行有效统计，因此无法通过测验描述应试者的个性特点，这将给面试官对应试者的综合评价带来困难。

2. 面试官评价的控制

许多测试项目，如无领导小组讨论、面试、角色扮演法等，通常在测试结束后，需要面试官及时根据自己的观察记录对应试者的行为表现进行评价。评价过程首先由面试官单独进行，随后进行集体讨论，对应试者在每个测试维度上的行为表现进行定性评价。如果面试官对应试者的评价未能达成一致意见，持不同意见的面试官需互相陈述评价理由，应试者在测试过程中的行为表现可作为行为证据支持面试官的评价意见。若面试官的观察记录存在差异，需调用录像资料进行确认，然后进行讨论，最终确定评价结果。

在企业测评实践中，通常留给面试官评价的时间较为紧张，这可能会影响各面试官充分发表自己的见解。一个有效的处理方法是：为了让面试官能够对应试者的评价基本达成一致性意见，面试官可先通过集体讨论，找出每个测评指标的表现最佳者与最差者，然后结合评价标准，分别为表现最佳者与最差者打出分数，确定该指标的分值区间，最后由各面试官根据集体讨论的原则，再结合各维度上的分值区间独立打出分数。

15.3 撰写测评报告

在测评结束后，需要在定量和定性分析的基础上，撰写测评报告。

15.3.1 测评结果分析

测评结果分析包括个体测评数据分析和群体测评数据分析。在测评实践中，通常需要对应试者在各评价练习中的得分进行统计分析，然后对应试者形成总体评价。

1. 单个评价练习的结果分析

应试者在单个评价练习中的得分统计有不同的方法。例如，在心理测验中，主要是把应试者的分数与常模进行分析比较得到最终分数；在小组讨论中，可能是计算所有面试官的算术平均分。这里以面试为例，面试官根据每位应试者在面试过程中的表现和面试指标的操作定义进行打分。面试评分常采用 10 点量表，每个面试指标还会赋予不同的权重。在面试成绩统计中，要根据每个面试指标的权重系数，换算出应试者在每个面试指标上的最后得分或总分（见表 15-7）。

表 15-7 面试成绩统计表

面试指标	言语表达能力	综合分析能力	组织协调能力	应变能力	人职匹配
权重	10%	30%	30%	20%	10%
满分	10 分	10 分	10 分	10 分	10 分
面试官评分	8 分	8 分	7 分	6 分	7 分
总分	$T=1×8+3×8+3×7+2×6+1×7=72$ 分（该应试者的面试总分）				
面试官评价				面试官签字：	

2. 测试数据整合

测试数据整合是依据综合原则，将不同测试项目的成绩进行组合分析。测试数据整合的目的是全面深入地对应试者的素质特点进行把握。在测评数据整合中，通常越专业的面试官给出的分数的权重越高。就特定测试维度而言，效度越高的测试方法越能准确把握应试者的素质特点，其权重系数也应越高。以下举例说明从面试官和测试方法两个角度，建立测试数据的整合模型（见表 15-8 和表 15-9）。

表 15-8 根据面试官差异建立测试数据整合模型

面试官	权重	计划能力/分		团队协作能力/分		应变能力/分		沟通能力/分	
		原始	统计	原始	统计	原始	统计	原始	统计
姜总	0.3	5	1.5	2	0.6	2	0.6	3	0.9
刘经理	0.5	4	2	4	2	4	2	2	1

面试官	权重	计划能力/分		团队协作能力/分		应变能力/分		沟通能力/分	
		原始	统计	原始	统计	原始	统计	原始	统计
王主管	0.2	3	0.6	4	0.8	3	0.6	3	0.6
最终得分		4.1		3.4		3.2		2.5	

表 15-9　根据测试方法效度差异建立测试数据整合模型

	计划组织能力	目标管理能力	团体管理能力	激励下属能力	协调下属能力	主动性
能力测试	10%	10%	20%	20%	10%	0%
面试	40%	50%	20%	80%	30%	50%
无领导小组讨论	50%	40%	60%	0%	60%	50%
个人最终得分						

3. 数据整合结果

下面以笔者在某测评实践中对应试者的业务能力、管理素质和个性特点的数据整合结果为例进行说明。

（1）业务能力（见表 15-10 和图 15-1）。

表 15-10　业务能力测评结果

测评项目	成绩/分	最低成绩/分	最高成绩/分	平均成绩/分	名次
市场分析	37.6	37.6	50	44.646	8
风险分析	37.4	37.4	51	46.215	8
财务分析	16.6	16.6	44.4	28.425	8
资金运作	3.6	3.6	28.6	11.475	8

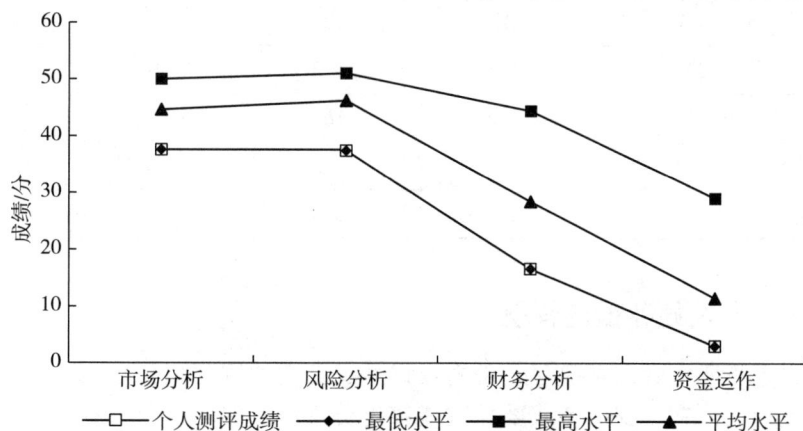

图 15-1　业务能力测评结果

（2）管理素质（见表15-11和图15-2）。

表15-11 管理素质测评结果

测评项目	成绩/分	最低成绩/分	最高成绩/分	平均成绩/分	名次
计划	8	7	10	8.25	4.5
控制	23	19.8	26.4	23.425	6
组织	10	3	10	7.125	1.5
判断与决策	43	43	52.5	48.228	8
表达与沟通	37.6	35	41.8	39.697	7
协调与合作	17.4	16.8	24.6	21.125	7

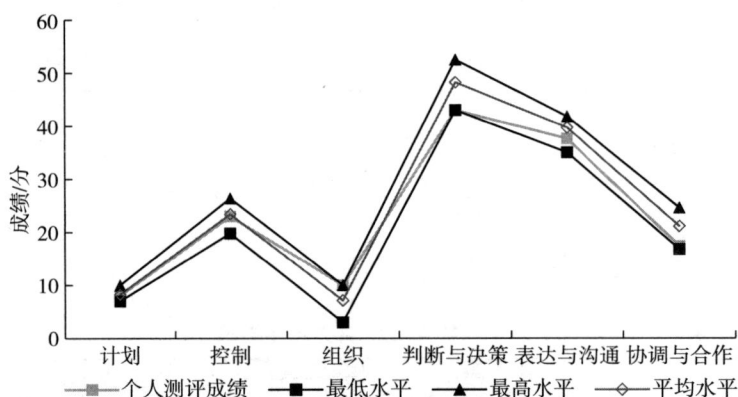

图15-2 管理素质测评结果

（3）人格特点（见表15-12和图15-3）。

表15-12 人格特点测评结果

测评项目	成绩/分	最低成绩/分	最高成绩/分	平均成绩/分	名次
风险意识	3	3	10	6.875	8
求实精神	22.8	21.6	25.8	23.948	6
责任心	14	13.6	16	14.75	6.5
人格魅力	21	21	25.8	23.813	8
人职匹配程度	21	21	55.8	26.925	8

15.3.2 个人测评报告样例

在实施人才测评之后，要撰写一份内容详尽、真实的测评报告。测评报告要有较好的结构性、逻辑性，应让应试者或委托方能够充分理解、明白。个人测评报告的撰写格式如下。

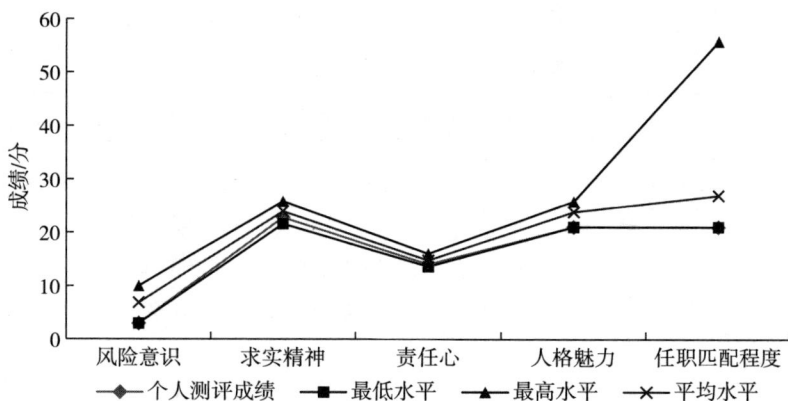

图 15-3　人格特点测评结果

1. 注明测评机构的名称和测评时间

一份精美、详尽的测评报告须注明测评机构的名称，这意味着测评机构要对提交的测评报告负责。测评时间也是测评报告的一个背景信息，必须注明。

2. 写明应试者的个人信息

应试者的个人信息通常包括编号、姓名、性别、年龄、教育程度、岗位（部门）、职务等，可根据具体情况进行取舍。

3. 注明测评项目

要注明应试者参加的各测评项目。每位应试者接受测评项目的数量和种类可能不一样，须如实填写。

4. 测评结果

测评结果指的是各项测试的结果，如数据、图表等，不包含书面解释。这部分有时可以作为附件放在测评报告最后。

5. 结果分析

结果分析指的是各项测评结果的书面解释。按照测评项目的内容逐一解释各项测试的维度含义和分数，并做出必要的文字阐述。

6. 总评

根据测评的目的和应试者各项测评结果的综合情况，评价该应试者的优势和特点、需要提高的方面及发展建议。

7. 注明报告撰写人的姓名和撰写日期

测评报告上要注明报告撰写人的姓名和撰写日期。拿到测评报告的委托方和应试者可以就任何不明白的地方向报告撰写人进行咨询。

下面给出一个简要的个人测评报告框架（略去有关背景信息），供读者参考。

1）个人基本信息（见表 15-13）

表 15-13　王××个人基本信息

姓名	王××	性别	男	年龄	36	学历	硕士	专业	MBA
应聘职位	总经理		现工作单位及职务			某信托投资公司总经理			

2）个人测评信息（见表15-14）

表15-14 王××个人测评成绩

测评项目	成绩/分	最低成绩/分	最高成绩/分	平均成绩/分	名次
专业考试	87.5	66.50	108.00	84.750 0	3
英语笔试	105.5	88.00	131.00	113.750 0	6
英语口语	3.5	2.00	10.00	5.625 0	7
无领导小组讨论	56.2	53.40	65.80	61.287 5	7
文件筐测验	50.5	50.00	95.00	71.625 0	8
面试	51.5	50.60	69.80	59.528 1	7
能力倾向测验			另附报告		
组织行为动机测验			另附报告		
行为风格测验			另附报告		

3）个人测评报告

（1）基本职业素质。逻辑分析与判断推理能力较强，能够较好地把握事物间的量化关系。对文字材料的理解能力优于对图表材料的分析能力。在金融、投资方面的专业知识较为扎实。英语阅读理解能力和写作能力较好，口语表达能力较强，但发音有待提高。

（2）管理素质。总体而言，在事务性工作管理方面表现出较强的能力，但在企业经营管理和决策技能方面存在明显不足。在行政机关事务管理方面积累了较多经验，熟悉行政管理决策程序。

然而，明显缺乏财务分析、风险分析和资金运作方面的基本技能，对市场决策程序了解有限，缺乏独立决策的直接经验。

能够迅速准确地把握复杂事物的内在关系，从纷乱的现象中发现问题的本质及症结所在；能够在综合判断分析的基础上权衡各种问题的解决方案，并做出最优选择。

计划意识较强，做事目标明确，能区分事情的轻重缓急，重视设计实现目标的方法和步骤。

组织能力方面表现出色，能有效分配资金、人员和物质条件，注重资源的高效利用和挖掘，善于授权下属协助解决问题，鼓励下属发挥工作自主性和积极性，善于调动下属的积极性。

在控制方面，积极争取主动，预留余地，注重了解所采取方案、行动或措施的后果，能预料到不可控事件的各种可能后果，并采取一切可能的办法预防不利后果的出现，注重监控事情的进展。

注重协调各种矛盾和冲突，能够维护部属的团结和合作，个人利益与集体利益结合较好。注重团队精神的建立与维护，必要时对破坏团队文化的人能够果断处理。

语言表达清晰准确，条理分明，逻辑性强。善于倾听他人讲述，能准确把握讲述者的意思和情感，并做出恰当回应，实现与他人的良好沟通。

（3）人格特点。具有积极、热情、友善、好奇的特点，热衷于与人交往，并从与他人的交往中获得快乐，希望与周围的人保持亲密友好的人际关系。考虑问题较为理智，思路开阔，行事不拘泥于常规，喜欢探求解决问题的新方法，能够迅速适应新环境。在工作中，对目标的追求较高，并且不惧怕目标执行过程中遇到的挫折和困难。

（4）建议。业务技能和经营管理经验的不足是其从事总经理工作的重大障碍，同时在工作中影响和带动他人工作的意识有待增强。

15.4　应用案例

下面以笔者曾经参与过的一个测评项目（为一家基金管理公司招聘总经理，以下简称 B 公司）为例，重点说明测评方案的设计与实施程序。

15.4.1　测评方案的设计

1. 测评背景

B 公司是一家新成立的中外合资基金管理公司，该公司计划面向全球招聘一位总经理，并通过《人民日报》（海外版）等多家媒体发布招聘广告，有数百名有相关管理经验的高层管理人员报名参加竞选。经过 B 公司的资格审查和履历分析，最终有 50 多位优秀人士进入了测评环节。

2. 胜任特征分析

为了澄清基金管理公司总经理的胜任特征要求，我们通过行为事件访谈和问卷调查相结合的方式开展工作。以下是此次胜任特征分析中应用的行为事件访谈提纲和职位分析调查问卷。

1）行为事件访谈提纲

（1）访谈对象：同类基金管理公司的总经理（副总经理）。

访谈问题：

- 你在经营管理决策中的权限有多大？主要体现在哪些方面？
- 在你这个职位上，最重要的职责是什么？
- 在你任职期间，你一定做了不少成功的事情，能否给我们介绍一些具体事例？（根据 STAR 模型进行。）
- 你认为一个优秀的总经理（副总经理）应该是什么样的？需具备哪些素质？（包括能力和个性品质。）
- 在你的工作中，你觉得最令你头疼的事情是什么？
- 在你的工作中，你觉得哪些方面的失误可能会给公司带来很大的损失？

（2）访谈对象：同类基金管理公司的中层经理。

访谈问题：

- 总经理日常的主要工作有哪些？
- 总经理最重要的职责是什么？
- 一个优秀的总经理（副总经理）应该是什么样的？他需具备哪些能力和个性品质？
- 根据你的看法，像你们这样的公司总经理，在哪些方面的工作失误可能会给公司带来很大的损失？能否给我们介绍一些事例？
- 贵公司目前存在的主要问题和困难有哪些？（追问：你认为这种情况与公司领导班子有无直接关系？如有关系，原因是什么？）

为了了解基金管理公司总经理的素质要求，我们还对同类公司的总经理和副总经理进行了问卷调查。问卷内容包括四部分，前两部分是关于该职位在工作职能方面的问题，后两部分是关于该职位对个人素质要求方面的问题。以下是问卷中的有关问题。

A. 工作职能

说明：各题目选项中的"占用时间"是指在工作中履行该项职能占用时间的多少；"难度"是指履行该项职能的难度。

工作计划（提出工作计划和安排、分配任务、确定目标和完成时间）

1. 占用时间：① 很少　② 较少　③ 中等　④ 较多　⑤ 很多
2. 难度：　　① 很简单　② 较简单　③ 中等　④ 较复杂　⑤ 很复杂

B. 工作职能总评

各职能履行不好，对工作绩效的影响

1. 计划与安排：① 很少　② 较少　③ 中等　④ 较多　⑤ 很多
2. 信息处理：　① 很少　② 较少　③ 中等　④ 较多　⑤ 很多
3. 决策：　　　① 很少　② 较少　③ 中等　④ 较多　⑤ 很多
4. 沟通：　　　① 很少　② 较少　③ 中等　④ 较多　⑤ 很多
5. 人际行为：　① 很少　② 较少　③ 中等　④ 较多　⑤ 很多
6. 技术行为：　① 很少　② 较少　③ 中等　④ 较多　⑤ 很多

C. 对个人素质的要求

请根据你的理解，评价以下能力对该职位的重要程度。

1. 计划能力：　　① 很重要　② 较重要　③ 中等　④ 较不重要　⑤ 很不重要
2. 独立决策能力：① 很重要　② 较重要　③ 中等　④ 较不重要　⑤ 很不重要

D. 对个人素质的其他要求

问题：你认为胜任该职位需要什么样的学历和专业背景？需要哪些方面的专业培训？还需要哪些方面的相关经验？

3. 测评方法及内容

在胜任特征分析的基础上，设计本次测评的方案，如图 15-4 所示。

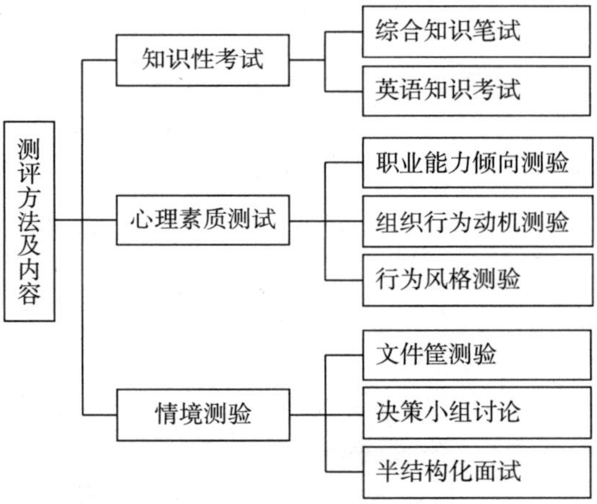

图 15-4　测评方法及内容

1）知识性考试

根据胜任特征分析结果，知识性考试主要包括综合知识笔试和英语知识考试两个部分。

综合知识笔试：内容涵盖宏观经济、金融证券、资本市场的基本理论及相关法规，以及项目评审、投资管理、市场运作的方法和手段、金融工具的灵活运用等。考试难度设置为较易题、中等难度题和较难题各占总题量的三分之一，以确保试卷的区分度。题型分为客观题（包括单选题、多选题）和主观题（包括简答题、案例题）两大类。考试时间为 2.5 小时，试卷包括客观题 70 道（单选题 50 道、多选题 20 道），主观题 4 道。

英语知识考试：主要考察应试者的英语运用水平，重点考察阅读理解能力。考试时间为 2 小时，试卷内容包括词汇、阅读理解和概括大意三个部分。

2）心理素质测试

心理素质测试是此次总经理招聘中重要的测评手段，共采用了三种心理测验，测试总时间为 2 小时。

（1）职业能力倾向测验主要考察应试者从事管理活动所必备的能力基础和管理潜力。该测验可反映应试者的思维反应速度、考虑问题的条理性和学习掌握新知识的能力等方面的状况。

（2）组织行为动机测验主要测量应试者在管理方面的动力特征。该测验可深入了解应试者从事管理活动的目的性和选择性，以及进行管理活动的积极性、主动性和风险决策意识等。

（3）行为风格测验主要测量应试者的个人行为风格。该测验通过测查应试者在管理活动中的一般心理倾向、接收和处理信息的方式、行为方式及情绪稳定性等个性心理特征，来判定应试者在管理活动中的工作方式、领导风格及适宜的工作环境。

3）情境测验

情境测验主要根据应聘职位的胜任力要求，设计情境测验方式，测量其与职位相关的胜任力，为人员录用最终决策提供充分的依据。情境测验包括文件筐测验、决策小组讨论、半结构化面试。

15.4.2　测评方案的实施程序

1. 考试、心理测验准备及实施

根据前面设计的测评方案，组织进行知识性考试和心理素质测试的准备工作，并依据笔试试卷和心理测验实施测评。

2. 情境测验、面试准备及实施

根据测评方案，设计文件筐测验、决策小组讨论和半结构化面试试题。对参加评估的有关人员进行测评培训，共同实施测评。

3. 综合分析与评价报告撰写

在测评结束后，对各项测试结果进行分析评估，撰写个人测评报告，并完成综合分析与评价报告的撰写工作，为用人单位提供有关人力资源管理的综合建议报告。

下面给出我们设计的文件筐测验、决策小组讨论及半结构化面试试题，供读者参考。

1）文件筐测验

B 公司部门职能简介

董事会由三名董事组成，其中中方两名，外方一名。董事长由中方委派的董事中的一人担任，副董事长由外方委派的董事担任。

董事会下设总经理和副总经理各一名。总经理和副总经理的任期均为三年。

B 公司内部设行政管理部、资金财务部、市场开发部、投资部。

（1）行政管理部：负责公司一般行政业务、人事管理、员工福利、教育培训及文秘工作等。

（2）资金财务部：根据会计制度和准则，如实反映基金的运作情况和公司的运作情况，做好核算工作。

（3）市场开发部：进行市场研究分析调查，拟订发展计划，为公司决策层提供建议。

（4）投资部：负责执行投资计划、对项目进行评审、对基金投资项目进行追踪管理、监督项目的进展情况及盈利情况。

指导语

这是处理文件的模拟练习，目的是考察你在日常管理和业务管理方面的能力和经验。所有的文件都是杜撰的，但你务必当作真实文件来对待。

你的角色是 B 公司的总经理。B 公司的有关情况，请参见背景材料（公司组织结构简图、公司部门职能简介、投入资本明细表、基金资产构成表、基金增值表和公司章程）。

今天是 202×年 8 月 10 日，你出国考察回来，第一天上班。

现在是上午 8：00。

请注意：

● 假定在 202×年 8 月 10 日以前发生的国内外事件都是真实的，你可以将之作为分析判断和决策的依据。

● 你对每份文件的处理意见和理由必须写在答题纸上，直接写在文件上不予记分。

● 你对同一份文件可以有多种处理意见，如果每种处理意见均正确，则都可以得分。

● 你必须在 135 分钟内处理完所有的文件。

另外，你的处境并不是很妙：

你的任期是从 202（×−1）年 2 月到 202（×+3）年 2 月。

由于前期投资的几个项目收益不理想，基金已出现 1 490 万法郎的亏损，因此你必须设法增大投资收益以实现任期内基金保值的目标。

文件材料：

文件一　关于北京实达电器公司有关问题的报告

总经理：

由 B 公司投资的北京实达电器公司扩建项目已正式投入生产近半年，总体进展较为顺利，公司前景也日益向好。然而，近期我们从公司召开的董事会上了解到一些问题，其中一个较为突出的问题是，公司的财务报表和预算从未作为董事会讨论和决议的内容。我们认为这种做法是不规范的，难以保障股东的利益。

昨日，我就此事与北京实达电器公司的董事会主席交换了意见，提出应将财务报表和预算作为董事会讨论和决议的重要内容。然而，对方担心会议内容过多过细会影响董事会的决策效率和质量。我向他指出，财务问题是关系到股东利益的关键问题之一，应当列入董事会的正式议题。如果内容过多，可以考虑简化董事会上其他一些非重要内容。

特此报告。

投资部　项怀金

202×年 8 月 6 日

文件二　关于上海砷化钾生产项目资产评估聘请会计师事务所问题的请示

总经理：

根据我们提供的招标通知，有四家会计师事务所于 8 月 2 日向我们提供了投标书，各家事务所的报价及具体情况如下（略）。

上述四家单位的情况各有所长。请领导指示选取哪家事务所进行评估。

投资部　项怀金

202×年 8 月 3 日

············

文件七　关于近期金融投资问题的请示

总经理：

近期国内外经济形势出现了一些新的动向，如财政部将发行 200 亿元国债、中央北戴河会议确定新的金融工作方针、阿根廷经济危机、欧洲主要工业国家经济低迷等，都会对金融市场产生影响。考虑到我公司的资产现状，以下几个问题请您指示：

1. 是否将现有外汇都兑换成美元？拟用多少？
2. 是否动用部分闲置资金购买国债？
3. 为增大投资效益，我部近期应奉行什么操作方针？

另附部分资料供您参考。（略）

资金财务部　王财

202×年 8 月 10 日

文件八　关于北洋熟型铝材有限公司项目《合资合同和章程》的修改意见

总经理：

我公司对北洋熟型铝材有限公司的熟型铝材项目有积极的投资意愿，并已拟定《合资合同和章程》。根据我个人的经验，我提出以下问题及修改意见。

第一，现有《合资合同和章程》规定："在合资期限内，任何一方未经其他方事先书面同意及董事会一致决议，不得将其在合资公司注册资本中的全部或部分出资份额抵押、出质、支付、设置限制或予以处置。未经事先书面同意而进行的抵押、出质、支付、设置限制或予以处置，对合资公司无效。"鉴于我们的投资项目通常要求在 5~7 年内撤资，因此，资金的撤出不应以董事会的一致决议为前提条件。

第二，为了确保资金能够从投资项目中顺利撤出，建议增加以下条款："在投资满 5 年后，股东有权向公司董事会提出由公司回购其全部或部分股份的申请。回购金额不得低于合资公司注册资金或股份比例对应的原投资额。回购实施应在公司正式提出书面申请之后的一年内完成。"

妥否？请批示。

投资部　项怀金
202×年 7 月 27 日

附《合资合同和章程》（略）

文件九　人才流失报告

总经理：

现呈报给您范天海先生的辞职报告，他是市场开发部的业务骨干和重点培养对象。

人员流动性大始终是我公司发展和经济效益提升的重大阻碍。最近三年的统计数据显示，有 25% 的员工工作不满一年便选择离职，39% 的员工在公司工作满两年后辞职，近 50% 的员工在公司工作满三年后便"跳槽"至其他单位。

我认为公司人员流动性大主要有以下几方面原因：

一是公司大部分员工具有硕士以上学历，专业集中在金融或管理领域，部分员工甚至在西方发达国家取得了 MBA 学位，他们在国内的就业机会众多。

二是公司自成立以来一直高度重视员工培养，定期选派员工赴美国或其他国家学习，或邀请专业培训机构对公司员工进行系统培训。然而，一些员工在培训结束后便选择离开公司。

三是公司规模较小，仅设有四个部门，员工总数不足二十人，导致许多业务骨干晋升空间有限。

四是公司薪酬水平低于同类外资公司。

五是公司在管理方面存在一些问题，例如尚未充分做到以人为本，评价体系不够合理，尚未形成积极向上的企业文化，部分员工之间关系较为紧张等。

以上是我的个人看法，仅供参考。

行政管理部　马行政
202×年 8 月 6 日

文件十　辞职信

总经理：

您好！

我怀着十分复杂的心情写下这封信，正式向您提出辞职申请。我在公司已经工作了三年，期间在您和前任总经理的关怀以及本部门同事的支持下，取得了一些工作成绩，自认为基本能够胜任本职工作。然而，近一年来，我时常感到工作内容繁复，内心逐渐产生厌烦情绪，甚至时常有一种无价值感，心情也变得十分压抑。经过深思熟虑，我决定换一个工作环境，以期重新找回工作的热情和价值感。

目前，我已经做好了移交工作的准备，确保工作的平稳过渡。如果我的辞职给公司以及您的工作带来不便，我深感歉意，并希望您能接受我诚挚的歉意。

顺祝　夏安！

投资部　项怀金

202×年 8 月 10 日

文件十一　有关预约记者采访的请示

总经理：

《中国金融时报》金融专题部记者李小明希望在 202×年 8 月 14 日上午采访您。这一报道对我公司的宣传很重要，我们希望在该报头版刊登，但记者坚持认为其中必须包括您本人的见解。

致礼！

行政管理部　马行政

202×年 8 月 7 日

文件十二　请柬

B 公司总经理：

我们很荣幸地邀请到金融界著名专家、诺贝尔奖获得者杰斐逊博士做关于"全球化与金融风险管理"的报告，敬请光临。

时间：202×年 8 月 10 日上午 10：00—12：00

地址：保利大厦三层彩虹厅

费用：200 美元/人

联系电话：010-64265410

联系人：张丹小姐

文件十三　研讨会通知

B 公司：

定于 202×年 8 月 10 日上午 9：00—12：00 在金融大厦礼堂召开"金融市场管理与发展前景高级研讨会"。希望贵公司派人参加。

致礼！

中国人民银行金融司

202×年 8 月 1 日

文件十四　便条：华清智能有限责任公司投资损失调查

总经理：

有关今年 2 月对"华清智能有限责任公司"投资造成我公司损失 1 000 万元的调查已有初步结果。根据有关法律规定，大部分损失很难追回。据我的了解，主要原因是我们公司业务上出现了一些明显漏洞。

致礼！

行政管理部　马行政

202×年 8 月 2 日

2）决策小组讨论

指导语

问题背景：

C公司是一家专注于新技术领域的风险投资公司，成立于2003年。公司自有资金为3亿元，目前融资规模已达2亿元。C公司主要为非上市中小型企业的高新技术项目提供资金支持。尽管公司前期总体盈利状况处于亏损状态，但公司现有闲置资金1.5亿元，可用于资助一些具有潜力的高新技术项目。

目前，由您和其他几位成员组成的投资决策委员会正在讨论是否投资光纤预制棒项目。投资决策委员会直接向董事会负责，会议结束后需立即向董事会汇报对该项目的投资意见。因此，必须在本次会议上做出决策。

在面试官宣布"讨论开始"之后，请进行自由讨论，讨论时间为60分钟。

附《光纤预制棒项目可研报告》（略）

3）半结构化面试

指导语

你好，首先祝贺你顺利通过了前面几项测试，欢迎你参加今天的面试。今天面试的时间大约为45分钟，共有6个问题。希望你能实事求是地回答每个问题，在后面的考核阶段，我们会进一步核实你所谈的情况。在回答问题时，语言要简洁明了。

1. 从你的简历来看，你具有多年的业务管理经验。请结合你做过的某个项目，谈谈你是如何做好该项目的市场分析和风险分析的。

测评要素：市场分析和风险判断能力。

2. 在变幻莫测的外界环境中，管理决策不可能总是正确的。在你以前的工作中，你最不满意的一项决策是什么？请详细谈谈当时的情况（追问：决策失败造成了什么具体后果？决策失败的原因是什么？你从中得到了什么教训）。

测评要素：判断与决策能力。

3. 在你以前的经营管理中，可能有过项目投资方面的经验，也可能有过项目管理方面的经验。在这些活动中，你必须对项目的实施过程进行监控，你认为对项目进行经营控制的关键是什么？请具体谈一谈你在这方面的成功事例。

测评要素：业务知识与经验、经营控制能力。

4. 对于人民币对美元的汇率到今年12月的走势，在座各位持不同的见解，对此你持什么观点？请你用5分钟的时间说服大家接受你的观点。你可以参考我们提供的《金融投资参考》等材料，给你2分钟的准备时间。

测评要素：市场分析、风险分析、判断与决策能力。

5. 你来应聘B公司总经理职位，请谈谈你对这一职位职能的理解和认识。对照岗位要求，你认为你具备哪些优势？存在哪些不足？

测评要素：人职匹配程度、求实精神。

6. 你希望这一职位提供给你什么样的个人发展机会、薪资物质条件和人际环境？

测评要素：人职匹配程度。

第16章

人才测评技术在公务员录用考试中的应用

公务员录用考试从 1994 年正式实施以来，为各级党政机关选拔了一大批优秀人才。随着《中华人民共和国公务员法》的深入实施，公务员录用考试以其公平公正性和科学有效性得到了社会各界的广泛认可。人才测评技术在公务员录用考试中的应用，突出表现在两个方面：一是在笔试阶段应用行政职业能力测验；二是在面试阶段应用结构化面试、无领导小组讨论等测评技术。

本章导航

公务员录用考试中的笔试设计	笔试的特点 笔试的主要形式和内容
公务员录用考试中的面试设计	面试的性质 面试的测评要素 面试中存在的问题和对策措施
应用案例	公务员招考方案 测评技术和试题

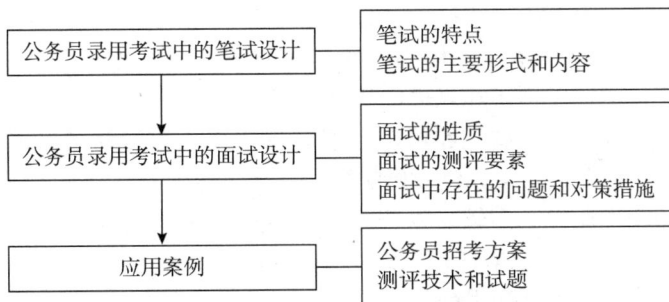

本章导航英国公务员的招考办法

英国选用公务员坚持"公开考试、择优录用"的原则。公务员的任用要经过公开考试（包括笔试和口试），按考试成绩，并参考个人资历、学历、品行和健康情况，择优录用。公务员考试包括文书级考试、执行级考试和行政级考试。行政级考试的报考条件和考试方法最为严格，也最受重视。行政级考试分两种，一种是副科长级和科长级的考试，报考者须大学毕业且成绩在乙等以上或成绩在丙等以上但获有更高学位；另一种是副司长级的考试，以口试为主。副司长级的考试分三个阶段，第一阶段为撰写论文的资格考试，合格者可进入第二阶段考试，面试官由主席一人、心理学家两人及观察者一人组成。测试项目包括七个方面：一是鉴识，考生阅读有关问题的文件，在 150 分钟内给出至少四个解决办法及其优劣分析，并提出采取最好办法的建议和理由；二是文书起草，在 45 分钟内以明确肯定的语言答复一项来文；三是集体讨论 2~3 个重要问题，面试官进行观察打分；四是模拟开会，考生轮流主持，就某个问题组织讨论，得出结论，这是考察考生的交涉能力、口才、常识和个性；五是智力测验，内容包括认知、辨别、口语、统计推理和常识等；六是由三位面试官分别对考生进行 40 分钟的口试；七是由同组考生相互评分，以观察其识人的能力。如此过五关斩六将后，考生可进入第三阶段，即以口试形式进行的决选，以排列名次及决定是否录用。决选委员会的 7 名成员包括公务员委员会负责人、各部人事处长、副司长以上公务员、大学代表、妇女代表和工商界代表。

16.1　公务员录用考试中的笔试设计

16.1.1　笔试的特点

在当前我国政府机关的公务员录用考试中，笔试起着重要的筛选作用。由于近年来就业竞争的不断加剧，以及公务员职业稳定性高、社会影响力大等特点，一个职位少则几十人、多则几千人报考，而进入面试的候选人往往只有三五人。由此可见，大多数应试者是在笔试阶段被淘汰的。

关于笔试，我们在第 7 章中已有专门的探讨。这里简要强调笔试的几个突出特点。

（1）题量大，测量的可靠性比较高。我们可以设想，一个通过律师资格考试的人（假如没有作弊），他一定掌握了相当多的法律知识。

（2）笔试的考核面广。笔试试卷可以考察应试者具备的各种知识技能，包括基础知识、专业知识、管理知识，以及综合分析能力、文字表达能力等。

（3）应试者的心理压力小，较易发挥出正常水平。由于没有互动，应试者在笔试作答时一般不会紧张，可以从容地发挥自己应有的水平。

（4）评分比较客观，考试结果能让应试者心服口服。

与任何测评方法一样，笔试也有其自身的局限性。笔试的局限性主要在于不能全面考察应试者的工作态度、实际管理能力、人际交往技能，以及口头表达能力等。

16.1.2　笔试的主要形式和内容

在中央国家机关的公务员录用考试中，目前公共科目笔试有两门：行政职业能力测验和申论。这也是目前在全国各级机关公务员录用考试中普遍应用的两种笔试科目。因此，这里主要介绍行政职业能力测验和申论这两门笔试科目。

1. 行政职业能力测验

行政职业能力测验主要测试应试者从事公务员职业必须具备的潜能。该测验一般包括言语理解与表达、数量关系、判断推理、常识判断和资料分析 5 个部分，全部为四选一的客观性试题。考试时间通常为 120 分钟，满分为 100 分。

由于我们在本书第 4 章中已对行政职业能力测验的各种题型和样题进行了较详细的描述，因此这里不再介绍。需要特别说明的是，由于公务员录用考试关系到应试者的职业发展前途，因此许多大学生把行政职业能力测验的各种题型琢磨得很透，从而使一般能力测验已经难以考察应试者的潜力，同时大家的得分普遍较高会使测验的区分度偏低。在这种背景下，近年来公务员录用考试的难度明显增加，题量也有所加大，从长远来看，开发新的考试题型很有必要。

2. 申论

1）申论考试的由来

从 2000 年开始，中央国家机关在公务员录用考试中增设了申论科目，从此，申论几乎成为中央各部委、省、地、县各级公务员的必考科目。"申论"一词取自"申而论之"，是根据所给材料引申开来，发出议论的意思。申论有申述、申辩、论述、论证之意。增加申论考试，是公务员录用考试所做的一种尝试。这种考试是根据目前机关工作的需要，对应试者的阅读能力、文字水平及分析能力、解决实际问题能力的一种综合考察方法。在市场经济条件下，国家公务人员更需要具备收集、分析、概括、解决问题的能力，而通常情况下的写作考试基本上已形成了固定的模式，很难真实地体现出应试者的实际能力。

1999 年，鉴于先前的公务员录用考试重知识轻能力的客观事实，原人事部着手进行公务员录用考试科目的改革，改革的最大成果就是取消了基础知识和写作考试，增加了申论考试。申论主要通过应试者对给定材料的分析、概括、提炼、加工，来测试应试者的阅读理解能力、综合分析能力、提出和解决问题能力和文字表达能力。申论材料通常涉及某一个或某几个特定的社会问题或社会现象，要求应试者能够准确理解材料反映的主要内容，全面分析问题涉及的各个方面，并能在把握材料主旨和精神的基础上，形成并提出自己的观点、思路或解决方案，最后准确流畅地用文字形式表达出来。申论测试的能力与机关的工作性质对一个合格公务员的能力素质的要求是相统一的。

2）申论考试的基本特点

（1）考试形式具有灵活多样性。相对于传统写作考试，申论考试的形式显得非常灵活。它由概括、方案、议论 3 部分组成。就文体而言，概括部分既可能属于记叙文、说明文、议论文中的某一种形式，又可能综合了多种文体形式，还可能是公文写作中的应用文写作。方案部分则纯粹是应用文写作。议论部分就不必说了。因此，从这个意义上说，申论既考察了普通文体的写作能力，又考察了公文写作能力，考试形式非常灵活、方便、实用，这样就更能考察出应试者的实际能力了。

（2）考试内容的广泛性和非专业性。目前，我国正在大力发展公务员队伍，提高公务员的综合素质。因此，作为选拔国家公务员主要途径的录用考试，就更加注重国家公务员的实际能力。为反映这一现实要求，申论考试的内容一般都侧重于考察应试者解决问题的能力。出于考察应试者综合素质和能力的需要，申论中给定材料的范围极其广泛，内容涵盖了政治、经济、法律、教育等社会问题的诸多方面，从这个意义上说，应试者再想像从前那样事先押题或对题目有充分的准备就很难了。因此，事先对考试的具体形式、内容结构等基本情况有所了解，就显得尤为必要。需要说明的是，申论中给定材料反映的问题一般都应当已有定论，主要立足于考察应试者的分析和判断能力，只要分析判断无误，就不会得很低的分数。同样，要想得到很高的分数，难度也不小。还存在这样一种可能，即给定材料反映的问题尚无定论或存在争议，让应试者以自己的理解来进行分析和判断并得出结论。这样恰恰最能考察应试者的分析和判断能力。作为一种很严格的国家公务员录用考试，申论考试的试题一般不会出现偏差，主要表现在试题的表述标准明确，不论涉及哪方面的内容和观点基本上都无争议，可以让每位应试者均有话可说。因此对一些难以定论的问题，特别是那些争议激烈的问题，一般不会考。

（3）考察目标及考试题目具有较强的针对性。申论考察的目标是明确的，针对性很强，即主要考察应试者的阅读、分析、概括、解决问题的能力，体现在考试题目中主要是分析、概括两个方面，然后在此基础上进行论述，主要考察应试者的思辨能力。申论中的背景材料涉及面广、内容复杂，但重点突出是国家公务员录用申论考试命题的一个最大特点。

（4）解决问题的可行性。申论考试所给的材料，可能涉及面很广，但试题具有较强的针对性、合理性。也就是说，问题的解决一定是具有可行性的。例如，某年中央国家机关招考中涉及的网络建设问题，可以通过加强政府与企业的合作来解决网络建设中存在的问题。又如，某年的安全生产与伤亡事故问题，由于各类伤亡事故的频繁发生，该问题已成为社会关注的焦点，可以通过加强安全监督管理与相应法律法规建设，建立相应的应急和责任追究机制，理顺安全监督管理体制等措施来减少事故的发生，保障安全。申论考试不会引导应试者漫无边际地遐想，不管问题多么复杂、涉及面多广、人们的见解多么莫衷一是，但都是可以解决也能够解决的。这样的命题思路，是由公务员录用考试的性质决定的。

3）申论考试的发展趋势

近几年，随着公务员录用考试的发展，申论考试也在不断发展。当前最大的变化是，申论试题出现了分级分类设计的趋势，考试的针对性越来越强，另外还有以下几个特点。

（1）背景材料的题量大、作答时间紧。2000年申论考试的背景材料只有近2000字，而近几年，其背景材料在5000字以上，阅读量大大增加。阅读量的增加，还有题量的增加，很多应试者感觉申论的考试时间变得越来越不够用。

（2）背景材料更注重"原生态"。先前申论考试的背景材料都是经过出题者整理、筛选、修改、完善过的，应试者阅读起来比较顺畅，可读性比较强。现在申论考试的背景材料越来越接近材料本身的实际，越来越"原生态"，以前需要由出题者做的文字整理等方面的工作改由应试者来做。应试者在阅读材料的过程中，要去伪存真，要对原始的文字进行加工。

（3）测试重点越来越接近机关的工作实际。先前申论考试采用的问答形式是传统的"三段论"。相应的内容为，第一段，总结给定材料反映了哪些问题；第二段，就如何解决问题提出改革措施；第三段，要求写一篇文章。现在申论考试的问答形式非常灵活，内容也更接近机关的工作实际。例如，写一份宣传稿或总结报告，就如何解决某一方面的问题提出工作思路等。

（4）申论题目的切入点更加具体、细小。中央国家机关公务员招考的申论题目通常都和国家大事有关，关系到国计民生，都很"大气"，但题目的切入口往往比较小，通常与具体的给定材料紧密相连。如果应试者希望通过押题来投机取巧，实践证明这是徒劳的，因为一个大的主题可以从不同的角度创设许多完全不同的题目。所以，与其把时间花在押题上，不如踏踏实实地通过训练提高自己的阅读理解能力和分析问题的能力。

16.2　公务员录用考试中的面试设计

16.2.1　面试的性质

面试作为公务员录用考试中必不可少的一个重要环节，日益受到人们的关注。笔试通常只是淘汰那些基本素质明显不符合要求的候选人，而面试才是最终确定公务员人选的测评方法。

现行的公务员录用面试从性质上来说是一种严格的结构化面试，这种面试的重要特点是面试的内容、形式、程序、评分标准及结果的合成都是按统一制定的标准和要求进行的。可以说，这种面试从形式到内容，都突出了标准化和结构化的特点。例如，要求面试题目对报考相同职位的所有应试者相同；面试实施程序有统一、规范的步骤；面试官有严格的资格条件限制等。正因如此，公务员录用面试贯彻了公开、公平、竞争、择优的原则，保证了面试结果的客观公正，因此也受到社会各界的普遍欢迎。

关于面试的原理和操作实施，我们在前面多个章节中已有详尽的介绍。这里需要说明的是，公务员录用面试官一般由 5~9 人组成，在年龄上，最好老中青结合；在专业上，应吸收有业务实践经验或业务理论研究经验丰富且在面试技法方面有经验的权威人士。省级以上面试官的组成一般由负责考录工作的代表、用人单位的主管领导、业务代表和专家学者等组成；市、县级面试官一般由组织部门、人事部门、用人部门、纪检部门、监察部门，以及业务骨干等组成。

16.2.2　面试的测评要素

测评要素是指对应试者进行测评的项目。在现行的公务员录用面试中，通常有多个测评要素，主要包括综合分析能力、言语表达能力、应变能力、计划与组织协调能力、人际交往的意识与技巧、自我情绪控制、求职动机与拟任职位的匹配性等，现分别予以说明。

1）综合分析能力

（1）一般定义：综合是在头脑中将事物的各个部分或各种特征联合为整体；分析是在头脑中将事物的整体分解为部分。综合和分析在思维活动中起着重要作用，是思维的智力操作的重要组成部分。在公务员的日常工作中，经常涉及对问题的宏观理解与把握和事物间矛盾关系的理解，因此综合分析能力十分重要。

（2）操作定义：

- 对事物能从宏观方面进行总体考虑。
- 对事物能从微观方面对其各组成成分予以考虑。
- 能注意整体和部分之间的相互关系及各部门之间的有机协调组合。

2）言语表达能力

（1）一般定义：以言语的方式针对不同的听众采用不同的方式、风格将自己的思想、观点准确无误地表达出来，并试图让听众接受。

（2）操作定义：

- 理解他人的意思。

- 口齿清晰，具有流畅性。
- 内容有条理，富于逻辑性。
- 他人能理解并具有一定的说服力。
- 用词准确、恰当、有分寸。

3）应变能力

（1）一般定义：在有压力的情境下，思考、解决问题时能够迅速而灵巧地转移角度、随机应变、触类旁通，做出正确的判断和处理。

（2）操作定义：

- 有压力状况。
- 思维反应敏捷。
- 情绪稳定。
- 考虑问题周到。

4）计划与组织协调能力

（1）一般定义：对自己、他人、部门的活动做出计划、排出日程、调配资源，并根据一定的标准对冲突各方的利益进行协调。

（2）操作定义：

- 依据部门目标，预见未来的要求、机会和不利因素，并做出计划。
- 看清互相依赖的冲突各方的关系。
- 根据现实需要和长远效果做出适当选择。
- 及时做出决策。
- 调配和安置人、财、物等有关资源。

5）人际交往的意识与技巧

（1）一般定义：

- 建立和维持自己与他人、团体的关系。
- 这些关系是有目的的、与工作相关的，包括与他人的沟通，以及组织中的服从、合作、协调、指导、监督活动。

（2）操作定义：

- 人际合作的主动性。
- 对组织中权属关系的意识（包括权限、服从、纪律等意识）。
- 人与人之间的适应。
- 有效沟通（传递信息）。
- 处理人际关系的原则性与灵活性。

6）自我情绪控制

（1）一般定义：在受到较强刺激或处于不利的情境中时，能保持自己情绪的稳定，并约束自己的行为反应（主要根据面试时应试者对一定问题的反应，预测应试者日常生活中的表现）。

（2）操作定义：

- 在较强的刺激情境中，表情和言语自然。
- 在受到有意挑战甚至有意羞辱的场合，能保持冷静。
- 为了长远或更高目标，抑制自己当前的欲望。

7) 求职动机与拟任职位的匹配性

（1）一般定义：求职动机是指在一定需要的刺激下，直接推动个体进行求职活动以达到求职目的的内部心理活动；当个人的求职目的与拟任职位能提供的条件一致时，个体胜任该职位工作并稳定地从事该工作的可能性较大。

（2）操作定义：

- 现实性需要（解决住房、户口迁移、专业对口等）与岗位情况。
- 兴趣与岗位情况。
- 成就动机（认知需要，自我提高、自我实现、服务他人的需要，得到锻炼等）与岗位情况。
- 对组织文化的认同。

16.2.3　面试中存在的问题和对策措施

在当前的公务员录用面试中，结构化面试因其形式公正、操作简便而被广泛采用。但由于结构化面试的模式化倾向越来越严重，现在的应试者对这种面试的琢磨越来越多，对各种题型也越来越熟悉，相对来说，面试的设计和命题工作滞后。为此，国内有专家提出，应大力开展面试命题的研究和改进工作。以下是改进这一现状的一些具体技术措施。

1. 在结构化面试中引入文件筐测验和角色扮演法的思想

把文件筐测验和角色扮演法的思想引入到结构化面试中来，可以有效地改变结构化面试的模式化倾向。例如，对于计划与组织协调能力的考察，过去的试题一般都比较宏观，应试者的回答也过于原则。

假如单位派你到基层了解中小学是否存在乱收费情况，你将如何开展工作？应试者一般会回答：理解领导要求，明确调查任务，制定调研方案，认真组织实施，并根据调查结果写出调研报告等。

面试官很难区分应试者的能力差异。把文件筐测验引用到计划与组织协调能力命题中来，较好地避免了试题过于原则、笼统的问题。

假如你是某海关的一名工作人员，处长和副处长有事外出，让你临时负责处里的工作。今天有以下五件事需要处理，你准备怎么处理？为什么？（准备时间为 2 分钟。）

（1）后天将召开"严厉打击走私犯罪活动，为经济实现跨越式发展保驾护航"工作会议，需要把会议通知发到下属的 10 个海关。

（2）为海关关长准备一份"严厉打击走私犯罪活动，为经济实现跨越式发展保驾护航"工作会议上的讲话提纲（至少需要半天才能完成）。

（3）通知退休的老处长，明天海关组织老干部体检（老处长家没人接电话，他也没有手机，你必须想办法联系上）。

（4）税务局有关部门通知你今天务必去一下，说有一份关于联合执法的文件需要和你一起研究修改一下。

（5）外省海关对口处室要来你处学习交流，今天下午 3 点乘飞机到达，需要做接待工作。

该题借鉴了文件筐测验，主要考察应试者在完成任务的过程中，是否根据任务的重要程度区分轻重缓急、是否处理好原则性与灵活性的关系、是否善于借助他人的帮助完成难以完成的任务。由于应试者在回答这个问题时，必须针对任务做出具体回答，从而较好地避免了应试者说套话、说空话的情况。例如，对于人际交往的意识与技巧的考察，过去的试题设置的情境过于简单，应试者一般只是表态式的回答。

假如领导安排你和一位平时与你有矛盾的同事一起完成一项任务，你怎么和他一起工作？应试者一般会按中庸之道，以和为贵的思想回答：尊重对方，主动协调，严于律己，宽以待人，求同存异，顾全大局等。应试者虽然是这样说的，但并不能证明他一定会这样做，而面试官又不好判断。

角色扮演法是模拟仿真技术中常用的方法之一，它形象、真实、直观。这种方法不是只听应试者怎么说，而是看应试者怎么做（也包括怎么说）。把这种技术应用到人际交往的意识与技巧中来，避免了空洞的表白，而且真实地再现了人际交往的过程。

假如你是某处的一名工作人员，副处长非常关心你，创造各种机会锻炼你。你们处长退休后，通过公开竞争，你当上了处长，副处长心里十分沮丧。请问你当上处长之后将如何处理与副处长的关系？

追问：假如你担任处长之后，要和副处长谈一次话，你准备怎么谈？假如我（面试官）现在就是那位副处长，请你现场示范一下。

该题利用角色扮演法，考察应试者在处理复杂人际关系时，能否抓住主要矛盾，讲究沟通的方法与技巧，取得最佳效果。

2. 无领导小组讨论在面试中的应用

无领导小组讨论是评价中心常用的一种技术，是一种对应试者进行集体施测的方法。通过给一定数量的应试者一个与工作相关的问题，不指定谁是领导，让他们自由进行一定时间长度的讨论，来检测应试者在组织协调、综合分析、洞察应变、人际关系处理、非语言沟通等方面的能力，以及个性特征和行为风格，以评价应试者之间的优劣。

近几年一些国家部委和省市把这种测评方法引入到公务员面试中来，并结合我国国情和本土文化，对西方无领导小组讨论的模式进行了改进和创新，且收到了非常好的效果。由于无领导小组讨论具有形象直观、便于比较、节省时间等优点，因此受到用人部门和应试者的欢迎。

无领导小组讨论的评价维度要从内容维度和过程维度两个方面把握，内容维度指认识和分析问题是否全面透彻、有说服力；过程维度指在讨论中应试者的各种行为表现。

背景材料

据报道，因为急于将一名重伤员送往医院，出租车司机闯红灯被警察罚了款。为此，在社会上引起了争论：有人认为现在强调以人为本，出租车司机为救人闯红灯情有可原，不应该罚；也有人认为现在强调依法治国，既然是闯红灯违反了交通法，就应该罚。

身份任务

某报社就此要发表一篇评论文章。假如你们是某报社的记者，请发表自己的看法，并达成一致性意见，再给评论文章赋一个标题。

讨论程序

1. 在面试负责人宣布讨论开始后，你们必须就题目要求轮流表达自己的意见。每个人的发言时间不得超过 3 分钟（超时面试官会酌情减分）。

2. 轮流发言以后，可以就题目的要求展开自由讨论，每人每次发言时间不宜超过 3 分钟。

3. 经过讨论，小组必须形成一致性的意见并提出评论文章的标题。

4. 在讨论结束前，小组必须推选出一名代表，在讨论结束后，这名代表向面试官报告讨论的情况和结果。

5. 讨论结束。

注意事项

1. 注意把握时间，如果你们小组在规定时间内没有达成一致性意见或没有完成规定任务，那么你们各自的成绩将受到很大的影响。

2. 选出的代表报告完讨论结果之后，其他小组成员可以补充。

3. 你们必须积极发言，表明自己的看法，提出自己的意见，这对你的成功很有帮助。

无领导小组讨论的评价维度如表 16-1 所示。

表 16-1　无领导小组讨论的评价维度

内容维度	过程维度
应试者提出观点的内容和质量	当别人的观点与自己的观点发生矛盾时怎么办
应试者参与有效发言次数的多少	应试者怎样说服他人接受自己的观点
应试者能否提出自己的见解和方案，同时敢于发表不同意见，并支持或肯定别人的意见	应试者能否随时消除紧张气氛，说服别人、调解争议，并最终使众人达成一致意见
应试者的语言表达、分析问题、归纳总结不同方面意见的能力	应试者能否倾听他人意见，并互相尊重
	应试者能否引导讨论的方向
应试者反应的灵敏性、概括的准确性等	应试者能否经常进行阶段性总结

从上面的例题可以看出，无领导小组讨论在面试中的应用与西方传统的无领导小组讨论有三方面不同：

（1）内容设计贴近工作、贴近生活，便于应试者理解。

（2）身份任务和程序要求明确，便于应试者把握。

（3）从内容维度和过程维度进行观察，便于面试官评价。

3. 采用结构化小组面试的方式

近些年来，中央机关有关部门开始尝试采用结构化小组面试的方式。这种面试本质上是一种群体面试的方式，也就是面试官同时对竞争一个职位的所有应试者进行集体面试。在结构化小组面试中，通常是 3~5 位应试者分先后顺序对同一问题进行回答，并要求应试者之间进行评价和回应。每位应试者在结构化小组面试中要与其他应试者进行面对面交锋，听取其他应试者的答题，接受其评价并对其他应试者进行评价。这有助于对应试者的心理承受能力、抗压能力进行考察，同时由于面试的不可预测性大增，需要应试者有更全面的思考和更灵活的应变能力，因此可以有效地防范面试应试培训。

结构化小组面试的流程相对复杂，做好操作实施细节对面试的公平公正性至关重要。在结构化小组面试中，答题及点评完全由应试者自主展开，面试官一般不干预应试者的答题与点评过程。结构化小组面试的操作流程可分为备考阶段、答题阶段、点评和回应阶段。

（1）备考阶段：要求每组应试者在备考室看题，每人有题本、草稿纸和笔，一般不允许在题本上做任何记号；备考时间设置，3 道题目一般为 10~15 分钟，4 道题目一般为 15~20 分钟，5 道题目一般为 20~25 分钟，剩余 3 分钟时提醒，提醒后会收回题本，草稿纸可以带出考场；备考期间不允许应试者相互讨论。

（2）答题阶段：每组应试者需要事先抽签决定每道题目的作答顺序；以 3 位应试者为例，回答第一题的应试者顺序是 1 号、2 号、3 号，第二题是 2 号、3 号、1 号，第三题是 3 号、1 号、2 号，即每位应试者的机会均等；每位应试者都可以完整地作答每一道题目，每道题的答题时间为 2 分钟，3 位应试者依次作答完第一题之后，再依次作答第二题、第三题。

（3）点评和回应阶段：每位应试者要对前后两位应试者的问答进行点评（点评的内容可以是全部回答，也可以是一个问题的回答，甚至是某个观点），被点评的应试者分别做出回应。还是以 3 位应试者（A、B、C）为例，所有题目答完之后，应试者评价其他同组应试者，被点评的应试者做出回应，即 A 点评 B、C，点评完之后，B、C 分别做出回应；B 点评 C、A，点评完之后，C、A 做出回应；C 点评 A、B，点评完之后，A、B 做出回应。一般点评时间不超过 2~3 分钟，回应时间不超过 1~2 分钟。

结构化小组面试的试题命制和评价相对比较复杂，这里就不进行介绍了。下面是笔者设计的一套结构化小组面试的模拟题，仅供有兴趣的读者参考。

一、组织激励对调动员工的工作积极性非常重要。组织激励的方法有很多，通常包括职业发展、成就感、工作环境、组织文化、人际关系、薪酬福利、领导认可等。请从上述激励方法中选择你认为比较能调动员工工作积极性的两个，并说明你的理由。

评分参考（略）：主要考察综合分析能力。

二、假如你所在的学校承办全省高校足球比赛，你带领 10 多位学生干部负责比赛期间球场的安保和秩序维护工作。比赛还没有开始，就发生了以下多起事件。

1. 足球场进口处人流密集，检票速度较慢，许多学生因长时间在门口等候而开始焦躁不安，他们强烈要求能够尽快进场。

2. 场内前几排的学生为了给自己支持的球队加油助威而悬挂横幅，此举影响了后排同学观看比赛的视线，引发了后排同学的不满，双方因此发生口角并导致冲突，吸引了众多同学围观。

3. 多位同学反映在进入球场的过程中手机被盗，他们希望能够尽快找回失窃的手机。

4. 我校的几位球迷与客队的几位球迷因各自高喊自己支持的球队必胜，导致双方互相辱骂，冲突不断升级。

5. 一位同学在进场时不慎摔倒，胳膊受伤流血不止，需要立即前往医院进行包扎处理。

由于时间急、人手紧，你将如何处理好上述事件？

评分参考（略）：主要考察计划组织与应变能力。

三、某社区最近的财产安全问题比较突出，主要表现在两个方面：一是多位老人买到假保健品；二是以高回报率为诱饵骗取钱财的事件时有发生。假如该社区属于你管理和服务的片区，现在领导派你到该社区做好群众的资金安全警示教育，面对近百位社区居民，请你做一个 3 分钟的讲话。

评分参考（略）：主要考察应变能力。

4. 情境模拟在结构化面试和专业科目考试中的应用

情境模拟是工作取样测评的一种具体运用，又称模拟作业、仿真测评或模拟测验。情境模拟是通过设置一定的工作模拟情境，让应试者扮演一定的角色，在模拟的情境中按面试官的要求，完成一个或一系列任务、活动，从而测评应试者在拟任岗位工作上的实际能力和水平。面试官根据应试者在模拟情境中的实际表现或模拟结果对其做出评价。

情境模拟的优点：与实际工作场景相似；信度和效度较高；容易被用人单位接受。

1）情境模拟在结构化面试中的应用

近年来，就业形势一直让人难以乐观。教育部的数据显示，20××年全国普通高校毕业生共 834 万人，再创历史新高，而用人单位的人才需求量并没有明显增加。据教育部统计，20××年高校毕业生的就业率在 70% 左右，也就是说，当年有很多大学生落实不了工作岗位。

北京各大高校 20×× 届毕业生在当年 4 月中旬之前的签约率比往年同期低 10%~40%。

在西部省份甘肃，据兰州大学、兰州理工大学、兰州商学院等院校就业指导中心介绍，新冠疫情暴发以后，除个别本地单位和非疫区单位到学校举行过一些小型招聘会以外，基本没有用人单位到学校开展招聘活动。

20××年广东省内毕业生的签约率同比下降了 10%。据统计，当年该省大学毕业生的一次就业率在 50% 左右，再加上省外高校返粤就业的毕业生，估计 20××年有不少大学生在毕业后没有很快落实工作岗位。

……

考生阅读完材料后，针对资料内容和测评要素提出以下问题。

1. 请你结合实际谈谈当前大学生就业难的原因。

测评要素：综合分析能力。

2. 从你的个人条件和报名资料看，我们觉得你到西部去、到基层去会更受欢迎，报考我们部门似乎不太合适。对此你怎么看？

测评要素：应变能力和求职动机与拟任职位的匹配性。

3. 假如你已与一家用人单位签订了就业合同，这次又被我们录用了，你打算什么时间告诉他们？怎么向他们解释？如果用人单位不同意解除合同怎么办？

测评要素：人际交往的意识与技巧。

4. 假如让你策划实施一次"大学毕业生择业倾向调查"，你准备怎样做？

测评要素：计划组织能力。

2）情境模拟在专业科目考试中的应用

（1）考察文字综合能力（略）。

（2）考察外语翻译专业（略）。

（3）考察听写能力，如表 16-2 所示。

表 16-2　考察听写能力的模拟方法

模拟方法	做审讯笔录
招考职位	全省检察院和人民法院招考书记员
测评时间	30 分钟
测评目的	听写能力
操作程序	1. 制作一个审讯犯人的录像带或录音带 2. 向考生介绍做审讯笔录的要求和注意事项 3. 在考场播放录像或录音 4. 考生按要求做笔录
评价方法	1. 制定评分规则和评分要点：字迹清晰、容易辨认、无错别字、五大要素记录完整 2. 由检察院和人民法院指定有经验的人员进行评阅

（4）考察审计专业知识，如表 16-3 所示。

表 16-3　考察审计专业知识的模拟方法

模拟方法	查账
招考职位	省审计厅财务审计
测评时间	90 分钟
测评目的	财务知识、审计法规
操作程序	1. 设计一本账务账簿（共 4 页），其中有 10 处错误 2. 要求考生找出错误，说明理由，并提出改进措施
评价方法	1. 设计标准答案和采分点 2. 由专业人员进行审阅

16.3　应用案例

下面以 2025 年 D 市面向社会公开选拔国家公务员为例，说明人才测评技术在公务员录用考试中的应用情况。

16.3.1　公务员招考方案

2025 年 D 市国家公务员招考方案已于近日正式出台，网上报名日期为 2024 年 10 月 15—24 日，考生在报名时必须按要求如实填写"D 市国家公务员考试报名信息表"。据了解，2025 年 D 市招录国家公务员总数为 2 000 多名，与 2024 年基本持平。该考试已成为每年岁末 D 市考试中的热门话题，且引起了社会各界的广泛关注。

1. 笔试科目 2+4

笔试科目包括公共科目和专业科目两大部分，在 12 月 5 日一次性完成。公共科目为必考科目，考试内容为行政职业能力测验和申论；专业科目为选考科目，考试内容分别是政法、综合管理、经济管理、信息技术四大类，考生可根据自身情况及职位要求选报。

各专业科目主要考察考生从事相关职位的专业知识和能力，全部为客观性试题，题型为单项选择题、多项选择题；考试时限为 60 分钟，满分为 50 分。

据了解，专业考试以大纲为依据，招考机构不指定考试和复习用书，不组织也不委托任何机构进行考前培训，考生可根据自己报考的职位要求，选择相应的考试大纲进行考前准备。

2. 面试比例 1∶3

笔试结束后，笔试成绩将在网上公布，考生可通过网络或电话查询考试成绩。合格者可在规定时间内参加网上职位报名。各招考单位依据报考条件和具体职位要求，对考生提供的报名资料进行审查，并在两日内给予答复。对于符合报考条件的考生，不得拒绝其报名。

根据笔试总成绩，从高分到低分排序，按照每个职位 1∶3 的比例确定面试人员名单；若不足 1∶3 比例的，由市人力资源和社会保障局在同类专业考试成绩合格人员中统一进行调剂。据了解，面试以结构化面试为主，各招录单位也可根据实际需要，增加情境模拟、无领导小组讨论、专业能力测试、外语测试以及计算机应用能力测试等内容。

面试官一般由 5 名或 7 名招录单位的人员组成，设面试负责人 1 名，也可聘请 1~2 名相关专家担任特邀面试官。若面试官与考生存在《国家公务员暂行条例》所列亲属关系的，应实行回避制度。招录单位应在面试结束后的 15 日内，将面试结果通知考生。

3. 体检比例 1∶1

各用人单位依据考生面试成绩的 50% 与笔试成绩的 50% 相加得出的总成绩，从高到低按 1∶1 的比例确定拟体检人员名单。经市主管机关审核同意后，按照市人力资源和社会保障局规定的统一标准，到指定的本市二级甲等以上医疗机构进行体检。对于部分机关职位有特殊要求的，还需进行体能测试。

考生体检和体能测试合格后，用人单位将对其任职资格等进行全面考核。根据考生的总成绩、体检和全面考核结果，各招录单位确定拟录用人员名单，并分别报送市委组织部、市人力资源和社会保障局审核备案。经审核合格后，拟录用人员名单将在网上公示。公示无异议的拟录用人员，将办理公务员录用手续。

16.3.2　测评技术和试题

与目前大多数公务员招考一样，D 市在公务员招考中主要在笔试和面试环节应用有关测评技术。

1. 笔试

在招考方案中，D 市计划招录 2 000 多名公务员，而通过资格审查的报考人数有 5 万多人，录取比率为 1∶25，竞争激烈程度可见一斑。如果按照 1∶3 的比例进入面试，这就意味着要通过笔试从 5 万多人中选拔 6 000 多人进入面试。这里，我们对公共科目进行如下介绍。

（1）行政职业能力测验。行政职业能力测验主要测试应试者从事国家机关工作所必须具备的潜能，包括言语理解与表达能力、数理能力、判断推理能力以及公共管理知识与能力等。该测验的考试内容全部为客观性试题，采用机读答题卡作答，考试时限为 120 分钟，满分为 100 分。

（2）申论。申论主要通过对应试者对规定材料的概括、提炼和加工，测试其提出问题、分析问题和解决问题的能力，以及文字表达能力。申论的考试内容全部为主观性试题，要求应试者按题目要求在指定位置作答，考试时限为 150 分钟，满分为 100 分。

2. 面试

面试是由 D 市各局按照招考方案的要求组织实施的，这个测评环节最终将从 3 位候选人中录用一人。下面是 D 市人力资源和社会保障局的公务员招考面试题。

D 市人力资源和社会保障局 2025 年公开招考工作人员
情境模拟面试题

指导语

你好，祝贺你顺利通过了笔试，欢迎你参加今天的面试。面试的时间为 20 分钟，共 4 个问题，请把握好时间。好，现在就让我们开始。

A. 材料

材料 1

有媒体对近千名大学生的考研意愿进行了调查，结果显示，89.22% 的学生曾有考研的意愿，其中 67.83% 的学生在上大学前就已萌生此想法。

那么，大学生主要通过哪些方式获取考研信息呢？据调查，网络、老师和同学是考研信息的主要来源，分别占比 91.82%、81.69% 和 60.13%。在专业选择方面，部分考生会面临是否跨专业考研的问题。对他们而言，跨专业不仅是学习方向的转变，更是未来职业生涯的一个重要拐点。调查发现，59.68% 的受访者表示不会选择跨专业考研，而 95.34% 的受访者认为跨专业考研难度较大。

关于考研的原因，调查显示，83.64% 的学生希望通过考研获得更好的工作机会，58.18% 的学生希望继续深造自己喜欢的专业，53.77% 的学生想去心仪的城市求学，41.82% 的学生则是为了缓解就业压力。

与此同时，就业前景、学校和专业成为大学生在考研选择中最关注的三个因素。

材料 2

有专家根据某高校大学生考研情况的调查，认为当前大学生考研过程中存在以下问题：

1. 信息收集不全面

调查发现，大部分学生在获取考研信息时存在渠道单一、信息可靠性不足以及信息搜集不全面的问题。44.7% 的学生主要通过网络获取考研相关资讯，但网络信息鱼龙混杂，其真实性和时效性难以保证，学生自身也面临着较高的信息筛选要求。仅有 15.8% 的学生会综合查询各渠道信息，如联系目标院校学长、咨询专业老师等。当提及目标院校的招生计划、报录比等具体信息时，许多学生表示不太了解。甚至有 18.3%的学生承认，未对考研意向院校进行全面系统的横向和纵向比较，也未深入了解各院校的师资力量、培养计划以及相近专业的优劣势。

2. 报考盲目随大流

调查显示，近 20%的学生选择考研是受到身边人的影响。同学、老师、父母以及社会普遍认为考研只有好处没有坏处，考研比就业或考公务员更有前景。缺乏自我判断能力的学生在这种情况下，容易忽视自身实际需求，盲目跟风，迷失自我。这种行为可能导致学生填报专业不合适、备考意志不坚定等一系列问题，进而使前期投入的时间和精力付诸东流。

3. 跟风报班不理性

近年来，随着考研人数的爆发性增长，各类考研辅导机构也应运而生。调查显示，36.4%的学生在备考过程中已经报班或有报班打算。然而，在这些学生中，相当一部分表示报班的主要原因是看到他人参加培训机构，认为辅导机构能够帮助他们在短时间内高效学习，并提供最新、最准确的信息，从而不想与他人拉开备考差距。这种行为背后反映出学生缺乏对考研的独立自主认知，没有考虑考研机构的课程设置是否契合自身需求，也忽略了考研机构教学质量良莠不齐的现状。

B. 面试问题

（1）请就材料 1 的调查结果，结合实际，谈谈你对当前大学生考研问题的看法。

测评要素：综合分析能力

（2）假如你是某高校学生会的主席，为了引导本校大学生的考研选择、帮助他们做好考研准备，你决定在全校开展考研情况调查。在调查内容和调查方式上，你是如何考虑的？

测评要素：信息获取能力

（3）请根据材料 2 中大学生考研过程中存在的问题，给准备考研的大学生做一个讲话，以提醒他们更理性地面对考研问题。现在，请你模拟这个讲话的前 3 分钟开场白。

测评要素：沟通能力

（4）假如在校学生会干部中，有多位骨干因忙于复习考研，履行职责不到位，该举办的活动没有开展，该监督检查的工作没有落实，导致很多学生意见很大，学校有关领导也对此提出严厉批评。作为学生会负责人，你将如何面对这一情况？

测评要素：组织协调能力

第17章

人才测评技术在事业单位公开招聘考试中的应用

自《事业单位公开招聘人员暂行规定》颁布实施以来，事业单位公开招聘工作在全国各地全面展开。随着事业单位公开招聘制度的推行和完善，公开招聘考试作为事业单位选拔人才的主要手段，以其公平公正性得到了社会各界的广泛认可。人才测评技术在事业单位公开招聘考试中的应用前景非常广阔，由于事业单位招聘岗位的多样性和复杂性，因此包括情境模拟技术在内的各种人才测评技术都将得以广泛应用。

本章导航

事业单位公开招聘考试的现状	事业单位公开招聘考试的特点 事业单位公开招聘考试的问题
事业单位公开招聘考试中的笔试技术	公共科目笔试 专业科目笔试
事业单位公开招聘考试中的面试技术	面试技术 情境模拟技术
应用案例	某电视台人员招聘公告 测评技术与试题

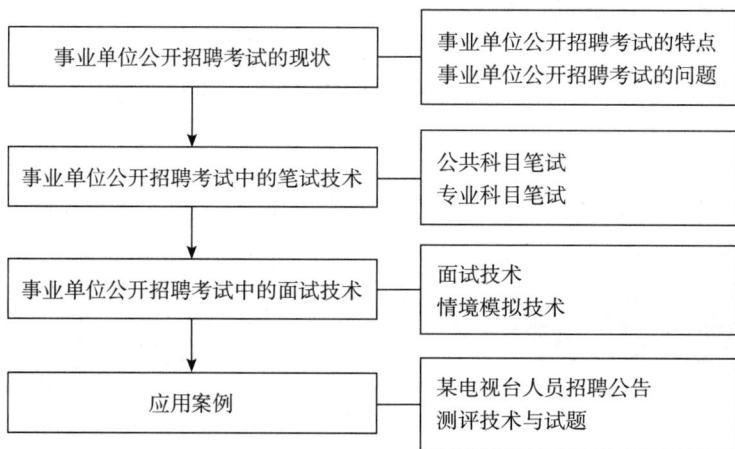

美国大学教师的招聘过程

美国大学教师的招聘过程通常分为四步。

第1步，申请人的初步筛选。想成为大学教师的申请人需要提供详尽的申请材料，通常包括简历、申请信、三封推荐信、成绩单原件、一篇代表性的学术论文以及教学评估结果等。对于美国大学的一个教师职位，通常会收到 100~300 份申请材料。校方招聘委员会（一般由 3~5 位教授组成）将开会审阅这些申请材料，然后从中筛选出 5~10 位候选人进行电话面试。

第 2 步，电话面试。在电话面试中，校方招聘委员会成员会围绕候选人的简历进行提问，问题涉及候选人的背景、教学经验、研究兴趣等，主要是为了进一步了解候选人的情况，并核对申请材料中的内容是否属实。通常每位招聘委员会成员会提出一个问题，整个电话面试的时间约为 30 分钟。招聘委员会成员通过电话面试考察所有候选人后，会进行讨论和商议，最终锁定 3 位有竞争力的候选人进入校园面试阶段。

第 3 步，校园面试。校园面试通常有一个正式的流程，包括以下四个环节：招聘委员会成员向候选人介绍学校的情况，并对候选人提出一些问题；候选人试讲一堂课；候选人面向申请院系的教授进行一次学术演讲；候选人与申请院系的院长见面，了解工资、福利待遇及其他相关情况。

第 4 步，做出录用决策。当招聘委员会成员根据候选人的面试表现确定最终人选后，申请院系的院长会通过电话通知候选人或向其发出正式的录用通知。如果候选人没有异议，即可与校方签订合同，获得美国大学的教师职位。

17.1　事业单位公开招聘考试的现状

事业单位公开招聘考试工作是随着事业单位人事制度改革的不断深化而应运而生的。自 2006 年《事业单位公开招聘人员暂行规定》颁布实施以来，事业单位公开招聘工作犹如燎原之火，迅速全面展开。自 2014 年 7 月 1 日起，国务院常务会议审议通过的《事业单位人事管理条例》正式施行，这标志着公开招聘制度步入了法制化轨道，公开招聘的理念也日益深入人心。目前，每年参加各类事业单位公开招聘考试的应试者预计超过 500 万人。

17.1.1　事业单位公开招聘考试的特点

根据人力资源和社会保障部人事考试中心面向全国开展的事业单位公开招聘考试调查情况，我们认为当前事业单位公开招聘考试具有以下几个特点。

1. 评价内容多种多样

从评价内容来看，各地事业单位公开招聘考试的评价模式不尽相同，主要有以下三种。

（1）公务员类考试模式。在考试科目和内容设置方面，不少地方参照公务员录用考试的模式，设置"行政职业能力测试"和"申论"两科。具体考察内容包括常识、逻辑推理、言语理解和表达、写作、资料分析以及数量关系解决等（见表 17-1）。

由表 17-1 可知，考察内容中比率在 10% 以上的，基本上都是公务员录用考试涵盖的内容。这说明不少地方的事业单位公开招聘考试在考察内容上基本参照并模仿了公务员录用考试的模式。

表 17-1　事业单位公开招聘考试的考察内容情况

考察内容	比率/%
常识掌握及运用能力	15
逻辑推理能力	14
言语理解和表达能力	14
写作能力	13
资料分析能力	12
数量关系解决能力	11
创造性思维/问题解决能力	6
人际关系协调能力	5
学习能力	4
心理健康素质	3
其他（请标明）	3

（2）综合类考试模式。有些地方探索建立了区别于公务员录用考试的其他模式。例如，陕西省的考试内容为公共基础知识，涵盖时事政治、道德、科技、法律、经济以及社会和生活常识等综合性知识，题型主要包括单选题、多选题、案例分析题和综合分析题等；浙江省则将基础知识、能力测试和写作整合成综合试卷。

（3）专业类考试模式。有的地方根据不同类别的招聘岗位要求组织开展考试。例如，西部一些省市会根据事业单位公开招聘的岗位特点，命制几十套甚至几百套不同专业的考试试卷。以招聘中小学教师为例，首先按小学、初中、高中进行分层，再按语文、数学、英语等科目划分专业，最后分别进行命题制卷。这种模式的优点是针对性较强，但由于专业门类众多，需要依赖不同专业领域的专家进行命题制卷和阅卷，成本较高，组织实施较为复杂和困难，且有时难以把控考试的公平公正性。

2. 评价方法主要采用笔试和面试

从评价方法来看，目前笔试和面试是事业单位公开招聘考试中应用较为广泛的方法。

笔试是当前事业单位公开招聘考试中应用最为广泛的评价方法。究其原因，一方面，笔试作为一种重要的选拔手段，其测试分数客观可信，为众多应试者提供了完全相同的公平竞争机会，对于维护社会公平正义具有重要意义；另一方面，符合公开招聘职位条件的候选人往往数量众多，而笔试能够在同一时间让成千上万的应试者在同等条件下进行测试，具有经济高效的显著优势。因此，笔试在公开招聘中具有其他评价方法难以比拟的优势。

面试同样是事业单位公开招聘考试中应用较为普遍的评价方法。这不难理解，因为用人单位在未见到应试者之前，很难决定是否聘用其入职。此外，面试能够针对性地考察应试者是否具备岗位所需的胜任力。因此，面试也是事业单位公开招聘考试中常用的重要评价方法。然而，面试的缺点在于评价过程相对主观，有时可能会引发暗箱操作的质疑，与笔试相比，面试较难赢得社会和应试者的充分信赖。

3. 考试的组织方式主要有集中组织与分散组织两种

从事业单位公开招聘考试的组织实施来看，目前考试的组织方式主要有集中组织和分散组织两种。其中，集中组织又分为两种方式：统一考试方式和联合招考方式。

（1）统一考试方式。用人单位参加由政府人力资源和社会保障部门统一组织的公开招聘考试服务平台。例如，四川省等规定，省属事业单位在公开招聘工作人员时，对于一些通用性岗位或初级岗位，必须采用统一考试的方式进行招聘，所有进入省属事业单位的人员均需参加省级考试机构统一组织的考试。

（2）联合招考方式。人事考试部门定期提供集中的考试服务平台，事业单位自行决定是否参加。例如，北京市等地通过搭建公共服务平台的方式，为各级各类事业单位公开招聘提供考试命题和考务组织一条龙服务。一般每年举办 2~3 次联合招聘考试，年初在公共服务平台上发布年度考试计划，用人单位可根据实际情况自主选择考试时间进行考试。

除集中组织的招聘考试方式外，还有大量招聘考试是根据单位性质和岗位特点自行命题并组织实施的。例如，许多高校在招聘教师和科研人员时，以及许多文艺体育类单位在招聘特殊人才和艺术类岗位人员时，往往由用人单位根据具体情况对考生进行针对性测试。

17.1.2　事业单位公开招聘考试的问题

事业单位公开招聘制度的推行受到各界的广泛赞誉和支持，大批高素质优秀人才得以充实进来，成为事业单位的骨干和中坚力量，事业单位选人的公平公正性也得到了切实加强。与此同时，随着全国事业单位公开招聘制度的全面推行和实践探索的不断深入，事业单位公开招聘考试中存在的问题和难点也逐渐凸显。

1. 公平公正性体现得还不够充分

招聘考试是推行公开招聘制度的重要手段，但目前公开招聘制度在推行过程中，公平公正性的体现还不够充分。例如，县级事业单位公开招聘制度推行相对缓慢，在招聘制度中还存在缺位问题。公开招聘工作中，信息公开、过程公开、结果公开的范围和程度不足，监督管理不到位，用人单位的违规、违纪现象时有发生，事业单位公开招聘的社会公信力有待进一步提升。

2. 科学化水平有待提高

目前，部分省市事业单位公开招聘考试的模式不够科学，未能充分体现事业单位的工作特点和用人需求。一些省市在科目设置和考试内容选择上随意性较大，缺乏科学依据，未能遵循"干什么、考什么"的原则。调查显示，考试内容及考试模式问题已成为用人单位普遍认为事业单位公开招聘考试最需要改进的方面（见表 17-2）。探索建立既区别于公务员录用考试，又体现事业单位特点和用人需求的考试模式，是当前亟待解决的重点和难点问题。

表 17-2　用人单位对事业单位公开招聘考试的改进意见

需要改进的方面	比率/%
考试内容	45
考试形式	24

续表

需要改进的方面	比率/%
考试程序	10
无须改进	21

3. 管理制度有待完善

目前，事业单位公开招聘考试仍处于起步阶段，各项管理制度还不够健全。例如，在事业单位公开招聘考试中，由于缺乏专项经费支持，各地通常面向考生收取费用，但在收费金额和标准方面缺乏统一规定和依据。此外，各地考务实施的差别也较大。多数地区参照公务员录用考试规定执行，部分地区参照专业技术资格考试规定执行，还有一些省市自行制定标准（见表 17-3）。

表 17-3　事业单位公开招聘考试中的考务实施依据

实施依据	比率/%
参照公务员录用考试规定	78
参照专业技术资格考试规定	4
根据情况自行制定	18

17.2　事业单位公开招聘考试中的笔试技术

根据笔试的功能和特点，可以将事业单位公开招聘考试中的笔试划分为公共科目笔试和专业科目笔试两大类别。

17.2.1　公共科目笔试

在事业单位公开招聘考试中，公共科目笔试是淘汰应试者的主要手段。然而，目前社会上广泛应用的公共科目笔试存在诸多问题，其中最大的弊端是没有根据招聘岗位的性质进行分类，科目设置过于随意和简单，导致笔试的针对性和有效性远远不够。正是在这种背景下，人力资源和社会保障部人事考试中心从 2012 年开始，经过三年的广泛调研和研究，提出了公开招聘分类考试的框架体系。

除管理岗位以外，基于事业单位不同招聘岗位对能力素质的不同要求，将专业技术岗位区分为自然科学类和社会科学类。同时，从组织实施的角度出发，又将中小学教师和医护人员两大行业的岗位单列。因此，在事业单位公开招聘考试中，岗位被划分为综合管理类（A 类）、社会科学专技类（B 类）、自然科学专技类（C 类）、中小学教师类（D 类）和医疗卫生类（E 类）五大类别。针对每类岗位的应聘人员，设置了相应的"职业能力倾向测验"和"综合应用能力"两个考试科目。其中，医疗卫生类的"综合应用能力"科目进一步细分为中医、西医、药剂、护理、医学技术和公共卫生管理等六个子类（见表 17-4）。

表 17-4　事业单位公开招聘分类考试类别划分

一级分类	二级分类	考试科目设计	
		事业单位职业能力倾向测验	综合应用能力
综合管理类（A 类）	综合管理岗位	A 类	A 类
社会科学专技类（B 类）	社会科学专技岗位	B 类	B 类
自然科学专技类（C 类）	自然科学专技岗位	C 类	C 类
中小学教师类（D 类）	小学教师岗位	D 类	D 类小学岗
	中学教师岗位		D 类中学岗
医疗卫生类（E 类）	中医临床岗位	E 类	E 类中医临床岗
	西医临床岗位		E 类西医临床岗
	药剂岗位		E 类药剂岗
	护理岗位		E 类护理岗
	医学技术岗位		E 类医学技术岗
	公共卫生管理岗位		E 类公共卫生管理岗

这两个科目的很多题型都是经过全新设计的，形成了符合国情、独特有效的考试大纲，并获得了国家知识产权局的产权保护。

从 2015 年开始，我们面向全国部分省（区、市）开展了事业单位公开招聘分类考试公共科目笔试试点工作，并于 2018 年正式推行。在近 10 年的招聘考试实践中，我们每年都在上半年和下半年各开展一次考试服务，通常每次提供 5 个类别的 10 多套试卷。截至 2024 年底，我们已成功组织了 20 次事业单位公开招聘分类考试，累计应试总人数超过 1400 万，2024 年单次考试人数已突破 300 万。此项考试赢得了用人单位、事业单位行业主管部门及应试者的广泛认可。

一是分类考试服务推动了各地事业单位公开招聘考试工作的规范化。公共科目笔试的分类命题显著提升了事业单位公开招聘考试的针对性、适用性和科学性。二是分类框架合理，笔试设计科学。从考后试题分析、应试者问卷调查以及用人单位效度追踪的结果来看，分类考试试卷的信度较高、区分度良好，各类试卷特色明显、针对性强。三是探索了事业单位公开招聘分类考试的实施模式。我们按照年度工作计划主动提供考试服务，各省（区、市）及用人单位是否参加完全自愿，参加何种类别的科目也由用人单位根据岗位性质自行决定。人力资源和社会保障部人事考试中心与各省（区、市）人事考试机构分工明确、紧密协作，充分发挥各自的职能优势，形成了独特的分类考试合作运行模式。迄今已有 20 多个省（区、市）全面应用了这一分类框架和合作模式。

17.2.2　专业科目笔试

专业科目笔试主要考察应试者在某一领域的知识深度，评估其对专业知识的掌握程度。具备一定的专业知识是从事各类专业工作的前提条件。例如，不懂法律知识的人不可能担任律师；不懂医学知识的人不可能担任医生。在各类事业单位公开招聘考试中，通常会设置与职位相关的专业科目笔试，重点检测应试者运用专业知识分析解决实际工作问题的能力，其目的在于测试应试者是否具备胜任选拔职位工作所必需的专业素质。

在事业单位公开招聘考试中，专业科目笔试一般安排在公共科目笔试之后，只有通过公共科目笔试的应试者才有资格参加专业科目笔试。然而，对于一些特殊职位和特殊专业人才（如表演人才），公共科目笔试可能会淘汰一些专业能力很强的人。在这种情况下，专业科目笔试可以与公共科目笔试同时进行，甚至可以先进行专业科目笔试，只有具备一定专业素养的人才有资格参加公共科目笔试。

从面向全国人事考试部门的调研情况来看，各地事业单位公开招聘考试的服务主体主要是教育、卫生、文化、科技、农林牧渔水、广电、新闻出版、体育等八大行业（见表 17-5）。这些行业对应试者都有一定的专业性要求，因此在招聘考试中往往需要设置专业科目笔试。

表 17-5　事业单位招聘考试行业类型情况统计表

行业类型	比率/%
教育	31
卫生	28
文化	9
科技	6
农林牧渔水	6
广电	5
新闻出版	3
体育	2
其他（请标明）	10

当然，仅按行业类型划分来设置专业科目还不够具体，更有针对性的专业科目应按岗位类别进行细分。例如，在行业内的专业技术岗位可进一步细分为财会、审计、统计、法律、经济、计算机、英语等，并据此设置相应的专业科目笔试。

17.3　事业单位公开招聘考试中的面试技术

如前所述，面试技术是事业单位公开招聘考试中应用较为广泛的一种测评技术。如果说笔试的功能更多地在于淘汰，那么面试的功能无疑在于择优。因此，面试的重要性是不容置疑的。此处所指的面试是广义上的招聘面试，它既包括面试官与应试者之间的问答式面试，也涵盖各种情境模拟测验。

17.3.1　面试技术

近年来，随着社会对事业单位公开招聘的关注度不断提高，各地人社部门不断加强对事业单位公开招聘面试的监管力度，并进行了一系列改进和创新，提升了面试的公平性和科学性。例如，有的地方在事业单位公开招聘面试中引入了"市民旁听制度"，力求使面试过程更加透明，避免舞弊行为的发生；有的地方则引入了全程电子化的面试评分系统，从考生确认、抽签到面试官抽签、评分、成绩汇总等各个环节全部实现了计算机操作，系统后台还可以实时监控面试进度及评分情况等。总体而言，我国事业单位公开招聘面试的起点相对较低，科学性和规范性仍有待提升，面试实践中存在的问题仍然不少。

1. 面试实践中的问题

（1）手段单一，尚未形成符合事业单位公开招聘特点的面试办法。由于缺乏理论探索与研究，各地事业单位公开招聘面试实践多是直接照搬公务员面试的模式：形式以结构化面试为主，测试内容以岗位通用基本能力为主。在评价方法上，除教师、医疗卫生等特殊行业面试会采用说课、实际操作等形式外，大多面试以问答形式为主。这种模式在一定程度上有利于解决公平性问题，但难以体现事业单位公开招聘的特点和用人单位的实际需求。

尽管结构化面试通过采取一些客观化、标准化的措施，整体上显著提高了面试的信度和效度，但大规模的结构化面试也带来了一些问题。例如，面试程序僵化，面试官在面试中不敢追问，片面追求形式上的公平而牺牲了内容的科学性等。

（2）面试官的水平参差不齐，面试官队伍建设有待加强。面试的有效性往往取决于面试官的水平。面试官的认识水平、专业素养、个人偏好、责任心等因素决定了面试评分的个人主观倾向较强。目前，各地面试官的水平参差不齐，主要表现在以下三个方面：

第一，提问缺乏技巧。部分面试官提问随意，不敢追问，追问时缺乏技巧，甚至可能涉及个人隐私。

第二，缺乏专业训练。部分面试官对人才选拔的专业知识掌握不足，不理解测评目标，对评分标准把握不准。

第三，评分技巧欠缺。一些经验不足的面试官容易受到晕轮效应、刻板印象等因素的影响，从而影响评价效果。

（3）面试试题的科学性水平有待提高，培训效应难以克服。面试试题是影响面试有效性的重要因素。现阶段，面试试题的科学性问题主要体现在以下三个方面：

第一，测评目标缺乏设计。测评目标和测评维度划分没有建立在工作分析的基础上，未能与岗位要求很好地结合。

第二，评价标准缺乏设计。评价标准应基于对典型工作行为的分析，对不同级别的工作行为给出准确的描述和解释，但目前的评价标准缺乏工作行为分析，缺少客观依据。

第三，试题设计缺乏科学性。例如，试题与测评要素不符，试题答题空间较小，区分度差；设问随意，试题表述不准确，导致考生理解偏差等。此外，由于试题创新不足，考生通过短期培训掌握了应对策略，一些语言表达能力较强的考生或善于伪装的考生可能取得高分，而一些有思想但不善表达或性格内向的考生可能被忽略。

（4）组织实施不规范，违纪行为影响面试公信力。一些用人单位对面试环节的重视程度不够，面试的组织实施程序不规范，如试题保密措施不严、面试顺序随意、题目难易程度不同、面试时间长短不统一、评价标准不一致等，这些都在一定程度上影响了面试的公平性，带来了不良社会影响。

此外，在事业单位公开招聘面试中，时有乱象见诸报端，违纪行为严重影响了面试的公信力。例如，某市群众艺术馆的一个报考职位，出现了不用笔试且面试仅一人的情况，而此人已在该单位工作多年，该考试岗位被质疑涉嫌"量身定做"。又如，某市事业单位公开招聘面试中，面试负责人临时更改面试试题，导致一名参加面试的考生发挥失常。此事经报道后，该市不得不重新组织面试。这些乱象的出现表明，当前事业单位公开招聘面试的组织实施中还存在诸多问题，急需研究解决。

2. 面试的对策措施

基于当前我国事业单位公开招聘面试的现状，针对面试中存在的主要问题，我们认为应该从重视面试的技术研发与设计、加强面试官的管理与培训、完善面试的组织实施等方面入手，全面提升事业单位公开招聘面试的针对性、科学性和有效性。

1）重视事业单位公开招聘面试的技术研发与设计

（1）探索建立事业单位公开招聘分类面试的框架体系。如前所述，在现有的事业单位公开招聘面试实践中，大多采用类似于公务员招录的结构化面试模式，面试的针对性和有效性远远不够。为此，迫切需要改变"同一面试测评要素、同一面试试题测查所有岗位考生"的现状，针对不同类别的人员研究建立面试测评要素框架，探索和实施按岗位类别测查不同测评要素，充分体现"因岗择人、人职匹配"的评价理念。首先，在类别的划分上，管理人员可以作为一类；专业技术人员较为复杂，可以按教育、卫生、文化、科技等大类进行划分，再根据岗位类别进行细分，如信息技术、财务管理、法律、外语、统计等。其次，围绕每个类别的岗位胜任力要求，研究适合事业单位公开招聘面试考察的测评要素。这里所说的测评要素，不仅包括基本能力素质方面，同时包括专业素质方面。需要注意的是，在专业素质的考察方面，不宜考察纯知识性的内容，因为用笔试考察知识更有效且成本更低，而面试更适合用来测量知识的应用能力。最后，针对各类岗位的测评要素，研究相应的面试评价方法。

（2）创新面试命题技术。目前，事业单位公开招聘面试的命题模式较为单一，且长期沿用一些固定不变的命题思路来设计试题。这使得一些不法培训机构能够通过对考生进行短期培训，使其基本掌握面试应对策略，导致面试考察的更多是应试者的应试能力，而非岗位胜任力。为此，只有不断创新发展面试命题技术，才能有效保证面试的实际效果。以下是一些可以对现有命题技术进行创新的尝试。

一种方法是细化面试问题的背景信息。传统的面试试题往往过于笼统和原则化，容易形成固定的回答套路。而通过细化问题的背景信息，可以促使考生根据具体情境回答应对措施，避免仅以原则性回答敷衍，从而更准确地考察考生的实际能力。例如，传统的面试试题可能是：

"假如你在主持会议时，参会各方僵持不下，你怎么办？"

这是一个非常笼统的问题，背景信息不完整，考生很容易按照套路回答。为了避免这种情况，可以细化问题背景信息，将其改为：

"假如你在主持一场关于征求考核优秀名额分配意见的会议时，业务部门和后勤支持部门为了各自的利益发生了激烈冲突，双方互不相让，都认为自己的部门工作量大，希望拿到最多的优秀名额。你清楚地意识到，要同时满足他们的要求是不可能的，但你又不想影响各部门的工作积极性。面对这种情况，你怎么办？"

通过细化问题背景信息，考生必须针对具体情境提出应对办法，从而更有效地考察考生的协调能力和应变能力。

另一种方法是突破传统面试的问答模式。除了细化背景信息，还可以突破传统面试的问答模式，引入文件筐测验、角色扮演法、无领导小组讨论等测评技术，设计情境模拟试题。这种题型可以改变以往考生总是作为旁观者谈看法、认识的模式，让考生直接担任角色，在类似真实的情境中展示其反应能力、应变能力、分析问题及解决问题的能力。这种题型的设计让考生无法通过短期培训获得固定的应试技巧。如果考生能够通过培训真正提高分析问题及解决问题的能力，那也是值得肯定的，因为这些能力正是做好工作所必需的。

（3）丰富面试评价模式。目前的面试评价结果通常只是一张评分表，上面列有 3~7 个面试测评要素及其定义、各要素的权重及满分值。每位面试官对每位考生的各要素进行打分，最后去掉所有面试官评分中的最高分和最低分，取平均值作为考生的最终面试分数。这种设计在理论上是可行的，但在实际操作中，面试官对测评要素内涵的理解以及对试题回答模式与要素得分之间关系的把握常常存在较大偏差，导致评分结果的可信度较低，甚至有时还不如直接打总分更有效。

基于上述情况，可以针对每个测评要素，根据面试的具体试题，给出可操作的结构化测评要素，以便面试官更好地理解和把握。例如，对于"团队管理能力"，传统的面试评分表可能会给出这样的维度定义：

"能够带领大家团结协作，共同完成团队目标的能力。"

这一定义在面试中较难把握，因此可以将其细化为以下四个结构化测评要素：

- 关注团队共同目标（操作定义略）。
- 协调内部成员之间的不同意见（操作定义略）。
- 推动团队工作进程（操作定义略）。
- 主动承担责任并发挥示范作用（操作定义略）。

通过将理论定义具体化为可操作的多个测评要素，面试官能够更清晰地理解和把握评分标准，从而提高评分的准确性和可信度。

2）加强事业单位公开招聘面试官的管理与培训

在事业单位公开招聘面试中，面试官的作用至关重要。即使试题设计得再科学合理，如果面试官的素质跟不上，面试也不可能达到理想的效果。在实践中，由于种种原因，面试官的建设和管理方面仍存在诸多问题。一方面，在面试官的组织上，普遍存在着面试官队伍不够稳定、流动性大的问题，甚至有些领导没有任何经验就被临时抽调担任面试负责人，这种状况很不利于面试官队伍素质的提高；另一方面，在面试官队伍的建设与管理上，存在着忽视面试官培训的倾向，或者只是象征性地开展面试前的临时培训，且培训内容仅停留在人才测评及面试基本内容的了解和操作上，导致面试官专业水平不高。为此，我们提出以下两方面的改进措施。

（1）实行面试官的分级资格认证制度。长期的面试实践表明，面试官的评价水平直接关系到面试的最终效果。面试评价不仅需要面试官具备丰富的实践经验，还需要其掌握一定的测评理论知识和行为评价技术。为此，建议建立事业单位公开招聘面试官分级资格认证制度，由相关行业协会制定明确的资格要求，通过考试和实际水平评估确定面试官的级别和资格。例如，C 级为初级面试官，B 级为高级面试官，A 级为面试专家等。同时，实行面试官持证上岗制度，建立激励机制和退出机制，通过优胜劣汰，保持面试官队伍的专业性和稳定性。

（2）加强面试官的培训工作。要提高面试官的素养，加强培训是关键。培训分为常规培训和面试前培训。常规培训可根据每位面试官的级别，每年安排一定时间（如一周）的系统培训，培训内容包括测评理论、面试原理和面试技术等。面试前的培训则主要针对招聘岗位的胜任力及其内涵、面试操作实施过程及面试评价技术进行，时间允许的情况下可开展面试演练，以考察每位面试官在面试操作中的行为合适性及评分的信度和效度。在此基础上，对每位面试官的演练情况进行反馈和点评，从而取得更好的面试效果。

3）完善事业单位公开招聘面试的组织实施

前面谈到的对策建议主要针对面试的针对性、有效性和科学性问题，而事业单位公开招聘面试的组织实施则关系到面试的公平公正性和规范性问题。从当前的招聘实践来看，社会和广大考生对笔试的公平公正性的认可度明显高于面试。因此，可以从以下两个方面来完善面试的组织实施。

（1）严格规范面试的实施程序。一是，要严格遵守政府有关事业单位公开招聘管理制度的规定，做到程序公开、过程透明、结果公开。例如，关于参加面试的考生人数、面试形式和面试时间等信息，凡能公开的均应公开。二是，要采取多种措施，最大限度地保证面试对广大考生的机会公平。例如，在面试官选取和考生场次确定时，最好采用双抽签的办法，让面试官和考生随机进入某一面试组。如果只设一个考场，那么最好通过差额抽签确定面试官，以减少人为因素的干扰。

（2）加大外派面试官的人员比例。目前，事业单位公开招聘面试中的面试官通常是用人单位的有关领导。他们的最大优势是对用人需求和岗位工作非常了解，但社会和考生最担心的是他们能否坚持公平公正的原则，以及他们是否具备面试官的专业技能。在这种情况下，最好的办法是加大外派面试官的比例。在理想情况下，外派面试官的比例可以达到30%，这样无论是在面试的公平性还是有效性方面，都会有明显提升。

当然，外派面试官可能对用人单位的岗位需求了解不够，因此事先应让他们尽可能多地了解这方面的信息，以确保面试结果符合用人单位的要求。

17.3.2 情境模拟技术

前面我们指出了现有面试中存在的问题，提出要突破传统面试的问答模式。以下几种情境模拟技术可以在事业单位公开招聘面试中发挥独特作用。

1. 背景性面试技术

在第 10 章中，我们较为详细地介绍了背景性面试技术。通过给应试者创设一个面试背景，让应试者围绕特定的角色和任务，回答面试官的提问。背景信息可以是文字材料，也可以是录像材料。以下是一个由笔者设计的背景性面试试题。

小张是清华大学计算机应用专业的一名研究生，2023 年 6 月经过层层选拔进入某事业单位从事信息服务与管理工作。小张所在的信息服务处共有 5 人，包括处长姜新、副处长周明、资深技术骨干李远，以及派遣人员刘丽娟。

工作两年多来，小张虽然能在工作中发挥专业特长，特别是在信息技术应用方面表现突出，但也存在一些问题，甚至由于经验不足还在工作中出过一些差错，主要表现在以下几件事情上。

事件一：对于领导布置的任务，小张能按时完成，但当领导安排的任务不多时，他就会闲着。例如，去年 7—8 月，由于领导直接安排的工作量不饱满，小张常常闲着用手机上网看视频，而处里其他人却忙得不可开交，这在同事中造成了不良影响。

事件二：今年 1 月，单位开始应用新的信息化办公管理系统，姜新处长让小张重点负责本部门的系统应用技术支持工作，并让刘丽娟协助他开展工作，以确保完成任务。小张由于工作任务较多，便让刘丽娟承担系统应用中的答疑和问题解决任务。然而，刘丽娟的技术水平不高，小张事前又没有与她进行充分沟通，导致任务没有完成好。有关业务处室对此表示强烈不满，姜新处长为此严厉批评了小张。

事件三：最近，姜新处长在外出调研前，安排小张起草一份上季度工作情况报告。由于上级领导催促，小张便把未经姜新处长审改的报告草稿直接交给了领导。由于报告中出现了一些明显与事实不符的低级错误，姜新处长调研回来后，上级领导对他进行了严厉批评，并责成他当天加班完成报告并重新提交。

问题一：根据以上材料，请你谈谈小张身上存在哪些问题？你认为作为一名应届毕业生，应该如何尽快适应工作？

问题二：在事件一的情境中，你觉得小张应该怎么做？请给他提出一些建议。

问题三：假如你是事件二中的小张，为防止出现事件中的不良后果，你事先会采取哪些具体举措？

2. 角色扮演法

在事业单位公开招聘面试中，角色扮演法是一种非常有效的情境模拟技术。例如，为了考察应试者的沟通说服能力，可以创设以下情境，并要求应试者按角色行事。

情境：你是某报社办公室的王主任。最近，因工作需要，报社需抽调多名管理岗位工作人员到一线工勤岗位工作。根据社领导的指示，你主管的办公室也需要转调一名工作人员。

你主管的办公室现有 6 人。考虑到工作需要和职工的年龄、资历、工作表现等因素，你打算将承担大量事务性工作的小张转调出去。尽管小张工作很主动，经常加班加点，但他的工作内容其他人也能胜任，而其他员工的文字功底很好，有的组织协调能力很强，因此难以替代。社领导也同意你的这一意见。你准备就此与他进行一次面谈。

你的任务是通过 15 分钟的面谈，让小张了解报社的这一决定，并说服他心平气和地接受组织的安排，避免给报社带来任何后续问题。因此，这次面谈对你来说非常重要。

3. 其他情境模拟技术

设计情境模拟题的目的是改变以往考生总是作为旁观者谈看法、认识的模式，通过类似真实的情境考察考生的反应能力、应变能力、分析问题及解决问题的能力。无领导小组讨论是一种很好的情境模拟技术，我们在第 12 章中已经对其进行了较为详尽的介绍。这里再介绍另外两种可用于情境模拟面试的测评技术：口头呈现和事实搜寻。

1）口头呈现

口头呈现作为一种情境模拟技术，源自日常工作与生活中的演讲技术。在口头呈现中，通常需要应试者扮演指定角色，并根据给定的背景材料及相关信息，以口头形式向听众进行陈述。该测评技术可以有效考察应试者的口头表达能力、承压与应变能力以及分析判断问题的能力。以下是一个口头呈现测试的指导语样例。

现在给你 30 分钟的准备时间。在这段时间里，你需要阅读一些背景材料和一项改革计划。30 分钟后，假设你是某部门的负责人，事先已经知道员工对这项改革存在异议，但你仍然需要在 20 分钟内向整个部门的员工解释并推行这项改革计划。在准备阶段，你可以利用我们提供的计算机来制作 PPT 以呈现你的观点，但不允许询问或请教他人，必须独立完成。

好，现在可以开始了。

2）事实搜寻

事实搜寻也称为口头事实搜寻练习（Oral Fact-Finding Exercises）。在测试开始前，面试官会给应试者提供一个简单的背景描述，该描述可能是一个需要做出决策的工作场景，也可能是一个决策受到挑战和质疑的工作场景。测试开始后，应试者需在有限时间内，通过提问的方式向"信息员"收集详细信息。"信息员"（由一位面试官扮演）掌握着该工作场景中的丰富信息，如果应试者提出的问题具体且恰当，他们会给应试者提供相应的信息。最后，应试者需要做出决策并阐述理由。如果受到"信息员"补充信息的质疑，应试者还需为其决策进行辩护，或者重新修改个人决策并阐述理由。

事实搜寻可以考察应试者的问题分析能力、决策判断能力、压力应对能力和倾听沟通技能等。以下是一个事实搜寻测试样例。

指导语：在本段介绍之后，你将有 10 分钟的时间阅读一个关于在一家小型手机软件开发公司中发生的情况的简要描述。你需要通过提问的方式向指定的"信息员"收集更详细的信息。你将扮演独立咨询顾问的角色，受雇为公司未来要采取的一系列行动提出建议。"信息员"由面试官扮演，他是客观信息的提供者，掌握了大量有用信息，会回答你的问题。"信息员"是公正的，不扮演任何其他角色，仅向你提供事实的信息陈述。如果你的问题过于笼统或与本任务无关，他将不予回答。你有 15 分钟的时间进行提问和做出决策，然后"信息员"会对你的决策提出相关问题，你需要决定是否修改自己的决策并阐述理由。

背景描述：幻科天地是一家小型的手机软件开发公司，已经开发了许多手机应用软件。张明是公司的项目经理之一，目前正在进行一个新软件的开发规划，主要是针对手机联网条件下的应用。他的上司李森决定中止这个项目，并将张明调往另一个项目。张明向总经理提出了对此决策的异议。总经理现在要求你来调查情况，并请你给出建议：是否应当进行这个项目的开发规划。

17.4 应用案例

下面以某电视台人员招聘项目为例，说明人才测评技术在事业单位公开招聘考试中的应用情况。

17.4.1 某电视台人员招聘公告

1. 报考条件

（1）全国重点高校统招统分的 20××年应届毕业生或初次就业的海外留学生，具有大学本科及以上学历。

（2）在 20××年 7 月底之前，国内毕业生应取得毕业证、学位证、就业报到证；海外留学生应取得教育部出具的学历（学位）认证证书。

（3）政治合格，身体健康，积极上进，热爱电视事业，能承受较大的工作压力，个人素质符合我台"诚信、团队、知识、创新"的新员工核心素质要求。

（4）年龄在 28 岁以下。

2．招聘岗位

1）编辑记者岗位

新闻类：所学专业包括新闻学、传播学、广播电视新闻、哲学、经济学、法学、国际政治、国际关系、外交学、社会学、中文、历史学等。

外语类：所学专业包括英语、西班牙语、法语、阿拉伯语、俄语、波斯语、印地语、希腊语、斯瓦希里语等。

专题类：所学专业包括计算机科学与技术、物理学、生物学、基础医学、数学、哲学、经济学、法学、外交学、社会学、中文、历史学等。

文艺类：所学专业包括导演（戏剧管理方向）、文艺编导、广播电视艺术学等。

2）管理岗位

法律类：所学专业包括法学及相关专业。

审计类：所学专业包括法学、审计、会计、财务管理等。

人力资源类：所学专业为人力资源管理。

财务类：所学专业包括财政学、会计学、金融学、财务管理等。

3）网络制播岗位

网络制播人员所学专业包括计算机科学与技术、计算机网络、通信工程、视频技术及相关专业。

4）新媒体岗位

新媒体人员所学专业包括艺术设计（新媒体方向）及计算机相关专业。

5）摄像岗位

摄像人员所学专业为电视摄像相关专业。

3．考试测评

通过简历筛选的应聘人员，拟于 20××年 11 月下旬进行笔试。笔试科目包括职业能力测验、外语和材料作文。面试测评拟于 20××年 1 月上旬举行。

17.4.2　测评技术与试题

1．职业能力测验

职业能力测验拟定为 80 题，参考时限为 60 分钟。该测验着重测试考生的职业能力，即考生经过适当训练或置于适当环境下完成某项任务的可能性，是一种潜在能力，而非已具备的现实能力。职业能力测验更多地被用作一种筛选工具，通常配合其他考试和测评方法一起使用。

考虑到新闻媒体行业的特点，职业能力测验应突出综合知识模块，并重点考察阅读理解、材料分析、逻辑推理等方面的能力。综合知识模块涵盖时事、政治、经济、管理、历史、人文、自然、科技等方面的知识，同时需根据行业特点融入一些新闻职业道德和专业精神方面的试题。

2．外语测试

外语测试拟定为 35 题，参考时限为 50 分钟，难度不低于大学英语六级水平。外语测试的试题除一篇完形填空外，其余均为阅读理解。题材侧重政治、经济、外交、文化、社会等通用题材，应避免过于偏专业的题材。

3. 材料作文试题

材料：

（1）随着互联网新技术、新业务的不断应用，网络媒体迅速崛起并发展壮大，互联网受到广泛欢迎，越来越多的人在工作和生活中已离不开网络。网络媒体的地位和作用日益重要。下一代互联网研发应用云计算、物联网等技术，已不再是简单的概念，而是进入了技术研发阶段。今后，网上信息的获取、发布和利用将更加便捷、多样，但网络媒体发展中的许多问题也令人担忧。一是虚假新闻多。有些网站片面追求商业利益，为提高点击率，无论什么内容，只要能吸引大量受众注意力、迎合受众庸俗趣味，就极力渲染、制造轰动效应，把未经核实的传闻编发上网，从而降低了内容的文化品位，使网络媒体应有的新闻报道、文化教育和趣味培养功能逐渐减弱。二是炒作跟风多，即恶意炒作社会阴暗面，传播社会中不健康的内容。网络媒体热衷于炒作跟风，尤其是对娱乐新闻中的"绯闻""艳遇"等低级庸俗内容广为传播。三是有害信息多。为追求商业利益，部分网络媒体在网络页面显著位置放置大量广告条，削减了媒体的有效信息量，令人不胜其烦。更有甚者，为获取经济利益，播发虚假商业广告、黄色短信息等有害信息，使网络上不健康的内容广泛传播。

网络媒体是中国互联网事业健康发展的骨干力量，只有承担社会责任，弘扬主旋律，成为传播先进文化的主阵地，弘扬社会正气，引领时代潮流，贴近实际、贴近生活、贴近群众，才能赢得社会信任，走向成熟。

（2）互联网的崛起给报纸、电视及杂志等传统媒体带来了巨大挑战。报纸、杂志两大平面媒体的广告收入呈现一路下滑趋势。虽然电视的广告收入一直有较大幅度的增长，但"广告蛋糕"也正被互联网、户外媒体等新媒体所瓜分。在网络媒体的冲击下，传统媒体被迫转型，寻求新的出路。报纸、杂志等传统媒体在建立自己的网站的同时，纷纷投资开发新媒体，其中最为人们熟知的是手机报。手机报已经成为传统报业继创办网络版报纸、兴办网站之后，跻身电子媒体的又一举措。此外，报纸在满足读者需求的同时，积极与门户网站和搜索引擎进行合作，以建立跨媒体平台，获得最大的收益。与此同时，广播和电视媒体也不甘示弱，纷纷加快迈向互联网的步伐。

网络媒体虽然具有诸多优势，但传统媒体同样具有专业化的新闻队伍、长期形成的品牌影响力、广阔的信息渠道及丰富的经验等优势，这是网络媒体在短期内难以超越的。另外，全球各大门户网站的内容来源其实都离不开传统媒体。中国人民大学新闻学院喻教授认为，传统媒体的内容、品牌以及客户的稳定性与忠诚性都是互联网等新媒体无法比拟的，但新媒体的互动性及信息海量等特点也可以转换成竞争优势，这也是传统媒体所需要的。

（3）前瞻产业研究院发布的《2024 年中国智能电视交互新趋势报告》显示，自 2016 年以来，我国电视开机率从 70% 断崖式下降至 2022 年的不足 30%。这一变化不仅是一个数字的波动，更是人们媒介消费习惯转变的缩影。在参与调研的 7.8 万人中，近 50% 的人表示很久才开一次电视，还有约 20% 的人表示家里根本没有电视。这一现象反映出传统电视的观众群体正在迅速萎缩。这一趋势并非偶然，而是受到多方面因素的共同影响。

新媒体的迅猛发展是传统电视开机率下降的主要原因。随着互联网和智能手机的普及，越来越多的用户选择通过手机、平板电脑等移动设备获取信息和娱乐内容。这些设备不仅便携，而且内容更新迅速、互动性强，极大地满足了用户个性化和即时化的需求。

相比之下，传统电视的内容更新速度较慢，互动性不足，显得相对滞后。业界与学者认为，新媒体为观众提供了越来越多的选择，而年轻人对电视的依赖程度正逐渐减少。

题目要求：

参考给定材料，以"新媒体时代下关于电视媒体发展问题的思考"为主线，自拟标题，写一篇议论文，字数为 800~1000 字。

4. 半结构化面试试题

指导语：

你好，欢迎参加今天的面试。面试分为两个阶段，第一阶段有 3 个问题，时间控制在 15 分钟以内；第二阶段为面试官自由提问，时间控制在 5 分钟以内。请注意合理把握时间。

好，现在我们开始。

（1）当前，对于媒体反映出来的公共服务问题，相关单位不掩盖、不推诿，往往果断采取措施加以解决，这种诚恳的纠错态度是值得肯定的。然而，也有人指出，媒体监督不应成为某些单位解决问题的必然程序，否则，如果没有媒体介入，这些问题将得不到及时解决。对此，请谈谈你的看法。

测评要素：综合分析能力。

（2）假如你被我台录用后，台里推出一项新的内部管理制度，你负责在本部门推行这项制度，但大家对此很不欢迎，推行阻力很大。这时你怎么办？

测评要素：沟通协调能力。

（3）假如你被我台录用后，一次偶然的机会，你在互联网上发现不少人对你所在部门的工作表示强烈不满，主要问题是工作效率低、工作不严谨。这时你怎么办？

测评要素：责任意识。

第 18 章

人才测评技术在企业人员招聘与选拔中的应用

在西方发达国家，企业很重视人才测评技术在人员招聘与选拔中的应用，IBM、英特尔等世界知名的大公司都有自己的人才招聘测评体系。近十多年来，我国的企业越来越多地将人才测评技术应用于人员招聘与选拔中，一方面用于员工的招聘，另一方面用于中高层管理人员的选拔。

本章导航

企业员工的招聘	企业员工招聘的特点 企业员工招聘的问题
Z世代大学生的特点与企业校园招聘	Z世代大学生的特点 企业校园招聘
企业中高层管理人员的选拔	中高层管理人员的选拔标准 中高层管理人员的选拔工具
应用案例	测评流程 测评试题

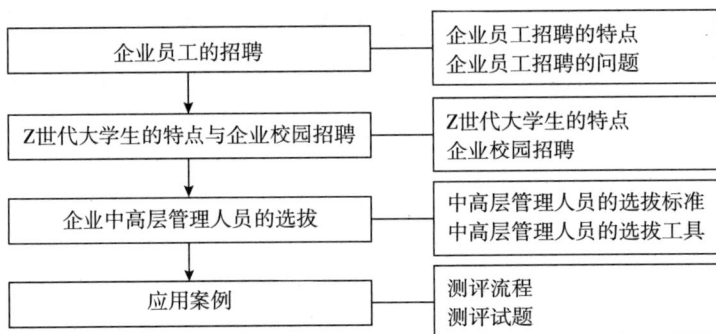

普华永道的招聘体系

一个成功被普华永道录取的应试者需要历经五道关卡。从接收简历到最后录用，应试者的录取率不足7%。

应试者的简历均通过普华永道的官方网站提交。网站对简历的格式和内容有详细要求，应试者需按照要求填写电子表格并提交，这算作第一关。

第二关是英语能力测试，考试形式类似于大学课堂中的笔试，而口语能力则会在后续面试中进行考核。

大约10天后，应试者需参加第三关：第一轮面试。面试全程使用英语，主要围绕自我介绍展开，由各业务部门经理担任面试官。

普华永道招聘程序中最具特色且最为关键的环节是群体评估，即第四关。应试者以 10 人或 12 人为一组，就某个问题进行自由讨论，面试官在一旁观察并评分，所有讨论均需用英语完成。

以近年的招聘为例，群体评估分为三个部分：第一部分是介绍同伴，主要测试沟通技巧；第二部分是主题讨论，面试官提供几个选题，应试者有 10 分钟准备时间和 3 分钟陈述时间；第三部分是案例解决，面试官提供一个案例，小组成员共同解决。每位应试者会收到一张纸条，上面包含几条相关信息（可能是有用信息，也可能是无用信息），应试者需自行判断。小组成员不能交换纸条，只能提供自己手中的信息。这一环节主要考察团队合作能力和领导能力。

经过这一轮考核，应试者人数已大幅减少。他们将参加最后一轮面试，即第五关。在这一阶段，不再考核应试者的英语能力或专业能力，而是着重考察其综合素质。通过者将成为普华永道的正式员工或候补员工。

18.1　企业员工的招聘

企业员工招聘是人力资源管理的入口，人员招聘的准确性直接关系到企业人力资源管理的成本与效率。企业员工招聘与机关、事业单位招聘存在明显差异，主要体现在以下三个方面。首先，企业以追求利润和效益为目标，而机关、事业单位则以提供公共服务为主要目的。其次，企业在员工招聘方面拥有较大的自主权，包括招聘人数、招聘时间以及工资待遇等，均可由企业自行决定。相比之下，机关、事业单位的人员招聘计划必须经过政府相关部门审批同意后方可实施。最后，企业员工招聘的方式方法更加灵活多样，所采用的测评技术种类也更为丰富。以心理测验为例，由于其评价过程的复杂性以及评价结果难以直观比较，一般较少应用于机关、事业单位的人员招聘中。然而，在企业人员招聘中，心理测验却得到了广泛应用，并发挥了其独特的作用。

18.1.1　企业员工招聘的特点

根据中国善择人才测评公司 2011—2012 年面向全国 300 多家公司及企业开展的中国选才情况调查，企业员工招聘具有以下几个方面的特点。

（1）在招聘网站上发布用人需求信息是吸引职位申请人的首选方式。在员工招聘中，吸引和寻找合适的职位申请人是至关重要的一步。通常，组织有多种方法可供选择以招募职位申请人。从 2011 年的调查数据来看，招聘网站（87%）是最为广泛使用的途径，此外，员工推荐（78%）和公司网站（70%）的使用也非常普遍（见表 18-1）。与 2010 年的调查结果相比，企业通过政府设立的职业介绍中心和人才市场来寻找申请人的途径明显减少。

表 18-1　吸引和寻求职位申请人的途径

招募方法	用此方法的组织所占的比例/%	
	2010 年	2011 年
招聘网站	90	87

招募方法	用此方法的组织所占的比例/%	
	2010 年	2011 年
员工推荐	76	78
公司网站	67	70
校园及综合招聘会	52	61
政府设立的职业介绍中心和人才市场	70	45
报刊广告	47	43
公司实习/学徒计划	29	41

（2）普通面试和简历筛选是评估员工职位匹配性时使用率较高的手段。在 2011 年的员工招聘中，使用率较高的评估方法（超过 50%）共有四种，分别是普通面试（非结构化）达 91%，简历筛选达 89%，电话面试达 59%，申请表（企业设计的标准表格）达52%。相对而言，仅有 7% 的组织在员工招聘时使用评价中心。

（3）企业在招聘员工时较为看重的因素。在招聘员工时，企业较为看重的因素主要包括责任意识、人际沟通技能及业务能力等。根据 2011 年的调查数据，企业在录用应届毕业生时，较为看重的因素依次为学习能力（81%）、勤奋（69%）、人际/团队合作技能（67%）、问题解决能力（56%）。此外，适应性（48%）、内驱力和动机（45%）、技术知识（37%）、创造力（37%）等因素也受到较多关注。

18.1.2　企业员工招聘的问题

从企业员工招聘的实践来看，当前招聘工作中还存在以下问题：

（1）缺乏长远的员工招聘计划。部分企业缺乏战略性人力资源管理的视野，对人力资源的重要性认识不足，缺少科学且长远的人力资源规划与招聘计划。许多招聘工作都是在人员短缺的情况下临时开展的，导致人员结构与配置不合理，难以有效适应企业的未来发展。根据中国善择人才测评公司 2011 年的调查数据，当被问及是否会"事先制定全年招聘计划"时，22% 的企业表示根本不制定，另有 35% 的企业制定得不够规范，仅有44% 的企业制定得比较规范且系统化。

（2）岗位定位不够清晰。不少企业在招聘时，岗位条件描述过于笼统，对各岗位的能力需求、工作内容及职责要求等缺乏深入分析与梳理，导致招聘时针对性不强。在中国善择人才测评公司的调查中，当被问及是否"通过职位分析以全面了解职位所需"时，17% 的企业表示根本不进行职位分析，43% 的企业职位分析不够规范，仅有 40% 的企业进行了比较规范且系统的职位分析。

（3）测评技术不够科学合理。从前面的调查结果来看，普通面试（非结构化）的使用率高达 91%，简历筛选的使用率也较高，达到 89%。然而，结构化面试和基于胜任力的面试的使用率仅为 39%，一般认知能力测验的使用率为 46%。由此可见，企业普遍使用的测评技术大多是效度较低的，而效度较高的测评技术（如能力测验）使用率反而较低。这说明许多企业在测评技术的应用上更多地依赖主观感觉，缺乏系统性的科学评估方法。

18.2　Z 世代大学生的特点与企业校园招聘

18.2.1　Z 世代大学生的特点

Z 世代是指 1995—2009 年间出生的一代人，他们自出生起便与网络信息时代无缝对接，受到数字信息技术、即时通信设备、智能手机产品等的较大影响，因此又被称为网生代、互联网世代、二次元世代。当今在校的本科大学生和硕士研究生大多符合 Z 世代学生的标准。对于 Z 世代大学生特点的研究，有利于企业的人员招聘和管理。

1. Z 世代大学生多重矛盾性社会心态的特征

Z 世代大学生接受新事物迅速，学习能力强，他们拥有极具智慧的头脑和未来无限的可能，但同时也面临着诸多不确定性和对未来的未知，因此，他们往往呈现出多变、迷茫和矛盾的心态。人的一生大致需要处理三对关系，即个人与自身的关系、个人与他人的关系、个人与社会的关系。Z 世代大学生的矛盾心态也体现在这三对关系上：在个人自我关系方面，呈现出"佛系""躺平""内卷"并存的现象；在与他人的关系上，呈现出社交恐惧与网络晒（网络社交活跃）并存的现象；在价值追求上，呈现出社会认同与个人主义并存的现象。

1）"佛系""躺平""内卷"并存

"佛系""躺平""内卷"是近年来被广泛讨论的大学生心态现象。"佛系"青年主要指一种不焦虑、不执着的平和心态和行为，具体表现为诸如"都行""可以""没关系""无所谓"等口头禅。在大学生群体中，这种心态主要表现为参与热情的缺乏和创新活力的缺失：学习讨论时一言不发，不愿意参与班团活动，社交媒体在线状态设置为隐身或忙碌，对学校的规章制度视若无睹，对老师、家长的苦口婆心无动于衷，对成绩好坏满不在乎，对评奖推优漠不关心。

"躺平"多指大学生中存在的不思进取、得过且过、颓废放弃、瘫软不动的心态。有学者指出，"躺平"实际上存在三种不同形态：虚假的"躺平"主义者（躺赢者）、积极的"躺平"主义者（退出竞争激烈的名利场，在精神世界寻找确定的自我）和消极的"躺平"主义者（低欲望群体）。其中，消极的"躺平"主义者实际上是"身躺心不平"，身躺只是假象，内心其实存在着不满与愤懑。

"内卷"一词的流行始于网络，特别是 2021 年左右，该词在中文网络上尤为流行，用于形容某个领域中发生了过度的竞争，导致人们互相倾轧、内耗的状态。

Z 世代大学生存在着"佛系""躺平""内卷"共存的矛盾心态。

一方面，大学生中的"佛系"现象较为普遍，甚至有部分学生开始"躺平"，对学业成绩好坏满不在乎，对荣誉淡然，对校园文化活动的参与程度也较低。有调查研究发现，高校中部分学生存在着低目标承诺、低自我超越、低人际交往和高依从性的"三低一高""佛系"特征，近一半学生认为自己是"佛系"青年。当面临就业时，部分学生选择逃避就业，而面对生活，则多选择不恋爱、不结婚。

智联招聘调查显示，2021 年应届毕业生中，56.9% 的大学生选择就业，同比降低18.9%；15.8% 选择自由职业，同比上升 8.1%；12.8% 选择慢就业，同比上升 6.6%。严峻的就业形势使 2021 年应届毕业生的就业心态略显"佛系"，就业人数下降，选择自由职业、慢就业、升学的比例有所提升。

事实上，真正"佛系""躺平"的大学生少之又少，大部分学生是"身躺而心不平"。《中国青年报》中青校媒调查显示，64.33%的学生期望进入就业竞争激烈、"996"超长工作时间的互联网公司学习就业；70.34%的学生表示嘴上说"躺平"，其实很努力；11.3%的学生表示不想"躺平"，但要打嘴仗；14.76%的学生表示，不想"躺平"，只是追个流行词。

另一方面，大学生仍然充满奋斗精神，对自己的未来有着美好规划，也愿意为之付出努力和奋斗，甚至存在一定的"内卷"。以大学生为主要群体的B站社区为例，B站已经从大学生的休闲娱乐场所演变成大学生自主学习的重要阵地。《2021年B站创作者生态报告》显示，2021年，有1.83亿人在B站学习，是中国在校大学生数量的近4.5倍，B站的泛知识视频播放量已占全站视频的45%。在自主学习的同时，Z世代大学生又加入了激烈的升学竞争。以2022年全国硕士研究生考试为例（虽然有部分是已就业者参加考试，但大部分仍是大四学生），报考人数达457万，比2021年增加80万人，增长率约为21%，学术类各个专业进入复试的初试成绩基本要求（国家线）普遍比2021年高出10分左右。

2）社交恐惧与网络晒并存

社交恐惧又称社交焦虑障碍，主要指行为主体不敢进行面对面的社会交往，或者说在人前进行正常的社会交往时会感到压力、不自在，难以以正常的方式表达自己的意见或态度。中青校媒调查显示，80.22%的受访大学生表示自己存在轻微"社恐"；6.90%表示自己有较严重的"社恐"；0.64%表示自己有严重的"社恐"。

社交恐惧主要表现为两方面：一方面，躲避有物理接触的社交场合，如避免做报告、小组讨论、面试、与陌生人交谈等；另一方面，表现为"宅"族的兴起。有学者对上海市9所高校909名学生进行调查，发现381名大学生自我认同为"宅"族，占比41.9%。其中，70.8%的"宅"族大学生表示"很享受在宿舍或家中的自在生活"；69.7%的"宅"族大学生双休日可整天待在宿舍；65.3%的"宅"族大学生除必要外出外很少出门；38.7%的"宅"族大学生课余时间很少参加户外活动；61.4%的"宅"族大学生经常长时间盯着电子屏幕；53.4%的"宅"族大学生经常久坐不动；42.1%的"宅"族大学生经常熬夜；41.5%的"宅"族大学生很少参加体力活动；15.5%的"宅"族大学生经常不与人交流沟通。

另有研究对重庆市4所大学1178名大学生进行调查，发现"宅"族大学生占比高达50.51%。其课余时间多用于上网（439人，占比73.78%）和睡觉（294人，占比49.41%）。这类学生更容易出现人际关系敏感和性格偏执的情况。

网络晒是指将自己的生活、经历和心情展示在网上，与他人分享的现象。网络晒包括心情展示型、信息共享型、炫耀攀比型、一夜成名型等类型。通常通过微信朋友圈、微博等社交媒体进行，网络好友可通过点赞、评论等方式互动，增进了解。与传统人际交往不同，网络晒的范围更广，任何网络可达者都可能成为信息接收者，包括家人、好友甚至一面之缘的人等。从内容来看，美照、美食、美景、恋爱经历、比赛获奖、实习机会、挫折经历，甚至聊天记录等都可成为晒的对象，生活中的一切皆可晒。例如，有大学生晒一周作业、与父母的搞笑聊天记录，还有大学生晒月花销、省钱挑战等。社会性是人的基本属性，无人能独自生活，可交流性和公开性是社会性的主要体现。大学生的网络晒行为，本质上是一种社会性表现，所晒内容多为个人展示，反映了大学生渴望被更多人了解、与人互动的心理。由此可见，大学生对社交是充满渴望的。

3）社会认同与个人主义并存

追求价值认同是每一代青年孜孜不倦的追求，Z 世代大学生凭借其先天的网络优势，表现得更为突出。市场经济的自由竞争特性强化了大学生群体的主体意识，使他们不再盲目崇拜权威，不再循规蹈矩，更加注重自我认同与自我实现，并形成了自己的生活哲学和生活信念。他们时常以积极主动的姿态向他人与社会呈现个体存在的意义和价值，努力实现自我认同与社会认同的统一，表现出强烈的现代意识和社会责任意识。然而，个人主义现象也时有发生。

接受高等教育的 Z 世代大学生接受合理利己主义原则，承认西方伦理学派所认同的"以普遍主义为特征的个人主义"在当今社会存在的合理性。在奋斗目标上，他们有强烈的成才欲望，但往往缺乏艰苦奋斗的精神；在道德行为上，虽然认同社会生活的基本道德规范和社会公德的重要作用，但自我控制能力较弱，时常会发生"恶小而为之"的行为；在价值关系中，虽然抽象地将国家和社会放在第一位，但在涉及个人价值目标时，又倾向于个人本位和利己主义；在婚姻观上，虽然憧憬甜蜜的爱情和幸福美满的家庭，但有时也会因为虚荣、无聊、好奇或经济目的而随意恋爱。

2. Z 世代大学生的工作价值观

Z 世代大学生的工作价值观具有以下几个特点：

（1）选择空间大，就业不再是"必需品"。与"80 后""90 后"相比，Z 世代是真正享受中国改革开放红利的第一代人，且独生子女现象较为普遍，因此他们的生活环境和生活条件相对较好。他们的父母多为"70 后""80 后"，整体受教育程度较高，观念相对开放，倾向于采用平等民主的教育方式。这也是近年来"慢就业""不就业"现象在大学生群体中出现的原因之一。

（2）跳槽现象较为频繁。与父辈不同，Z 世代大学生很少会在一个单位长期工作。他们更忠诚于自己的职业，而非某一家企业。对他们而言，职业发展和个人价值的实现比企业归属感更为重要。例如，笔者所在单位曾招聘过一位研究生，其到单位报到后得知护照需由单位集中管理、出国需审批，当即提出离职。这体现了 Z 世代大学生的个性特点：一旦感到不满或不开心，就可能选择辞职。相关调查显示，作为职场新人的 Z 世代大学生中，有 11% 的人表示已经经历过 5 次跳槽。

（3）追求工作与生活的平衡。老一代员工注重奉献，愿意为工作牺牲个人闲暇时间和家庭生活。然而，许多 Z 世代大学生不愿意加班，他们宁愿减少收入，也不愿意牺牲生活品质。对他们而言，生活本身已成为更重要的目标，不应因工作而受到影响。相关调查显示，不少年轻人因频繁加班、缺乏自由支配的时间而选择离职。事实上，是否拥有充足的休息和闲暇时间已成为新一代年轻人择业时的一个重要考量因素，其重要性甚至超过了收入水平。

（4）善于表达，但实际工作能力有待提升。现代教育注重培养学生的积极沟通能力和质疑精神，因此年轻一代的表达能力普遍较强。许多学生在校期间就积极参与各类社会活动，锻炼了自己的沟通协调能力。然而，相对而言，他们在实际工作中的表现往往不如面试时出色。不少用人单位对这些职场新人的评价是"眼高手低""动手能力不足"。

（5）心态浮躁，坚持性不足。现代社会信息传播迅速，年轻人容易接触到各种成功人士和暴发户的故事，从而渴望快速成功。这种心态导致他们对自己的期望过高，一旦发展不如预期顺利，就容易放弃，情绪低落。然而，成功往往需要长期的坚持和努力，只看到他人的成功结果而忽视其背后长时间的付出是不客观的。

18.2.2　企业校园招聘

企业校园招聘（简称"校招"）是一种特殊的外部招聘方式。校招不仅可以帮助企业找到具有潜力的后备人才，而且可以提高企业的知名度，打响企业品牌，特别是对于现代高科技企业或行业性较强的企业而言，这一作用尤为显著。

1. 企业校园招聘的主要环节和流程

（1）校园宣讲。企业人力资源部成立校招小组，成员包括人力资源部负责人、用人部门经理以及内外部专家顾问等。首先，通过校招需求调查，明确各部门的人才储备岗位与数量，以及相应的任职资格、薪资福利、培养计划和未来的职业生涯规划等。其次，了解目标院校的特色、院系与专业设置，以及即将毕业的学生人数，确定校招的基本要求、时间、地点及预算等各项安排。最后，与校方进行沟通，明确校招的具体时间、地点、校招团队、预算以及实施的具体方案，一般包括四个环节：播放企业宣传片、校园宣讲流程介绍、现场互动问答、发放宣传资料。

（2）简历收集与筛选。目标院校的就业指导中心和院校负责人通过院校网站进行宣传，收集有意向学生的简历，并及时反馈给企业校招小组。校招小组分工协作，按照校招的标准与基本要求，对收集到的全部简历进行筛选，明确组织所需的准候选人。根据企业校招职位所要求的专业、学习成绩、社会活动、综合表现等情况，将收到的全部学生简历分为 A、B、C 三类，即完全符合要求、需进一步考察、明显不符合要求。

（3）笔试。校招小组将筛选出的 A、B 两类候选人分别通知，在确定的时间和地点参加不同专业的校招笔试考核。根据笔试成绩，将参加考试的学生划分为四个类别：优秀（$X \geq 90$ 分）、良好（$90 > X \geq 75$）、及格（$75 > X \geq 60$）、不及格（$X < 60$）。将不及格者直接剔除，其余进入下一环节。

（4）面试。校招小组针对笔试成绩为优秀、良好和及格的三类学生分别进行第一轮面试，面试官由人力资源部的专业人员担任，主要考察学生的基本素质、未来潜力以及价值观的匹配程度。

（5）复试。通过第一轮面试的学生将进入复试环节。复试通常采用小组集体面试的方式，面试官由人力资源部经理、用人部门经理、专家或副总共同担任。各位面试官在综合面试评估表上写下评语并打分，秉持公平、公正、全面的原则，最终可依据平均分作为录用决策的主要依据。

（6）录用通知。通过校招笔试和两轮面试的学生将从众多候选人中脱颖而出，成为校招的获胜者。经过校招小组的研讨决策，这些学生将收到心仪的录用通知。

后续环节包括入职体检、岗前培训、实习工作等（见图 18-1）。

2. Z 世代毕业生的校园招聘关注点

（1）深化校企合作，树立专业雇主品牌形象。企业在校园内建立雇主品牌是一项长期工作。要塑造良好的雇主品牌，企业需与高校展开长期合作，维护良好的高校关系。例如，企业可以设立奖助学金、赞助校园社团活动等。对于技术密集型企业，还可以赞助学校实验室、科研机构等。这种深度的校企合作人才培养模式，有助于学生全面了解企业。

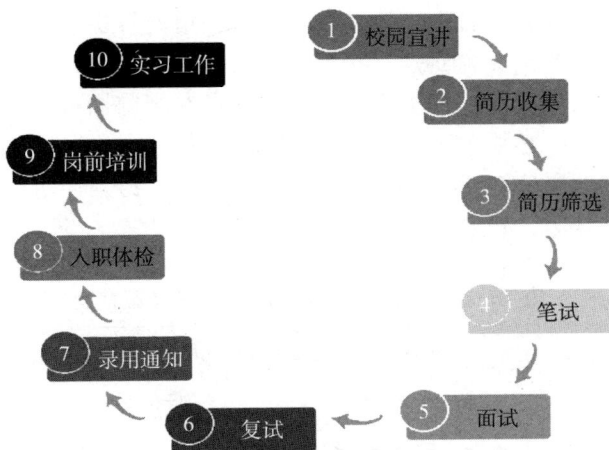

图 18-1　校招的主要环节和流程

此外，实习生招聘是企业常被忽略的重要板块。实践表明，以实习生身份加入企业，随后成为正式员工的候选人，相比通过其他招聘形式入职的员工，对企业的认同度和留存率要高得多。

（2）重视 Z 世代毕业生的职场体验，以应试者为中心留住人才。如前文所述，Z 世代毕业生的经济基础相对较好，离职率普遍较高。为此，企业可从以下几个方面优化选人用人策略：一是优化校招流程，确保从前期宣传物料投放、宣讲会、面试到签约等每个环节的顺畅性，尤其是提升面试环节的体验感。求职体验的好坏会直接影响毕业生对雇主品牌的认同感。二是在校招前制定完备的新人培训计划，满足候选人的学习需求。三是为候选人配备善于带人的导师，及时给予关注和反馈。四是为新人提供真正参与项目的机会，通过实操促进成长，注重成就感的体验。

（3）覆盖社交渠道，做好社交平台上的内容吸引。面对 Z 世代毕业生，传统的招聘方式可能效果有限。他们在求职时更倾向于新颖、年轻化的招聘方式。因此，企业应结合 Z 世代毕业生使用社交媒体的习惯，将招聘信息覆盖到各类社交平台，如 QQ、微信、小红书、抖音、微博、豆瓣等社交类内容平台，以及应届生常用的实习僧、应届毕业生求职网等求职类软件。这些平台能够以更立体、接地气的方式传达雇主形象。借助这些流量渠道，企业不仅要发布招聘信息，还需在社交平台上做好企业文化内容的宣传，帮助学生更好地了解企业。因此，人力资源部应将更多精力投入到社交平台，通过贴合平台阅读习惯的内容，实现招聘信息的全渠道、高频次曝光，从而吸引目标群体。

18.3　企业中高层管理人员的选拔

企业中高层管理人员的选拔对企业的生存与发展具有重要影响，因此知名大公司都越来越重视中高层管理人员的选拔。这种选拔分为内部选拔（相当于竞争上岗与组织任用）和外部选拔（相当于对外招聘）。本节重点讨论外部选拔。

18.3.1　中高层管理人员的选拔标准

中高层管理人员的选拔可以从管理潜力、管理能力素质和业绩三个维度进行评价。

管理潜力涵盖价值观、动机、管理风格、学习能力和情商等多个方面，反映了管理人员的内在潜质和行为风格的主要方面，能够有效判断一个人是否具备成为更高级别管理人员的潜力。管理能力素质和业绩则主要考察管理人员在当前岗位上的胜任情况。要晋升为更高级别的管理人员，必须在现任岗位上展现出超出岗位要求的胜任力。

从管理人员的通用岗位胜任特征模型来看（见表 18-2），冲击与影响力和成就导向是比较重要的两种胜任力，其定义如下。

表 18-2　管理人员的通用岗位胜任特征模型

胜任特征	权重	胜任特征	权重
冲击与影响力	★ ★ ★ ★ ★ ★	自信心	★ ★
成就导向	★ ★ ★ ★ ★ ★	直接/果断性	★ ★
团队合作精神	★ ★ ★ ★	信息收集	★ ★
分析式思考	★ ★ ★ ★	团队领导力	★ ★
主动性	★ ★ ★ ★	概念式思考	★ ★
培养他人	★ ★ ★	专业知识/专业技术（对组织的了解与关系建立）	基本要求

1. 冲击与影响力

冲击与影响力体现了一种试图支配和统率他人的倾向，这种倾向促使一个人采取各种劝诱、说服甚至强迫的行动来影响他人的思想、情感或行为。冲击与影响力也被称为战略影响力或目标说服力。

2. 成就导向

成就导向是指希望更好地完成工作或达到一个优秀的绩效标准。这个绩效标准可以是个人过去的表现（积极改进）、客观的衡量标准（结果导向）、超越他人的业绩（竞争力）、自己设定的具有挑战性的目标，甚至是任何人从未做过的事情（创新）。成就导向也被称为结果导向、关注标准或专注改善。

从表 18-2 中可以看出，团队合作精神、分析式思考、主动性也是管理人员需要具备的重要胜任力。

1. 团队合作精神

团队合作精神是指成为团队的一部分，与他人通力合作，而不是单独工作或相互竞争。团队成员的身份无须正式定义，只要来自不同层级和部门的人员能够相互沟通、协作，以解决问题或完成计划，即可视为团队运作。团队合作精神也被称为群体管理或群体促进。

2. 分析式思考

分析式思考是指通过将一个事物分解为若干部分，或者通过层层因果关系描述事物内在联系的方式来理解该事物。它表现为系统地组织和拆分事物的各个部分，通过系统的比较，确定相互间的因果关系与时间顺序。分析式思考也被称为实际智力、分析问题或推理能力。

3. 主动性

主动性的重点在于采取行动，即在无人要求的情况下，付出超出工作预期和原有层级需要的努力。这些努力可以改善并增加效益，避免问题的发生，或创造出新的机会。主动性也被称为行动力或未来战略导向。

对于中高层管理人员而言，上述胜任力同样重要，尤其是冲击与影响力、成就导向，它们是极为核心的胜任力。我们可以想象，如果一个部门经理缺乏冲击与影响力，那么这个部门将如同一盘散沙；如果一个部门经理缺乏成就导向，那么这个部门也将难以取得实质性进展。

18.3.2　中高层管理人员的选拔工具

基于中高层管理人员的素质要求和选拔标准，可用作选拔的工具通常包括履历分析技术、案例分析、心理测验、面试和情境模拟技术。然而，这些工具的评价重点与用于普通工作人员时存在重大区别，下面将分别加以介绍。

1. 履历分析技术

履历分析技术原本指有关个人历史且可证实的一系列信息，现已成为一种评价方法的代名词。它是指通过问卷形式获取个人传记材料，并以这些材料为基础对应试者进行系统筛选的方法。这些传记材料通常涵盖个人的历史背景与生活经验，包括家庭状况、受教育经历、健康状况、早期工作经验与态度、兴趣、价值观等。履历分析技术的基本原理是：一个人过去的行为特征是未来绩效的最佳预测指标。

履历分析技术通常需要根据岗位的职责和任务，分析岗位要求，选择与岗位胜任力密切相关的素质能力，建立岗位胜任特征模型。然后，将这些素质能力量化到履历分析表中，设置若干选项，由应试者填写。根据事先设计的计算方法和应试者填写的内容及选择的选项，对这些内容进行量化统计。测评人员据此决定应试者每项测评要素的得分，再根据不同能力要素的权重进行汇总，最终根据常模转化为履历分析的总分，以此评估应试者与空缺职位的适宜性或匹配度。例如，对某大型企业的中层管理人员来说，有关年龄、工作经验、教育背景等履历信息的得分可能会是这样的：

(1) 年龄：A. 30 岁以下（记 1 分）　　　　B. 31～39 岁（记 4 分）
C. 40～49 岁（记 5 分）　　　　　　　D. 50 岁以上（记 2 分）
(2) 工作经验：A. 10 年以下（记 1 分）　　B. 11～15 年（记 5 分）
C. 16～20 年（记 4 分）　　　　　　　D. 21 年以上（记 3 分）
(3) 教育背景：A. 名牌大学（5 分）　　　　B. 普通高校（3 分）
C. 职工大学（2 分）　　　　　　　　　D. 未上过大学（1 分）

需要特别指出的是，以上每个选项的赋分并非事先随意设定，而是基于过去高绩效人员的履历信息特征总结得出的。通过将每个项目的得分相加，总分最高者通常被认为在未来工作岗位上绩效表现最为出色的可能性最大。

2. 案例分析

在企业中高层管理人员的选拔中，通常不考察其基本知识和基础能力，而是重点考察应试者分析问题和解决问题的实际能力。常用的考察方法是案例分析，也称为问题分析测验。该方法通常要求应试者阅读一系列材料，对材料进行分析，并按要求回答问题。案例分析中的材料通常包括组织的背景信息、组织中的复杂情境，以及与问题相关的数据信息，例如，财务信息（如预算和损益报告）以及其他对解决问题有用或无用的干扰信息。

3. 心理测验

心理测验在企业中高层管理人员的选拔中具有独特的价值，特别是职业价值观测验、动机测验和管理人员行为风格测验，对中高层管理人员的选拔具有重要的参考作用。人力资源和社会保障部人事考试中心组织全国心理学界和管理学界的一流专家，先后开发了具有我国自主知识产权的大型人才测评工具，如"企业管理人才测评系统"和"中国成人心理素质测评系统"，并采集了全国常模，其中包含适合中高层管理人员选拔的三种测验。

1）职业价值观测验

价值观是一系列基本的信念，它影响个人的知觉、判断、态度与行为，反映个人关于正确与错误、应该与不应该的观念。职业价值观的研究自20世纪70年代中期以来，在心理学及管理学文献中逐渐增多。本测验参考了恩格兰德（England）、霍夫斯泰德（Hofstede）等人的理论以及国内外大量研究成果，确定了以下五个特质。

（1）个体与群体取向。个体与群体取向是指个人在态度和行为上表现出对群体的独立性或依赖性的特征。例如，个体是否意识到自己是群体中的一员，是否重视群体意见，是否遵从群体规范，以及对个人目标与群体目标的权衡等。

（2）工作与生活取向。工作与生活取向是指个体对工作、家庭及个人生活等因素的选择偏好。这一观念较为新颖，个体在这方面的时间、精力分配以及利益权衡常常受到这种偏好的影响。

（3）等级关系取向。等级关系取向是指个体对机构或组织内权力分配的认可程度，以及对权威的尊重程度等。

（4）风险意识。风险意识是指个人对风险的认知与接受程度，体现在知觉成分和行动意愿的判断中。

（5）创新观念。创新观念是指个人或组织不受陈规陋习的限制，灵活运用经验解决问题的能力与相应的观念。心理学研究通常强调创新观念及创新人格特征。实际上，创新观念也反映了价值观念的因素。在现代管理活动中，如何认识环境的变化并主动适应这种变化，已成为组织管理工作乃至个人职业生涯发展的核心内容。

2）动机测验

动机是激发、维持和指引人们从事某种活动的内在心理过程或内在动力，是人类行为动力系统中调控机制的重要组成部分。动机是人类行为的原动力，它指引着个体行为的方向、任务选择和注意分配，决定着行为动力的强度、努力的程度、行为的坚持性以及克服困难的程度，并可用于解释或说明个体行为发生的原因和理由。参照麦克利兰（McCleland）的动机理论、德韦克（Dweck）的成就目标理论以及课题组大量的前期研究，确定了动机的五个特质。

（1）成就愿望。成就愿望是指个体希望在从事对他有意义的、有一定难度的、具有挑战性的活动中追求完美的结果和优异的成绩，并希望超越他人的倾向。

（2）权力愿望。权力愿望是指个体在工作和生活中，试图以自己的思想和意图影响、控制他人和周围环境的意愿。权力愿望包括自主意愿、支配他人意愿和组织意愿。

（3）亲和愿望。亲和愿望是指个体愿意与他人交往并建立亲密关系，愿意归属于一个群体，与他人合作共事的意愿。亲和愿望包括交往意愿、防卫倾向和合作意愿。

（4）目标偏好。目标偏好是指个体对追求目标的性质和原因的知觉，以及对目标达成的评价。目标偏好有三个维度：掌握目标的趋近偏好、成绩目标的趋近偏好和成绩目标的回避偏好。

（5）内部动机与外部动机。内部动机是指由个体内在的需要激发的行为动力。这种需要的满足在活动之内，个体感兴趣的是活动的过程，行为表现出自我决定的倾向。外部动机是指个体在外界的需求与外力的作用下产生的行为动力。这种需要的满足在活动之外，个体感兴趣的是活动的结果，行为表现出外界决定的倾向。

3）管理人员行为风格测验

管理人员行为风格测验包含一般心理倾向、知觉方式、判断与决策方式、行动方式、情绪稳定性和社会称许性等六个分量表。其中，一般心理倾向、知觉方式、判断与决策方式和行动方式为分类量表，分别用于区分内倾与外倾（I-E）、感觉与直觉（S-N）、理性思维与感性思维（T-F）、判断与知觉（J-P）等八种不同的基本心理类型。根据心理动力学原则，这四个量表的类型组合可构成 16 种行为风格类型。情绪稳定性（ES）和社会称许性（SD）为连续性特质量表，用于刻画个体的一般情绪反应倾向和心理防卫倾向。

4. 面试

对于中高层管理人员而言，关键测评指标通常已通过岗位胜任特征模型确定，面试设计者只需从中选择更适合通过面试考察的指标即可。例如，对于"职业价值观"方面的胜任力，面试并不是一种很有效的测评方法，而心理测验则更为有效；对于"人际沟通能力"这样的胜任力，面试则是一种很有效的测评方法。

在中高层管理人员的面试中，使用最多的面试方式是半结构化面试，而最有效的面试技术是行为性面试。由于行为性面试已在本书第 9 章进行了专题介绍，此处不再具体阐述。需要说明的是，中高层管理人员通常具有丰富的管理实践经验，通过行为性面试可以了解应试者在过去管理工作中如何考虑问题、分析问题和解决问题，从而准确判断其在未来工作情境中分析问题和解决问题的能力。行为性面试可以考察的胜任力包括管理决策能力、组织协调能力、人际沟通能力、应变能力及领导力等。

5. 情境模拟技术

在中高层管理人员的选拔中，本书前面提到的所有情境模拟技术均可采用，包括无领导小组讨论、角色扮演法、文件筐测验、口头呈现、事实搜寻等。这里再介绍一种在中高层管理人员选拔中使用较多的情境模拟技术——管理游戏。

管理游戏，又称商业游戏，是一种以完成"实际任务"为基础的标准化模拟活动。通常先虚拟一个组织，在该组织中存在许多需要处理的问题，如营销问题、财务问题、人员配置问题等。然后由应试者组成团队，根据他们在组织中被指定的角色，共同推进虚拟的组织任务。面试官通过观察应试者在游戏中的行为表现，对预先设计好的某些能力与素质指标进行评价。下面就是一个管理游戏的典型案例。

管理游戏：玻璃制造公司

玻璃制造公司要求应试者扮演一个模拟的玻璃制造公司的管理人员。该游戏可容纳 20 人参加，20 位应试者分别被指定扮演 20 个高层管理职位，这些职位涵盖从董事长到生产经理等不同层级和管理职责。应试者的任务是以他们认为合适的方式相互合作，共同经营公司，模拟时间为一天。

该公司存在诸多管理问题和待处理事务，需由应试者应对（若应试者认为合适，也可对某些问题不予关注）。这些问题涉及的领域较广，具体包括：

（1）当前有一个组建新产品线的机会，应试者需要考虑是否抓住这个机会。

（2）有一项与重要客户相关的法律事务需要处理。

（3）企业面临技术革新和淘汰落后产能的问题。

应试者被分成三个小组，每个小组都在同一个玻璃制造公司中，但面临不同的外部商业环境和生产任务：

（1）第一小组：生产前沿产品——为电子通信企业生产产品，处于高度不确定且快速发展的商业环境中。

（2）第二小组：生产商业玻璃——制造灯管和平板玻璃，面对相对稳定的市场。

（3）第三小组：生产工业玻璃——生产的产品种类多样，从安全玻璃（市场稳定）到航天器窗户玻璃（市场不稳定），因此面临复杂的市场环境。

游戏开始的前一天下午进行准备工作，包括通过幻灯片向应试者介绍公司的组织结构、为每位应试者分配角色、让应试者熟悉模拟的工作环境、发放职位说明书和公司年报等模拟情境的相关材料。第二天早上，游戏正式开始。应试者首先用45分钟时间在办公桌前查看当天的邮件。45分钟后，开通网络和电话线路，"管理人员"可以正式开始"工作"，如自由组织会议、发送邮件、拨打电话等。应试者可以通过电话与公司内部和外部的任何人联系。

在实际应用中，管理游戏的形式非常灵活，可以模拟的情境多种多样，并不限于上述例子中的形式。

18.4 应用案例

下面简要介绍一个由笔者参与测评框架设计及测评工具开发的高层管理人员的选拔案例，供读者参考。

18.4.1 测评流程

项目名称： F市公用事业控股有限公司全国公开选聘总经理

公司背景和项目任务： F市公用事业控股有限公司（简称"公控公司"）是经F市人民政府批准设立的，由F市国有资产监督管理委员会（简称"国资委"）监管的国有独资公司。公控公司注册资本6亿元，下辖水业、发电、气业、轨道交通、物业资产、海外投资等六个子公司，并设有党委办公室、行政办公室、财务审计部、资产管理部、投资发展部等五个部门。截至2014年，公控公司资产总额达127亿元，下属一、二、三级企业总数为33家，企业职工总数近5000人。公控公司资产总额在F市国企中占比达27.76%。

为了做大、做强公控公司，全面提升国资企业的知名度，F市市领导决定打破传统做法，面向全国公开选聘公司总经理。

项目组的主要工作如下。

1. 前期沟通与行为事件访谈。首先，与F市市领导、国资委领导进行专题访谈，了解领导和管理部门对公控公司经营管理的目标要求，以及他们对公开选聘总经理的总体考虑。其次，与公控公司现任董事长、前任总经理、两位副总经理、监事会主席进行行为事件访谈，了解公司的发展目标与方向、经营管理中的问题及对总经理职位的素质要求。最后，与公控公司主要部门的负责人及下辖水业、发电、气业、轨道交通、物业资产、海外投资等六个子公司的总经理进行行为事件访谈，了解公司主营业务的具体运营情况及他们对公控公司总经理的期望。先后共访谈了 24 名领导，包括市政府领导 1 名、国资委领导 6 名、公控公司有关领导 17 名。

2. 建立公控公司总经理的岗位胜任特征模型。在大量访谈的基础上，项目组的测评专家与有相关资深管理经验的人员共同研讨，形成了岗位胜任特征模型，其主要要求如下。

1）**基本任职资格**

（1）具有国家承认的硕士研究生及以上学历。

（2）年龄 50 周岁以下，身体健康，具有良好的心理素质。

（3）有担任大型企业中层正职以上领导职务或中型企业高层正职领导职务经验，或者任大型企业中层副职领导职务 3 年以上经验。

（4）熟悉国有企业运作机制，具有突出的工作业绩。最好有大型上市公司的高层管理工作经验，有推动公司上市的成功案例者优先考虑。

2）**专业素质要求**

（1）行业政策与法规。

（2）财务管理。

（3）资本运作。

3）**核心素质要求**

（1）战略规划能力。

（2）决策能力。

（3）影响力。

（4）沟通协调能力。

（5）执行力。

（6）关系建立与维护能力。

（7）开拓能力。

4）**心理素质要求**

（1）职业倾向性。

（2）职业价值观。

（3）行为风格。

3. 根据公控公司总经理的职位要求，项目组拟定运用专业化的评价中心技术对每位应试者进行全方位的评估与考察。所使用的评价中心技术主要包括：

（1）履历分析技术。

（2）综合素质笔试。

（3）无领导小组讨论。

（4）文件筐测验。

（5）心理测验。

（6）面试。

4. 按照测评流程组织实施测评。

5. 测评专家组对应试者的岗位胜任力、个性特征、职业价值观等进行综合评价，针对测评结果撰写《F市公用事业控股有限公司全国公开招聘总经理测评项目总报告》，并为综合得分排名靠前的推荐候选人撰写个人素质综合测评报告，供F市国资委领导作决策参考。

18.4.2　测评试题

限于篇幅，下面简要介绍由笔者设计的上述总经理选聘中的综合素质笔试试题。考虑到该职位要求较高，为避免在笔试环节错误地淘汰合适人选，本次笔试直接考察职位的核心胜任力。在试卷的试题设计上，将申论与情境模拟技术进行了有机结合。事实证明，这一独创性的做法取得了超预期的成效，无论是委托方还是应试者，均对该次考试给予了高度评价。

笔试说明

本试卷由给定材料（包括背景材料、总公司有关情况材料、子公司过去一年的总结报告）与作答题目两部分构成，考试时间为210分钟。其中，阅读给定材料的参考时限为60分钟，作答参考时限为150分钟。

给定材料目录

第一部分：背景材料
- 背景材料一：中央经济工作会议精神
- 背景材料二：G省经济形势——经济困难蕴含巨大发展机遇
- 背景材料三：G省受金融危机影响的特点
- 背景材料四：省委书记在调研时要求F市着力推进"两转型一再造"
- 背景材料五：F市国资委机构概况——从数字看国资

第二部分：总公司有关情况材料
- 总公司有关情况材料一：F市公用事业控股有限公司组建大会
- 总公司有关情况材料二：市政府、国资委有关领导的访谈记录
- 总公司有关情况材料三：F市公用事业控股有限公司简介
- 总公司有关情况材料四：F市公用事业控股有限公司的特色和现状
- 总公司有关情况材料五：F市公用事业控股有限公司总经理的管理位置

第三部分：子公司过去一年的总结报告
- 子公司过去一年的总结报告一：F市电建集团有限公司
- 子公司过去一年的总结报告二：F市气业集团有限公司
- 子公司过去一年的总结报告三：F市水业集团有限公司
- 子公司过去一年的总结报告四：F市轨道交通发展有限公司
- 子公司过去一年的总结报告五：F市物业资产经营有限公司
- 子公司过去一年的总结报告六：F市海外投资有限公司

作答题目

一、请根据以上材料，概述公控公司今年面临的机遇和挑战。

要求：紧扣给定材料，全面、有条理，不必写成文章，不超过 400 字。

二、假如从现在开始，你担任公控公司总经理，请谈谈你将如何尽快进入工作角色，今年你的工作思路和未来公司的经营战略是怎样的。

要求：观点明确，思路清晰，字数不少于 800 字。

三、请针对公控公司总经理职位，立足于你过去的经历和经验积累，谈谈你的个人优势。

要求：简明扼要，3~5 条即可，字数不超过 400 字。

参考文献

［1］刘远我. 人才测评：方法与应用［M］. 4 版. 北京：电子工业出版社，2020.

［2］刘远我. 招聘面试实操指南：如何成为优秀面试官［M］. 北京：电子工业出版社，2024.

［3］刘远我，等. 事业单位招聘考试的分析与思考［J］. 中国考试，2018（12）：63-67.

［4］刘远我，等. 人员招聘面试：当前事业单位招聘面试面临的挑战及对策［J］. 中国考试，2015（8）：46-52.

［5］刘远我. 县处级正职领导干部的职务分析研究［C］//第八届海峡两岸心理与教育测验学术研讨会论文集. 北京：中国教育学会统计与测量分会，2008：112-115.

［6］刘远我. 人才测评的几个认识误区［J］. 中国人力资源开发，2003（10）：32-34.

［7］刘远我. 评价中心技术刍议［J］. 中国人力资源开发，2007（5）：57-59.

［8］刘远我. 招聘面试中的主要问题［J］. 中国人力资源开发，2003（12）：63-65.

［9］刘远我，等. 职业总动员：择业、求职与就业指导［M］. 北京：经济管理出版社，2003.

［10］刘远我. 面试核心教程［M］. 北京：研究出版社，2003.

［11］刘远我. 职业心理健康：自测与调节［M］. 北京：经济管理出版社，2004.

［12］刘远我. 面试［M］. 北京：新华出版社，2002.

［13］刘远我，张厚粲. 面试评分中的误差分析研究［J］. 心理科学，1999，22（5）：447-448+450.

［14］刘远我. 人事选拔面试的心理测量学研究［D］. 北京：北京师范大学，2000.

［15］刘远我，吴志明，章凯，等. 现代实用人才测评技术［M］. 北京：经济科学出版社，1998.

［16］张厚粲，刘远我. 试论我国人才测评事业的发展［J］. 心理学探新，1999，19（1）.

［17］TWENGE J M，CAMPBELL W K. 人格心理学［M］. 蔡贺，译. 北京：人民邮电出版社，2023.

［18］许燕. 人格心理学［M］. 北京：北京师范大学出版社，2020.

［19］曾双喜. 超级面试官［M］. 北京：人民邮电出版社，2020.

［20］滕珺. 国际组织需要什么样的人［M］. 上海：上海教育出版社，2018.

［21］宋允孚. 国际公务员素质建设与求职指南［M］. 杭州：浙江大学出版社，2019.

［22］闫巩固，等. 重新定义人才评价［M］. 北京：机械工业出版社，2019.

［23］郑日昌. 心理测量与实验［M］. 2 版. 北京：中国人民大学出版社，2013.

［24］周帆. 变革中政府组织的人才测评：基于实践智力的应用［M］. 北京：科学出版社，2014.

[25] 田效勋，等．发现领导潜能：情境模拟技术应用手册［M］．北京：人民邮电出版社，2011.

[26] 谷向东．无领导小组讨论［M］．北京：电子工业出版社，2015.

[27] 威克利，普罗哈特．情境判断测验：理论、测量与应用［M］．刘桓超，罗凤英，李婷玉，等，译．上海：复旦大学出版社，2013.

[28] 人力资源和社会保障部人事考试中心．事业单位公开招聘分类实施研究［R］．北京：人力资源和社会保障部人事考试中心，2014.

[29] 田效勋，等．过去预测未来：行为面试法［M］．北京：中国轻工业出版社，2008.

[30] 车宏生．心理测量与人才选拔［M］．海口：南海出版公司，2004.

[31] 吴志明，等．人事测评理论与实证研究［M］．北京：机械工业出版社，2009.

[32] 王世潮，韩飞麟．公务员录用考试：管理实践与理论研究［M］．北京：中国人事出版社，2014.

[33] 寇家伦．HR最喜欢的人才测评课：人才测评实战［M］．广州：广东旅游出版社，2014.

[34] 桑顿三世．评鉴中心在人力资源管理中的应用［M］．李峰，译．上海：复旦大学出版社，2004.

[35] PERVIN L A．人格科学［M］．周榕，译．上海：华东师范大学出版社，2001.

[36] 苏永华．现代人才测评在中国企业中的应用及发展［M］//中国人力资源开发白皮书．北京：中国人事出版社，2006：35-42.

[37] 谷向东．人才测评的误区［C］//中国人力资源开发研究会．新世纪首届中国人力资源开发与管理论坛论文集．北京：中国人力资源开发研究会，2004：88-95.

[38] 漆书青，戴海琦．情境判断测验的性质、功能与开发编制［J］．心理学探新，2003，23（4）：42-46.

[39] 才尚库．人才测评技术在公务员录用考试中的应用［R］.2005年人才测评高层论坛发言稿，2005.

[40] 人力资源和社会保障部人事考试中心．企业管理测评系统研究主报告［R］．北京：人力资源和社会保障部人事考试中心，1998.

[41] 人力资源和社会保障部人事考试中心．中国成人职业心理素质测评系统总体研究报告［R］．北京：人力资源和社会保障部人事考试中心，2002.

[42] 北京市双高人才发展中心．领导人才选拔评价研究与实践［M］．北京：北京出版社，2009.

[43] 张爱卿．人才测评［M］．北京：中国人民大学出版社，2005.

[44] 王垒，等．实用人事测量［M］．北京：经济科学出版社，1999.

[45] 马欣川，等．人才测评：基于胜任力的探索［M］．北京：北京邮电大学出版社，2008.

[46] China Select（中国善择）．中国企业聘用测评状况调查报告2008［R］．北京：China Select，2008.

[47] China Select（中国善择）．中国企业聘用测评状况调查报告2009—2012［R］．北京：China Select，2012.

[48] CASCIO W F．人力资源管理中的应用心理学［M］．吕厚超，译．北京：北京大

学出版社，2006.

[49] TOPLIS J，等 . 心理测验 ［M］. 李中权，等，译 . 北京：中国轻工业出版社，2008.

[50] SANTROCK J W. 心理调适 ［M］. 王建中，等，译 . 北京：高等教育出版社，2008.

[51] GERRIG R J. 心理学与生活 ［M］. 王垒，等，译 . 北京：人民邮电出版社，2003.

[52] ARNOLD J. 工作心理学 ［M］. 沈秀琼，等，译 . 北京：经济管理出版社，2006.

[53] TAYLOR P J，等 . 结构化面试方法 ［M］. 时勘，等，译 . 北京：中国轻工业出版社，2006.

[54] ANASTASI A. Psychological testing ［M］. 6th ed. New York：Macmillan，1988.

[55] ANASTASI A. Applied psychology ［M］. 2nd ed. New York：McGraw-Hill，1979.

[56] CASCIO W F. Applied psychology in personnel management ［M］. Englewood Cliffs：Prentice Hall，1991：270-277.

[57] CAMPION M A，CAMPION J E. A reviewof structure in the selection interview ［J］. Personnel Psychology，1997，50（4）：655-702.

[58] DESSLER G. Human resource management ［M］. 7th ed. Upper Saddle River：Prentice Hall，1997.

[59] HARRIS MM. Reconsidering the employment interview ［J］. Personnel Psychology，1989，42：691-727.

[60] HANSEN C P. A handbook of psychological assessment in business ［M］. New York：Greenwood Publishing Group，1991.

[61] HUFFCUTT A I，WINFRED A J. Hunter and hunter revisited：Interview validity for entry-level jobs ［J］. Journal of Applied Psychology，1994，79（2）：184-190.

[62] MCDANIEL M A，HITT M A，et al. Organizational behavior：A strategic approach ［M］. Hoboken：John Wiley & Sons，2006.

[63] MCDANIEL M A，WHEATON D A，et al. The validity of employment interviews：A comprehensive review and meta-analysis ［J］. Journal of Applied Psychology，1994，79（4）：599-616.

[64] WEBSTER E C. The employment interview：A social judgment process ［M］. Schonberg：S. I. P. Publications，1982.

[65] ANASTASI A. Psychological testing ［M］. 6th ed. New York：Macmillan，1988.

[66] ANASTASI A. Applied psychology ［M］. 2nd ed. New York：McGraw-Hill，1979.

[67] CASCIO W F. Applied psychology in personnel management ［M］. Englewood Cliffs：Prentice Hall，1991：270-277.

[68] CAMPION M A，CAMPION J E. A review of structure in the selection interview ［J］. Personnel Psychology，1997，50（4）：655-702.

[69] DESSLER G. Human resource management ［M］. 7th ed. Upper Saddle River：Prentice Hall，1997.

[70] HARRIS MM. Reconsidering the employment interview ［J］. Personnel Psychology，1989，42：691-727.

[71] HANSEN C P. A handbook of psychological assessment in business ［M］. New York：Greenwood Publishing Group，1991.